中国社会科学院学部委员专题文集
ZHONGGUOSHEHUIKEXUEYUAN XUEBUWEIYUAN ZHUANTI WENJI

# 中国农村经济改革研究

王贵宸◎著

中国社会科学出版社

**图书在版编目(CIP)数据**

中国农村经济改革研究／王贵宸著.—北京：中国社会
科学出版社，2015.12

（中国社会科学院学部委员专题文集）

ISBN 978 - 7 - 5161 - 6469 - 3

Ⅰ.①中…　Ⅱ.①王…　Ⅲ.①农村经济—经济改革—
中国—文集　Ⅳ.①F320.2 - 53

中国版本图书馆 CIP 数据核字（2015）第 152519 号

| | | |
|---|---|---|
| 出 版 人 | 赵剑英 | |
| 责任编辑 | 刘晓红 | |
| 责任校对 | 周晓东 | |
| 责任印制 | 戴　宽 | |

| | | |
|---|---|---|
| 出　　版 | 中国社会科学出版社 | |
| 社　　址 | 北京鼓楼西大街甲 158 号 | |
| 邮　　编 | 100720 | |
| 网　　址 | http://www.csspw.cn | |
| 发 行 部 | 010 - 84083685 | |
| 门 市 部 | 010 - 84029450 | |
| 经　　销 | 新华书店及其他书店 | |

| | | |
|---|---|---|
| 印刷装订 | 环球印刷(北京)有限公司 | |
| 版　　次 | 2015 年 12 月第 1 版 | |
| 印　　次 | 2015 年 12 月第 1 次印刷 | |

| | | |
|---|---|---|
| 开　　本 | 710×1000　1/16 | |
| 印　　张 | 23 | |
| 插　　页 | 2 | |
| 字　　数 | 392 千字 | |
| 定　　价 | 86.00 元 | |

# 前　言

哲学社会科学是人们认识世界、改造世界的重要工具，是推动历史发展和社会进步的重要力量。哲学社会科学的研究能力和成果是综合国力的重要组成部分。在全面建设小康社会、开创中国特色社会主义事业新局面、实现中华民族伟大复兴的历史进程中，哲学社会科学具有不可替代的作用。繁荣发展哲学社会科学事关党和国家事业发展的全局，对建设和形成有中国特色、中国风格、中国气派的哲学社会科学事业，具有重大的现实意义和深远的历史意义。

中国社会科学院在贯彻落实党中央《关于进一步繁荣发展哲学社会科学的意见》的进程中，根据党中央关于把中国社会科学院建设成为马克思主义的坚强阵地、中国哲学社会科学最高殿堂、党中央和国务院重要的思想库和智囊团的职能定位，努力推进学术研究制度、科研管理体制的改革和创新，2006 年建立的中国社会科学院学部即是践行"三个定位"、改革创新的产物。

中国社会科学院学部是一项学术制度，是在中国社会科学院党组领导下依据《中国社会科学院学部章程》运行的高端学术组织，常设领导机构为学部主席团，设立文哲、历史、经济、国际研究、社会政法、马克思主义研究学部。学部委员是中国社会科学院的最高学术称号，为终生荣誉。2010 年中国社会科学院学部主席团主持进行了学部委员增选、荣誉学部委员增补，现有学部委员 57 名（含已故）、荣誉学部委员 133 名（含已故），均为中国社会科学院学养深厚、贡献突出、成就卓著的学者。编辑出版《中国社会科学院学部委员专题文集》，即是从一个侧面展示这些学者治学之道的重要举措。

《中国社会科学院学部委员专题文集》（下称《专题文集》），是中国社会科学院学部主席团主持编辑的学术论著汇集，作者均为中国社会科学院学部委员、荣誉学部委员，内容集中反映学部委员、荣誉学部委员在相关学科、专业方向中的专题性研究成果。《专题文集》体现了著作者在科学研究实践中长期关注的某一专业方向或研究主题，历时动态地展现了著作者在这一专题中不断深化的研究路径和学术心得，从中不难体味治学道路之铢积寸累、循序渐进、与时俱进、未有穷期的孜孜以求，感知学问有道之修养理论、注重实证、坚持真理、服务社会的学者责任。

2011 年，中国社会科学院启动了哲学社会科学创新工程，中国社会科学院学部作为实施创新工程的重要学术平台，需要在聚集高端人才、发挥精英才智、推出优质成果、引领学术风尚等方面起到强化创新意识、激发创新动力、推进创新实践的作用。因此，中国社会科学院学部主席团编辑出版这套《专题文集》，不仅在于展示"过去"，更重要的是面对现实和展望未来。

这套《专题文集》列为中国社会科学院创新工程学术出版资助项目，体现了中国社会科学院对学部工作的高度重视和对这套《专题文集》给予的学术评价。在这套《专题文集》付梓之际，我们感谢各位学部委员、荣誉学部委员对《专题文集》征集给予的支持，感谢学部工作局及相关同志为此所做的组织协调工作，特别要感谢中国社会科学出版社为这套《专题文集》的面世做出的努力。

《中国社会科学院学部委员专题文集》编辑委员会
2012 年 8 月

# 目　　录

# 关于安徽包产到户情况调查

1980 年 4—7 月，我们对安徽农村社队实行的各种生产责任制形式作了调查。由于包产到户这种形式，人们众说纷纭，分歧很大，所以，我们着重调查了这个问题。现将了解到的一些情况介绍如下，并谈谈我们的看法。

## 一

安徽省实行包产到户的生产队，1978 年底只有 1200 个，占生产队总数的 0.4%；1979 年底发展到 38000 个，占 10%；今年① 5 月，已超过 87000 个，占 23% 以上；目前，这种形式仍在或明或暗地继续增加。

我们调查的宿县、六安、滁县、巢湖几个地区发展得都很快，从 4.7%—19% 发展到 40.5%—56.9%；安庆地区有所减少，是因为地委认为这种形式"不是个办法"，作了工作。见下表：

| 地　区 | 占基本核算单位的百分比（%）<br>（1979 年 12 月） | 占基本核算单位的百分比（%）<br>（1980 年 5 月） |
|---|---|---|
| 宿　县 | 19.0 | 56.9 |
| 六　安 | 17.3 | 56.9 |
| 滁　县 | 9.6 | 48.4 |
| 巢　湖 | 4.7 | 40.5 |
| 安　庆 | 2.0 | 0.8 |

---

① 文中所指"今年"均为 1980 年。

包产到户比较多的有：肥西（97%）、固镇（94%）、来安（85.9%）、宣城（84%）、嘉山（82%）、无为（75%）等县。在一些地方仍有发展趋势。据巢湖地委同志反映，有的社队仍在暗中发展，实际上稳定不住。凤阳县1979年实行"大包干到组"，取得了明显的增产效果，但今春已有20%左右的队改为"大包干到户"。县委负责同志表示如"包产到户"比"大包干（到组）"增产"今秋就稳不住"，还会向"到户"发展。

包产到户的经济效果是明显的。下面是若干个县、社、大队和生产队实行包产到户后的经济效果比较。

### （一）滁县地区几个县粮食增产情况比较

据地委政研室1980年2月对全椒、滁县、来安、嘉山四个县的调查，实行不同责任制形式，1979年与1978年相比，包产到户的增产幅度最高，为31%—69%，其次是包产到组增产幅度为3%—17%，不联系产量的在全椒、滁县分别增长8.6%、4.3%，而嘉山、来安分别减少5.3%和6.7%。见下表：

**1979年与1978年粮食的增减幅度**

| 责任制形式 | | 全椒（%） | 滁县（%） | 来安（%） | 嘉山（%） |
|---|---|---|---|---|---|
| 全县合计 | | +12.4 | +12.5 | +0.7 | +0.3 |
| 不联产形式 | | +8.6 | +4.3 | -6.7 | -5.3 |
| 联产形式 | | +12.8 | +16.5 | +5.0 | +6.0 |
| 其中 | 包产到组 | +12.7 | +16.3 | +3.4 | +4.0 |
| | 大包干到组 | — | — | +15.9 | +12.5 |
| | 包产到户 | +35.7 | +68.9 | +37.1 | +31.0 |

注：嘉山县数字系按占总队数40%的不完全统计。

### （二）肥西县长岗、金牛和无为县三汊河三个公社实行不同责任制形式经济效果的比较

1. 长岗、金牛两个公社实行不同责任制形式的人均收入、人均口粮和

人均交售粮增减幅度比较（见下表）：

**长岗、金牛两个公社不同责任制形式的经济效果**

| 责任制形式 | 人均收入（元） | | | | 人均口粮（斤） | | | | 人均交售粮（斤） | | | |
|---|---|---|---|---|---|---|---|---|---|---|---|---|
| | 长岗 | | 金牛 | | 长岗 | | 金牛 | | 长岗 | | 金牛 | |
| | 1979年 | 与1978年相比（%） | 1978年 | 与1977年相比（%） | 1979年 | 与1978年相比（%） | 1979年 | 与1977年相比（%） | 1979年 | 与1978年相比（%） | 1979年 | 与1977年相比（%） |
| 全社合计 | 57 | +16.7 | 113 | +37.0 | 502 | +200 | 589 | +8 | 275 | +391 | 293 | +27 |
| 不联系产量 | 50 | −3.4 | 87 | −9.8 | 385 | +57 | 510 | −7 | 203 | +75 | 216 | −16 |
| 包产到组 | 53 | +4.7 | 71 | −21.5 | 472 | +102 | 485 | −17 | 269 | +134 | 211 | −9 |
| 包产到户 | 58 | +21.2 | 118 | +45.0 | 511 | +236 | 610 | +18 | 279 | +417 | 303 | +32 |

注：金牛公社包产到组形式减产是因为责任制变来变去影响了生产。

长岗公社是肥西县最穷的公社。近10年来，平均每户吃国家回销粮1500斤，平均每户国家贷款150元。1979年有138个队（占总数88%）实行了包产到户，一年就发生了很大变化。

该社1979年人均收入、人均口粮、人均交售粮分别比1978年增长16.7%、200%和391%。其中不联系产量的责任形式，人均口粮、人均交售粮分别只增长57%和75%，人均收入不但没有增加反而减少3.4%。而包产到户则分别增长21.2%、236%和417%，大大超过包产到组和全社平均水平。

金牛公社，在肥西县是中等偏上的公社。1979年有137个队（占总数88%）实行了包产到户。结果，1979年与较正常的1977年相比（1978年因灾减产，全社总产为1111万斤，1977年总产为1407万斤），人均收入、人均口粮和人均交售粮分别增长37%、8%和27%。其中不联系产量和包产到组的均减产，唯独包产到户的各项指标均有增长，分别增长45%、18%和32%。此外全社超支户从1977年的1283户降为511户，减少60%。

2. 三汊河公社实行包产到户经济效果的比较。该社是无为最穷的公社，1979年实行包产到户后发生了巨大变化。1979年粮食产量为1856万斤，比1978年增长48%，人均收入105元，比上年增长98%，人均口粮680斤，比1978年增长45%，人均交售粮30斤，比上年增长83%。上述主要经济指标的增长率均远远超过了全县的增长幅度。社员人均收入达到全县最高水平。

### (三)来安县玉明公社北涧、刘郢和新生三个大队实行不同责任制形式经济效果的比较

玉明公社地处皖东老革命根据地,"五风"摧残,十年浩劫,使这里受到严重破坏,群众反映:"现在生活还没有罗(炳辉)司令的时候好(指抗日战争时期)!"1979 年全社 78 个生产队,两个队实行评工记分都减了产,减产 17.8%;48 个队实行包产到组(其中 4 个队减了产),增产 14%;28 个队实行包产到户,增产 33.5%。今年春,全社生产队都包产到户了。

该社北涧、刘郢和新生分别为好、中、差三个大队,共 30 个生产队。三个大队内生产队实行不同责任制形式,1979 年与 1978 年相比,各项经济指标见下表:

北涧、刘郢和新生三个大队不同责任制形式的经济效果

| 生产大队名称 | 责任制形式 | 生产队数 | 人均收入(元) | | 人均口粮(斤) | | 人均交售粮(斤) | |
|---|---|---|---|---|---|---|---|---|
| | | | 1979 年 | 与 1978 年相比(%) | 1979 年 | 与 1978 年相比(%) | 1979 年 | 与 1978 年相比(%) |
| 北涧 | 包产到组 | 2 | 55 | +1.8 | 437 | +4.8 | 47 | +206 |
| | 包产到户 | 10 | 76 | +18.1 | 611 | +30.3 | 109 | +258 |
| 刘郢 | 包产到组 | 6 | 66 | −1.5 | 540 | +16.6 | 144 | +82 |
| | 包产到户 | 3 | 76 | +44.6 | 620 | −8.2 | 87 | +450 |
| 新生 | 不联系产量 | 1 | 58 | −13.4 | 423 | −15.4 | 113 | +31 |
| | 包产到组 | 4 | 58 | −2.9 | 444 | −1.3 | 120 | +1006 |
| | 包产到户 | 4 | 63 | +33.5 | 470 | +29.5 | 73 | +2050 |

### (四)凤阳县小岗、肥西县夏小庄、固镇县前东、全椒县松树山四个生产队实行包产到户经济效果的比较

小岗生产队位于皖东淮河流域平原,是凤阳县出名的穷队。由于"五风"破坏,1960 年全队人口只剩下了 22.34%(饿死 34.2%,外逃 43.4%),生产一直未恢复元气。据凤阳县统计,这个队虽人均 5 亩耕地,近 13 年社

员分配口粮中,回销粮竟占了79%,家家外出讨过饭。1978年底,凤阳县一些社队实行大包干(到组),该队偷偷搞了大包干到户。

夏小庄生产队位于皖中丘陵区,是肥西县一个穷队,人均耕地不到2亩,1978年底搞了包产到户。

前东生产队位于皖北淮北平原,是固镇县一个典型。该队人均耕地近4亩,但自从1958年开始一直到1975年,每年平均吃三个月回销粮,1977年开始逐步实行不动碖子作物包产到户。

松树山生产队(略)。

这四个队实行包产到户后,人均产量、人均收入、人均口粮和人均交售粮均大为增加,并超过全国平均水平。见下表:

**小岗、夏小庄、前东、松树山四个生产队不同责任制形式的经济效果**

| 生 产队 名 称 | 人均生产粮食(斤) | | 人均口粮(斤) | | | 人均交售粮(斤) | | 人均收入(元) | | |
|---|---|---|---|---|---|---|---|---|---|---|
| | 1979 年 | 与1978 年相比(%) | 1979 年 | 与1978 年相比(%) | 超产部分 | 1979 年 | 与1978 年相比(%) | 1979 年 | 与1978 年相比(%) | 超产收入 |
| 小 岗 | 1147 | +187 | 720 | +171 | 347 | 199 | — | 110.8 | +268 | 100 |
| 夏小庄 | 1270 | +98 | 520 | +44 | 313 | 246 | +151 | 75.7 | +95.5 | 51 |
| 前 东 | 2136 | +196 | 650 | +62 | 463 | 1000 | +1308 | 122.7 | +43.6 | 91 |
| 松树山 | 1978 | +129 | 819 | +72 | 630 | 665 | — | 134.0 | +55.9 | 136 |
| 全国平均 | 776 | +4.36 | 465 | +5.2 | — | 155 | +7.6 | 83.4 | +12.7 | — |

注:夏小庄和前东两队数字均为1979年和1977年比较。因该队所处县、社1978年均减产。

此外,四个队的油脂产量和交售量均大为增加。1979年人均产油脂分别为68斤、16斤、62斤和58斤,比1978年分别增长1480%、100%、32%和384%。人均交油脂分别为55斤、9斤、47斤和46斤,比1978年增加55斤、6斤、15斤和40斤。

**（五）无为、宣城两县经济水平较高的社队实行包产到户的初步经济效果**

去秋今春，实行包产到户比例大的县份，一些经济水平较高的生产队也纷纷搞起来了。因为时间短，还难以作全面的经济比较，但今夏粮油收获后，已可以看出发展趋势。

1. 无为县几个较富裕社队实行包产到户半年的经济效果。

宏林公社去年亩产1258斤，人均交售粮224斤，人均口粮800斤，人均收入92元；全社182个队，今春130个生产队实行了包产到户。二埠大队的钱村生产队，去年亩产1300斤，人均口粮913斤，人均收入1150元，据社员说，今夏一户可多收小麦300斤、菜籽50斤，全年亩产预计可达1500斤，家庭副业收入将成倍增长。

徐岗公社徐岗大队去年亩产1400斤，人均口粮837斤，人均收入167元；全大队24个生产队，今春23个生产队实行了包产到户。据徐岗大队黄前生产队队长万四福说，他家6口人，1.5个劳动力，今年人均收入可以增加70元，劳力多的户会增收更多。

2. 宣城县高产富裕的水阳公社实行包产到户半年的经济效果。

素称"鱼米之乡"的金宝圩共有四个公社，近几年亩产都在千斤以上，人均交售粮在60—100斤，人均口粮在550—750斤，人均收入在90—120元。该圩823个生产队，去秋今春有805个实行了包产到户，占97.8%。其中，水阳公社是安徽省著名富裕公社之一，1979年全社水稻亩产1394斤，人均收入134元，人均口粮900斤。该社实行包产到户半年，今夏粮油总产均超过历史最高的1976年。三麦集体总产达92.4万斤，比1976年增产20%。交售国家的任务为5万斤，实际交售43万斤，超过7.6倍。菜籽集体总产达133万斤，比1976年增产52%，交售国家的任务为65.9万斤，实际交售96.9万斤，超过47%。

全社今夏可从增产粮油中每人多收入20元，比夏季收入最高的1976年增加收入70%。

此外，全社社员家庭副业收入成倍增长。据该社双丰大队统计，今年每户平均养禽从10只增加到25只，全队养猪从700头增加到900头，增长幅度分别为150%和30%。

从上述不同层次经济效果的比较中，可以看出：

1. 三中全会以来，由于安徽省委认真落实党在农村的各项经济政策，实行各种形式的责任制，调动了广大农民的积极性，促进了生产。无论哪种形式，在和过去相同的条件下，都不同程度地抵御了自然灾害，或变大灾为小灾，或变小灾为无灾，夺得丰收。

2. 在相同条件下，建立了明确的生产责任制的地方比没有建立生产责任制的地方增产幅度大；而联系产量的各种责任制形式又比不联系产量的责任制形式增产幅度大。在联系产量的各种形式中，大包干到组比包产到组增产幅度大，在一些地区包产到户又比大包干到组增产幅度大。当然，这是就一般而言，并不排除个别特例。如肥西县金牛公社由于包产到组形式变来变去，因而比不联系产量的责任制形式减产幅度大。

3. 实行包产到户这种形式的地方，往往首先从低产贫困的生产队开始，在很短的时间内，做到了大幅度的"增产增收增贡献"，一些主要的经济指标（如"人均收入"、"人均交售粮"等）从低于全国平均水平很快就达到或超过了全国平均水平。这样，自然就吸引了那些一般队和某些比较富裕的队，他们也先后搞起了包产到户。

4. 实行包产到户的生产队中，低产贫困的生产队比经济水平较高的生产队增幅大，人少地多的生产队比人多地少的生产队增幅大。而在同等生产条件下，高产队也还有增产潜力。社员家庭副业收入的大幅度增长在不同类型队中则是共同的。

5. 显而易见的经济利益，对农民有很大的吸引力。这是包产到户"捂都捂不住"的最主要原因。

二

近两年，安徽省农村实行的包产到户，做法多种多样，就我们接触到的，可以归纳为以下几种具体形式：

**（一）部分生产项目或作物包产到户**

生产资料公有，生产队统一使用，耕牛生产队统一饲养，劳动力生产队统一调配，大部分农作物包产到户，生产队对承包户定产、定工、定费用、定奖赔，生产队统一核算、统一分配。固镇县实行的"不动磙子"作物包到户的办法，是这种形式的典型。该县对麦、稻、豆三种"动磙子"（即需要动磙子脱粒）作物采取生产队统一种、管、收（有的生产队对田间管理实行小包工），对玉米、山芋、棉花、花生等"不动磙子"（即不需要动磙子脱粒）作物采取包产到户的办法。生产队对有劳动能力的社员评定劳动底分，以劳动底分分地，以户为单位计算。各种作物按不同地块逐块定产，落实到户。再按不同作物确定每亩用工量和生产费用（主要是化肥、农药两项）。超产全奖实物，减产扣罚工分。包产内产品产量交生产队统一分配，社员户以工分参加分配。实行这种办法生产资料全都归生产队统一支配，不分到户，作物茬口由生产队统一安排，包产内产品由生产队统一支配、统一核算和分配。固镇县按播种面积计算，包产到户的占50%左右。

### （二）全部生产项目或作物包产到户

生产资料公有，所有农作物包产到户，包产内产量、产值交生产队统一分配。采用这种形式的生产队，土地，耕畜、农业机器和大中型农具均坚持生产队集体所有。拖拉机、柴油机、水泵等机械由生产队统一管理、统一使用。耕牛、犁、耙等交户使用，由户管理。全部耕地，所有农作物分户耕种，实行包产、包工、包费用，全奖全罚。包产以内由生产队统一核算和分配。

目前，采取这种形式的为数不多，比较典型的有全椒县三圣公社松树山生产队。该队16户，92人，34.5个劳动力，209亩耕地，9头役牛。1979年开始实行包产到劳力（按劳力分地），生产队统一分配的办法。为了保证这种办法顺利执行，生产队制定了一套规章制度，共五章二十二条，归纳起来有以下几个主要内容：（1）土地和耕牛农具分配。生产队对全队劳动力按强弱和技术高低评出等级，按等级分地，然后确定每个劳力承担的田亩，以户为单位计算总亩数，好坏田联户使用，养用合一，犁耙随牛走。耕牛农具按质作价，算出每亩田平均摊得价款，作为生产队向社员的投资，保证生产队对这些固定资产的所有权和原价值不变。各社员户由于实际承包的耕地田亩和实际使用的耕牛农具价值，不一定和全队按田亩平均分摊的价款相符，户与户之间的平衡，采取多退少补办法找齐。（2）三包一奖惩。生产队对全队耕地逐块定产，然后落实到承包的劳动力名下，按田亩规定承包的工分，按历年情况和生产队财力、规定生产队应付给的生产费用，包干使用。包产内产品交队统一分配，超产全奖实物，减产按市价赔现金。（3）农副产品交售任务。生产队将国家下达的农副产品交售任务，按各户包产情况落实到户，分户交售，生产队统一结算；交售给国家的农产品，按生产队规定的平均价格计算，质量好超价部分归户，质量差减价部分由户如数赔偿。完不成交售任务者按议价罚款。（4）管水用水。生产队统一管水，全队5口大塘由生产队长管理，12口小塘按用水习惯归户或联户使用，户可以养鱼、藕等，产品归户。为了解决用水串田，在需要过水的田头挖一条小排灌沟，公共使用。（5）包产外用工。生产队对全队公益事业和零杂活等，采用付给机动工工分办法，由生产队统一派工，各小组（为了便于生产互助和处理一些行政事务，生产队下分三个小组）轮流出工，每月平均冲销工数，下余尾数年终参加分配。为了组织好全队生产，规定生产队长不包田，专门负责全队生产，其劳动报酬用"靠工"办法，即按同等劳力工分付给，参加统一分配，同时按全队平均超产数付给超产奖励部分。

### （三）包干到户

生产资料公有，所有农作物包产到户，实行大包干。采用这种形式的生产队，土地、耕畜、农业机器和大中型农具的所有权归生产队，拖拉机、柴油机、水泵等农机具多由生产队统一管理、统一使用。有的生产队将拖拉机包给农机手，规定每年上缴一定产值，机器维修费和耗油费均由农机手自理。生产队还规定拖拉机首先要保证农业生产需要，为社员户耕地、脱粒、运输等均按规定由农机手收取一定费用，作为农机手的收入。耕牛、犁、耙等交户使用，由户管理。全部耕地所有农作物分户耕种，生产队对社员实行大包干，即包生产任务，包农副产品交售任务，包上缴公共积累和各项提留（包括大、小队干部补贴，民办教师、农村医生、民兵训练、烈军属补贴等，欠贷款的生产队还包括还贷款等）。这就是安徽农村普遍流传的"保证国家的，留好集体的，剩下全是自己的"的办法。这个办法是从凤阳县实行的大包干（到组）的基础上发展起来的。其他各县采用这种形式的也不少。

实行包干到户办法的生产队一般不定工分和生产费用，只定产量，即按承包田亩计算出各项作物总产量，以便计算应留给社员的口粮、口油、自留棉等自食自用部分和应交售给国家的农产品。

实行上述二、三两种形式的生产队，耕地分配有的按人口平均，有的按人口和劳动力比例，有的按劳动力的劳动底分。不论按哪一种分配办法，都是以户为单位统一计算田亩数量。有的生产队留下少数耕地作为机动地，以备新增人口或劳动力（如复员军人、嫁娶等）时分配，这部分耕地只暂时交给劳动力多、愿意承包的社员户耕种。

由于各生产队耕牛、农具等生产资料的数量有限，不可能做到每户都有一头牛或一张犁耙，因此，实行上述二、三两种形式的生产队，多数队下面都设小组，以一个牛犋为一个组，组内各户联合使用。多数生产队耕牛由各户轮流喂养，轮流使用。喂养时间有的按各户平均分摊，有的按各户田亩数量分摊，有的是轮到哪一户使用就由哪一户喂养。少数生产队耕牛由专人喂养，专人使牛，轮流为组内各户耕种，由组内各户按田亩负担耕牛饲草、饲料和养牛人的报酬。至于耕牛农具作价，在有的生产队只起保留原值的作用。在规定使用年限内耕牛非正常死亡和农具损坏，使用户要按原价赔偿。有的生产队则还为了要按价款在规定年限内逐年提取折旧费。有的生产队认为，向社员户收取折旧费，等于社员用分期付款的办法，向生产队买去耕牛农具，无形中这部分生产资料所有权转移了，因此不用这个办法。有的生产队对耕牛农具作价是为了计算每亩田平均应摊得的价款，然后在户与户之间找齐，以求平衡。

实行后两种形式的生产队，农产品几乎都是由各社员户分别向国家交售。而国家粮站只以生产队作为交售单位计算任务完成情况，即"认队不认户"，因此粮站只付给各社员户收购农产品的收据，社员要将收据交给生产队会计，由生产队和粮站统一结算。粮站在计算出生产队全队交售的农产品数量、价款之后，给生产队收购农产品的总收据，生产队据此，向信用社取得出售农产品应得价款。生产队同时还要按照各社员户年初承包的各项农产品交售任务，计算出各社员户交售农产品应得价款，超购部分价款如数付给社员，承包任务内的价款，在实行统一分配的生产队，由队统一核算，社员分配部分按工分计算到户。在实行大包干到户的生产队，则由生产队按事先规定做各项扣除之后，剩余部分付给社员户。由于社员户和粮站、信用社不直接发生现金往来关系，需经生产队结算。因此，预先规定的扣留部分能够实现。有些地方去年没有规定队统一结算，而是分户结算，因此有的生产队提留部分不能完全保证。

<h2 style="text-align:center">三</h2>

安徽省农村实行包产到户的形式虽多种多样，都共同显示出以下几个有利的方面。

第一，促进了农业生产的发展，多年来，由于政治和经济方面的原因，不少生产队生产上大呼隆，社员分配上平均主义，严重挫伤了社员参加集体生产的积极性。一些生产队生产发展缓慢，有的甚至停滞倒退，包产到户以后，社员户承包的农作物产量高低，能否超产，和社员户的经济利益紧密相连，生产的最终成果产量成为社员关心的内容。而经营管理好坏，劳动好坏直接关系到产量的高低，因此，社员普遍关心生产，力求增产超产。基层干部普遍反映，现在无须干部催耕催种，催管催收，各户都很注意农时，加强田间管理，精打细收。过去有些生产队插秧拉绳还不能按规定尺寸插好，天天喊消灭三类苗，三类苗却少不了。现在社员干活认真了，农活质量好了。按社员的话说，"联产象联心，谁联谁操心"。"过去只有队长烦神，现在家家烦神了。"由于社员生产积极性调动起来，人勤地不懒，实行包产到户的生产队普遍增产，特别是在长期低产贫田的地区，增产幅度更大，这在第一部分已有许多材料说明。

第二，改善了社员在生产劳动中的地位。实行包产到户的地方，社员普遍反映"自由了"，这主要是指时间可以自己支配，行动可以自己做主了。长期以来，由于经营管理水平、干部作风和其他原因，多数生产队对社员管得过死，集体劳动时间很长，加上种种限制，社员日常家务劳动和从事家庭副业生产的时间得不到保证，社员感到很不自由。有的地方社员形象地把他们一天的时间安排编成下面这样的顺口溜，"吃三睡五干十四，剩下两个钟头抓大事"。特别是有的生产队还以扣罚工分和其他强制办法迫使社员听从生产队一些不合理的劳动安排，社员对这些做法非常反感，深深感到被管够了。有的社员说，"宁可少收入，也不受这个管"。实行包产到户的地方，社员通过和生产队签订经济合同的办法建立联系，社员对承包的产量负责，社员的劳动通过最后的产量体现出来，在生产劳动中，社员的劳动时间主要由自己自由支配，根据具体情况自行安排。只要农活安排妥当，不论什么时间去赶集，走亲戚，甚至去看戏都不怕被扣罚工分。社员把包产到户干活叫作"自紧自"，即抓紧干完活可以休息。实际上，包产到户的地方，一般工效都高，社员休息时间多了，不少农民说，现在是活照干，戏照看，心情都比较舒畅。尤其妇女更加满意，她们说："'大跃进'时把我们从锅台解放到地里，现在又把我们从地里解放回家里了"，"现在家像个家样了，孩子有人照管，还有时间喂猪养鸡了"。

第三，提高了社员的生活水平。由于多方面的原因，解放 30 年了，不少农民生活还很贫困。安徽省定远、凤阳、嘉山一带多年来年年有人外出逃荒要饭，凤阳县一年的外出人口多达三万人。其他地区也有外出讨饭的农民。至今，农村住房相当破旧的随处可见。农民说："从春忙到年，不见一分钱，哪有心思来种田"。近两年，这类地区实行包产到户以后，社员积极性提高了，生产发展了，增产又增收。往年常闹春荒的地方不荒了，基本上解决了吃饭问题，多年外出逃荒的农民不再逃荒要饭，安心在家生产。有的社员省吃俭用，存款备料，准备盖新房，有的户已经翻盖了多年失修的旧屋。由于生活水平有了一定提高，农村比较稳定。就是在原来生产生活水平较高的地方，包产到户以后，不少社员生活水平也有提高。这方面的具体材料在第一部分也已经作了反映。

第四，促使社员主动学习农业生产技术。包产到户以后，生产全过程基本上都由各社员户承担，这就要求社员需要全面掌握农业生产技术，以便完成生产任务。因此有些社员外出学习技术和串换良种，一些青年主动向老农请教，特别是那些一向不好好干活，在集体混工的"高级社员"，也迫于形势开始认真学习生产技术，真正参加农业生产劳动了。

安徽省农村近两年实行包产到户的地方，农产品总量增加，商品率提高，社员生活改善，农村经济活跃。从发展农业生产，增加社会财富，提高人民生活水平来看，包产到户这个办法，目前所显示的好处是明显的，正因为这样，这个办法目前受到农民的广泛欢迎。

但是，应该看到，安徽农村目前实行的包产到户，也还存在一定的弊病。

第一，地块太小，给耕种带来一定困难。包产到户的地方，好坏田、远近田搭配分到户，而且都是家家粮、棉、油，户户小而全，尽管粮田或棉田等多数还是按生产队规划，成片成块种植，分田时有的生产队也注意尽量使各户的田块成片，但毕竟要按户划分，这就不可避免地出现将已经平整连片的耕地又分割成若干小块，大田中套小田，而且所有作业分户进行影响耕种。比如有的户分的田块和耙的宽度不成比例，一耙有余，两耙不够，竖耙可以，横耙不行；有的户田块过于分散，不便管理。

第二，不能做到人尽其才。前面提到，包产到户以后，促使社员主动学习农业生产技术，这是好的一面，然而农村毕竟客观上存在着有的农民对某一种庄稼或某一项农活特别在行，如果按专业分工，或采用专业户的办法包产，可以充分发挥这些人的专长。现在，几乎都是样样作物每户都包一点，各项农活社员户自己承担，有某种专长的人得不到充分发挥作用的场所。

第三，劳动力弱、全套生产技术差的社员户，生产上有一定困难，在农忙季节，一些关键的农活都要请人帮忙。尽管农村中生产互助比较普遍，不付报酬，但是请人帮忙要备饭菜烟酒招待，请一人一天一般要2—3元，特别是要等别人干完自己农活以后才来帮忙，不能更好地抓住农时。

第四，从维护现有生产队集体看，大包干到户这种办法，生产队几统一比较困难。社员户只和生产队签订承包征购任务、上缴生产大队和生产队的各项提留，有的队还提留一定公共积累，有的不提。特别是在生产队没有任何集体副业收入的地方，生产队和社员户没有其他经济制约。在生产管理、产品支配、劳动力使用等方面，基本上归各社员户自行处理，生产队的经营管理权，有相当部分转到各社员户。

综上所述，安徽省农村近两年实行的包产到户办法，确实有利也有弊。包法不同，利弊也不完全一样。但是它调动了社员的积极性，发展了生产，增加了收入，因此还是利大于弊。

# 四

目前安徽省实行的包产到户，是在 1978 年出现的。

1970 年，安徽遇到百年不遇的大旱。在秋种时，省委号召种"保命麦"，并采取"借地度荒"的非常措施。当时，许多地方集体种麦种不下去，在这种情况下，有些社队实行了包产到组，有的秘密地搞了包产到户。芜湖县黄池公社西埂生产队搞包产到户绝对保密。当时订了 21 条，第一条是保密，第二条是国家任务自己不吃也要完成，还有一条是如果带头的人坐牢，他家的生活由大家负担。肥西县官亭公社老郢生产队属于另一种情况，他们在 1978 年种麦时，进度缓慢，后来按劳力分配任务，一个劳力 1.5 亩小麦，每亩给三块钱生产费，亩产 200 斤，给记 200 个工分，大大加快了进度。公社书记说："这不是责任田吗？"跟县里干部讲，都不敢表态。接着，附近的队也搞了起来。与此同时，山南区委书记在黄华大队蹲点，麦子种不下去，发动群众讨论，根据群众意见实行了"三包一奖，责任到人"。群众积极得很，于是在三个公社推广，大大加快了种麦进度。因而，别的社队也采取了这个办法。当时，肥西有 800 多个队搞了包产到户，是全省最多的县份。

三中全会后，省委派农委政研室的同志到肥西山南公社宣传中央两个农业文件，发动群众讨论如何加快农业发展步伐。群众说："要快，就要三定到底，包产到户。"据公社书记介绍：当时 80% 的社员赞成包产到户。万里同志同意山南区试验。与此同时，在滁县地区、固镇县等，也都有意识地搞了包产到户的试验，在一些地方群众自发地搞了包产到户。1979 年底，全省有 3.79 万个生产队搞了包产到户，占其总数的 10%。

1980 年元月，安徽省委召开全省农业会议。会上对包产到户展开了热烈的辩论。省委负责同志代表省委作总结时指出，包产到户是责任制的一种形式。会后，包产到户在一些地区又有了进一步发展。

包产到户在安徽不断扩大，并不一帆风顺。当 1978 年秋，山南区委书记支持群众搞三包一奖，责任到人时，就有人写信告到省委，质问："领导农民向何处去?!"就是经"同意"在一些生产队进行试验时，也存在尖锐的斗争。一是对未经"同意"的不准试验。当时只允许少数队试验，其他不准搞，但包产到户的"传染力"、"吸引力"却相当大，周围一些社队也搞起来了。对此，有的地方用办党员学习班，不供应生产资料、不给贷款等办法"改"了回去，引起群众不满。他们质问："允许别队试验，为什么不让我们试验?""多打粮食犯什么法?"二是已经允许试验的队也是几经风波。大的风波有两次，一次是 1979 年 3 月中旬《人民日报》发表张浩的信和编者按语。在安徽农村引起波动，一些干部和群众认为"有来头"，人心浮动，有些队已经收了。当时肥西山南区也准备收，只是省委领导同志干预，才稳定下来。另一次是在 7 月，省委准备推广凤阳大包干经验，实行包产到组，个别领导同志在电话中批评肥西搞包产到户。在这种情况下，县委发了 46 号文件，纠正包产到户，并召开区社干部会"转弯子"。许多基层干部思想不通，有的找到省委。经省委负责同志指示县委"不要硬扭"，县委又发了 50 号文件。正如肥西一位县委副书记所说："试验包产到户的一年，我们害怕了一年，捂了一年，被动了一年；群众却抗了一年，干了一年，增产了一年。"肥西的情况，在安徽是有代表性的。

最近情况有些变化，有的地区的书记原来赞成包产到户，现在改变了看法。有的地委负责同志讲："我们宁肯迟发财，也不跌跤子"，反对搞包产到户。有的县委书记则说："不怨上，不怨下，不怪左，不怪右，杀头坐牢，也把今年搞下来"。也有的县委书记表示："对包产到户问题，县委担担子，不怪下边"。区社干部听后说："是不是搞包产到户又错了?!"群众则有"张书记挖渠，李书记填沟"之感。

对包产到户，在安徽从上到下一直存在尖锐的分歧。有的赞成，有的反对。在调查中，我们听取和收集了双方的意见。

第一，关于包产到户的性质。赞成包产到户的认为，包产到户只是在承认生产队，对生产队负责的前提下，经营管理方式上的改变，这种改变是利用经济手段加强了"户"的责任心。因此，它是责任制的一种形式。他们认为，看包产到户是不是社会主义性质，要看它是否改变了生产资料的公有制；是否坚持了按劳分配原则。包产到户没有改变和否定这两条，因此把它说成是"单干"、"倒退"、"方向路线错误"不符合实际。

反对包产到户的人则认为，包产到户和分田单干形式虽有不同，但实质上是一回事，也有人虽然承认包产到户不等于单干，但认为它必然要滑到单干。他们说，搞包产到户，虽然规定了生产队有"几统一"，但实际上统不起来，一旦包产到户就要滑向单干。而单干，就要"穷的穷、富的富、帮的帮、雇的雇"，两极分化。因此，包产到户是倒退，是方向道路问题。嘉山有人给县委写信说："毛主席领导我们组织起来，被你们这些败家子一锤子打散了，我睡不着觉，想起来真痛心"。

第二，关于实践中发生的一些矛盾。在实行包产到户的地方，出现过这样那样的矛盾。例如争牛、争水、卖拖拉机、拆公房、分掉积累基金等问题，对这些问题，大家都承认是事实，但结论却大不相同。反对者认为，包产到户矛盾多，不好解决。赞成者认为，这些矛盾只是工作问题，不是包产到户必然要产生的问题。他们说，这矛盾那矛盾都是可以解决的。例如争牛、争水问题，在一些地方开始搞包产到户时，均有发生。甚至有打破头、住医院的事。但是，在经过实践，总结了经验，制定了必要的制度之后，就很少发生这些问题了。又如对"四属"、"五保"户问题，有些地方开始时注意不够，一些缺劳力户发生困难，后来逐户进行安排，解决了他们的困难，等等。正如有的同志说的："包产到户矛盾再多，但它增了产，这就解决了主要矛盾。"

第三，关于农业机械化。反对者认为，农业的发展方向是现代化社会主义大农业，包产到户地块划小了，拖拉机也卖了，怎么实现机械化？赞成者认为，对卖拖拉机要作具体分析，有的地方卖了拖拉机却买了排灌、加工、运输等机械，有的地方劳力多，加上农机质量、配套方面存在的问题，农民既养牛又买拖拉机，两套锣鼓开支大，他们感到不如使牛合算。目前，一些地方生产水平不高，群众生活困难，当务之急是吃饱肚子，将来生产发展了，收入增加了，有了条件，再机械化不迟。滁县行署农机局的同志介绍，有的公社适应包产到户的情况，把各队不用的手扶拖拉机买下来，由公社或大队组成不农机服务队场（组），或由生产队把机器包给机手，实行"几定一奖惩"，农忙为农业服务，平时搞运输，效果较好。

# 五

通过在安徽调查，对包产到户，我们有以下几点粗浅看法。

第一，包产到户是责任制的一种形式，在第二部分列举的第一、第二两种形式虽然将生产任务的一部分或全部分包到户，但保持生产队的"几统一"，坚持了生产资料公有制和按劳分配原则，这里的"包"字反映了生产队内部集体与劳动者（社员户）之间的关系，无疑是责任制的一种形式。

至于第三种形式，即包干到户，要作具体分析：（1）主要的生产资料，特别是土地，仍然归生产队集体所有；（2）生产队与社员户每年要根据实际情况签订承包合同，确定每户承包的作物、产量和部分作物的种植面积，生产队保持了必要的生产计划经营权；（3）由生产队统一管水以及统一组织的水利建设，有的队还保留了窑厂等工副业；（4）各户收获的农产品，必须按照与生产队签订的合同规定的项目，作各项扣除，即保证完成征购任务和大队、生产队的各项提留，因此生产队对产品还有一定的支配权。这些说明，在所有权、经营权以及产品分配等方面，各社员户同生产队还是挂钩的，因此可以说它依然属于责任制的范围。它和单家独户的个体经济还是不一样，不能说它就是分田单干。

我们认为，把包干到户归属责任制范围有好处：（1）它基本符合客观实际；（2）群众愿意；（3）有利引导，使之不断完善；（4）在政策上有连续性。反之，如果把它说成是单干，首先它不符合实际；其次，把农民一下推到单干一边去，其影响后果都是不好的、有害的。

当然，也要看到，这种形式的责任制在生产关系方面确实有了某些调整。首先，土地、耕牛、农具一定几年不变，说明所有权与使用权有所分离，而且已经出现社员买耕牛、农具的情况。其次，社员户在保证完成合同规定的上缴任务的情况下，对承包的作物可以进行调整。最后，对产品及收入，生产队只管上缴提留部分，不能支配全部。社员对承包的生产项目在相当一部分生产队，实际上是由社员户自负盈亏。虽然，这种独立性还不能完全摆脱生产队的制约。生产队根据有利生产的原则，在合同期满后，对原定的某些不适部分进行修正，因而社员户每年承包的作物，产量不完全相同。此外，由于社员户自己花钱买化肥、农药和其他生产资料，各户自打自收，生产队对产量和生产费用已经不能进行准确地核算。

有人认为，包干到户同集体把土地租给农民差不多，实质上变为单干。我们不赞成这种看法。因为，（1）社员还是该集体单位的主人，不存在自己向自己租地的问题。（2）生产队提留的公积金、公益金依然是社员集体的财产，而租金就不会是他们的集体财产。当然，包干到户这种形式，如果工作跟不上有可能转变为单干。但这是工作问题，不是必然如此。所以要做好工作。当然，也不能因噎废食。

总之，一切从实际出发，只要能调动广大农民的积极性，促进生产力的发展，我们就应当放开手脚去干。明明是群众年年讨饭，却说是"坚持了社会主义"，而当群众吃饱了肚子，多卖了余粮，支援了社会主义建设，反而说它是"倒退"、"不合方向"、"搞资本主义"。时至今日，这种"高论"难道还不应该收场吗?!

第二，允许各种形式的责任制同时存在。我们指出包产到户是责任制的一种形式，在于说明，包产到户并不是洪水猛兽。同时，也说明，它只是企业内部的管理问题。对于企业管理问题，对于责任制形式问题，不要动辄把它提到两条路线、两条道路上面去。应当说，我们在这方面的教训是不少的，很值得认真汲取。集体农业企业究竟采取哪一种责任制形式，应根据具体条件来定：（1）机械化水平的高低；（2）多种经营发展程度；（3）各项生产的规模；（4）集体的生产水平和收入分配水平；（5）干部的管理能力；（6）居住是否分散；等等。我国幅员辽阔，各地情况千差万别，各单位的条件也不尽一致，因此各个农业企业（生产队）采取责任制的形式也会有所不同，不能强求一律，搞"一刀切"。即使同是包产到户，但各单位的具体做法也不会完全相同。在那些采取包产到户证明增产增收的，或者大多数群众要求搞的，应当积极支持。当然，它不是责任制的唯一形式，不问实际情况，一律禁止，不对；同样，不问实际情况，一概推行，也不对。正确的做法，应当是允许多种形式的责任制同时存在。

第三，包产到户不是权宜之计。有人说，包产到户是"解决温饱的临时措施"，也有的人认为，它是"治穷的妙方"，还有的认为它是手工工具的产物，实现了机械化，现代化就不会有包产到户了。一言以蔽之，包产到户是权宜之计，"兔子尾巴长不了"。我们认为，这种看法值得研究。

任何一种社会化生产，都需要有严格的责任制。在社会主义条件下，责任制必须与劳动者的物质利益联系起来，与劳动报酬联系起来。由于农业生产周期长，每项作业都对最终产量有影响，而每项农活的质量又不容易检查，这就要求人们采取一种能促使劳动者不仅关心每项农活质量，而且关心整个生产过程，关心农活的及时性的办法，联系产量的责任制就是这样一种办法。从承担对象来说，责任制有两种，一种是集体责任制，另一种是个人（或户）的责任制，究竟采取集体责任制还是个人（或户）责任制，主要是根据生产项目和当时当地的具体条件，从最利于调动劳动者的积极性和有利于生产出发，哪种责任制有利，就采取哪种责任制。

随着农业生产力水平的提高，农业的劳动组织形式也会有相应的变化。但是，作为责任制的两种形式，即集体责任制和个人责任制，是不会被消灭的。今天某项生产采取集体责任制合适，将来机械化水平提高可能采取个人（或户）责任制合适。反之，也可能今天适于个人（或户）责任制，将来适于集体责任制。有的同志在谈到机械化对劳动组织的影响时，只讲组织规模扩大的一面，不讲缩小的一面，是不完全的。美国的小农场机械化水平很高，一个劳力经营 1000—2000 亩地，其规模比我们的生产队大得多。当然，包产到户这种形式，随着生产力水平的提高有可能被别的形式所代替（这种代替，也将是群众创造出来的合适的形式，而不一定是人们事先设想的模式，更不是回到过去的"大呼隆"），但作为个人责任制，将会长久存在下去。在实现农业现代化以后，还会有一些适合于个人（或户）去完成的生产项目和作业项目，这也是可以肯定的。

第四，切实地尊重集体农业企业的自主权。责任制属于企业内部的管理问题。集体农业企业（生产队）的真正主人是联合组成该集体的社员群众。各个集体农业企业内部的一切重大问题应由该集体的各社员群众讨论决定。毫无疑问，像采取何种责任制形式这样的问题，应该是各个集体农业自己决定的事，上级领导机关及其负责人，不应当乱加干涉。当然可以提出建议、劝告，但最后的决定权在生产队社员群众。

目前存在一种较为常见的现象，就是一个省，一个地区，一个县的主要负责人赞成某种形式的责任制，这些地方实行某种责任制的面就大，反之则小。这种现象说明，在一些地方生产队的自主权还没有得到应有尊重。而尊重不尊重生产队的自主权，从根本上说是承认不承认集体所有制的问题。一些同志把他们不尊重生产队自主权的错误做法，说成是为了维护集体所有制。但是，不尊重生产队的自主权也就说不上维护集体所有制了。

第五，对包产到户要加强领导。从安徽一些地方实行包产到户的情况来看，有领导比没领导搞得好。滁县地区包产到户的面比较大，地委针对包产到户出现的一些不利于生产队统一领导的情况，进行调查研究，提出建立合同制的办法，加强了生产队的领导。由生产队同各承包户共同签订包产合同，一式三份（大队、生产队、社员各一份）。群众很重视包产合同，有的社员像对待珍贵物品那样锁在箱子里（包产合同是农业集体单位内部管理的重大改革，是用经济办法管理经济的重要内容）。有人认为，包产合同是"假戏真唱"，并不符合实际。无为县严桥区不回避矛盾，归纳包产到户遇到的十个问题，有针对性地提出"十个怎么办？"如"合同怎么签订？""耕牛怎么使？""水怎么管、用？""集体用工怎么解决？""无劳力和少劳力的怎么办？""队长报酬怎么办？"等等，然后组织区、社干部深入生产队调查研究，提出解决办法，因而取得良好效果。但有的地方，有的同志却不是这样，他们或者不问实际，一律禁止，甚至采取诸如拔秧、犁麦、撤职、威胁"赶出县境"等错误做法；或者口头上允许各种形式的责任制，实际上把包产到户打入"另册"，一旦出一点问题，就大惊小怪，多方指责，也有的先捂一阵，捂不住就撒手不管，还有的同志心里赞成群众搞包产到户，但上级不准，只好睁一只眼，闭一只眼，任其自流。因此，本来可以避免的问题发生了，可以及时解决的问题久而不决。造成这种状况的主要原因：一是某些同志头脑中极"左"的流毒没有肃清；二是没有搞清"包产到户"的性质；三是多年来批判包产到户，搞怕了。因此，采取了"不承认"、"不沾边"的态度，放弃了领导。

加强领导，首先需要解放思想，实事求是。应当允许包产到户，限制是不对的，强扭更是错误。其次，对包产到户应采取积极态度，目前安徽省包产到户的生产队已近四分之一，因此，继续采取"不宣传、不提倡、不批不斗"的消极态度是不适宜的。最后，正确的领导，应当像滁县、无为等地的同志那样，不回避矛盾，深入实际，同群众一起进行分析研究，找出解决矛盾的办法。只要采取积极的态度，虚心听取群众的意见，包产到户中出现的一些问题是可以解决的，也是不难解决的。

# 六

包产到户，在我国并不是新的问题。自1956年以来，大的反复曾经出现三次，这一次是第四次。

第一次，在1956年的下半年到1957年。当时，浙江温州永嘉县委副书记支持一些农业社搞包产到户。同时，广东等省都发现一些农民提出搞包产到户的建议。1957年秋冬农村"大辩论"，把它当作富裕中农自发资本主义进行批判。

第二次，在1959年河南洛阳等地区许多社队又搞包产到户，在"反右倾机会主义运动"中被点名在全国批判。

第三次，在60年代初三年困难时期。当时，安徽、广东都搞了"责任田"，不过安徽搞得多，又是在上面挂了号的，后来受到批判。在安徽纠正"责任田"时，有些干部给党中央、毛主席写信"保荐责任田"。在十年动乱期间，对搞"责任田"的干部，特别是对给中央写信的同志进行了上百次的批斗。但群众却一直怀念"责任田"，称之为"救命田"。他们说，要不是"责任田"，当时饿死的人还要多；要是不纠正"责任田"，大瓦房早盖起来了。

第四次，是这一次。虽然上上下下都在议论纷纷，有不同的看法。但是允许试验了，不强扭了。嘉山县包集公社一位农民说："多少年啦，现在才开窍，像过去那样（指大呼隆）哪能干好！"

过去认为，包产到户就是单干、倒退、走资本主义道路，谁主张搞包产到户就认定谁是代表地主、富农的利益，是自发资本主义势力。

实践是检验真理的唯一标准。20多年的实践证明，包产到户之所以老是压不下去，压下去又冒上来，不是像一些人所说的那样，"是农民自发资本主义势力的顽强表现"，而是农民根据现阶段我国农业生产力水平、农村经济、文化状况，以及农村干部的实际管理能力而找到的一种办法，一种形式。因此，对包产到户进行认真的调查研究，作出恰当的结论，对全国农业的发展有重要的意义。

[原载中国农村发展问题研究组编：《包产到户资料选》（内部资料　二），1981年版]

# 联系产量的生产责任制是一种好办法

近年来，报刊上陆续发表一些关于农村人民公社基本核算单位实行联系产量责任制的报道和文章，引起比较广泛的注意，议论不少，有的赞成，有的反对，就这个问题，也谈一些我们的看法。

## 一

联系产量责任制是目前农村人民公社生产队实行的一项生产责任制的具体办法。其特点是把责任制和产量直接联系起来，以劳动的最终成果——产量作为考核社员是否尽责的主要标志，也就是对产量负责。一些生产队对农业和其他多种经营生产项目都实行产量责任制，有些生产队只对经济作物、饲养业、副业等部分生产项目实行产量责任制。一般做法是，在生产队统一领导下，根据生产的需要组织若干作业组（生产小组）或指派专人，负责管理一定生产项目，把各项生产任务，分别落实到各个作业组或个人，对作业组或个人规定产量（或产值）指标和劳动报酬数量，超产奖励，减产扣罚。具体做法各地不完全相同。在大田粮食生产方面，有些生产队对作业组实行的是"五定一奖"，即定劳力、定地段、定产量、定用工、定成本，超产或节约开支奖励，减产或增加开支受罚。有的实行"四定一奖"，有的实行"三定一奖"。一般采取多奖少罚的原则。有的生产队将耕牛和部分农具也定到作业组。从作业项目来看，有的是生产的全过程（即从种到收所有作业）均由作业组负责，有的作业组只负责下种后收获前那一段田间管理工作。对于一些经济作物，果树、饲养业等生产项目，有的定产（产量或产值）到作业组，有的定到劳动力（即到人）。上述做法的共同点是，作业组（或个人）要对生产的最终成果——

产量承担经济责任，除遇不可抗拒的自然灾害外，收获后要以定产指标为依据付给劳动报酬，超产奖励，减产受罚，通常人们把这种办法简称产量责任制。

产量责任制并不是新的办法，它是农业生产合作社曾经实行过的"三包一奖"制的继续和发展。早在1955年党的七届六中全会《关于农业合作化问题的决议》以及以后制订的《农业生产合作社示范章程草案》、《高级农业生产合作社示范章程》中都有详细的规定。各地都有贯彻执行并取得良好效果。在毛泽东同志主编的《中国农村的社会主义高潮》一书中，曾专门介绍过河北省饶阳县五公乡合作社和吉林省安广县四一农业生产合作社等单位实行包工包产的经验。60年代，在《农村人民公社工作条例修正草案》中，对这个办法又作了具体的规定，各地也都在执行，对农业生产的发展都起过积极作用。尽管林彪、"四人帮"给产量责任制加上"修正主义"，"倒退"等罪名，但是，就是在林彪、"四人帮"横行时期，各地还是有一些地方秘密采用这个办法，有的还一直坚持了十来年。广东省高州县马贵公社林邓大队新平生产队，从1967年起，一直秘密实行分组作业、以产计工的生产责任制，生产不断发展，11年来，双季稻有20季增产，集体经济壮大，社员生活改善。1978年每个社员平均分配收入达122元，比1967年增加57元。广东省博罗县园洲公社刘屋大队，从1971年以来坚持实行产量责任制达八年之久。这个队早在60年代就曾实行产量责任制，从1962年到1965年产量翻一番。1966年以后搞政治工分、平均主义，群众积极性不高，生产上不去，从1965年到1971年，水稻每年平均只增产1.8%，总收入只增加0.45%。干部和社员通过对比，认为还是实行"三包一奖"的办法好，于是在总结经验的基础上从1972年开始秘密实行了"以产定工"的办法，从而调动了群众的积极性，生产连年上升，社员收入不断增加。1978年同1971年相比，水稻每年平均增长3.5%，总收入每年增长8.5%，每人平均分配从158元增加到211元，社员口粮每人平均720斤。干部和群众说："搞平均主义生产上不去，搞产量责任制谷满仓"。粉碎"四人帮"，特别是党的十一届三中全会以后，采用这种办法的就更多了。据广东省对9个专区的统计，实行水稻生产联系产量责任制的队1979年春已发展到生产队总数的41.7%。从实际情况来看，实行产量责任制，除少数搞得差一些外，绝大多数是搞得好的。可见，这是群众熟悉又乐于采用的办法，是实践证明行之有效的办法。当然，目前实行的产量责任制并不完全是过去办法的简单恢复，有的根据新的情况有所发展。例如，由于生产的发展，生产项目的增加，不少生产队发展了按专业划分作业组，各行各业均实行了产量责任制。又如，有些生产队增添了一些较大型的农业机器装备，从便于管理和充分发挥机器的作用出发，不把它们固定到作业组，而是由生产队统一管理和调配，供各作业组使用（对机务人员也实行责任制定额管理）。再如计算产量办法，一些生产队克服了过去由于单打单收带来的弊病，采取较为灵活的办法，对便于分别收获的就分别收获，不便于分别收获的则采取田头评产或抽样测产、集中收获的办法，等等。

# 二

联系产量，责任到组或到人，是把生产责任制和计算劳动报酬形式这样两个既有区别又有联系的问题结合在一起，把对集体生产负责和社员个人的物质利益更紧密地联系起来。

建立生产责任制是社会化大生产的客观要求。一切规模较大的共同生产劳动，都需要管理，管理大生产的基本原则是分工负责制。在一个集中许多人共同劳动的生产单位，需要统一组织和指挥，按照生产的需要和每个劳动者的特长与能力安排恰当的工作岗位，明确各自的职责，密切配合，以保证生产有条不紊地、协调地进行。生产社会化程度越高，劳动的分工协作越发展，也就越需要建立严格的生产责任制。

农村人民公社基本核算单位的生产，是一种社会化的生产，虽然，目前它的规模较小，但一个生产队一般也有二三十户或五六十个劳动力，经营着粮食作物、经济作物以及饲养、副业等各种生产项目，同样需要合理安排劳动力，建立严格的生产责任制，在生产队统一领导下，分工协作，搞好集体生产。早在农业合作社初期，《农业生产合作社示范章程草案》中曾经规定："农业生产合作社为了进行有组织的共同劳动，必须按照生产的需要和社员的条件，实行劳动分工，并且建立一定的劳动组织，逐步实行生产中的责任制。"新修定的《农村人民公社工作条例》（试行草案）中强调要"加强劳动组织，建立严格的生产责任制"。并具体规定，"农业、林业、牧业、副业、渔业、工业，不论是否实行单独核算，都要根据生产需要，建立小组的或个人的岗位责任制，实行定人员、定任务、定质量、定报酬、定奖惩的制度"。实践证明，加强生产责任制，提高社员群众对集体经济的责任感，改善人民公社的经营管理，对促进集体生产的发展，社员收入的增加，都有十分重要的意义。

要搞好生产责任制，需要加强政治思想教育，使每个成员树立热爱集体，关心集体的思想。同时，还需要认真贯彻物质利益原则，把责任制同劳动者的物质利益联系起来，在很大程度上就是同劳动者的劳动报酬联系起来。因为，在我国社会主义条件下，劳动者个人的物质利益主要是通过劳动报酬（包括奖金）实现的。如果责任制不同劳动者的物质利益联系起来，不同劳动者的劳动报酬联系起来，生产责任制就不容易落实。所谓责任制同劳动者的劳动报酬联系起来，就是对认真负责，超额完成任务的小组或个人给予经济上的奖励，即增加其劳动报酬；对不负责任，没有完成任务的小组或个人给予经济上的处罚，即扣减其劳动报酬。

目前各地农村人民公社实行的生产责任制，大体有两种做法：一种是对某项作业或几项作业负责，完成作业后，经检查验收，给予一定的劳动报酬，如不合要求则返工或扣减工分；另一种是对产量负责，即根据生产的农产品数量计算劳动报酬，超产奖励，减产扣罚。应当说，这两种办法，都是把责任制同劳动者个人的劳动报酬联系起来，但是比较起来，后者比前者更适合农业生产特点，有较大的优越性。首先，可以促使社员关心生产的全过程。农业生产有强烈的时间性、季节性。农业生产的对象是有生命的植物和动物，它们都有自己的生活规律，需要经过一定的生长、发育阶段。各个阶段密切联系，前面阶段对后面阶段有密切影响。只有在每个时期都给它们创造了良好的条件，才能获得丰产。如果在它们的整个生产过程中有某一个时期没有达到其生长、发育的要求，就会给最终的产量带来不利的影响。因而，它既要求提高效率，不误农时，又要求人们十分重视劳动质量；不仅要关心某一项农活，而且要关心每一项农活。仅仅对某一项作业负责，是不能完全满足这些要求的。而对产量负责，就会促使社员不仅注意提高劳动效率，做到不违农时，而且还重视各个时期每项作业的质量；不仅要关心生产过程中的个别作业项目，还要关心生产的全过程，否则，就不会得到丰产。可见，对产量负责既具有对某项作业负责的优点，又弥补了它的不足。

其次，可以更好地贯彻按劳分配原则。农村人民公社社员的劳动报酬是以他们向集体提供的劳动数量和质量为依据的。大家知道，农业生产同工业生产有很大的不同，一般来说，工业生产中每一道工序的产品都可以定出较明确的规格要求，劳动者的劳动数量和质量能够及时作出比较准确的鉴定。而农业生产过程每个时期每项农活的质量往往不易检查、验定，例如翻地，要求深度20公分，验收时不可能逐块地检查是否都达到标准，因而不便于对劳动者的劳动进行考核，给贯彻按劳分配带来困难，掌握不好，容易产生有的社员"只顾千分，不顾千斤"，贪多求快，忽视质量的现象。但是，平时各项农活质量好坏，都会在劳动的最终成果——产量上面得到反映。平时管理得好，产量就高，平时管理得不好，产量就低。因此，用产量指标来考核社员的劳动，能更好地体现按劳分配原则。尽管农业生产受自然因素影响较大，产量多少不完全取决于劳动的好坏。但是，在同等条件下，劳动者付出劳动多少，质量好坏，还是要在产量上反映出来。产量仍不失为考核社员劳动的一个比较好的指标。当然，如果发生了不可抗拒的自然灾害，则要作特殊的处理。

最后，可以把集体利益和社员个人利益紧密地结合起来。提高产量是集体经济不断巩固和发展，社员收入不断增加的物质基础。用产量作为考核社员对集体是否尽责，作为付给社员劳动报酬的依据，可以促使社员关心产量，关心集体生产，把集体利益和个人利益紧密地结合起来。

此外，可以进一步提高集体经济的经营管理水平。产量责任制要建立在科学的定额管理基础之上。没有科学的定额，就不可能订出切合实际的产量、用工、费用等指标。同时，由于产量、用工、费用等项指标关系到每个劳动者的切身利益，因此，它更能动员群众积极参加生产计划的制订，并为超额完成计划而奋斗。此外，实行产量责任制，由群众参加，逐块地段确定产量指标；合理组织劳动，提高劳动效率；促使干部和群众增强成本观念，节约开支，减少浪费，因而使计划、劳动、财务、物资等项管理得到进一步的加强。同时也更好地体现了民主办社方针。

毫无疑问，随着生产的发展，生产力水平的提高，人民公社基本核算单位内部的劳动组织形式会有所改变，责任制的一些具体做法也会有所变化。但是，在社会主义阶段，产量责任制的基本内容，即把责任制同生产的最终成果——产量联系起来，同劳动者个人劳动报酬联系起来，将不会改变。

## 三

目前，对产量责任制的认识还存在很大的分歧。因此，正确理解产量责任制，解决认识上存在的问题，有利于产量责任制的实行。

有人认为，产量责任制是资本主义、修正主义的办法。这种说法是错误的。判别一种责任制的性质是不是社会主义的，要根据它所反映的生产关系及其实际结果，具体地说，就是：（1）是否发展了社会主义生产、体现了劳动者的利益；（2）是否维护了社会主义所有制；（3）是否贯彻了社会主义的按劳分配原则。在资本主义社会，企业属于资本主义所有，资本家通过责任制度的建立，加强对工人的统治，这种责任制反映的是资本家与工人之间剥削与被剥削的关系，是迫使工人替资本家创造更多剩余价值的制度。而在社会主义社会，劳动者是企业的主人，企业的生产责任制由劳动者直接参与制订，是劳动者自觉要求加强经营管理的手段，这种责任制反映的是劳动者之间互助合作的关系和劳动者与集体利益一致的关系，是发展社会主义生产，提高劳动者自身物质福利的制度。农村人民公社基本核算单位实行的产量责任制，是作为集体经济主人的社员和干部根据生产的需要而制订的，体现了他们要办好集体经济的强烈愿望。实行产量责任制后，生产资料和产品仍然归基本核算单位所有，在所有制的性质和范围上均未改变。在劳动中，实行有组织的分工，人们之间的关系依然是互助合作关系。在个人消费品分配上，如前所述，实行产量责任制更好地体现了按劳分配原则。从结果来看，它调动了社员参加集体劳动的积极性，增强了他们的主人翁责任感，巩固和发展了集体经济。因此，它是社会主义性质的。如果说因为产量责任制联系了产量，联系了社员个人的物质利益，所以成为修正主义的，那正是混淆了马列主义和修正主义的界限。物质利益原则是马列主义的一个基本原则，这个问题报刊上曾发表过不少文章，这里不去重复。应当指出，前些年普遍存在的干和不干一个样，干好干坏一个样，干多干少一个样的现象，是和把物质利益原则、按劳分配原则当作修正主义批判有直接关系的，其结果是严重破坏了生产的发展，削弱了集体经济，以致现在我们还在承受其不良后果的影响。这些极其深刻的教训应当吸取。列宁说："对个人利益的关心，能够提高生产。"（《列宁全集》第33卷，第37页）我们应当牢记这些教导。

有人认为，产量责任制是鼓励个人主义，而不是集体主义精神，是"以私管私，越管越私"。我们认为，这种说法是不对的。产量责任制要求社员对集体分配的工作尽职尽责，并把集体制订的计划产量指标作为考核社员是否负责和计算劳动报酬的根据，因而它促使社员在产量上下功夫，千方百计为完成和超额完成定产指标而努力，这恰恰是以"公"管"私"，而不是什么"以私管私"。而把产量同劳动报酬联系起来，超产按比例奖励，超产越多，集体和个人都相应增加收入，因而做到了集体利益和个人利益的紧密结合，使社员更加关心集体，热爱集体，怎么能说这是"越管越私"！一些同志反对农业生产中的产量责任制，但是他们却赞成工业生产中的计件工资制。其实工业生产中的计件工资制，也是把劳动者的劳动报酬和产量——完成产品的件数直接联系起来，只是劳动者劳动的数量和质量在他每一项工作中都可以检查计算出来，无须像农业生产那样，需要等待整个生产周期结束罢了。

有人认为，生产队划分作业组实行联系产量责任制客观上就是分队，或必然导致分队。分队是把作为基本核算单位的生产队分成两个或几个基本核算单位，它涉及生产资料所有权的改变和生产队规模的缩小。尽管分队以后仍然是集体所有，但是原来属于一个基本核算单位的生产资料，由于分队而分别属于两个或几个基本核算单位，这些生产资料的所有权改变了。而分组却是在生产队统一领导下，根据生产的需要划分几个作业组从事生产劳动，是一种劳动组织形式。因为实行产量责任制，生产队就必须对作业组规定一定的产量（或产值）任务，同时，需要给作业组完成这个任务所必需的生产条件，这就需要把一定的土地、部分农具以至耕畜等相对固定给作业组使用，作业组只有保管和使用这些生产资料的权利，这些生产资料的所有权仍然属于基本核算单位。另外，基本核算单位的规模并不因为分了若干作业组而缩小，它还是一个可以统一指挥生产，经营各种生产项目的整体。由此可见，分组并不涉及生产资料所有权的改变和生产队规模的变化。把分组和分队等同起来，是把两个性质不同的问题混淆了。

前一阶段，有些地方确实出现分队的现象，这要作具体分析。据了解，要求分队的地方一种是前几年强行合并的规模较大或居住分散的队；另一种是干部领导不力，内部长期不团结，集体经济得不到发展的队；也有一种是在实行分作业组过程，由于缺乏领导，缺乏经验，具体问题得不到正确处理，致使矛盾激化造成分队；个别地方还因受少数人挑动，借分组闹分队，等等。这些都不是因为实行分作业组，联系产量责任制造成的。倒是有的地方，实行联系产量责任制的结果，加强了生产责任制，克服了经营管理上的混乱，贯彻了按劳分配原则，调动了社员的积极性，发展了生产，增加了社员收入，结果增强了社员办好集体经济的信心，防止了分队，巩固了基本核算单位。事实说明，分作业组实行联系产量责任制和分队是没有必然联系的。

有人认为，对作业组实行联系产量责任制会使作业组成为一级核算单位。农村人民公社生产队所以成为基本核算单位，是由于它实行独立核算，自负盈亏，直接组织生产，组织收益分配。生产队范围内的土地、耕畜、农具等生产资料均归生产队集体所有，统一调配使用；生产队范围内的劳动力由生产队统一调配使用。作业组并不具备上述这些权利。首先，生产资料所有权不在作业组，它无权处理，而只有保管使用权；相对固定到作业组的劳动力生产队有统一调配的权利，作业组不能任意阻挠生产队正确的调拨。其次，作业组只能在生产队统一计划下从事生产，无权任意改变种植计划和所经营的生产项目；作业组无权处理它取得的各种产品收入，而必须交生产队统一分配。最后，作业组不是独立核算、自负盈亏的单位，而是由生产队统一核算、统负盈亏。即使将土地、劳力、耕畜、农具都固定到作业组使用，又实行全奖全罚（即超产部分全部奖给作业组，减产由作业组全赔），作业组也不会变成一级核算单位。除了上述三个理由外，还因为奖、罚部分比例总是有限的，不可能构成一级核算单位应该具备的条件。实际上各地人民公社在实行联系产量责任制时，绝大多数并不实行全奖全罚的办法，以便正确处理集体和个人利益的关系，来积极发展集体经济。只要认真执行生产资料归生产队所有和统一支配；生产计划和重大生产措施由生产队统一决定；劳动力由生产队统一调配；产品由生产队统一处理；收入由生产队统一分配，划分作业组实行联系产量责任制绝不会使作业组成为一级核算单位。一些多年实行这个办法的生产队作业组并没有成为一级核算单位，而作为基本核算单位的生产队却更加巩固和发展，就是最好的证明。

这里，还必须把独立核算，自负盈亏的基本核算单位的核算，同基层劳动单位的某些经济核算加以区别。人民公社生产队为了搞好生产，增加收入，需要对它经营的各项生产活动进行全面的经济核算，以便用最少的人力、物力、财力，取得最大的经济效果。作业组是生产队的一个组成部分，加强各个作业组的经济核算对整个生产队的核算起重要作用，特别是在实行了产量责任制的作业组，精确计算各项经济指标，争取节约用工和生产费用，增加产量，将保证生产队实现以最少的消耗取得最大的经济效果。因此，作业组的核算是必要的。但是作业组的核算和基本核算单位的核算不同，它只是对作业组范围内单项生产项目进行，如同工厂里的班组核算类似。随着经营管理水平的提高，经济工作越做越细，生产队和作业组的经济核算工作也会加强。把作业组的这种经济核算看成是多了一级核算单位，显然是一种误解。

还有人认为，责任到人，联系产量计酬就是分田单干或变相单干。分田单干是指把已经属于集体所有的土地和其他生产资料又分给社员，成为社员个人私有，生产经营完全由社员户单独进行，产品、收入归社员支配，各个社员户自负盈亏，实际上社员户成了各自单干的个体农户。如果这样做，当然是一种倒退，要坚决制止。实行联系产量责任到人的办法，和责任到组一样，都是在生产队统一领导下负责经营某项生产，并没有改变所有制的性质，尽管责任落实到个人，它并不是分田单干，因为：第一，土地、耕畜、农具等主要生产资料是归生产队集体所有，集体支配，并不归使用的社员个人所有。第二，生产计划和主要生产措施由生产队统一制订，承担任务的社员个人无权更改。第三，责任到人后，劳动者本人对劳动时间的具体掌握上有一定的灵活性，但这是在服从生产队统一安排下的灵活性。因此，从责任到人的劳动的性质来说，是在生产队统一领导下的分工协作，是属于生产队范围的集体劳动，并不是个体劳动或单干。第四，产品要交生产队统一处理分配，社员个人不能占为私有，自行处理。因此，不能把联系产量责任到人看成是分田单干。不少生产队对一些经济作物、养殖业、副业等生产以及边远、零星地块采用联系产量责任到人的办法，并没有导致分田单干。在合作化初期，毛泽东同志曾经指出："我们必须相信：（1）广大农民是愿意在党的领导下逐步地走上社会主义道路的；（2）党是能够领导农民走上社会主义道路的。"（《毛泽东选集》第5卷，第180—181页）经过二十多年实践，绝大多数农民更深刻地认识到"为了摆脱贫困，改善生活，为了抵御灾荒，只有联合起来，向社会主义大道前进，才能达到目的"。（《毛泽东选集》第5卷，第179页）因此，他们是不愿意分田单干的。把农民提出的加强责任制，巩固和发展集体经济的办法看成是农民要走向单干的步骤，是不符合实际的，也是不相信广大农民的一种表现。

综上所述，产量责任制并不是什么邪门歪道，而是人民公社生产队经营管理的一项比较好的具体办法，有利于集体经济的巩固和发展。当然它并不是唯一的办法，由于全国各地农村人民公社情况千差万别，究竟采取什么办法来加强集体经济的经营管理，要充分尊重各地生产队的自主权，不能用"一刀切"的办法强行推广或禁止某一种办法。对于那些愿意采用产量责任制办法的生产队，应该积极支持，同时加强领导，认真解决具体问题，帮助他们搞好。实行产量责任制是一项复杂又细致的工作，牵涉队与组、组与组、个人与个人之间的经济关系，在解决具体问题过程中，还需要加强政治思想教育，减少以至避免不必要的纠纷。同时，也要加强定额管理工作，保证各项指标切实可行和每个社员劳动报酬的合理。

（原载《农业经济问题》1980年第1期）

# 论包产到户

近两年，我国农村社队改善经营管理，因地制宜实行了多种形式的生产责任制，对发展农业生产，巩固集体经济，增加社员收入起了重要作用。包产到户就是多种生产责任制形式中的一种。许多社队的实践证明，这种办法增产效果显著。但是这个办法是否可行，人们却议论纷纷，因此有必要进一步探讨。

## 一

包产到户是联系产量生产责任制的一种形式，是集体经济经营管理的一项具体办法。

任何一个集体生产单位，要搞好生产，都必须建立和健全生产责任制，农民联合起来组成的集体生产单位也不例外。这在合作化初期制定的《农业生产合作社示范章程草案》中就已经得到明确反映，很多地方也都这样做了。

农业生产中，生产责任制基本上可以分为两种类型：一种是不和生产的最终成果相联系，即不联系产量的生产责任制；一种则是和最终的成果相联系，通称联系产量的生产责任制。两种类型中又各有许多具体形式。

实行不联系产量的生产责任制，承包生产任务的作业组或社员个人，只对作业项目负责，完成一定的生产任务，领取一定的劳动报酬。有的生产队实行划分固定作业组，集体承包生产任务，定额记工，按质量和完成任务状况增减工分报酬。安徽省农村简称这种办法为"一组四定"，即划分作业组，定任务、定时间、定质量、定报酬。有的生产队则采用按工作项目组织临时作业组，实行小段包工。也有的生产队将一定的生产任务直接分派给社员，由社员个人承担生产责任，生产队给社员记工分，付给劳动报酬。

实行联系产量的生产责任制，承包生产任务的作业组或个人，要对生产的最终成果——产量（或产值）负责，完成了规定的产量（或产值）指标才付给一定的报酬。合作化初期实行的"三包一奖"（包工、包产、包费用，超产奖励，减产赔偿），就是联系产量的责任制。农作物生产过程中，各项作业质量是否符合要求，都直接影响最终产量。实行联系产量的生产责任制就能够促使社员关心生产的全过程和每一项农活的质量。联系产量责任制又有包产（或联产）到组、到劳力和到户等各种具体形式。对于包产到组和到劳力，很多人已承认是责任制的形式。对包产到户，有的人却不承认。其实，包产到户和前两者不同的地方，只在它是由社员户向生产队承包生产任务。但它与前两者一样，都体现了承包者与生产队的一种经济关系。这种关系只有在生产队这个集体存在的前提下才能存在。如果说已经分田单干，那么个体农户无须再向自己承包什么任务。所以包产到户不是分田单干，而是集体经济中生产责任制的一种形式。有的人把包产到户和分田单干等同，认为实行包产到户就瓦解了集体经济，动摇了集体所有制，这是对包产到户性质的误解。

目前农村实行的包产到户，做法多种多样。就我们了解到的，大致可以归纳成三种。

1. 部分生产项目或作物包产到户。实行这种办法的生产队坚持生产资料公有，生产队统一管理、统一使用。在生产队统一计划、统一经营前提下，将部分生产项目包给社员户，实行定产量（或产值）、定工、定费用，超产奖励，减产受罚的办法，生产队统一核算，统一分配。安徽省同镇县实行的，只将"不动碌子作物"（即不需动碌子脱粒的作物，如玉米、山芋、花生、棉花等）包产到户的做法属于这一种。有的地方实行"水统旱分"（水田作物由生产队统一种植，旱地作物包产到户），有的地方实行小宗经济作物包产到户，有的地方将林、牧、渔业和部分副业生产按专业包产到户等，也都属于这一种。

2. 全部作物包产到户。实行这种办法的生产队也是坚持生产资料公有，大、中型农机具由生产队统一管理、统一使用。耕牛、犁耙等作价，在保证价值不变的前提下，交户（一户或几户）管理、使用。生产队统一计划，统一经营，统一核算，把全部耕地所有农作物生产都包到户。定产、定工、定费用和超奖减赔。包产以内的产品交生产队统一分配。实行这个办法的生产队，一般是社员户每样作物都承包一些。少数生产队实行某些作物专业分工承包。砖窑、粮食加工和其他集体副业生产项目，有的仍由生产队集体组织生产，有的也分别包给有专门技艺的社员户。

3. 全部作物包产到户，生产队对社员户实行大包干。实行这种办法的生产队也坚持生产资料公有，大、中型农机具有的由生产队统一管理，统一使用，有的由有技术的社员承包，按合同向生产队提交一定产值，保证农机具完好，保证农忙期间在生产队务农，农闲期间可以外出搞副业（如运输）。耕牛、犁、耙作价后，在保持原价值不变的条件下，交户管理、使用。有的生产队规定使用年限，由生产队逐年提取折旧费。实行这种办法，社员户只包完成向国家交售的各项农副产品任务，包上交生产大队和生产队的各项提留（包括大、小队干部补贴，民办教师、农村医生补贴，民兵训练补贴，公积金和公益金等），其余产品全部归社员户所有。

上述前两种办法，都是坚持生产资料集体所有，生产队统一计划，统一经营、统一核算、统一分配。社员户只是在生产队领导下，负责完成他承包的那一部分生产任务，他还是集体的一个成员，要对集体负责。他收入多少，除取决于他承包的生产任务完成情况外，还受集体经济经营好坏的制约。这样的包产到户，无疑是集体经济的一种责任制形式。有人把集体生产误以为集中出工干活。包产到户以后，在通常情况下，失去了很多人在一起干活这个特点，因此就认为它是分田单干，这显然是不恰当的。分田单干是生产资料分归农民私有，生产经营完全由各家各户自主，自负盈亏，产品全部归各户自由支配。包产到户并不是这样，它和分田单干有本质区别。

至于上述第三种即包干到户的办法，应该看到社员户在生产经营上有较大的独立性，在保证完成一定的农副产品交售任务，和上交集体提留部分的情况下，可以不完全按照生产队下达的生产计划生产。收获的相当一部分产品归社员自由支配。有的生产队没有支付给社员户生产费用或支付很少，社员户在生产上近乎自负盈亏。因此，它在统一经营、统一核算、统一分配方面，和前两种办法比较，都有不同程度的变化。但是，它使用的生产资料仍然是集体所有，社员户还是在生产队领导之下，向生产队承包一定的生产任务。生产队通过合同，可以在相当程度上控制社员户的生产计划，和保证社员户完成对国家和集体的上交任务，可以说，生产队对产品还有一定的支配权。生产队按比例还提留一定数量的公积金作为集体经济的积累，有的生产队已经用它添置了农机具或牲畜，增加了生产队的集体财产。生产队还有权调配劳动力从事一些较大型的公共生产事业。显然，它和生产资料私有、独立经营的个体农产还有很大差别，所以，应该承认它仍然属于集体经济生产责任制的范围，还是包产到户的一种形式。如果以包产到户为名，实际上生产队这个集体名存实亡，各社员户已经成了单干的个体农户，这就不属于包产到户这种责任制的范围，也不是本文所要探讨的问题。

## 二

劳动组织和生产责任制是企业管理的重要内容，一个企业采取哪种劳动组织和责任制形式，是由客观条件决定的，不能以人们的主观愿望为转移。生产队选择哪一种劳动组织和责任制形式取决于多种因素：

1. 取决于生产工具。马克思指出："劳动的组成和划分视其所拥有的工具而各有不同。手推磨所决定的分工不同于蒸汽磨所决定的分工"①。在农业生产以人畜力为主要动力，以手工工具为主的条件下，劳动组织的形式不同于农业机械化后的劳动组织形式。在前一种情况下，除某些作业项目需要协作以外，大部分作业项目，少数劳力甚至个别劳动力即可完成。随着农业机械化水平的提高，劳动组织就要相应改变。原来一个人干的农活，现在可能需要几个人分工协作；而原来要几个人、十几个人一起干的农活，现在只需一个人、一户的力量就可以完成。

2. 取决于生产项目及其规模。一个企业经营生产项目的多少对劳动组织形式有直接影响。单一经营与多种经营的劳动组织大不相同。在生产经

① 马克思：《政治经济学的形而上学》，《马克思恩格斯选集》第 1 卷，第 127 页。

营单一的企业，它的劳动组织形式就比较单一；而在多种经营的企业中它的劳动组织形式则要求组织各种专业组（或人、户），如在粮食作物组之外，组织经济作物组、牧业组、林业组等。同时，各项生产的规模对劳动组织也有很大影响。5亩的鱼塘与50亩鱼塘的劳动组织就不同。从责任制的角度来看，在同样生产力水平下，生产规模小的采取个人责任制较为合理，而规模大的则采取集体责任制为宜。

3. 取决于干部的管理水平。干部能力的强弱，管理水平的高低，与劳动组织规模和责任制形式有密切关系。干部的管理水平较高，就能管理规模较大、较为复杂的生产经营活动。反之，干部管理水平不高，劳动组织的规模就宜小些，办法也宜简单些。

4. 取决于居住情况。农业生产，大多是在露天较大范围的条件下进行的，即所谓的"露天工厂"。劳动者居住集中还是分散，对劳动组织规模、责任制形式也有很大影响。生产队在组织生产劳动时，不能不考虑社员居住的远近，一般是就近组织劳动，以减少往返走路的时间。在山区的一些生产队，社员居住更为分散，劳动组织规模太大，又强调集中劳动，有的社员上工要翻山越岭，路途往返费时很多，就必然要影响生产。

以上可见：一个农业企业究竟采取哪一种生产责任制形式，需要考虑多种因素，要权衡利弊，选择最有利的形式。要求做到最能发挥社员的生产积极性、创造性，从而达到增产增收。

上面谈到，劳动组织形式同生产力发展水平有直接关系。随着农业机械化水平的提高，集体农业企业的劳动组织形式和责任制形式也会相应地改变。但是，作为生产责任制的两种形式，即集体责任制和个人责任制，是不会消失的。它们现在存在，将来也会存在。包产到户基本上属于个人责任制范围。将来，随着农业机械化水平的提高，从而劳动效率也大大提高之后，一个人能够管理现在需要几个人才能管理的生产项目，那时，原来的劳动组织和责任制形式就要改变，就有可能更多地采取个人责任制。现在我国一个生产队约有200—300亩耕地，和法国、西德每个农户拥有的农用地数量差不多。如果我国的农业生产力达到法国、西德那样的水平，一个生产队把全队的土地包给一个可以胜任的社员户从事农作物生产，组织队内其他农户的劳动力从事其他生产项目，也不是不可能的。这就是说，随着生产工具改变和劳动生产率的提高，所引起的劳动组织形式的改变可能是原来规模的扩大，也可能是缩小。目前，有些同志常常引证前面提到的马克思关于生产工具决定劳动的组成和划分的论断。但是，他们只讲扩大，不讲缩小，似乎机械化水平越高，劳动组织的规模就越大，就越要集体责任制，以致消灭个人责任制，显然，这种看法是片面的。

当然，包产到户，特别是目前在一些地区实行的"小而全"的包产到户办法，会随着农业生产力水平的提高和多种经营的发展而向专业化方向发展（如组织专业组、专业户、专业人等）。目前，一些地方也已经实行按专业分工承包生产任务的做法，但是这需要以生产力的发展和生产项目的增加为条件。没有这些条件，所谓专业组、专业户和专业人就成为空谈。需要指出，有的同志，一面反对包产到户，一面又赞成搞联产专业户。其实，从本质来说，专业户承包也是包产到户的一种形式。

以上也谈到，一个生产队采取哪种劳动组织和生产责任制形式要由当地的客观条件来决定。真正做到这一点，就必须遵循因地制宜的原则，其中重要的问题是应该尊重生产队的自主权，要经过社员群众根据当地具体情况讨论决定。

生产队是劳动农民联合组成的集体所有制农业企业。它在坚持社会主义方向，遵守国家法律和接受国家正确计划指导下，有权因地制宜地决定本单位的生产，有权决定产品和收入的分配，也有权决定本企业的管理方法。所谓生产队自主权，就是社员群众当家做主的权利，是集体所有制企业所有权的体现。决定责任制形式要根据多种因素，各地情况又千差万别，因此也只有经过生产队和社员群众讨论，所采用的责任制形式才能最符合客观实际。但在实践中，包括像采用哪一种责任制的问题上，由某个上级机关硬性规定，损害生产队和社员群众生产自主权的现象是屡见不鲜的。有的社队根据具体条件，采用包产到户办法证明增产增收。却被某些领导一律认为是歪门邪道而加以禁止。党和政府应该引导农民沿着社会主义的方向前进，只有这样，才能真正最终达到共同富裕。因此在充分尊重生产队和社员群众生产自主权的同时，要重视对某些做法进行必要的引导。但是，这种引导应该是采取说服教育、典型示范的方式，使生产队和社员群众真正从思想上接受。那种把加强领导理解为可以用行政命令，硬性规定"准许"或"不准许"的做法,是错误和有害的。

# 三

下面再对当前议论较多的几个有关问题谈些看法。

1. 有的同志说,包产到户不符合大方向,是"倒退"。什么是前进?什么是倒退?衡量一种生产关系、一种管理办法是前进还是倒退,只能有一个标准,那就是看它是促进了生产力的发展还是束缚了生产力的发展。促进生产发展的就是前进,就是好办法;束缚生产发展的,就是退步、倒退,就不是好办法。许多实行包产到户的社队,实践都证明,在他们那里,这个办法确实能调动社员的生产积极性,能够做到增产、增收,增加对国家的贡献。如果把包产到户说成是倒退,是欠妥的。

2. 有人说,包产到户后,会出现富的富,穷的穷,两极分化。这里首先要搞清楚什么是两极分化?所谓两极分化是指阶级分化。它产生的条件是一部分人占有生产资料,无偿地占有他人的劳动成果发财致富;另一部分人因丧失生产资料,靠出卖劳动力为生,受人剥削而贫困。关键是存在剥削。实行包产到户,坚持生产资料公有制,不准出租、买卖土地,不准放高利贷;不准投机倒把,不会产生两极分化。

包产到户之后,由于各户的劳动力强弱、技术高低不同,投入肥料、饲料的数量和质量也不尽一致等,因而产量有高有低,收入也会出现差别。据典型调查,实行包产到户后,各类户人均收入差距,一般在2—3倍,少数户的差距在5—6倍,个别户差距还要大些。这种差别在社会主义阶段是正常的,不可避免的。这是富裕程度的不同,与由剥削关系而造成的两极分化有本质区别。

3. 有人说,包产到户影响战士、干部、工人的情绪。这样说不确切。对于"五保"、"四属"和困难户的生活情况,可以肥西县金牛公社为例说明:这个公社处于丘陵地区,在该县属于中等偏上。1979年,全社156个生产队中有135.5个队实行包产到户,全年粮食总产量比正常年景的1977年增加273万斤。随着生产发展,"五保"、"四属"户和困难户的收入和生活水平都相应提高。全社"五保"、"四属"和困难户共194户,

801 人。有数字可比的 172 户、699 人，1979 年人均收入 99.6 元，比 1977 年增长 59.5%；人均口粮（包括超产粮）703 斤，比 1977 年增长 44.4%。在 172 户中有 147 户增加收入，11 户持平，14 户减少收入，减收户只占 8%。这些户主要是缺劳力、缺技术、缺资金。针对这一情况，公社采取了以下措施：（1）对军烈属残废军人家属给予优待工分照顾；（2）对无劳力和缺劳力的"四属"、困难户，在承包土地时从实际出发，能包则包，只能少包则少包，不能包的由生产队供应口粮（个人交款）；（3）大农活由生产队统一安排，用工从非包产用工中支付或由生产队组织劳力多的户帮助；（4）在化肥、农药、贷款等方面给予照顾。因而，较好地解决了一部分"五保"户、"四属"户的困难。

4. 有人说，包产到户地块划小了，不利于农业机械化、现代化。对这一问题也应当进行具体分析。

第一，包产到户有多种做法。并不是所有的办法都妨碍机器的使用。例如本文第一部分讲过的一、二两种办法对使用机器就没有多少影响。因为，在这里，生产队均可组织专业组或专业人员保管和使用机械，统一安排机械作业。就是第三种办法，组织得好，也同样能使机具发挥作用。

第二，农业机械多种多样，由于包产到户后，一部分农业机械的使用可能受到影响，而不会是全部。在一些地方，包产到户后，生产队卖掉拖拉机，机耕面积减少了，但排灌、加工、运输、脱粒等方面的机械却管理、使用得很好，有的地方还有所增加。在一些地方，农民甚至迫切要求供应烘干机。

第三，对一些社队卖拖拉机，机耕面积减少也要具体分析：其中有的是包产到户后，地块划小了，机械耕作不便；有的是拖拉机质量差、农机手技术低、成本高。农民感到不如使老牛稳妥、省钱；有的是相当部分拖拉机早已常年趴窝，用不上。社员认为，卖掉可以死钱变活钱。因此把卖拖拉机、机耕面积减少完全归之于包产到户是不公平的。另外，有的地方在包产到户后，生产队与拖拉机手签订合同，实行"六定一奖"即定任务、定质量、定费用、定消耗、定报酬、定维修保养，超奖减赔的办法，效果较好。可见，这里还有一个组织工作的问题。

第四，有些地方，集体很穷，负债累累，群众生活困难。在这样的生产队，一无资金，二无技术，还不具备机械化的条件。实行包产到户，调动群众的积极性，发展生产，增加收入，可以为机械化积累资金，也正是为实现农业机械化创造条件，迈出切实的一步。由上可见，把包产到户同农业机械化、现代化完全对立起来，是不符合实际的。

（原载《经济研究》1981 年第 1 期）

# 农业生产责任制的建立和发展

## 我国农业生产责任制的建立和发展

### 农业生产合作社时期的生产责任制

我国集体农业企业的生产责任制,是随着互助合作运动的发展,集体经济的产生,而逐步建立和健全起来的。系统地了解过去,有利于更好地认识现状,进而探讨未来。

从 20 世纪 50 年代初到人民公社成立前,这一时期是农业互助合作运动迅速发展的时期。虽然运动后期搞得过急、过快,工作过粗,但是对农业的管理工作,党和政府还是进行了不少具体的指导。很多农业社建立了生产责任制,群众陆续创造出多种责任制形式,对农业社的巩固和发展起了积极的作用,促进了集体农业生产的发展。

中共中央在 1951 年以草案形式发给各地试行的《关于农业生产互助合作的决议》(1953 年 2 月正式公布)中提出,在农业互助组和农业生产合作社内部,要建立一些必要的简单易行的生产管理制度。建立较早的农业生产合作社,由于缺乏组织集体生产的经验,初期在管理上几乎都经历了比较混乱的阶段。安排生产的工作集中在社长或少数几个社干部身上,每天早上临时派工,缺乏正常的生产秩序。随着农业合作运动的发展,农业社规模迅速扩大,集体拥有的耕地和劳动力不断增加,社长临时派工的办法,往往造成窝工、混乱现象,干部和社员迫切希望改变这种状况。

在整顿农业社,改善合作社的管理工作中,一些农业社开始实行分队(或分组)作业、包工生产的办法,建立了简单的生产责任制度。它们多数都是从实行临时包工制开始,逐渐发展到季节包工、常年包工,从单项农活包给临时作业队(或组)负责完成(有的地方叫小包工),发展到将一个农事季节的各项农活包给作业队（或组）连续操作，负责完成（有的地方叫小段包工），再发展到组织固定的作业队（或组）固定地段，实行常年包工，负责完成该地段种植农作物的全部作业项目。

包工制的办法虽然比临时派工前进一大步，但实践中又暴露出新的问题。主要是农活质量难以保证。虽然包工时规定了数量和质量的要求，但因农活质量不易检查，有的社员干活只图数量，以便多挣工分而不顾质量。为克服这些毛病，有的合作社在下达包工指标的同时，下达产量指标，在常年包工的基础上，实行超产奖励，减产受罚，即增减一定劳动工分，把社员的劳动报酬和产量高低联系起来，促使社员关心农活质量，关心最终的劳动成果。这种办法实际上是既包工又包产了。

包工又包产克服了只包工的弊病，但有的队（组）为了争超产盲目追加投资，如追施过量肥料，加大了生产费用。在改进农业社财务管理工作中，一些农业社实行了对作业队（组）包生产费用的办法，即农业社根据作业队（组）承包的生产项目，按定额指标计算出生产过程所需的生产费用，并规定应该由作业队（组）支配的部分，一次下达给作业队（组）包干使用，超支不补，节约归队（组）。这种办法和上述包工包产办法结合，形成了包工、包产、包成本（实际上是包部分生产费用），超产奖励、减产扣罚的"三包一奖"制度。这是50年代中期，在一些管理工作比较好的农业社采用的管理生产的办法，是当时比较完善的一种生产责任制的形式。

党和政府在领导农业社改善管理中，把建立和健全生产责任制看作巩固农业社的一项重要内容。在不断总结群众经验的基础上，帮助提高并加以推广，再进一步指导各农业社结合自己的情况，循序渐进，由简到繁，逐步建立严格的生产责任制度。当时党中央主持农村工作的邓子恢同志，十分关心农业社的管理工作，非常强调生产责任制的重要性，重视建立生产责任制。在党和政府的许多有关农村工作和农业生产的文件中，生产责任制问题常常是一个重要的内容。

试行包工制，特别是组织固定作业队（组），常年包工包产进行生产的农业社，在克服窝工浪费、提高劳动效率、提高农活质量和增加生产方面，表现出明显的效果，受到群众的欢迎。1955年7月，中共中央七届六中全会作出的《关于农业合作化问题的决议》明确提出，要"推广各地合作社的包工制的良好经验"。"还不能实行常年包工制的合作社，可以实行临时包工制或者季节包工制，以便创造条件，准备过渡到常年包工制"。"在季节包工和常年包工的基础上，实行超产奖励制。超额完成产量计划的，给予奖励；因为耕作不力而减产的，降低报酬。"在《农业生产合作社示范章程草案》和《高级农业生产合作社示范章程》中也都作了类似的规定。到1956年，很多农业社已经实行包工制或包工包产制。

当时实行的常年包工制也好，包工包产制也好，多是以生产队（组）为单位承包生产任务，也就是，建立的多是集体的责任制。它虽克服了由社长临时派活的忙乱现象，但是因为队（组）内没有明确分工，各个社员没有明确的责任，生产上窝工浪费和不认真负责的现象还不能完全克服。为此，一些合作社又在生产队（组）集体责任制中建立了社员个人责任制，把集体责任制和个人责任制结合起来。有的农业社在队（组）内实行作业小组或社员个人包工的办法；有的农业社大力推行"田间管理包到户"；有的社在实行这个办法时，还联系产量计算报酬。

例如，河南省新乡县小冀农业生产合作社，在生产队包工包产以后，队下又设固定的作业小组，组内以户为单位固定地段，建立田间作业地段责任制。根据土地连片、社员专长和居住情况划分户负责的地段，负责田间管理工作。属于较大型的农活，如送粪、犁地、耙地、播种、收获、打场、小型基本建设和抗灾活动，仍由生产队统一组织进行。

又如河北省，在1956年夏季生产中，许多农业社在生产队当年包工包产的基础上，根据社员的特长和可能出工的天数，划分一定作物面积，将可以由社员个人操作的农活如除草、粮田管理等，交社员负责。当时，石家庄专区的深县（现属衡水地区）在中耕锄草时，305个农业社中有205个社实行了生产队内组包块、人包垄的办法。邢台专区的邢台县，实行将各种主要作物的夏季管理包到户的社有150多个，占全县总社数的一半。南和县实行这种办法的农业社，也占全县总社数的60%。

经过反复实践、总结，在1957年9月，中央作出了《关于做好农业合作社生产管理工作的指示》，指示各地农业社"必须普遍推行包工、包产、包财务（即前述包部分生产费用——引者注）的'三包制度'。并实行超产提成奖励、减产扣分的办法"。中央还指示各地农业社的生产队在管理生产中，"必须切实建立集体的和个人的生产责任制。按照各地具体条件，可以分别推行'工包到组'，'田间零活包到户'的办法"。并指出这是建立生产责任制的一种有效办法。

随着农业社多种经营项目的增加，生产管理经验的不断丰富，很多农业社采用了更加灵活多样的责任制。它们根据生产的需要，将有的项目包到作业小组，有的项目直接包给社员个人或社员户生产，陆续出现了专业分工，充分发挥了有专长的社员的技能，促进了生产的发展。例如辽宁省有的农业社，曾将苹果和棉花生产包到生产小组，将甜瓜、蔬菜生产包到个人；湖北省孝感地区一些农业社，对畜禽、经济作物和部分水产生产，如养羊、养猪、养牛、养鸭、果园、蔬菜、园艺、植菱、栽藕等，采取专人负责、包工包产、超产奖励的办法，福建省海澄县莲花乡黎明农业生产合作社，在广开生产门路，发展多种经营以后，专门成立了副业生产队负责领导，队内按照各个社员的专长，分别负责不同项目的生产，如把羊群包给一户社员，将猪包给五户社员喂养等。

上述这些做法，实际上已经改变了只能由生产队（组）集体包产，队（组）内只实行小包工的做法。但是大田生产包工包产到户或称"个人专管地段，产量责任到户"的办法很快被禁止使用。关于这个问题，后面将专门论述。

还应该提到的是，农业社时期，在普遍推行"三包一奖"制的过程中，有的农业社感觉到既包工又包产，工和产的关系不够明确，矛盾仍不少。他们创造了只以产量一个指标为标准的"按产计工"或称"以产计酬"的办法，即承包生产任务者交多少产量，按规定标准记多少工分，以促使社员更直接地关心生产成果。湖北省1956年有少数农业社实行按产计工办法。1957年经总结，省委决定有领导地继续重点试行；山西省有的农业社1954年就试行"以产定工"办法，经总结，省委决定1958年开始在较大范围内实行这个办法；黑龙江省的桦川县红星社和阿城县舍利社，在1957年创造了以产计酬制，省委经了解总结，决定1958年在全省普遍推广，到1958年8月，全省已有80%左右的合作社采用了这个办法。

邓子恢同志曾经说过："要做好合作社的经营管理工作，从个体经济变为集体经济，从小生产变为大生产是一个巨大的革命。合作社也如工厂一样，如果没有具体的劳动分工，没有明确的生产责任制与定额管理制度，就必然要产生混乱现象，必然要影响生产。"①

综上所述，早在 50 年代，我们就在合作社生产管理方面做了很多工作。当时的一些规定，虽有一定局限性，但它毕竟为以后的集体经济管理打下了良好的基础。有的生产责任制形式至今仍有它的生命力。

### 人民公社时期的生产责任制

这个时期，我国农村经历了由农业生产合作社转变为人民公社的大变革和"文化大革命"的十年动乱，由于"左"的思想的泛滥，集体经济的生产责任制两度受到破坏。但一当"左"的思想被阻抑时，生产责任制又陆续建立和健全起来。

1958 年，公社化前夕，一些地方的农业社仍在继续改进生产管理工作，加强生产责任制。但是，随着"大跃进"的浪潮席卷全国，"共产主义大协作"的做法遍及各地，社与社、乡与乡，甚至县与县之间的"大支援"活动风行一时。原有的劳动组织形式被按军事编制组成的班、排、连、营、团形式所代替，农业生产采用"大兵团作战"的方式进行。例如河北省徐水县，当时把全县农村劳动力编成 2 个团、191 个营、666 个连从事农业生产劳动并进行军事训练。这样，各农业社原来建立的一套管理制度，包括生产责任制几乎都被打乱了。

农村人民公社建立初期，公社实行统一核算，统一分配，统一安排生产，统一调配劳力，强调组织军事化、行动战斗化、生活集体化，以"大兵团作战"的方式进行生产。农业社时期建立的生产责任制几乎全部废除了。后来，随着人民公社调整工作的开展，生产责任制才又恢复发展起来。

1959 年 1 月召开的全国农村工作部长会议认为，要提高人民公社的经营管理水平，"当前实行定额管理制度和贯彻生产责任制尤为必需"。会议指出："过去农业社曾经行之有效的分层包干责任制，以及五定到田、责

---

① 见《工人日报》1956 年 5 月 8 日。

任到队到人，检查验收等制度，应当继续广泛推行，并在实践中逐步加以充实和提高，使之更加完善。"① 1959 年 2 月 17 日，《人民日报》专门发表了《人民公社要建立和健全生产责任制》的社论。针对 1958 年以来的情况，社论指出："去年的实践证明：'大兵团作战'只能是一种临时突击的劳动组织形式和生产方法"，公社应该以经常性的专业生产队和综合生产队为主，需要有明确的责任制。"即使在大协作大兵团作战中，责任制同样是不可缺少的一种制度。"社论在归纳各地几种具体做法后强调，在整顿中，"怎样健全生产责任制度是一个急迫需要解决的问题"。1959 年春，中央在决定人民公社实行以生产大队为基本核算单位的同时，提出生产大队下面的生产队就是包产单位。大队对生产队实行包产、包工、包成本，超产奖励。这样，"三包一奖"制又成为社队普遍采用的一种生产责任制形式。1960 年到 1961 年上半年，《人民日报》多次发表社论，提倡推行"三包一奖"制，并指出，对生产队（当时称生产小队）实行耕地、劳动力、耕畜和农具的"四固定"是实行"三包一奖"制的基础。当时实行的"三包一奖"制，是生产队向生产大队"三包"。队内多实行划分临时的或固定的作业小组，搞小段、季节或常年包工，或队内社员直接包工。这个办法和农业社时期一些社采用的办法一样，是集体包产和个人包工相结合的生产责任制。应当指出，这一时期的责任制虽然起到了一定的积极作用，但由于当时实行以大队为基本核算单位，这种所有制关系限制了责任制的作用。1962 年春，中央肯定在全国绝大多数人民公社实行以生产队为基本核算单位都是适宜的。并在《农村人民公社工作条例》（修正草案）中规定，生产队"可以划分固定的或者临时的作业小组，划分地段，实行小段的、季节的或者常年的包工，建立严格的生产责任制"。根据上述精神，当时各地在大田作物生产中，主要推广各种形式的集体包工制，强调制订各种劳动定额，制订合理的报酬标准，实行定额管理，定额计酬。很多地方采用分作业组"四定"包工的办法，即生产队对作业组定任务、定质量、定时间、定工分，建立集体生产责任制。有的地方也有采用包工到人的办法的。1962 年，广东省全面推行"固定地段，包工到

---

① 见《人民日报》1959 年 2 月 3 日。

组、到人，评比奖励"的田间生产责任制。即固定管理地段，把适于作业组包工的作业，一次或几次包工到作业组或专业组，把适于个人包工的田间管理农活一次连续包工到人，通过分段评比，根据工作质量的好坏，适当给予奖励。

为了防止生产队内出现包产单位，有的地方甚至不提倡采用常年固定作业组常年包工的形式。他们认为实行常年固定责任片或进行常年包工的做法，容易导致包产到组或包产到户，因而只主张采用临时作业组。尽管这样，鉴于农业社时期实行包产制所取得的良好效果，有些生产队仍然恢复了包产制，有的实行作业组"三包一奖"制，有的实行"以产计工"办法。对于牲畜、果树和一些副业生产，一些生产队也采取"三包一奖"或"以产计工"的办法。

1961 年前后，许多地区都有实行包产到户的生产队，有的地方称为"责任田"。和农业社时期一样，这种办法是当时政策不允许的，所以很快被强行禁止。为了防止包产到户，有的地方甚至禁止使用农业社时期一度提倡过的田间管理包工到户的办法。

总之，从人民公社化初期到人民公社调整时期，生产责任制经历了从被否定到被肯定两个阶段，就是在被肯定的时候，推行起来也是阻力重重。

"文化大革命"期间，在人民公社生产管理工作中，从批判"物质刺激"、"工分挂帅"，到批判"三自一包"，甚至批判"产量责任制"，进而推行"大寨工分"，完全否定了人民公社调整期间逐步建立起来的一套生产管理制度。

1970 年召开的北方地区农业会议，重新肯定了人民公社《六十条》对巩固集体经济和发展农业生产所起的作用，指出《六十条》中规定的人民公社现阶段的基本政策仍然适用，必须继续贯彻执行。尽管会议仍然提出要坚决肃清"物质刺激"、"工分挂帅"的余毒，但也强调要坚持按劳分配原则，反对平均主义，虽然强调农业学大寨，但对大寨在经营管理、生产技术方面的一些具体办法，也指出绝不能不顾自己的条件，照抄照搬，等等。会议的这些精神，对各地社队改进经营管理工作，发展农业生产，起了积极的作用。

可是，1975年以后，在全国范围内普遍推行的"大寨评工法"严重地阻碍了社员的生产积极性。然而，就在学不学大寨是"举什么旗"、"走什么路"的形势下，也有些社队抵制"大寨评工法"，坚持按劳分配原则，努力维护生产责任制，甚至产量责任制。在广东、四川、安徽、浙江以及其他一些省份都可以找到这样的事例。例如广东省高州县马贵公社林邓大队的新平生产队，从1967年开始，一直坚持实行分组作业、以产计工的办法，即作业组联产责任制。

全国大多数地区，却由于"文化大革命"的影响，到1978年，社队的生产管理工作仍然受"左"的思想束缚，大寨的模式仍然是全国社队的样板，必须仿行。当时，定额计酬仍被看成是"工分挂帅"，包工制不能正常实行，联产责任制更不能采用。为了调动社员的劳动积极性，有的社队实行了作业组包产制；有的社队实行了包工制，把零星土地包到人、包到户，按产计工；有的社队实行超产实物分成奖励办法，等等。这都被看成错误倾向。"文化大革命"的影响，直至党的十一届三中全会以后，才逐步得到清除。

### 党的十一届三中全会以来生产责任制的恢复和发展

党的十一届三中全会是我国历史上一个伟大的转折，是我国进入全面的社会主义经济建设的新起点。这次会议重申农业是国民经济的基础，并为加快发展农业制定了一系列政策措施。

在十一届三中全会精神鼓舞下，广大农民生产积极性空前提高，并恢复和发展了农业生产责任制。这个时期，农业生产责任制虽然一开始带有恢复的性质，但是，在各地实行责任制的普遍性上，在责任制形式的多样性和责任制的完善程度上，都比过去大大前进了。

然而，由于长期受"左"的思想的影响，在建立生产责任制，特别是采用哪一种形式的责任制方面，也仍然经历了一些曲折。

1978年，许多社队实行了包工制，这对克服"干活一窝蜂，生产大呼隆"起到一定作用。但是和农业社时期一样，在劳动效率提高的同时，出现了有的社员为了多挣工分，干活只图"快"，不顾质量的倾向。为了进一步克服这些弊病，1978年秋冬，一些社队又陆续采用分作业组、"三包一奖"、"四固定"等集体产量责任制。这个办法被有些人指责为犯了方向路线错误,有些地方还对此采取了"纠偏"的措施,强令实行这种办法的社队改变做法。这在责任制的推行上一度造成混乱。群众称之为"倒春寒"。与此同时,有些社队却坚持实行联产到组的办法,并收到经济实效。他们把"包"字改为"定"字,突出生产队几统一,以强调生产队的作用。如广东省推行"五统一,五定一奖"的责任制,这就是,在生产队"五统一"即生产资料归集体所有,由队统一安排使用;劳动力归生产队统一调配;生产计划由生产队统一制订;产品收益归生产队统一分配;集体财产由生产队统一支配。对下属作业组实行"五定一奖"的前提下,根据生产需要将全队劳动力分成若干作业组,实行定劳力、定地段、定成本、定工分报酬、定产量,超产奖励、减产受罚的办法。安徽省嘉山县当时实行的"四定一奖"制,就是分作业组定生产资料(包括耕地、耕牛、农具)、定产量、定工分、定成本,超产奖励、减产受罚。江西省有的社队则采用"六定"的办法,即将耕地、劳动力、耕牛、农具、肥料、产量定到作业组,以产计工,等等。

中央《关于加快农业发展若干问题的决定》指出,在计酬形式方面,生产队可以实行包工到组,联产计酬的办法。从责任制的角度看,这也是联产到组责任制的一种形式。1979年中共中央批发的国家农委《关于农村工作问题座谈会纪要》中又指出:在坚持生产队几统一的前提下,实行生产责任制的具体办法,应当按照本地具体条件,由社员民主讨论决定,不要强求划一。在中央支持下,联产到组这种责任制形式很快得到推广。广东省1979年初夏实行这种形式的生产队,已占生产队总数的41.7%。到1979年冬,安徽达到61.6%,四川达到57.6%,贵州达到62%,内蒙古达到28.6%,北京郊区也有1/4的生产队实行这种办法。尽管有人仍持否定态度,联产到组在当时还是作为产量责任制的一种重要形式而存在,并起着积极作用。更重要的是,它为以后实行其他各种形式的联产责任制开辟了道路。

在不断改进社队生产管理工作,完善生产责任制的过程中,各地群众在普遍建立生产责任制的基础上,根据当地实际情况,创造了多种多样的形式。当时,在那些多种经营比较发达、生产水平比较高的社队,根据生产的需要和各业经营规模的大小，逐渐采用了按专业分工，组织专业队、专业组或专业户、专业工从事务业生产，联系产量计算报酬的办法，即专业承包、联产计酬的责任制形式。四川新都县、江西宜昌地区等是较早采用这个办法的地方。在那些社队干部管理水平不高，集体经济力量不强，生产项目比较单一，长期贫困的地方，群众陆续选择了包产到户及简便易行、分户经营的包干到户办法。安徽、甘肃、贵州等省的一些社队较早实行这类办法。一部分地区，如河南省的不少社队采用了包产到劳等形式。在某一种形式中，各地又有不同的做法，有的社队根据宜统则统，宜分则分的原则，从实际出发，在一个单位内实行几种责任制形式。

1980 年 9 月，中共中央在《关于进一步加强和完善农业生产责任制的几个问题》中指出，由于农业生产的特点和各地区经济发展的不平衡，农业生产的管理要有更大的适应性和更多的灵活性，生产责任制的形式不可拘泥于一种模式，搞"一刀切"。中央还指出："在建立健全生产责任制的工作中，违背当地群众愿望，强制推行一种形式，禁止其他形式的做法是错误的。"中央要求各地应当根据群众自愿加以引导，因地制宜地逐步推广各类形式的责任制。中央的这些精神，是多种责任制形式得以并存的重要保障。

但是，从 1981 年开始，采用包产到组的社队逐渐减少。一个重要原因是，不少作业组在集体包产之后，处理不好组内各个成员的责任和报酬问题。而包产到户这个形式却冲破了合作化以来的禁区，迅速增加。到 1981 年下半年，包产到户又逐渐为包干到户所取代。据有关部门 1982 年 12 月统计，实行包干到户和包产到户这种家庭经营形式的生产队，已占全国生产队总数的 78.7%。近几年各种农业生产责任制形式变动情况如下表所示。

生产责任制的发展，一方面，除了表现为具体形式的更替，即一种形式代替另一种形式外；另一方面，也表现在各种形式自身不断发生着变化，吸收其他形式的长处，不断完善自己。例如，河南、山东等省的一些地区，包干到户逐渐增加集体统一经营的成分，发展为"几统一"（诸如统一作物种植计划、统一耕播、统一浇水、统一除虫等）的包干到户。又如，在山东省烟台等地区，专业承包、联产计酬责任制吸收了包干到户分配上的长处，发展成专业承包、包干分配的形式。这种责任制的具体做法是，在集体统一经营和专业分工的前提下，采用大包干的分配办法，种植业实行买物包干，包上交国家和集体的农产品；工副业实行产值包干，包上交利润，除了上交部分，剩余归承包的单位和个人。考虑到价格因素对农工副业产品的影响，集体对不同承包专业的提留金额也不同，用这种办法来平衡各业劳动报酬，使承包各业的社员在付出等量劳动的情况下能获得大体相等的报酬。

**全国农业生产责任制形式变动情况（%）**

| 时　　间 | 1980 年<br>1 月 | 1980 年<br>12 月 | 1981 年<br>6 月 | 1981 年<br>10 月 | 1982 年<br>6 月 |
|---|---|---|---|---|---|
| 已建立责任制的基本核算单位占总数（%） | 84.7 | 90.8 | 91.4 | 97.8 | 99.1 |
| 其中：定额包工 | 55.7 | 39.0 | 24.2 | 16.5 | 5.1 |
| 专业承包 | — | 4.7 | 7.8 | 5.9 | 4.9 |
| 包产到组 | 24.9 | 23.6 | 13.8 | 10.8 | 2.1 |
| 包产到劳 | 3.1 | 8.6 | 14.4 | 15.8 | 12.6 |
| 部分包产（干）到户 | 0.03 | 0.5 | — | 3.7 | 2.2 |
| 包产到户 | 1.0 | 9.4 | 16.9 | 7.1 | 4.9 |
| 包干到户 | 0.02 | 5.0 | 11.3 | 38.0 | 67.0 |
| 其　　他 | | | | | 0.3 |

　　总之，党的十一届三中全会以来，农业生产责任制发展变化的大致过程是：责任制的形式是由不联产变为联产，由联产到组变为包产到劳、包产到户，再演变为包干到户，即由包工制发展到包产制，再发展到包干制。这一发展变化过程，是农民在实践中比较、选择更适合本单位实际情况的责任制形式的过程，也是农村生产关系的具体形式越来越适合生产力发展要求的过程。

　　目前，各地责任制多是以某一两种形式为主，而兼有少数其他形式。就全国来看，生产责任制形式已经大体稳定下来，各种形式正在逐步完善。

几年来，中央和地方各级党组织、政府一直把建立、完善生产责任制作为农村工作的中心环节。从 1980—1982 年的三年中，党中央每年都召开农村工作会议，制定文件，对农村中的新情况、新问题，特别是对生产责任制问题作出重要决策，及时地、正确地指导建立、完善生产责任制的工作，保证了生产责任制的健康发展。

### 集体农业实行生产责任制的长期性

从农业集体经济生产责任制的最初建立到现在，已经有了一段较长的历史。认真回顾和总结这一段历史，是很有益处的。它会使我们清楚地看出：

1. 农业集体经济实行生产责任制是长期的，而不是权宜之计。

公社化初期和"文化大革命"中，农业生产责任制两度遭到破坏，之后又两度重新建立，这个事实说明，农业集体经济要不要实行生产责任制，以及实行什么样的生产责任制，并不取决于人们的主观意志。在一个集体农业企业，尽管可以暂时废止生产责任制，搞什么"大兵团作战"，"政治工分"等，但是，随之而来的干活"大呼隆"、分配"吃大锅饭"，会严重损害劳动者的生产责任心、主动性和积极性，导致生产的停滞、倒退。长此下去，这个集体企业势必瓦解。企业要存在下去，并得到巩固和发展，就必须恢复建立适合本单位生产力水平和干部管理水平的生产责任制，建立正常的生产秩序。这已为许多社队走过的道路所证实。正如有的社队干部讲的："过去是上工喊一阵子，下地走一阵子，到地里等一阵子，干活磨一阵子，评工吵一阵子。三个人干活不顶一个人。要不是责任制，干部累死也不行。"这是干部从生产管理工作正反两方面经验中得出的切身体会。

可见，农业集体经济实行生产责任制，是生产力发展的客观要求，不是谁能喊一阵子就能实行起来。生产责任制与集体农业企业是同时并存的。有集体农业企业，就一定有生产中的分工协作，有不同部门、不同生产环节之间的互相配合、协调一致，就必然要求在不同岗位上的生产者各司其职、各负其责；同时，也就需要把生产者个人的劳动报酬，同他完成生产任务的好坏直接联系起来，这就要建立生产责任制。所以，集体农业企业存在多久，生产责任制就会实行多久。

鉴于过去在"左"倾思想影响下，农村政策多变的情形，现在，农民非常担心责任制的政策改变。为了消除农民的疑虑，赵紫阳总理 1981 年 11 月 30 日在五届全国人大第四次会议所作的政府工作报告中，党中央 1982 年 1 月 1 日批转的《全国农村工作会议纪要》和胡耀邦同志 1982 年 9 月 1 日在党的十二大所作的报告，都强调了农业集体经济实行生产责任制是长期不变的。中央提出的这一方针，既总结了农业集体经济在其发展中的深刻的经验教训，也是以马克思主义政治经济学为理论依据的。坚持农业集体经济实行生产责任制长期不变的方针，对于稳定当前农民高涨的生产热情，充分调动他们的生产积极性，继续发展农村的大好形势，具有重大的意义。

2. 生产责任制的具体形式是会变化的。

我们说农业集体经济实行生产责任制长期不变，是说有农业集体经济存在，就必定要实行生产责任制，这是不会改变的。但这绝不是说责任制的具体形式也是长期不变。世界上的任何事物都处在发展变化中。事实上，农业生产责任制的具体形式，从互助合作运动初期的临时包工制发展到现在的家庭承包制，其间已经经历了许多变化。责任制的具体形式之所以有变化，是因为：一方面，任何一种责任制形式刚出现时，都不可能十分完善，而是要通过群众的生产实践，不断总结经验，才能逐步完善起来。另一方面，一种形式的生产责任制在当时当地出现，适合当时当地的生产力水平，而一旦这个地区、这个单位的生产力水平提高到一个新阶段以后，原来的那种形式的责任制，就会或迟或早地发生相应的变化。这也是生产关系一定要适合生产力性质的规律作用的结果。

很显然，无论上述哪一种变化，都不取决于任何人的主观意志，而是取决于经济发展的客观要求。换句话说，变化只有在客观条件确已成熟，生产者确已感到非要改变不可的时候，才会出现。不过，这里还要特别指出，作为客观过程出现的生产责任制形式的改变，并不是经常不断地在那里发生着，一种具体的责任制形式，只要它是建立在一种相应的生产力水平的基础上，就会有一个相对稳定的时期。这是因为，就一个单位说，生产工具以及其他生产条件的明显改变，分工协作的发展、干部经营管理水平的提高等，需要一段较长的时期。在这个时期内，只有把适合当时当地生产力水平的责任制稳定下来，才能保护和促进生产力的发展。即使是对一种责任制形式的完善，也只有在稳定的基础上方可进行。过去的经验教训告诉我们，在这方面，任何超过客观发展过程、脱离当地实际情况的盲动主义、命令主义、"一刀切"，都会造成灾难性的后果。这是应当时刻引以为戒的。

# 家庭承包制的产生和适应性

### 家庭承包制是我国农民的创造

包干到户、包产到户和包产到劳这几种形式，都是以社员家庭为承包单位和经营单位，人们把它们统称为家庭承包责任制，简称为家庭承包制。在多种形式的家庭承包制中，目前，以包干到户所占比重最大，使用家庭承包制这个概念，主要是指包干到户这种形式。

包干到户虽然只是党的十一届三中全会后才出现的，但家庭承包制的产生却不是从现在开始的。它经历了一个相当长期的、曲折的发展过程。

1956 年全国实现农业合作化以后，由于在确定高级农业生产合作社的经营管理体制上没有很好考虑到我国的特点，而是照搬外国的模式，集中过多，统得过死，随着生产的发展，这一体制的弊病便日渐明显地暴露出来。及至公社化时期和"文化大革命"时期，由于"左"的错误的严重干扰，其弊病就表现得更为突出。这就是：（1）集体经济的经营管理权集中在几个社队干部手里，而有些社队，由于干部经营管理水平低，领导作风不民主，使得经营管理混乱，生产发展缓慢，经济效益差。社员由于没有经营和劳动的自主权，完全处于服从命令听指挥的从属地位，因而缺乏主人翁的责任感、积极性和创造精神。（2）由于片面强调集中劳动，缺乏灵活的劳动组织形式和合理的劳动分工，难以建立严格的生产责任制，尤其是到户、到人的责任制，所以往往职责不清，赏罚不明，形成"出工一窝蜂，干活磨洋工"，劳动效率低，农活质量差。（3）社员的劳动报酬很难直接与他们的最终生产成果——产品产量（或产值）相联系，出工不出力或只图数量不顾质量的情况难免发生。干多干少、干好干坏一个样的平均主义得不到有效克服，加之部分干部的多吃多占等不正之风，使得按劳分配原则得不到切实贯彻，这就严重挫伤了社员的劳动积极性。农民对这些弊病作了深刻的概括，说是："大呼隆，大概工，大锅饭，大家穷。"多年来，我国农业生产发展缓慢，农民生活水平没有显著提高，农业集体经济的经营管理体制集中过多，统得过死，是一条根本的原因。

生产力总是要为自己的发展开辟道路的。这个开辟道路的任务，是由代表生产力发展要求的劳动者来完成的。从包产到户的产生及其曲折的发展历史，可以看到，我国广大农民和基层干部，为了克服过去集体经济经营管理体制的弊端，探索符合中国国情的社会主义农业集体经济的具体形式，作出了不懈的努力。

早在 1956 年，很多农业社通过实践感到，在建立了集体生产责任制以后，还必须同时建立个人责任制，缩小劳动组织规模，把责任落实到户，才能搞好生产。为此，一些农业社采取划分责任地段，建立田间管理包工到户的办法。有的社又在这个基础上实行联产到户。有的生产队向农业社包工、包产、包成本之后，队内又向所属作业组或者社员户实行"三包"。通常也是采用固定地段，负责一定作物的管理，并对该地段农作物的产量负责的办法。这也就是，在充分发挥集体生产优越性的同时，鼓励社员从个人物质利益上去关心生产。

如浙江省温州专区永嘉县燎原农业社，当时采用了个人专管地段，产量责任到户的办法。按照具体做法，又称为"包产到队，责任到户，定额到丘，统一经营"，即生产队向农业社承包了一定作物产量之后，每户社员根据自己的具体情况专管一定地段一定作物，并对产量负责，同时规定每丘（块）土地上应做的工作定额，发给工票。一些农活由队统一安排，统一进行，由地段专管人监督质量，符合要求的由专管人按定额工分将工票转给干活人，统称包产到户。到 1957 年夏季，温州专区各县实行包产到户的农业社约有一千个，包产的社员户占当时入社农户的 15% 左右。

同时，四川江津、山西榆次、广东中山、江苏江阴、安徽阜阳等地的一些农业社，都先后实行包产到户。

然而，从 1957 年下半年开始，在农村社会主义教育运动中，包产到户被说成是反映了富裕中农的主张，是为了达到单干目的而采取的步骤，是想摆脱社会主义轨道的资本主义的主张，等等。这样，包产到户这种形式被禁止采用。

1959 年整顿人民公社管理工作中，一些地区的社队又实行包产到户的办法。如河南省新乡地区的沁阳县，洛阳地区的临汝县等地一些农业社，都实行包工包产到户的办法，即划分地段，把全部或大部农活包工到户，建立地段责任制，并对该地段上的作物产量负责的办法。

1959 年反右倾运动中，包产到户又遭到比 1957 年更严厉的批判，并被加上更多的"莫须有"的罪名。在批判包产到户的同时，农业社时期行之有效的田间管理包工到户的办法也被否定。这给理论工作和实际工作造成极大的混乱。

尽管如此，1960 年冬，再次进行整顿社队工作时，安徽、广西、湖南等省又有一些社队实行包产到户。以安徽省实行的面较大，1961 年春实行包产到户的生产队已占生产队总数的近 40%。湖南省在 1961 年春、秋和1962 年春也反复出现包产到户的做法。安徽省的做法是，逐块地分作物定产、定工，然后按社员劳动底分包到户负责生产，超产奖励，减产赔偿。当地称为"定产到田，责任到人"的责任制，简称"责任田"。1962 年，在强调依靠集体克服困难的时候，包产到户又被看作异端，安徽的做法被当作错误的典型批判。这种做法被指责为"代表了富裕中农的利益"，"要把农民拉回单干"，进而走上"资本主义道路"。由于把包产到户和单干等同，反对单干风也就是反对包产到户，所以，各地在纠正单干风中强令改变包产到户的做法。

1962 年秋季以后，在强调抓阶级斗争的形势下，包产到户更被视为农村阶级斗争的反映。以后，在 1963 年开始的农村社会主义教育运动中，特别是 1966 年开始的"文化大革命"中，把包产到户和资本主义相提并论，反复进行批判。

在"文化大革命"中，包产到户和自由市场、自留地、自负盈亏等统称"三自一包"，被说成是"复辟资本主义的阴谋的一个组成部分"，"彻头彻尾的修正主义路线"，是"撮合城乡资本主义势力向农村社会主义阵地发动猖狂进攻的一股黑风"。

然而，就在"文化大革命"猛烈批判包产到户的时候，它仍然顽强地出现。1970 年以后，在福建、江西、广东等省又有一些社队实行这个办法。当然，它还是被当作反动的主张。

1978 年以后，一些社队重新建立生产责任制后，各种具体形式相继出现，包产到户也从秘密到公开，并由少数地区波及全国各地。

包产到户反复被批判、禁止，又反复出现的历史事实说明，家庭承包制在我国农村存在有着客观的必然性。只是长期以来，在"左"倾思想的禁锢下，它一直被列为禁区。

在党的十一届三中全会精神鼓舞下，广大农民解放思想，积极探索，除了包产到户，又创造出包干到户、包产到劳等形式，丰富了家庭承包制的内容。由于包干到户比其他责任制形式使农民在生产中有了更多的自主权，在物质利益上得到了更多的实惠，其办法简便，更适合当前全国大多数地区的农业生产力水平以及干部社员的经营管理水平，因而，受到广大农民的欢迎，迅速发展成为农业生产责任制中的主要形式。

### 家庭承包制具有广泛的适应性

1980 年 9 月，党中央印发了《关于进一步加强和完善农业生产责任制的几个问题》的文件，对包产到户和包干到户作了肯定。文件指出："在那些边远山区和穷困落后的地区，长期'吃粮靠返销，生产靠贷款，生活靠救济'的生产队，群众对集体丧失信心，因而要求包产到户的，应当支持群众的要求，可以包产到户，也可以包干到户，并在一个较长的时间内保持稳定。"这是农业合作化以来，我党第一次在政策上作出允许包产到户合法存在的决定。这个决定受到广大农民的热烈欢迎。

当时，包产到户、包干到户等形式的家庭承包制还只被看作是在"三靠"地区解决农民温饱问题的措施。但后来事实说明，家庭承包制不仅能治穷，也能致富。它不仅使那些经济落后的穷困地区在较短时间内发生了巨大变化，而且大步越过了中等经济水平地区，在一些经济发达地区也得到了发展，显示了它的威力。在这个过程中，包产到户逐渐演变成包干到户。目前，以包干到户为主要形式的家庭承包制，在全国已经成了农业生产责任制中的主要形式。

为什么家庭承包制能在全国各地如此迅速地推开？这主要是因为它较

好地克服了原来那种集体经济长期存在的弊端，有着较广泛的适应性。

　　农民之所以欢迎家庭承包制，主要原因有两点：一是农民有了劳动和经营的自主权，可以因地、因时制宜，妥善安排生产、生活。生产者和土地、耕畜、农具等生产资料的结合更紧密了，来自上面的瞎指挥不灵了，劳动"大呼隆"也不存在了，社员确实成了生产的主人。二是农民的家庭收益直接取决于他们的最终生产成果，"大锅饭"取消了。农民通过自己的劳动，从生产发展中能得到更多的实惠。"交够国家的，留足集体的，剩下都是自己的"比较有效地避免了过去一些干部利用统一分配搞多吃多占、挥霍浪费的不正之风。此外，包干到户取消了原来统一分配中的那套复杂烦琐的程序，方法更简便，易懂、易记、易于掌握，也是受到农民欢迎的原因。由于家庭承包制使农民的物质利益和民主权利得到了保障，因而充分调动了广大农民的生产积极性，我国农业由此获得了迅速发展的内在动力。这是近几年来我国农业生产之所以能够大幅度持续增长的主要原因。从这一点来说，家庭承包制的适应性是相当广泛的。

　　家庭承包制的广泛适应性，具体地讲，表现在两方面：一方面，它适应当前我国绝大多数地区农村比较低下的生产力水平；另一方面，它对生产力的不同发展水平也有较大适应性。就是说，它不仅适合现阶段我国绝大多数地区的情况，即使将来各地生产力水平普遍有了较大程度的提高，这种形式也会保存下来。家庭承包制的这种广泛适应性，是由它本身有统有分、统分结合的特点决定的。

　　为了说明家庭承包制适合当前我国绝大部分地区的情况，需要对现阶段我国农村生产力的状况进行简要分析。

　　新中国成立三十多年来，尽管我国农业生产条件和农村生产力水平都有了较大的改善和提高，但是，农业的物质条件和技术条件并没有从根本上摆脱落后的面貌。从总体上看，我国农业还是处在由传统农业向现代农业过渡的阶段，农业生产力水平还比较低。这主要表现在以下四个方面：

　　1. 现代化的物质技术手段虽然有了一定的发展，但占主导地位的仍然是传统的手工畜力农具。且不说改革前的1978年的情况，即以1982年来说，我国每万亩耕地有机械动力1505马力，大中型拖拉机5.4台，小型拖拉机9.2台，机引农具9.2台，农用载重汽车1.4辆。平均每亩耕地农业用电 26.5 度，施化肥（有效成分）20 斤。全国 90％ 的公社通了汽车。农业机械化、现代化的水平比合作化前确实有了很大提高。但是，由于机头与机尾不配套，机械能源的缺乏，维修配件和技术力量的不足等原因，现有的农业机械还不能充分利用。1982 年，全国机耕面积占耕地面积不过 35％。就全国看，现在农业生产的主要动力还是畜力，生产工具主要还是锄头、犁头、镰刀、扁担等手工畜力农具。即使是在生产力水平较高、农业机械拥有量较多的地区和单位，手工畜力农具和手工劳动也占相当重要的地位，更不用说那些经济较落后的边远地区。这些手工畜力农具并不是社会化的生产资料，它不需要多少人共同协力操作。

2. 我国农业科学技术虽然取得了较大进展，但农业生产基本上还是建立在传统的经验技术的基础上。新中国成立以来，我国农业科研和技术推广都取得了一些成就，可是，由于过去公社体制的弊病使农民缺乏运用科学技术的内在动力，农业科技推广工作薄弱，广大农民的文化程度又比较低，使已有的科技成果并未充分利用。多年来，农村许多地方，许多生产项目和生产环节，仍旧沿着千百年来那套传统的种植、饲养方法。这些传统的经验技术，往往是与不发达的生产工具、不发达的社会生产分工相联系的。

3. 生产的专业化和社会化虽然有了一定发展，但还很不发达。随着生产的发展，在我国集体经济内部业已存在某些专业分工，例如，种植业、饲养业和加工业的分工；种植业内部，粮食作物与经济作物生产的分工，牲畜的饲养和使役、农业机械的操作、管水、运输等专业劳动的存在。但从全国看，多种经营还不发达，单一经营的状况还较突出。在种植业内部，生产过程中的专业分工和协作还很少，从种到收的整个生产过程，常常是以简单协作的方式，即许多劳动者在同一生产场所同时从事同一项工作来完成的。而没有这种简单协作，从目前的生产力水平看，单个的劳动者或为数很少的劳动者，也可以独立完成生产过程中大多数作业项目。与此相应，农业生产的社会化也不发达，农业的社会化服务机构极少。

4. 基层干部的经营管理水平和农民的文化科技水平虽有所提高，但仍然很低。全国近 4 亿的农村青、壮、少年中，文盲、半文盲占 30％，小学程度的占 40％，高中以上文化程度的寥寥无几。由于农民缺乏现代科技知识，全国1700多万农机技术人员中，有2/3的人不合格。据对安徽省滁县地区91个公社的5052名社队干部的统计，其中文盲占9.7%，小学程度的占50%，高中以上文化程度的只有7%。大队、生产队一级干部文化程度更低，其中文盲占11.8%，小学程度的占55%。在一些地区，生产队会计不会记账的事例并不是个别的。

上述情况表明，自合作化以来，虽然我国农业集体所有制生产关系已经建立起一定的物质基础，但从总体上说，农业生产力水平仍然还很低。我国集体农业经营单位的规模和经营方式不能不考虑这些实际状况。过去，由于没有很好地考虑这种实际状况，对集体所有制农业片面强调组织大规模的社队，统一经营、集中劳动，造成恶果。所以，集体农业过去那种经营管理体制必须改变，家庭承包责任制这种经营形式，正是能较好地适应这种需要。

从实践情况看，由于家庭承包制是有统有分、统分结合的经营形式，它在容纳不同发展水平的生产力上有较大的弹性。目前，无论是经济发展水平较低或者处于中等水平的地区和社队，还是经济发展水平较高的地区和社队，家庭承包制的实行均比较普遍。然而，同是实行家庭承包制，在不同经济发展水平的地区，其具体形式和做法也不尽相同。这说明，家庭承包制可以适应不同地区和单位的不同生产力水平。由此也可以设想，通过家庭承包制的不同内容、不同程度、不同方式的统和分，来适应一个地区或单位生产工具的进步，生产专业化和社会化的发展，以及干部经营管理能力的提高，是可能的。随着生产的发展，可以把"小而全"的分变为"小而专"的分；与此同时，生产专业化会提出生产社会化的要求，一些农户需要办而又无力独自办的事，可以由原来的集体统一起来办，也可由户与户联办，还可由国家的有关部门和机构办，或者由国家、集体、个人合办。目前在不少地方已经这样做了。总之，家庭承包制从目前来看适应范围是很宽的，将来的发展道路也是广阔的。

当然，我们这里指出家庭承包制的广泛适应性，并不意味着可以否定其他责任制形式。应当说，不同责任制形式各有其不同的适应范围。从某种意义上讲，家庭承包制的广泛适应性，正是相对于其他责任制形式而言的。但是，尽管如此，它也不可能完全取代其他责任制形式。

### 家庭承包制是新的合作经济形式

实行包干到户这种家庭承包制，是对农业集体所有制生产关系的重大调整，它明显地改变了原来人民公社生产队集体经济的某些特点。

首先，农业的生产单位和经营单位，已经由生产队变为一家一户。原先集中统一于生产队集体的经营管理权，现在绝大部分已分散到农户手里。农户，原来主要不过是统一经营、统一核算、统一分配的集体经济中的一个消费单位，如今成了独立经营、独立核算、自负盈亏的经济单位，成了具有积累和再生产机能的经济实体。与此相应，农民的身份也发生了变化，由过去的劳动者变成既是劳动者，又是经营者。在服从国家计划指导和集体统一管理的前提下，农户有权确定自己的经营方向，有权决定自己的经营方式（是独立经营或与他人联合经营），有权确定经营计划、生产计划和采取各项增产措施，有权购置各种生产资料，有权积累资金和决定资金的投放，有权安排家庭的劳动力和劳动时间，如此等等。而上述经营管理权，以前都是属于生产队掌握。显然，各个分散的农户，已经取代了生产队，成为相对独立的商品生产者。

其次，农民作为分散独立的生产者、经营者，取得了对集体所有的土地、水利设施和大型农业机械、设备等重要生产资料的使用权和一定的支配权、管理权。集体生产资料的所有权与使用权、支配权、管理权发生了分离。同时，农户除了过去拥有的小型农具外，现在拥有了过去所没有的生产资料，诸如耕畜、汽车、拖拉机、柴油机、电动机等大中小型农机具，副业加工机械及种子、化肥、农药等。这说明，在实行包干到户的单位，生产资料所有制的状况发生了变化，除了存在生产资料的集体所有制，还出现了生产资料的家庭所有。从动态上看，家庭所有的这部分生产资料，其数量还会继续增加，其比重会继续增大。农户之间在这些生产资料的占有上，无论数量和质量都将逐渐出现不均等的情况。

最后，在分配方式上，已经不纯粹是按劳分配（当然，过去集体经济在贯彻按劳分配原则上弊端甚多，实际上按劳分配原则也并未得到真正贯彻）。从一方面看，包干分配的办法，使过去集体统一分配中存在的平均主义、干部多吃多占、挥霍浪费等问题，得到了较好的克服，这就保证了多劳多得、少劳少得、不劳动者不得食的原则，得到了比过去更好的贯彻。可是，另一方面，由于存在着部分生产资料的个体所有，农民在生产中除了提供自己的劳动外，还提供他们所占有的不同数量和质量的生产资料，这样，在农民的纯收入中就势必包含非按劳分配的因素。因为，只要农业增产的潜力没有挖尽，不同数量和质量的生产资料，如耕畜、机械、良种、化肥、农药等，在连续投入生产过程时，就会引起土地肥力的不同变化，从而使得在同样的耕地面积上，投入同等的劳动量，会获得不同的产量，投入数量更多、质量更好的生产资料，获得的产量会更高。这即是级差土地收益。这种收益并非是投入不同量的活劳动带来的，因而，并不体现按劳分配的原则。

由上可见，包干到户使原来生产队集体所有制生产关系发生了相当大的变化。这种生产关系的调整，是调动社员家庭积极性，发展农业生产，活跃农村经济所必需的。但它也清楚地表明，包干到户的丰富内涵，已经超出了一般意义上的农业生产责任制。包干到户不是生产队内部劳动管理的一项制度，而是更具有一种经济形式的特征。

但是，包干到户这种家庭经营形式也不是单干，不是一家一户的个体经济。因为：

1. 这种家庭经营是建立在基本生产资料社会主义公有制的基础之上的，它坚持了土地、水利设施和一些大型农业机械等基本农业生产资料的社会主义集体所有。这些生产资料归集体所有，集体统一管理，农民只有使用权，就可以防止少数人的兼并和垄断。例如，对于土地问题，中央明文规定："严禁在承包土地上盖房、葬坟、起土。社员承包的土地，不准买卖，不准出租，不准转让，不准荒废，否则，集体有权收回；社员无力经营或转营他业时应退还集体。"[1] 这就严肃地维护了土地的集体所有权，可以有力地防止土地集中在少数人手里，而多数人丧失赖以生存的生产资料，避免两极分化产生的可能。这里应当说明的是，当前，由于农村一些专业户专心致力于自己的专业生产和专业经营，一些缺劳户无力耕种等原因，已经在不少地区出现了转让承包地的情况。这种转让有利于耕地向种

————————

[1]　见中共中央［1982］1 号文件《中共中央批转〈全国农村工作会议纪要〉》。

田能手集中，改变耕地承包过于零散的情况，有利于农业专业化、社会化和商品化的发展，因而不但应当允许，还应当鼓励。

2. 这种家庭经营在其总产品的分配上，兼顾了国家、集体和农民个人三者的利益。按承包合同规定，包干到户后，农民要保证完成国家的农业税和农副产品的交售任务，尽到一个农民对国家所应尽的义务；同时，还要向集体上交一定的公积金、公益金和行政管理费用等，承担一个集体农民应当向集体承担的义务。在完成了对国家和集体的上交任务后，剩下来的产品收益才是属于农民自己的。这个属于自己的部分，在扣除了生产资料的补偿后，才相当于过去集体向社员所作的分配。总的来说，这属于个人生活消费的部分，因为摒除了过去集体统一分配中存在的平均主义和干部多吃多占等积弊，农民比在以前那种分配方式下能得到更多的实惠。

3. 这种家庭经营还有统一的一面。包干到户后，一些宜于统一经营、统一管理的生产项目，生产环节、生产措施、农业基本建设以及烈军属、五保户、困难户的照顾，文教、卫生、福利等公益事业，仍然由集体统一经营和统一管理。不过，这种统一的内容和程度，因单位不同而异。多种经营开展得好，分工协作和生产社会化程度高，干部管理能力强的单位，统一经营和统一管理的内容就多些，程度就高些；反之，统一经营和统一管理的内容就少些，程度就低些。集体统一经营和统一管理的存在，不同程度地保留了原来集体经济的积极方面，有利于发挥集体的优越性。

4. 这种家庭经营还通过经济合同的纽带，与生产队组织相联结，并接受国家计划的指导。包干到户的承包合同中不仅写明了农户承包集体耕地的数量、承包年限，以及生产队应向农户提供的其他生产资料和技术服务等内容，并规定了农户要按国家要求完成农产品统购任务的品种、数量，集体的提留，以及应承担的农业基本建设和民工建勤的用工等。这样，通过合同，生产队就把农户的生产活动同国家计划衔接起来；并通过签订合同和兑现合同，对农户的生产活动进行指导和监督。

总起来看，实行包干到户，农户并未脱离集体的组织和管理，国家和集体并没有失去对农户家庭经营的控制和调节。这种家庭经营的生产和经济活动的基本方面，依然是在国家计划指导下进行的，是沿着社会主义经济的轨道在前进。

　　把上述两个方面结合起来，可以看出，包干到户这种家庭承包制，既是建立在基本生产资料公有制的基础之上，又包含着部分生产资料的家庭所有，既存在一定程度的统一经营，又是以家庭经营为主，既坚持了国家计划指导和集体必要的统一管理，又使农民有了更多的生产和经营的自主权；既体现了多劳多得、少劳少得的原则，又存在非按劳分配的因素。总之，包干到户这种家庭承包制，把发挥集体的优越性和调动社员家庭经营的积极性结合起来了。在集体农业生产关系的具体形式上，它突破了高级社以来所存在的集体经济必须实行一切生产资料公有、统一经营、集中劳动和工分分配的模式，改革了人民公社"三级所有、队为基础"的体制。因而，它既不是农业合作化以前的那种个体经济，也不是过去"三级所有、队为基础"的集体经济，而是建立在家庭经营基础之上的新的合作经济形式。

　　党中央《关于建国以来党的若干历史问题的决议》指出，"社会主义生产关系的发展并不存在一套固定的模式，我们的任务是要根据我国生产力发展的要求，在每一个阶段上创造出与之相适应和便于继续前进的生产关系的具体形式"。家庭承包制就是我国农民在党的领导下，经过长期实践探索创造出来的农村生产关系的具体形式。它打破了长期存在的社会主义集体农业的模式，既坚持了马克思主义关于农业合作化的总的方向，又符合我国当前农村的实际情况。由于它具有统分结合、有统有分的特点，所以，它也是一种便于根据生产力发展要求继续前进的农村生产关系的具体形式。以包干到户为主要形式的家庭承包制极大地解放了农村生产力。各地大量事实证明，家庭承包制这种形式所体现的生产关系，与目前我国绝大多数地区的农村生产力水平是基本相适应的。在今后一个相当长的时间内，应当让它稳定下来，加以完善而不要轻易改变，以充分发挥它对生产力的促进作用。

　　然而也要看到，随着生产的发展，最初不少地方采用的那种只有三句话的包干到户，即只实行"交够国家的、留足集体的、剩下都是自己的"，集体没有统一经营又极少统一管理的那种包干到户，已暴露出如下一些缺陷：（1）局限于现有的一家一户的劳力、耕地和资金，又没有统一经营的成分，不利于改善生产条件，不利于生产向广度和深度发展。（2）因耕地的平均承包和当前实行的国家统派购农产品的办法，形成"家家小而全，户户粮油棉"，不利于实行生产的专业化分工。（3）在分户承包土地时，地块容易分割细碎，不利于进一步发展生产。（4）缺少集体统一经营，户与户之间的互助协作如开展得不好，一遇天灾人祸，农民的生产和生活就会发生极大困难。因此，强调稳定家庭承包制，也不是把一切形式、一切做法都统统凝固起来，而是应当根据生产发展的要求，按照群众的意愿，在稳定基本做法的前提下，进行适当的引导和做某些必要的完善和调整。事实上，许多地方和单位已经这样做了。例如，集体把群众想办而又办不了的事统一起来办，支持专业户和社会化生产服务机构的发展，鼓励在自愿互利基础上的各种协作和联合等，这些都收到了良好的效果。

# 如何完善农业生产责任制

### 农业生产责任制必须逐步完善

目前，全国农村社队普遍建立了不同形式的农业生产责任制。从全局来说，生产责任制的建立和变动时期已经过去，现在的问题是需要认真总结经验教训，使农业生产责任制朝着更完善的方向发展。应该看到，我国农村生产责任制的普遍建立，实际上，是对原来农业集体所有制生产关系的重大调整。这是一场牵动亿万群众的深刻而复杂的变革。历史的经验告诉我们，在生产关系每一次大的变革之后，必须有一个相对稳定、完善的阶段，才能使生产力在新的生产关系下得到持续发展。

50年代，在以换工协作为特征的互助组的基础上，建立起以土地入股分红为特征的初级社后，本应在一段相当长的时期内，使新的生产关系稳定下来，并加以完善。可是，由于当时盲目冒进，急于求成，却没有这样做，而是急匆匆地把初级社升级为高级社，实行了土地、牲畜、大型农具等基本生产资料的完全集体所有。高级社建立后，更需要有一段时间进行整顿和完善，然而仅仅一年多，不等高级社脚跟站稳，又搞起了"一大二公"的人民公社。这种在"左"的思想指导下，不停顿地变革生产关系的做法，使农村生产力遭受了巨大破坏。这一段历史经验是值得认真汲取的。

十一届三中全会以来短短几年中，我国农业就呈现出蓬勃发展、欣欣向荣的崭新局面，关键在于农村实行了生产责任制。但是也要看到，一个事物刚刚出现时，是不可能十分完善的。这次农业生产责任制的恢复建立，由于时间短、发展猛、变化快，一些干部的思想准备不足，群众中也有一些误解，这就使得各地所实行的责任制，不同程度地存在着一些问题。

这些问题主要表现在以下方面：（1）合同制有的未建立，有的不够完善，集体和社员的责、权、利不够明确；（2）有些承包办法还不够完善，如对耕地的承包期限过短，造成对土地的掠夺式经营，各专业承包指标不够合理使得劳动报酬悬殊等；（3）集体的财产、设施和工副业未能得到妥善保护，致使有的被损坏、侵吞；（4）统与分的关系处理不当，该统的未统，该分的未分；（5）国家、集体和个人三者的关系处理不当，出现自由种植、国家统派购任务完不成、集体提留难保证等情况；（6）在建立责任制的同时，未能很好地结合清理集体的财务，划分债权、债务，对集体提留的公积金、公益金的保管和使用也存在问题，集体的账目不清，财务混乱，影响了社员同集体建立可靠的承包合同关系；（7）对五保户、困难户的照顾不够，影响了他们的生活和生产；（8）相对于农业生产责任制来说，林、牧、渔业等多种经营方面的责任制还比较薄弱；（9）基层领导班子有的还未建立，有的还需健全，有的单位的干部因待遇不尽合理或不够落实，工作积极性受到影响，放松了领导管理，放松了思想政治工作。上述问题，并不是每个地区、每个单位都存在。然而它说明，完善农业生产责任制是何等的必要和迫切。

当前，对各种形式的责任制都要注意使之稳定。经过几年的实践、比较、选择，绝大多数地区和单位的农民，都选定了适合本地区、本单位的责任制形式。只要是群众满意的，就要使它稳定下来，不要去变动它。这样，方能稳定群众的情绪，解除群众"怕变"的疑虑，把广大农民的注意力和积极性引向发展生产。生产责任制的稳定和完善是辩证的统一。一方面，一种责任制形式，只有在稳定的前提下，才能谈得上完善；另一方面，也只有在完善的基础上，才能促使其更加稳定。把完善和稳定割裂开来、对立起来，认为要完善就不能稳定，要稳定就不能完善的看法，是不对的。

各种责任制形式，都有其适应性和长处，也有其局限性和不足。因此，都有个完善的问题。责任制的完善，包含着各种责任制形式之间互相取长补短，彼此吸收各自的长处，克服自己的局限性和不足。但这绝不是说一种责任制向另一种责任制形式看齐，更不是以一种责任制形式来代替其他责任制形式。我们应当按照中央文件的精神，始终允许多种责任制形式并存，让各种形式的责任制不断趋于完善。当然，如果群众通过实践，要求改变本单位的责任制形式，也应当支持。

完善责任制，牵涉生产力、生产关系和上层建筑等各个方面，要解决许多问题，因此，需要做大量艰巨复杂的工作，有的还要经过较长时间的努力，而且，随着生产力的发展，各种责任制形式在实践中还会产生出一些新的矛盾、新的问题，需要进一步解决。中共中央1983年在关于《当前农村经济政策的若干问题》中指出："稳定和完善农业生产责任制，仍然是当前农村工作的主要任务。"只有加强深入的调查研究，认真总结群众经验，通过不懈的努力，才能使各种责任制形式逐步地完善起来。

这里还应指出，广大农民群众对于稳定和完善责任制中的每个问题，哪怕是很细微的，反应都极为敏感，因为这涉及他们的切身利益。所以，完善责任制的工作一定要十分慎重。

### 完善农业生产责任制的原则

在完善农业生产责任制的过程中，我们必须遵循哪些正确的原则呢？根据中共中央1982年《全国农村工作会议纪要》和1983年《当前农村经济政策的若干问题》，可以把这些原则概述如下。

1. 要遵循"一坚持、两不变"的原则。所谓"一坚持"，即我国农业必须坚持社会主义合作化的道路；所谓"两不变"，即土地等基本生产资料公有制长期不变，集体经济要建立生产责任制长期不变。坚持这一原则，才能保证我国农业继续沿着社会主义道路前进。前一时期，在部分干部和群众中有些误解，他们误认为责任制就是包干到户一种形式，误认为包干到户就是"土地还家"，平分集体财产、分田单干。由于这种错误认识的影响，兼之有的干部放弃领导，在有些地方集体的财产被私分、被损坏；有的农户要求按入社前自己的土地承包责任田，搞"亡地还家"，还有的不经集体批准，对自己承包的责任田任意处置；经济效益较好的集体工副业也被停办，等等。这些情况的出现，损害了社会主义农业经济，影响了农业生产的发展，也充分说明对广大干部和群众进行"一坚持、两不变"的教育的极端重要性。

2. 要遵循有利生产的原则。实行生产责任制是为了充分调动社员积极性，全面发展农业生产。因此，无论是建立还是完善责任制，都必须从有利于调动社员积极性和有利于促进农业的全面发展出发。就是说，建立和完善责任制，都要有利于更好地贯彻"决不放松粮食生产，积极开展多种经营"的方针，促进农村商品经济的更加活跃。要通过实行责任制，不但使农业生产，而且使林、牧、副、渔、工、商、运等一切多种经营项目，不论属于集体经营的，还是社员自营的，都统统得到发展。凡是违背当地实际情况因而不利于调动社员的积极性，不利于农业生产和农村经济全面发展的责任制形式、办法，都应当加以改进。

3. 要坚持"三兼顾"的原则。正确执行这条原则，对搞好农业生产责任制，调动广大农民的生产积极性，发展农业生产，具有重要意义。"三兼顾"就是要兼顾国家、集体和社员个人三方面的利益。坚持"三兼顾"既要考虑国家利益、集体利益，又要考虑到农民的切身利益，使农民的物质利益受到尊重和维护。他们从生产的发展中得到了更多的实惠，从而改变了过去片面强调国家利益和集体利益，忽视甚至损害农民个人利益的倾向。但是，由于种种原因，在有的地方，也出现了极个别的不完成国家征购、派购任务，不完成上交集体提留的现象。这种只顾个人利益的做法，虽然使农民暂时多得到了一点利益，却损害了国家和集体的利益，而且也违背了农民的根本利益和长远利益。目前，在大多数农村已经实行以分户经营为主的包干到户的形势下，按照"三兼顾"的原则来对农民进行思想政治教育和完善责任制，是一项不可忽视的重要任务。

4. 要遵循因地制宜、分类指导的原则。完善责任制同建立责任制一样，也必须从实际出发，因地制宜。如果通过实践，发现某种形式或办法不适合本地、本单位的情况，就应从实际出发，同群众一起研究，进行必要的改进和调整。责任制形式不同，遇到的问题和需要改进、完善的方面也不同，这样，解决的办法就不同。即使是实行同一种责任制形式，本地和外地、本单位和外单位的情况也千差万别，完善责任制也不能照抄照搬，还是要坚持从实际出发，分析本地、本单位的实际状况，做艰苦细致的工作。

5. 要坚持宜统则统、宜分则分的原则。任何责任制形式都是统与分的结合，都有一个如何处理好统、分关系的问题。在各种责任制形式和做法中，统与分各有不同含义。"统"，有时是指统一经营，有时是指统一管理，有时是指统一计划，有时是指统一分配，有时是指农活的统一操作（或集中劳动）。"分"，有时是指分散经营，有时是指分散管理，有时是指分散计划，有时是指分户分配，有时是指农活的分散劳动。在把"统"与"分"连在一起的时候，一定要使双方保持相对应的关系，例如，讲统一经营的"统"，就一定要与分散经营的"分"相对应，而不能把统一经营与分散劳动对应在一起。因为，即使是统一经营，在具体组织劳动时，也可能有集中一起干活和分散干活。责任制形式不同，统与分的内容和程度也不一样。即使是同一种形式的责任制，由于各地、各单位生产条件、管理水平等具体情况不同，在统与分关系的处理上也存在差异。

一般来说，实行集体统一经营为主的责任制形式的单位，应侧重解决某些方面管理过分集中，卡得过紧、过死的问题，以便在继续发挥集体经济优越性的同时，进一步调动社员的积极性；采取分户经营为主的责任制形式的单位，应侧重克服和防止某些方面分得过散，该统未统或统得不够的问题，以便在继续调动社员积极性的同时，进一步发挥集体经济的优越性。当然，统分如何才能适度得当，归根结底，要从实际出发。一些单位提出，"统"要不妨碍调动社员个人的积极性，"分"要不妨碍发挥集体的优越性。这可以作为一个单位处理统、分关系的一般指导原则。

6. 要遵循有利于提高经济效益的原则。建立生产责任制，从经济管理的角度讲，就是为提高经济效益。提高经济效益，就是要提高农业劳动生产率和土地生产率，让每个劳动力、每亩土地（包括耕地、草场、山林、水面）生产出更多的农林牧副渔业产品，以尽量少的劳动耗费获取更多的收益。用农民群众的话说，就是要增产增收、降低成本。建立和完善责任制，就是要从根本上改变过去那种"增产不增收"、"高产穷队"的情况，凡是不利于提高经济效益的具体办法，都要进行适当的改进和调整。

7. 要坚持民主管理的原则。同选择责任制形式一样，完善责任制也必须坚持走群众路线，发动群众认真讨论，尊重群众的意愿。领导要帮助群众总结经验，采取合适的完善办法。对于实际存在的问题，领导提出了正确的解决意见，群众一时想不通，也要做过细的工作，因势利导。一些需要办但现在条件不太成熟的事，要积极带领群众创造条件，使之水到渠成、瓜熟蒂落再去办，切不可揠苗助长。总之，建立和完善生产责任制都是群众自觉自愿的行动，领导者的任务是给群众以正确的引导和帮助，而不是包办代替。

上述原则，既是我们检查责任制是否完善的标准，也是我们完善责任制的具体指导思想。当然，各个地区、各个社队的责任制，不可能一下子就完全按照上述原则完善起来，还需要有一个逐步发展、逐步完善的过程。

### 完善农业生产责任制应做的工作

完善生产责任制需要进行大量的工作。其主要工作有以下几项：

1. 坚持土地的集体所有制，切实注意保护耕地和其他自然资源。自然资源是农业生产不可缺少的条件。恩格斯说："劳动和自然界一起才是一切财富的源泉，自然界为劳动提供材料，劳动把材料变为财富。"① 自然资源如土地、森林、草原、水面等都具有一个共同的特点，就是使用得当，丰度常存。凡是属于集体所有的耕地、园地、林地、草地、水面、滩涂以及荒山、荒地等的使用，需要服从集体的统一规划和安排，不能任意改作他用或买卖、租佃。还要明确集体划分给社员长期使用的自留地、自留山以及宅基地等，所有权仍然属于集体。

要合理分配承包的耕地。要根据生产需要按劳动力或人口和劳动力各占一定比例承包耕地；劳动力强、技术高的，承包的耕地可以多些，劳动力弱、技术差的可以少些，无劳动力户可以不包。有的地方群众要求完全按人口承包耕地，也不宜强行改变。社员承包的耕地要按合同规定，在集

① 见《马克思恩格斯选集》第 3 卷，第 508 页。

体统一计划安排下从事生产。为了防止对耕地采取掠夺式经营，做到种地养地相结合，并鼓励社员在承包耕地上投资，提高土地生产率，耕地的承包年限宜由原来的两三年延长为五六年，乃至十年以上。在荒山、荒地上进行开发性承包的，年限还可更长一些。

要保护与合理使用集体土地上的公共建筑物、生产设施、树木以及其他公共财产，并采取适当的方式进行经营和利用。

2. 保护和利用好集体企业及集体的固定资产。对于集体兴办的从事多种经营的企业，集体所有的农机具、工副业设备及其他设施，应当根据有利于生产和提高经济效益的原则，采取适当的办法进行经营和利用。例如采取专业承包的办法或试行经理（厂长）承包责任制，使已经形成的生产能力不致遭到破坏，并得到合理的利用。对集体的固定资产应清理登记造册，有些不应分而分掉的，要通过做工作收回实物或收回价款，适宜分散保管和使用的，应作价保本保值，一次收回价款或以提取折旧的办法收回。

3. 建立和健全承包合同制。承包合同把生产队与作业组（专业组）、农户、专业工之间的经济关系和双方的责、权、利以合同的形式确定下来。它是正确处理集体经济内部经济关系和正确处理国家、集体、个人三者利益关系的较好形式，是完善责任制的重要环节。

根据各地的经验，对承包合同，从签订到兑现，要一抓到底，落到实处。订合同时，要充分走群众路线，各项生产指标、农副产品交售任务、上交集体部分或集体的提留、完成任务的主要措施、劳动报酬、奖惩办法，以及农户应承担的农业基本建设用工和其他用工等，都要经过社员审议，使合同的内容一要合理，二要清楚。合同要明确规定集体和承包者双方的权利和义务，不能把合同变成单方面的保证书。同时，要坚持合同的严肃性。合同签订以后，即有法律效力，签字双方都要信守合同，严格按照合同兑现，该奖的奖，该罚的罚。干部要在执行兑现合同中起模范带头作用。对兑现合同中的一些特殊问题，如承包者遇到天灾人祸，则要实事求是地处理。一些地方的社员说得好：合同定得越完整，责任制就越完善。合同兑现得越好，责任制就越巩固。没有合同制，完善农业生产责任制就是一句空话。

4. 把完善责任制的工作和促进农业生产全面发展的目标联系起来。农业责任制的实行大大提高了劳动效率，使农村出现了更多的剩余劳动力。积极发展生产，大力开展多种经营和工业、商业等，为多余的劳动力找出路，是搞好责任制的重要环节。因此，农村社队要从本地实际出发，制订全面发展农、林、牧、副、渔、工、商的规划，有计划地安排劳动力，并根据生产的需要相应地改进和完善责任制形式。在那些基本上分户经营的单位，也要根据可能，逐步地从事一些多种经营项目，如林场、茶场、养殖场等，逐步发展专业分工和专业承包。

发展多种经营要大小项目兼顾，集体个人一齐上。适合集体搞的项目由集体统一经营，或者发展不同规模和形式的联合经营，适合个人搞的项目由社员户经营，并积极发展专业户。

5. 要整顿集体经济的财务工作。不论实行哪种责任制形式，都应在完善责任制的过程中，结合整顿本单位的财务。要认真清理固定资产、现金、物资、债权债务，结旧账，建新账，建立适合本单位责任制需要的财务制度，加强对物资和现金的管理。只有这样，才能使责任制落到实处，得到完善。

6. 要加强思想政治工作。建立责任制后，丝毫也不意味着可以放松思想政治工作。相反地，由于实行了各种形式的责任制，使过去那种集中统一的经营管理变得相对分散了，因而，思想政治工作更需要加强和改进。前面说到的建立责任制后出现的许多问题，都进一步说明加强政治思想工作的重要性和紧迫性。政治工作是经济工作的生命线。做好思想政治工作，是做好经济工作的重要保证。要看到，我国广大农民经过三十多年社会主义实践的锻炼，他们已经是社会主义劳动者，是社会主义的新型农民。但是也应当看到，小生产的心理和习惯在他们中间还没有完全消除，封建思想、资本主义思想对他们还有影响。教育农民，仍然是一个长期的、严重的任务。所以，一定要在完善责任制的同时，加强农村的思想政治工作，经常不断地对广大党员、干部和社员进行社会主义、爱国主义、集体主义和国家、集体、个人"三兼顾"的教育，进行勤劳致富、共同富裕的教育。

7. 要加强基层领导班子的建设。完善责任制，干部是关键。农村实行生产责任制后，尤其是大多数地区实行了家庭承包制后，基层（大队、生产队）班子的人员和机构，都作了相应的精简和调整。基层干部的工作内容、工作方法也与过去有了很大的不同。如何使基层班子的工作适应当前的农村形势？在配备好基层班子后，必须抓好他们的思想教育，帮助他们树立在新形势下搞好工作的责任感和光荣感。要迅速建立健全干部的岗位责任制，注意解决好他们的报酬问题，使他们的经济利益同他们工作的成效密切联系起来。但是，不能把报酬标准定得过高，以免加重社员负担，脱离群众。与此同时，还要积极搞好基层干部的培训工作，提高他们的思想、政策和业务水平。

上述工作，都是各种责任制形式中带共同性的问题。在完善责任制的过程中，还要注意到各种形式的责任制有各自的特殊的问题，需要分别加以解决。

对专业承包、联产计酬，要特别注意：（1）处理好各业社员的劳动报酬。要做到各业之间大体平衡，使付出同等劳动量的社员能够得到大体相等的劳动报酬，不要由于分工分业不同，造成收入悬殊。以农业生产为主的单位，应以农业为基准，平衡其他各业；以林、牧、渔等业生产为主的单位，应以主业平衡其他各业。（2）根据各业生产的特点和需要，组织必要的劳动协作。这种协作关系，一般在年初落实承包任务时，以合同形式明确规定下来。在组织协作时，要坚持等价、互利的原则。（3）专业组内部要合理计酬，克服平均主义。（4）加强经济核算，讲究经济效果。在生产队统一核算的情况下，各承包单位也要建立分户账。

对包产到组，要特别搞好以下几项工作：（1）组织好组与组之间必要的协作；（2）搞好作业组内部的分工负责和劳动计酬问题；（3）加强各包产组的经济核算工作；（4）某些集中过多的单位，要给社员以必要的自主权。

对包产到户、联产责任制形式，则要注意：（1）尽量使承包的耕地连片成块，利于耕作，利于排灌；（2）处理好"统"与"分"的关系；（3）保护与合理使用集体的农机具、耕畜、工副业设备、公房、晒场等，不要拆毁平分；（4）集体的工副业、茶园、果园、鱼塘、牧场等，尽量由集体统一经营，采取专业组、专业户、专业工等形式分别承包。

对包干到户，需要特别注意的是：（1）尽量不要把田块分得过于零碎；（2）对已经形成的生产能力，应采取适当办法保护和使用，发挥它们的作用，不要废弃和破坏；（3）对集体原有的工副业企业或生产项目，适于集体经营的，集体可继续经营，或由社员联合经营，不适于集体经营的，可由专业户承包经营；（4）保护土地的集体所有制，对承包土地的调整，要持慎重态度，群众同意调整的就调整，目前不同意调整的则不宜勉强；（5）处理好"统"与"分"的关系；（6）根据生产需要，组织新的联合经营。这种联合经营要做到：坚持自愿互利的原则；各成员真正平等，并享有充分的民主权利，有加入和退出的完全自由。

（原载《农业生产责任的建立和发展》，河北人民出版社 1984 年版）

# 我国农村经济由自给、半自给体制向商品经济体制的转化

由于排斥商品货币关系的传统经济模式不能适应现代生产力发展的需要，不利于社会主义经济的巩固和发展，从 20 世纪 50 年代初期的南斯拉夫开始，这种模式在一系列国家被突破，于是传统的经济模式向着扩大商品货币关系的范围和加强市场机制的作用的方向演变。在我国，传统经济模式首先是在农业经济中被突破的。

## 农业传统集体经济模式的基本特征及其弊端

### 传统集体经济模式的形成

农业中传统的社会主义集体经济模式，是在 1929—1934 年的苏联全盘集体化运动中形成的。东欧社会主义国家和我国在 50 年代先后采用了这种模式。

在十月革命胜利以后，特别在 1921 年以后，列宁领导的俄国共产党制定了根据自愿互利原则，引导农民逐步进行供销、信用和生产合作的方针。但在 1929 年以后，斯大林改行全盘集体化的政策，普遍建立了规模巨大的集体农庄。集体农庄的领导干部任免和耕、种、收、分等日常决策，实际上都由上级国家行政机关作出，农产品收购采取义务交售制，国家通过农业机器站和农产品收购部门，用很低的价格取得几乎全部剩余农产品。

虽然斯大林在他的晚年也承认，在集体所有制存在的情况下，还存在商品生产和商品交换，但在实际上并不承认集体农庄是独立的商品生产

者，因此，他所建立的集体农业经济的模式实际上带有自然经济的性质。苏联的这一套农村经济体制，后来也推广到了东欧社会主义国家。

### 我国人民公社制度的自给、半自给性质

在 1953—1956 年的过渡时期中，我国农村沿着同苏联和东欧社会主义国家大致相同的道路，建立了以农业生产合作社为主要形式的社会主义集体经济。

在中华人民共和国成立前后，中国共产党人曾经设想，要在实现土地改革以后，经过一个相当长的历史时期，用容易为农民所接受的办法，引导他们逐步联合组织起来，经过临时互助组、常年互助组、供销合作社、信用合作社、初级农业生产合作社、高级农业生产合作社等形式，逐步实现农业的社会主义改造。但在 1953 年按照优先发展重工业方针开始第一个五年计划以后不久，就开始感到完全通过市场方式不能满足工业迅速发展所提出的对农产品的大量需求，于是在 1954 年对粮食、棉花、油料等主要农产品实行按国家规定的数量和价格"统购统销"的办法，并在 1955 年党的七届六中全会以后加快了农业合作化的步伐。

按照党中央原来的设想，从中华人民共和国成立的时候起，到 1967 年（即原来设想的第三个五年计划的最后一年），总共要用 18 年的时间基本上完成农业方面的社会主义改造。但是，在 1995 年下半年掀起的合作化运动高潮中，我国实现农业合作化的时间大大提前，只用了一年多的时间就实现了农业合作化。1956 年夏，加入农业生产合作社的农户占全国总农户的 96%，其中加入高级社的农户占 88%。

由于合作化运动后期出现的要求过急、工作过粗、过渡过快、形式也过于简单划一等缺点，不仅使原来就存在的管理制度不健全、分配上的平均主义等问题更加突出，而且还产生了高级社规模过大，社内队与队之间分配上的平均主义，管理上集中过多，劳动"一窝蜂"或干活"大呼隆"等新问题。因此，党和政府在 1956 年和 1957 年两年内发出一系列指示，对高级社进行整顿。整顿的主要内容是：（1）在社、队规模方面，强调不宜办大社，生产队以 20 户左右为宜，对已建立的规模过大的社，或者划小，或者保持联社形式，由各分社（或称大队）自负盈亏；（2）在经营

管理方面，强调发挥生产队的主动性、灵活性，头行"三包一奖"制度；（3）在社员分配方面，提倡实行定额管理、按件计酬的工分制度，以克服社员之间分配上的平均主义。

然而由于1957年以后"左"的指导思想在党内逐渐居于优势，随着农业生产的"大跃进"，1958年春夏各地农村掀起了合并高级社办大社的高潮。同年夏秋，又进一步发展成立大型的综合性的人民公社化运动。从1958年8月起到12月，在短短几个月的时间里，就实现了人民公社化。

人民公社的特点是"一大二公"、"政社合一"、"工农商学兵五位一体"。所谓大，是指人民公社的规模更大了，当时一个公社有2万—3万人，6万—7万亩土地，还有一个县一个社的；所谓"公"，按当时的说法，就是公有化程度更高了；所谓"政社合一"，是指公社既是政权机关，又是经济组织。由于"政社合一"和国营财贸机构下放到公社，人民公社具有全民所有制因素。在经营方式上同当时的国营经济相类似，成为附属于行政机关的"准国营经济"。当时，实行单一的公社所有制，统一计划、统一经营、统一分配。劳动组织以班、排、连、营、团建制，实行"大兵团作战"。取消商品生产和商品交换，否定按劳分配原则，实行消费品的实物供给制，社员一律到公共食堂吃饭。对这样的组织，当时认为是社会主义社会的基层单位，又是将来共产主义社会的基层单位。社会主义经济是同社会化大机器生产相联系的，而共产主义更是与高度发达的社会生产力和产品的极大丰富相联系的。它与封闭的自给自足的自然经济毫无相同之处。当时设想建立的没有商品货币关系的封闭的自给自足的大公社与科学社会主义实际上是格格不入的。这是小生产者主观空想的产物，因而不能不给我国的农业带来灾难性的后果。

后来，经过多次调整，开始从以公社为基本核算单位改变为以生产大队为基本核算单位，接着又从以大队为基本核算单位改变为以生产队为基本核算单位，从而形成"政社合一"、"三级所有，队为基础"的模式。这种模式，与其说是对人民公社理论的否定，还不如说是对它的肯定和继续。因为：第一，它仍然保留原来人民公社"政社合一"、"一大二公"的框架，所不同的是认为当时条件不具备，即生产力水平和社员觉悟不高，队与队之间存在较大差距等，而不得不作暂时的"退却"。第二，即使眼前存在某些"后退"，但仍然把完全排除商品货币关系的人民公社经济形式看作社会主义农业经济的理想模式，一旦条件成熟，还是要一个阶梯一个阶梯地走上去。这也是为什么在1962年以后的岁月里，各地反复大搞"穷过渡"的重要原因之一。

### "大"二"公"模式的弊病

这种按行政区划建立的高度集中的"政社合一"、"三级所有，队为基础"的人民公社模式，严重地压抑了社员的生产积极性和创造才能，阻碍了农村商品经济的发展，延缓了我国农村经济社会化和现代化的进程。它的主要弊病是：

1. 否定了农业合作经济单位的自主权。从理论上讲，农村社队是劳动农民自愿组织的集体经济单位，自主经营、自负盈亏。作为一个独立的经营实体，在不违背国家政策的条件下，一切重大问题均应由社队自己决定。但是，由于实行"政社合一"，使得政权机关能够从内部直接控制和指挥集体单位的经济活动。集体单位种植什么作物，种多少，产品卖多少，留多少，收入如何分配等，均由上级行政机构确定，集体经济单位实际上变成了政权机关的附属物。而且，由于行政系统是下级服从上级，上级机关的决定、指示，下级必须服从，一方面助长了某些上级机关的强迫命令和瞎指挥，另一方面也使集体经济单位对行政领导的瞎指挥完全丧失抵制能力，并且不得不承受由瞎指挥所造成的经济损失。这样，在实际上，也就否定了农村集体所有制经济的性质，否定了它作为独立的商品生产者和经营者的地位。

2. 不利于社会分工和协作的发展。商品经济与自然经济不同，它要求扩大市场，即随着生产的进一步发展，越来越要求超越集市、乡镇地方的狭窄界限，走向国内市场甚至国外市场。然而，作为"三级所有，队为基础"的人民公社集体经济，不论是公社经济、生产大队经济或生产队经济，均具有较大的封闭性。尤其是作为人民公社基础部分的生产队，封闭性更大，它们的经营活动往往着眼于自给，搞"小而全"、"大而全"。除了社队工业的一些产品可以自销外，主要农产品则是通过"统购派购"交售给有关的国营商业部门，在农村集市上出售的只限于互通有无的产品，因此它的市场比较狭窄，加上行政区划的切割，形成了多层次的经济壁垒。显然，这种状况对社会化的发展相当不利。而且，"三级所有，队为基础"本身又相当刻板。生产队和生产大队不能独立对外，公社范围以外的经济活动均需通过公社，在公社范围内的经济活动，由于把"三级所有，队为基础"作为根本制度，不得越雷池一步，充其量也只是允许公社、生产大队、生产队三级来办，而在三级经济之间又有严格的分工，有的只能由公社办，有的只能由大队来办，公社、大队不办的才准许生产队办；不准队与队之间联办。这种刻板的体制，同商品经济发展的要求是矛盾的。因为，商品经济要求不断地扩展生产领域和市场，而"三级所有，队为基础"却给予上述的种种限制。由于各地生产力水平不同，自然资源和资金、劳动力的状况也有较大差别，因而在实践中要求实行不同范围、不同形式、不同所有制之间的合作和联合。但是，"三级所有，队为基础"的体制却限制了多种多样的合作和联合。这都束缚了经济的发展。

3. 不利于农民积极性的发挥，不利于商品经济的发展。生产队实行统一计划、统一经营、集中劳动、统一核算、统一分配的高度集权制，其主要缺陷有二：一是社员的民主权利得不到保证。社员是组成各该集体单位的主人，生产队的一切重大问题均理应由该队的社员群众共同讨论决定。但是，由于"政社合一"，由于生产队本身又实行高度集中的管理和集中劳动，一切由队长安排（有的是上级的决定通过队长执行），在日常的生产经营中社员只是单纯的劳动力，他们作为集体经济单位主人的权利很难保证。又因为是集中劳动，客观上要求统一的出工收工时间和请假制度，这也使社员感到不够方便和自由。二是社员的劳动报酬与生产经营成果联系得不够紧密。生产队（或农业合作社）是独立核算、自负盈亏的经济组织，社员的劳动报酬是与各自的集体经济单位的经营成果相联系的。一般说来，在积累与消费比例不变的情况下，集体的纯收入多，社员的分配部分（即社员分配总额）也多，因而在一定程度上能够促使社员积极劳动，关心集体的生产经营成果。但是，由于集体经济单位的社员分配总额没有具体分配到每个社员名下，因此生产队的社员分配总额的增减对社员的激励作用减弱。生产队采取的工分制办法，把工分作为衡量社员向集体提供劳动量的标准，是计算社员劳动报酬的依据。但是，由于评定每个劳动力的基本工分多采用死分死记的办法，存在着严重的平均主义；由于农业劳动的质量不易检查，在实行定额计工的情况下，又往往使一些不顾农活质量的人多得工分，而重视质量的老实人花费的劳动多却反而少得工分，又由于按工分分配常常把人们的注意力引向工分，干活重数量轻质量，不关心经营成果，产生"只顾千分，不顾千斤"的倾向。因此，不能体现多劳多得。这些缺点，都使社员群众的积极性和创造性不能充分发挥。而广大社员的积极性和创造性正是发展农业生产、提高农副产品的商品率、增加商品量的基本条件。

4. 不能适应多层次的生产力状况。我国农村生产力水平不高，各地农业发展不平衡。在东部沿海平原地区和大城市郊区的生产力水平较高，在一般地区则主要使用手工工具，而在一些边远山区尚处于日出而作、日落而息，甚至结绳记事、刀耕火种的阶段上，此外，有的地方的地块十分零碎，一些山区的居民居住相当分散，有的水上渔家的流动性很大，面对这样多层次的生产力状况和农业条件的复杂性，只有相应地采取多种形式的所有制结构，才能促进生产的发展。然而，我们在农业合作社化的后期却推行了集体所有制的单一结构，取消了农村的个体经济，严格限制社员自留地和家庭副业，大大缩小了农村商品经济发展的余地。

综上所述，可以得出这样的结论：按行政区划建立的封闭式的高度集中的模式，限制过多，人民公社内部又缺乏活力，社员积极性不高，妨碍了农村商品经济的发展。当然，我国农村商品经济发展缓慢不只是过去集体经济模式这一个原因，还有农村的流通体制、农产品购销体制、价格体系和价格管理体制、农业计划体制、农村金融体制等多方面的原因。显然，不改革这种模式，不改革整个农村经济体制，我国农村经济就不可能顺利发展。

### "大"二"公"模式的理论基础

无论是在苏联还是在中国，为什么在社会主义建设过程中都普遍追求一"大"二"公"？一个重要原因是人们恪守马克思关于农业中"大生产优越于小生产"的结论。

马克思早在《资本论》的写作过程中，就分析了资本主义农业中的大生产和过时的小生产，指出资本主义农业的大生产可以利用先进的科学技术和科学管理方法，可以节约费用，降低成本，可以因地种植，提高土地利用率和产品的商品率，等等。而小生产"是以土地及其他生产资料的分散为前提的。它既排斥生产资料的积聚，也排斥协作，排斥同一生产过程内部的分工，排斥社会对自然的统治和支配，排斥社会生产力的自由发展"①。恩格斯在《法德农民问题》一文中指出：小农"在资本主义还统治着的时候是绝对没有希望的……资本主义的大生产将把他们那无力的过时的小生产压碎，正如火车把独轮手推车压碎一样是毫无问题的。"② 列宁也指出，在资本主义制度下的小农是没有出路的，只能混一天算一天，慢慢地被折磨死，绝对不会有什么繁荣。

　　需要指出，这里讲的大生产和小生产，不只是简单地指生产单位的规模大小问题。造成农业生产停滞落后和农民贫穷愚昧的小生产，不是泛指小规模生产，而是指使用落后的手工工具的自给自足的小规模生产。较之小生产优越的大生产，也不是任意的大生产，而是指社会化的大生产。同样，从发展趋势来看，社会化的大生产要优于落后的自给自足的小生产，后者要被前者所排挤。这是毫无疑问的。问题在于，社会化与生产单位的经营规模，本来并不是同一概念，但马克思根据当时的情况，把二者多少看作同一过程，从而作出"大规模地耕种土地……比在小块的和分散的土地上经营农业优越得多"的结论，并由此推论说：既然如此，"那末全国规模地经营农业，难道不会给生产的发展以更大的推动吗？"③

　　事实上，马克思的上述结论，是根据英国圈地运动对英国 19 世纪中期农业的影响以及对 19 世纪六七十年代法国和德国农民的分析而作出的。后来的历史发展表明，在近代技术条件下，土地经营规模并不是越大越好。在 19 世纪末和 20 世纪初，有些马克思主义者对于大规模农业具有优越性的论点进行了某些修正。考茨基在《土地问题》一书中在确认大生产

----

① 《马克思恩格斯全集》第 23 卷，第 830 页。
② 《马克思恩格斯选集》第 4 卷，第 312 页。
③ 《马克思恩格斯选集》第 2 卷，第 452 页。这里的"全国规模地经营农业"，是指土地国有化，把土地的耕种置于国家监督之下，并为了国家的利益而进行生产，不是指具体的生产经营单位规模。但从前后文来看，这里是把国有化与经营单位的经营规模的扩大作为同一过程加以说明的。

优越性的同时，明确指出，农业的大规模生产只在一定限度内具有优越性。列宁赞成考茨基的意见，认为在实践中运用这一理论时必须注意农业关系的复杂性和多样性。"在关系复杂和多样得无法比拟的农业中，要使关于大生产具有优越性的规律能完全适用，就要受到更加严格的条件的限制"，只有其他条件相同，"农业中的大生产才必然比小生产优越"。① 而在现实经济生活中，农业关系是多样的和复杂的，各自的条件很不相同，因此不能简单地说，凡属大生产都优于小生产。

虽然提出了以上的异议，但是"大规模农业优越于小规模农业"的结论仍长期成为各国马克思主义经济学家的一个信条。这种观念不仅对苏联和东欧一些国家的农业生产单位的规模有直接的影响，而且对我国的高级农业生产合作社和人民公社的规模过大也有密切的关系。

上面讲的大生产与小生产是在不同社会条件下相比较，如果在同样的社会化条件下，情况就会大不相同。在一种情况下，生产单位的规模大一些有利；而在另一种情况下，生产单位小一些有利。这时的小规模单位是社会化体系中的组成部分，与自给自足的小生产根本不同，因而不再存在大生产优于小生产、大生产排挤小生产的规律的问题。这里起关键作用的是规模效益。什么样的规模效益最好就应采取什么样的规模，不存在"越大越好"的问题。影响农业生产单位规模效益的因素很多，主要有生产力水平、农业的自然条件和经济条件，其中起决定作用的是生产力，如农业机械化水平的高低、农业机械体系的大小、管理水平的高低，等等。而最佳的规模正是这几种因素综合作用的结果。显然影响农业生产单位规模的决定性因素是生产力水平，因此在我国不同的历史阶段，农业生产单位的合理规模将是不同的。由于我国各地的生产力水平、自然条件和经济条件存在差异，所以在同一时期内，各地的农业生产单位规模也将存在差别。但是，总的看来，我国农村生产力水平比较低，管理水平不高，加上许多地方地块比较小，地势不平，这就决定了目前我国农业生产单位的合理规模不是较大，而是较小，更不是"越大越好"。当然，"较小"也是相对而言，绝不意味着越小越好。

---

① 《列宁全集》第 4 卷，第 101 页。

　　再一个问题是对公有化程度，即"公"的看法。从原则上说，从马克思到列宁都曾主张土地国有化。但是这里需要着重指出的是，对待农民的小土地所有制，不能过早地实行国有化，对小农只能采取逐步过渡的办法。而其组织形式主要是合作社。恩格斯指出："当我们掌握了国家权力的时候……我们对小农的任务，首先是把他们的私人生产和私人占有变为合作社的生产和占有……"① 然而，对合作社这种经济形式，恩格斯也作了具体的分析，并使我们看到有不同的类型，它们的公有化程度不尽相同。第一种形式，如上面所引述的"把他们的私人生产和私人占有变为合作社的生产和占有……"的合作社，大体相当于我国的高级农业生产合作社。第二种形式，是19世纪70年代丹麦社会党人计划的并得到恩格斯赞同的那种合作社，即"一个村庄或教区的农民……应当把自己的土地结合为一个大田庄，共同出力耕种，并按入股土地、预付资金和所出劳力的比例分配收入"。② 这种合作社类似我国的初级社。第三种形式是大农和中农（这里的大农和中农是富裕农民，不是农业资本家）和雇工之间组织的合作社，"以便在这种合作社内越来越多地消除对雇佣劳动的剥削"。③ 这就告诉我们，在把小农改造为公有制农业的历史过程中的一个相当的时期内还不可能公而又公，纯而又纯，还需要某些过渡性的形式和办法。列宁发展了马克思和恩格斯关于改造小农形式的思想。他提出改造小农要经过合作制。合作制，既包括生产领域中的各种经济形式（如共耕社、劳动组合即集体农庄、农业公社等），也包括流通领域的各种合作社，如消费合作社、供销合作社、信用合作社等。列宁不仅提出了流通领域的合作社，而且还提出要优先发展流通领域的合作社。在一个相当长的时期内，合作经济不能搞得那么公、那么纯。对恩格斯和列宁提出的通过各种形式改造小农，不搞公而又公的合作社的精辟见解，可惜在一个较长的时期里并未很好地继承下来。在苏联农业集体化运动时期没有遵循上述思想，而采取了单一的集体农庄形式，否定了共耕社。应当说，这是公而又公的开始。我

---

① 《马克思恩格斯选集》第4卷，第310页。
② 同上。
③ 同上书，第314页。

国农业合作化的前期和中期，采取了多种形式，在生产领域有互助组、初级社和高级社，在流通领域有供销合作社和信用合作社，因而取得了较好效果。然而，从 1955 年下半年起，由于"左"倾错误，在一年多的时间里就实现了单一的高级社。接着，又把农业生产合作社合并起来，成为更大规模并有某种程度的国有性质的人民公社。实践证明，这种清一色的高级社形式，不符合各地多层次生产力的状况，因而给农业生产带来极其有害的影响。

多年来，人们把公有化与社会化等同起来，以为公有化水平提高了，就是社会化程度提高了。其实，社会化与公有化并不是一回事，在资本主义条件下也可以实现生产社会化，当生产力水平仍然很低，在使用手工工具的情况下，勉强地把分散的小农合并起来，尽管生产单位的规模扩大了，但未必就是科学意义上的社会化生产和公有化程度的真正提高。而且，这种做法的效果不好。这样，就需要采取某些变通的办法，寻找建设社会主义农业的崭新道路。

## 联产承包制打破了我国农业经济自给、半自给的格局

党的十一届三中全会以后，农村的经济改革突破了原来"政社合一"、"三级所有，队为基础"的集体经济模式，实行了联产承包制。

### 什么是联产承包制

联产承包制是指集体（或合作）经济单位为了调动社员的积极性，更有力地推动生产的发展，取得更大的经济效益，将本单位所属的生产项目分别包给社员或社员集体，承包者在保证完成上交任务的条件下，有充分的经营自主权，承包者在完成上交任务后，所余收入全部归己。由于开始时承包是以产量为中心，所以叫联产承包制。后来实行大包干，盈亏由承包者自负，承包者对集体的承诺只是上交的部分。因此，比较贴切的叫法应是经营承包制。换言之，就是集体把某项生产的整个经营任务都包给了承包者。不过，出于习惯，我们仍然叫联产承包制。

联产承包制是一项总的办法或制度，总的来说，是有统有分，统分结

合；但由于各地、各单位的情况不同，统分结合的程度即统与分的比重也各不相同。主要有三种形式：（1）统一经营为主、分散经营为辅的承包形式，这是在集体经济的多种经营比较发达、经济实力较为强大的少数单位所采取的一种形式；（2）以户经营为主、集体经营为辅的承包形式，这是目前农村大多数单位所采取的形式；（3）分户经营，这是在原来比较困难的社队所采取的办法。在这样的单位，除了土地之外，集体没有像样的家底，甚至负债累累，因此因地制宜，即将土地包出后，由社员家庭经营。此外，还有一些过渡性的形式，即使在同一类形式中又可分为若干不同的做法。

联产承包制对农业生产关系进行了调整。但是由于采取了不同的做法，因而对生产关系调整的程度也不完全相同。

第一种承包形式是，土地、大中型农业机械、农田水利设施以及所办的企业，仍然属于集体所有；主要的生产经营项目基本上保留了统一计划；签订承包合同时，照顾到各业之间的平衡。由于各承包单位（户、组）可以购置包括拖拉机、汽车等农业机械以及化肥等，各承包单位（组、户）在保证完成承包任务的前提下，有调整作物种植计划、采取增产措施的权利。因此在所有制方面也有了新的变化。即有了一定的个体经济因素。

第二种承包形式是，土地、农田水利设施仍然属于集体所有；有的单位还有少量的大中型农机具和队办工业；大多数单位还保留一部分公共积累。出包承包合同是生产队（或其他名称的合作经济组织）和承包者双方协商而签订的，因此集体单位通过签订合同对生产保留一定的控制。此外，集体还对植保、育苗等项工作进行必要的组织和协调。这些都说明，它基本上保留了合作经济的特征。但是，由于各承包户可以购买拖拉机、汽车等其他各种机械设备，可以购买化肥、农药、塑料薄膜等生产资料，可以自己和别人联合兴办各种生产企业，因而在所有制方面较之第一种承包形式有更大的变化。在经营方面，承包户比第一种形式有更多的自主权。承包户收入的多少，不仅取决于自己的劳动多少和好坏，也取决于生产投入的多少。也就是说，在个人消费品分配方面也不完全是按劳分配。这说明，这种承包形式比第一种承包形式有更多的个体经济因素。由于承包期可以延长到 15 年，由于各承包户越来越多地根据市场需要安排生产，承包户的经营自主权还有扩大的趋势。

第三种承包形式是，作为农业的最重要的生产资料——土地仍归集体所有，一部分集体单位还有少量的农田水利设施。承包者在完成农业税和产品出售任务以及民办教师工资等必要的社会负担的条件下，一般的生产经营活动均由承包户自行决定，盈亏自负。这些单位一般没有提取公共积累，因而资金全部由承包户自己筹集，机器、牲畜以及其他生产资料均由承包者购买。由于集体管理的事务很少，许多地方已将管理土地的事务委托给村民小组长代管，生产队已经撤销。可见，这种在保留土地集体公有的条件下的分户经营的承包形式具有比第二种承包形式还要多的个体经济因素。

从上面的分析中，可以看到：第一种承包形式，由于它保留了统一经营为主，实行统一经营与分散经营的合理结合，因此，相对说来，对生产关系进行调整的幅度还不是太大。第二种承包形式，由于原来集体经济的多种经营，特别是队办工业有一定的发展，但又发展不够，经济实力还不够强大，集体还保留一定的统一经营、统一管理和组织协调的职能。但是，个体经济的因素却比较大。因此，这种承包形式对原来集体经济的生产关系进行了相当大的调整。即从单一的集体公有制经济调整为集体公有与承包户个体所有相结合的经济形式。第三种承包形式，对原来的生产关系调整的幅度更大，即调整到在保留土地集体所有基础上的分户经营。在这里，个体经济的因素相当大，除了保留土地集体所有以及集体与农户之间的出包承包关系以外，其他方面同个体经济大体相仿。但是，正是因为保留了土地集体所有以及集体与农户之间的出包承包关系，因而与个体经济相比还有所不同。

由于承包者在完成承包任务的条件下，可以自营或与别人联合兴办其他生产项目或企业，因此，农村中在承包经济之外，又出现了许多自营专业户和新的经济联合体。而新的合作和联合还有进一步发展的趋势。因为专业户发展到一定程度就要求扩大经营规模，而扩大经营规模就需要增加劳力，这可能有两种解决办法：一是雇工经营；二是发展新的合作和联合。即使在雇工经营中，只要引导得好，有的也会逐渐增加合作因素，最终走上合作或联合的道路。

上列事实说明，实行联产承包制以后，农村社会主义阵地不是缩小而是扩大了，不是削弱而是加强了，更富有活力了。那种认为联产承包制使农村社会主义阵地缩小了的看法，是不符合实际的，是一种误解。

### 联产承包制为我国农业中商品经济的发展开辟了道路

联产承包制不仅对农村的生产关系进行了重大的调整和改革，而且打破了原来自给、半自给经济的格局，为农村商品经济的发展开辟了广阔的道路。

第一，联产承包制打破了"三级所有，队为基础"的框框。如前所述，"三级所有，队为基础"的人民公社是按行政区划建立的高度集中的刻板的模式。这种模式在联产承包制的冲击下逐渐解体。承包者在保证完成承包任务的条件下，可以单独或与别人联合共办某种生产项目或企业，不受地域和所有制的限制，也不受行业的限制。这样，不仅打破了行政区划的界线，也突破了"三级所有，队为基础"的框框，从而为不同层次、不同范围、不同形式的合作和联合开辟了道路。多种多样的合作和联合有利于合理地利用当地的自然资源和人力、物力、财力，更好地发展多种经营，发展商品生产和商品交换。

第二，联产承包制使农民集体的自主权得到了维护，集体（合作）经济作为商品生产经营者的地位得到了尊重。过去也曾不止一次地提过要尊重集体经济的自主权，但是在"政社合一"、"三级所有，队为基础"的集中模式下，在政权机构直接干预集体经济组织的经营活动，并把生产队作为自己附属物的情况下，要真正确立生产队和社员的自主权是不可能的。只有改变这种模式才有可能使生产队和社员成为独立自主的商品经营者。而联产承包制则是改变原有农业经济模式的关键性措施和步骤。因为：（1）生产队（或其他名称的合作经济组织）把各项生产经营项目分别包给农户或小组，并签订具有法律效力的出包承包合同。合同规定了双方的权利和义务，规定了承包者自负盈亏。这实际上确立了生产队和社员的经营自主权。因而，不仅上级机关的某些不切实际的瞎指挥不灵了，就是生产队也要切实尊重承包者的自主权，而不能乱加干涉。即使出现瞎指挥、乱加干涉的情况，也会受到承包者的有力抵制。（2）联产承包制也使过去那些催种催收催售、检查农活质量等工作成为不必要了，从而给减少干部、政社分设工作创造了良好条件。到1984年年底，我国农村政社分设工作已基本结束，之所以进行得如此顺利，原因之一在于普遍实行的联产承包制起到了"釜底抽薪"的作用。确立生产经营者的自主权，是发展商品经济的必要前提。联产承包制使生产队和社员的经营自主权得到了切实的保障，因而为商品经济的发展创造了条件。

第三，联产承包制发挥了承包者的经营主动性，使合作经济具有更大的内在动力，推动着商品经济的发展。联产承包制，一方面使承包者的生产经营自主权得到了保证，比较好地解决了社员当家做主的问题，大大激发了他们的主人翁责任感。另一方面，使承包者的收入同生产经营成果更紧密地联系起来，解决了集体经济组织长期没有很好解决的平均主义的问题，从而使农业经营者在发展生产上具有更大的内在动力。它不但使承包者的聪明才智得以发挥，而且还推动他们不断地进取、增长才干。在联产承包制的条件下，承包者已不再是单纯的劳动力，而是生产经营者。他们从被动地位转为主动，为增加生产和收入，会更加自觉地注意农活质量，关心生产的适时性，关心整个生产过程和所有的经营环节，千方百计地采取有利于增产增收的措施，为扩大再生产、提高消费水平而增加商品生产。当农业生产发展到一定程度，当一种产品能够满足自己需要之后，其增产部分将成为商品部分，因此，这时商品部分的增长速度会大大高于自给性部分。

第四，随着商品生产的发展，农民作为自主的生产经营者又会越来越多地投入商品流通的事业，市场将会给农民以有力的影响。首先，市场会促进农民交换，他们的商品将增加对生产和消费的货币需求，这种需求日趋扩大又会转过来促使农民生产数量更多、质量更高的产品。其次，在市场上交换的农副产品要以社会必要劳动时间作为尺度来衡量其价值，因而会向农民的意识中输入成本、价值、信息等观念，推动他们注意节约劳动消耗，讲究经济效益。最后，市场上交换的农副产品，还受到市场供求规律的影响，因此会促使农民更多地注意市场，参与商品流通，根据市场情况调整自己的产品构成。农民将在实践中开阔眼界，增长才干。既掌握生产技能又熟悉市场的善于经营的人才，将不断地涌现，而这正是农村实现大规模商品生产的重要条件之一。

第五，区域性经济组织取代原来的行政区划切割，促进了农村商品经济的发展。突破封闭式经济，不等于取消农业中的地域性的经济组织。过去按行政区划建立的集体经济模式不是首先考虑商品经济发展的需要，而是首先着眼于国家对农业管理方便。显然，这种经济模式必须改变，否则被行政区划切割的经济格局就会妨碍商品经济的发展。但是，这不等于根本不需要地域性的经济组织。相反，由于农业生产具有地域性特点，在一定地域内，各生产单位有共同性的活动和利益，而各个单位又无力单独承担，因此保留地域性的合作与联合组织是必要的，而且是其他组织所不可代替的。例如，集体土地的管理，全村（或居民区）范围的土地整治，农田水利的规划、管理和建设，生态环境的保护，产前产后的服务，以及生活服务等，这是农村进行大规模商品生产的又一必要条件。

从目前各地的实际情况来看，大多数地域性的合作经济组织在组织协调全队、全村范围的生产建设和服务方面发挥了积极作用。例如，在一些农业机械化水平较高地区，为了便于机耕和管理，由生产队或大队出面，邀请各承包户共同协商，在一个轮作区内种植相同作物，使用同一品种。又如在一些地区，由集体出面组织各承包户统一防治病虫害和共修水利，以及推销某种产品等，因而促进了农村商品经济的发展。

### 在实际认识上的前进和理论上的突破

联产承包制不仅改变了原来高度集中的集体经济模式，使我们找到了比较灵活的统分结合的经济模式，而且在实际的认识上和理论上也有了新的突破。

首先，要坚决按照生产关系一定要适合生产力性质和水平的规律办事。生产关系一定要适合生产力的性质和水平，这是在任何社会都存在的客观规律，只有按照这一规律办事才能促进生产的发展。但是，在我国农业合作化的后期，由于要求过急，步子过快，使一些本来不具备条件的地方也搞了高级社。在一些地方离开了上述规律的要求。特别是人民公社化，大刮"一平二调"、"共产风"，更是违背了生产关系一定要适合生产力性质的规律，违背了社会主义经济活动中等价交换的原则。后来，调整到"三级所有，队为基础"，有了较大的改进。但是，问题并未根本解决。在一个很长的时间里，人们不正视、不承认我国农村生产关系的某些方面远离了生产力的实际状况，而是勉强地维护"公而又公"、"纯而又纯"的生产关系。其结果，限制了农民的积极性，使我国农业发展缓慢，甚至停滞。直到这次农村经济改革，才使问题得到了比较彻底地解决。这次农村经济改革同以往大不一样，不是从抽象地维护一个先验的公式或原则出发，而是从实际出发，目的十分明确，即改革是为了发挥农民的积极性和创造性，发展农业生产力，不论哪种形式或办法，只要有利于生产力的发展就采用，否则就不采用，因此才出现了联产承包制及其多种多样的具体办法和形式。而各种形式的联产承包，从所有制来看，不是公而又公，而是既有公有的因素，又有个人所有的因素；从个人收入分配来看，既体现了多劳多得，又照顾了承包者投入生产资料而应得的实际利益。这样，在对联产承包制的分析中，使人们的认识有了进一步提高，即在像中国这样的原来经济十分落后的国家，在革命胜利以后，引导农民走社会化、公有化的道路，只能是长时期地、逐步地进行。在开始的一个相当长的时期内只能采取多种过渡办法和形式，不可能"公而又公"、"纯而又纯"。只要有利于调动广大农民的积极性，只要有利于发展农村的商品经济和国家的社会主义建设，只要有利于合理利用资源和生态环境的改善，只要有利于增加农村居民的收入，哪种办法和形式都可以采用。

在这次农村经济改革中，在理论认识上的另一个突破是农村集体所有制经济可以在保持土地和农田水利设施这种最重要的生产资料集体公有的条件下，实行分散经营。生产资料所有制形式与经营形式既有联系又有区别，两者并非一回事。在一定的生产资料所有制下，既可以是由生产资料的所有者直接经营，也可以适当分散经营。但是，长期以来，人们一直把两者相等同，认为集体农业单位只能实行统一经营、集中劳动，统一核算、统一分配，而不可以实行在必要的统一管理或协调下的分散经营。如果采取某些分散经营的形式，就会被认为是破坏集体经济，搞资本主义。这种看法是不正确的。因为，生产资料所有制同经营形式是有区别的，前者既包括对生产资料的所有、支配、管理、使用关系，又包括再生产过程中的生产、交换、分配、消费等方面关系的总和，而后者是在一定的所有制关系下，劳动者与各个生产要素结合的组织形式。在一定的条件下，经营形式的变化并不改变所有制的性质。在我国农村，只要坚持以下几个条件，即只要土地、农田水利设施等主要生产资料仍然归集体所有，乡办、村办企业归集体所有，只要集体在生产经营中还起着一定的协调和管理的作用，只要承包者对集体还承担着经济责任（如完成集体提留任务），承包经济就仍然属于合作经济的范围，而不是独立的个体经济。当然，承包者可以购置机器等生产资料，在所有制关系上也会发生相应的变化，但是承包者的生产资料首先保证了承包任务的完成，因而有利于合作经济的发展。

# 我国农业中社会化和商品化的发展

### 农业生产社会化是历史进步的必然趋势

随着社会生产力的发展，劳动的分工逐步深化。社会劳动的专业化，使劳动生产率大大提高，同时，使每一个单位自给自足的分散的生产过程融合为一个社会的生产过程。因此，生产社会化的程度，是社会进步的标志。近百年来工业的迅猛发展，很大程度上在于劳动专业化和生产社会化，与专业化和社会化同步进行。专业化和社会化不但是工业发展的必然趋势，也是农业发展的必然趋势。

农业专业化有三种主要的形式：一是地区专业化，即不同地区专门或主要从事某种农产品的生产；二是生产单位专业化，即不同单位专门或主要从事某种农产品的生产；三是工艺（或作业）专业化，即某一个单位只完成生产全过程的某一项或两项作业项目的生产，如养鸡业中，有的专门孵化雏鸡，有的专门育肥鸡，有的专门养蛋鸡，等等。从一些发达国家农业专业化过程来看，多是先实现前两项专业化，而工艺（或作业）专业化则是在生产力相当发展之后才出现的一种专业化形式。可见，农业专业化并不只是一般的社会分工形式，而是相当发展和深化了的社会分工形式。

农业生产专业化，有利于合理地利用当地的经济资源和自然条件，充分发挥地区优势，有利于提高劳动者的技术水平和经营管理水平，有利于采用现代科学技术，有利于提高产品的数量和质量，有利于提高农业劳动生产率和商品率。农业专业化是农业进步的因素之一，是农业现代化的重要标志之一，也是我国农业的发展方向。但是，在过去"三级所有，队为基础"的体制下，搞"大而全"、"小而全"，很难发展农业生产的专业化。直到实行联产承包制后，情况才有了改变。

**联产承包制推动了农业专业化**

联产承包制带来了农业经济的繁荣和剩余产品的增加。在这个基础上，出现了农业生产的专业化趋势。其主要表现是各种专业户的涌现，一些专业组、专业村的形成。

联产承包制之后在农村出现专业户、专业组、专业村具有客观必然性。因为：（1）联产承包制使合作经济有了活力，极大地发挥了农民的积极性和创造才能，提高了劳动效率，农村劳动力有了大量的剩余，为发展林业、牧业、渔业、副业、工业、交通运输业等创造了条件，使从事这些生产经营项目的一些农户发展成为专业户；（2）随着大量劳动力向农业以外各业转移及其收入的稳定，从而使农田向种田能手转移（或集中）成为可能，种田能手成为粮食专业户、棉花专业户，等等；（3）原来经济实力比较雄厚、多种经营比较发达的社队，在实行联产承包制后，从实际出发，采取"专业承包（到组、到户）、各业平衡、包干分配"的办法，这里的组或户就是专业组、专业户；（4）随着各种农产品产量的大幅度增长，特别是粮食和棉花产量的增加，并达到自给有余时，将为调整地区产业结构创造有利条件，也就是说，我国农业地区专业化将会逐步形成。

目前，我国农村的专业户，按其性质可分为两类：一是承包专业户，二是自营专业户。承包专业户是向集体承包某项生产，而自营专业户则是农民主要运用自己家中的劳动力、资金和生产资料，从事某种专业性生产。专业户有以下特点：（1）商品率高，专业户的产品，商品率一般达70%以上，有的高达90%以上；（2）学习和运用新的科学技术；（3）首先使用先进的机器和设备；（4）注意采用科学管理方法；（5）重视市场信息；（6）收入增长快。可见，专业户是把先进的生产手段、科学的农艺方法和经营管理手段以及新的知识和信息引入农村并运用于生产的带头人。农村专业户的发展将推动整个农业专业化的发展，并给农村经济的发展带来巨大的影响。

　　农业专业化与工业专业化不完全一样，工业可以实现高度的专业化，但农业却不可以。因为：（1）各地农业的自然资源不同，有的地区和单位只有一种资源，而有的单位和地区拥有两种以上的资源，如果过分强调专业化，搞一两种生产，就不能充分利用本地资源；（2）农业的生产时间和劳动时间不一致，农业生产又具有严格的时间性和季节性，为使生产单位的劳动力、生产资料得到比较均衡的合理使用，在一些地方或单位也不宜只生产一两种产品；（3）农业内部各业的产品、副产品在很多情况下是相互提供原料的（如粮食的副产品可以作为饲养业的饲料，饲养业又为种植业提供肥料……），为了提高经济效益，也不宜只生产某一种产品；（4）在现有生产力条件下，为了合理利用土地，保持土壤肥力，以及预防病虫害，需要进行合理的轮作，不能长期种植某一种作物；（5）专业化也会受到市场价格的影响，当经营某种产品无利可图时，就要转产或兼营其他。因此，就农业而言，并不是无条件的越专业化越好。美国、日本等一些国家由于片面实行专业化，造成了不良后果。一方面，畜禽场的粪肥无法处理，污染环境，另一方面，种植农场（或农户）又由于缺乏有机肥，大量施用化肥造成土壤板结，地力相对下降。至于片面专业化所带来的诸如生产资料不能充分合理使用等缺点，更是不言而喻的。无疑，这些教训，我们应当吸取。

　　目前，我国农村的专业户，就其大多数来说，还不是完全的专业户，而是一业为主的"小而兼"。这是符合当前我国农村实际情况的。从长远来看，我国农村专业户的发展趋势可能是"小而专"和"小而兼"并存。从地区专业化来看，我国农业将根据各地情况，发挥各自的优势，形成不同的专业生产地区。但是，为了充分合理地利用各地的资源，为了充分发挥农业内部各业的相互补充和促进的作用，为了合理地使用劳动力和生产资料，我国地区专业化将是一业为主，兼营其他。至于工艺（或作业）专业化，主要是大力发展产前、产中、产后的各项服务。总之，我们要建立有自己特色的农业专业化，避免外国片面专业化所带来的弊端。

　　农业生产的专业化，是生产力发展的结果，是经济发展的一个自然过程，并不以人们的主观意志为转移，想快就快。因此，操之过急，硬性规定数字和划分专业区，用行政办法，人为地"提高"专业化程度，不仅达不到预期目的，而且有害。

### 专业化与联合的发展

农业生产专业化的作用是巨大的，影响是深远的。首先，它促进了生产单位间协作的紧密化。随着农业内部乃至整个社会的分工越来越细，各部门、各地区、各单位的联系日益紧密，相互依赖的程度日益加强，相互之间的协作越来越广泛，因此在客观上形成一个统一的整体，从而表明，农业生产日益趋向社会化。农业生产的社会化是指农业从孤立的自给自足的个体小生产转变为分工细密、广泛协作的为社会的生产。在农业生产社会化的条件下，农业生产的进行不仅取决于农业本身，而且有赖于农业前部门、农业部门和农业后部门以及地区之间的协作，因而某种产品再也不是哪一个单位单独生产的产品，而是社会的产品。没有社会分工的进一步发展，没有农业生产的专业化，也就没有农业生产的社会化。但是，社会化的发展，反过来也推动农业专业化的发展。因为，农业生产社会化水平提高以后，社会化服务体系日益完善，又会为各单位、各地区的专业生产提供更为有利的条件。而有些社会化服务项目（如植保）本身就是工艺（或作业）专业化的内容。在生产力的发展过程中，农业生产的专业化和社会化，二者又是相辅相成、相互促进的。

同农业生产专业化一样，农业生产社会化也是社会生产力发展的结果，它的实现也是一个逐步的发展过程。尤其在原来经济比较落后的国家，这一过程所需要的时期将更长，任务更艰巨。如果求之过急，人为地"提高"农业社会化水平，必然事与愿违，推延农业生产的社会化进程。

农业生产的社会化程度的提高，要求发展社会的协作。但是正如前面已经说过的，这种社会协作，不能用行政命令的方式来组织，不能把社会分工体系的各个组成单位都组织到一个统一经营、集中管理的大工厂或大农庄中来。如果那样做，就会窒息农业经济的活力，使农业生产停滞。我国农业社会化是建立在联产承包制基础上的，因此，社会的协作也要以承包者独立经营为基础。这种社会协作的表现形式，就是社会服务事业和农工联合体的发展。一般说来，先是发展社会服务事业，在第二次世界大战后的 50 年代起进一步发展了农工联合体、农工联合企业或农工一体化。目前，不论是美国、西欧一些国家，还是苏联、东欧一些国家，农工联合体或农工一体化都有了较快发展，从而表明，它是农业进一步发展的趋势。

　　现在，我国广大农村，随着各种专业户、专业组的发展，已经引起农业生产社会化趋势，其组织表现是各种各样的新的经济联合体的出现。这些新的经济联合组织的出现不是偶然的。一方面，专业户的劳动力、财力和生产资料有限，想办一些事，心有余而力不足；另一方面，专业户的产品需要加工和出售，需要产前、产中和产后的各种服务，因而迫切需要组织各种形式的合作和联合。新的经济联合体的优点是明显的：（1）它办了专业户想办又办不了的事，在产前、产中和产后等各方面为专业户、专业组更好地服务，更有利于经济效益的提高，进而促进农业专业化的发展；（2）农民采取多种形式联合共办各种事业，能更充分合理地利用本地资源，发挥本地优势；（3）广开经营门路，容纳大批劳动力，有利于农业劳动力的转移；（4）联合经济组织在人力、物力和财力上比较雄厚，有利于新技术的采用和农业机械化的发展；（5）农民与农民、农民与其他单位联合共办各种事业，有利于乡镇的建设和发展；（6）发展合作与联合，有利于增加农民的收入；等等。这些都说明，发展农村的合作和联合组织，有利于农村生产力的发展，是我国农村经济发展的方向。它同农村的专业户一样，也是现阶段我国农村先进生产力的代表。

　　对当前我国农村存在的合作或联合经济组织，可以从不同的角度进行分类：从所有制划分，有农民与农民的联合，也有国家与集体、国家与农户、集体与农户、国家和集体以及农民之间的联合；从经营内容来划分，有综合性的联合，也有专业性的联合；从集资（股）的方式划分，有的是平均分摊股金，有的是有钱出钱，有劳力出劳力，按股分红；从联合的程度划分，有的是统一经营的联合，有的是保持各自独立性的松散联合；等等。总之，是形式多样，纵横交错，不同地区，不同行业，不同所有制，不同经营形式的合作或联合。下面，我们着重分析几种主要形式的合作经济组织。

第一种形式，区域性的合作经济组织。如前所述，由于农业生产存在区域性，需要区域性的共同性的社会化服务。例如，土地的管理，农田水利设施的管理与建设，社会公用事业等，需要有区域性的合作经济组织进行协调，组织和管理。现在农村存在的区域性合作经济组织主要是原来按行政区划建立起来的集体经济组织。实行联产承包制以后，由于情况不同，所起的作用也大不相同。原来办得比较好、经济实力比较雄厚的区域性合作经济组织，其作用就比较大，服务的项目也多；原来经济发展水平一般的集体经济组织，服务的项目就少些，作用也小些；原来经济实力差，比较贫困的集体经济组织，则基本不起作用，农民对这种组织也缺乏信心，因此在这类地方如何把区域性的合作经济组织办好，还有待于实践。

第二种形式，农工商联合经济组织。这种联合经济组织，有的是在原来经济实力比较雄厚的社队经济的基础上发展起来的，有的是国营、集体、个人联合兴办的。农工商联合经济的经营及其服务项目是比较灵活的，既可以是综合性的服务，也可以是单项的服务；其服务对象，既有承包经济，也有农民的自营经济。对于自营经济来说，通过这种联合经济可以成为把个体经济引向社会化的一种形式。

第三种形式，单项的联合经济。这是在农户特别是在专业户基础上的联合。可分为两种具体形式：一是生产中的联合，如机耕、植保、灌溉、制种、配种、防疫、育苗等的联合；二是产前、产后的联合，如供销、加工、储藏、运输、咨询、信贷，等等。

在我国农业的发展中，还可能出现一些过渡性的形式。只要有利于农村生产力的发展，都可以实行。只有这样，我国农业生产的社会化水平才能有比较快的提高。

### 生产社会化促进了农业经济的商品化

社会分工是商品经济的基础。社会分工的进一步发展，农业生产专业化程度的提高，推动着商品生产的发展和商品化水平的提高。因为"这种专业化过程，把产品的各种加工过程彼此分离开来……建立了农业的日益专业化的区域（和农业经济体系），不仅引起农业品和工业品之间的交换，而且也引起各种农产品之间的交换"①，"引起了各种农业区域之间、各种农业部门之间……的交换"②，引起了产前、产中、产后服务事业的发展。从而表明，农业生产的专业化促进了农业的商品化。

商品生产固然要以社会分工为基础，农业生产专业化固然要促进农业生产的商品化，但是商品生产和商品交换又反过来推动了社会分工向着深度和广度发展，成为促进生产专业化和社会化的强大杠杆。"商业性农业的发展表现为农业的专业化"③，一方面，由于商品经济的发展，把各个地区、各个部门、各个单位更加紧密地联系起来，他们可以通过交换得到各自需要的产品，因而有可能根据本地条件，专门从事某一两项生产，以发挥自己的优势。由于价值规律的作用，一些不适于本地生产的产品，投入多，产出少，也会在竞争中被淘汰，而在竞争中处于有利地位的产品则得以发展，因而会促进社会分工和专业化的发展。另一方面，"农业越是被卷入商品流通，农村居民对加工工业供个人消费的产品的需求就增长得越快"，"对生产资料的需求也就增长得越快"④。此外，随着农村商品经济的发展和农村社会分工的日益深化，更需要加强协作和联合，从而推动农业生产的社会化。可见，农业生产的专业化、社会化是相互促进的。

在现阶段，我国农村经济正处在由自给、半自给经济向商品经济转化的伟大历史时期。大力发展商品经济，实现农业的商品化，是摆在我们面前的一项艰巨而复杂的任务。改变原来的高度集中的集体经济模式，实行联产承包制固然为发展农村商品经济开辟了道路，但是，仅仅做到这一点，还远远不够。它不仅要消除自然经济思想的影响，而且要更好地利用价值规律，并对现存的不适应商品经济发展的一套体制（如计划体制、价格体制、农村商品体制、信贷体制等）进行改革，充分发挥各种经济杠杆、经济组织的作用。这一切，都需要进行不懈的努力。

---

① 《列宁全集》第 3 卷，第 18 页。
② 同上书，第 275 页。
③ 同上书，第 219 页。
④ 同上书，第 275 页。

# 我国农村经济商品化的前景及其历史意义

## 我国农村经济发展的前景

我国农村经济正处于向大规模商品经济发展的时期。这是由我国社会生产力发展水平决定的，是我国农村经济发展过程中不可超越的历史阶段。只有农村商品经济的发展，才能促进生产力的进一步发展。反过来，生产力的发展又推动着商品经济的发展，从而实现农村经济的商品化。我国农村经济商品化是历史的必然，是我国农村经济发展的总的趋势，是任何力量都不能阻挡的。现在的问题是加速农村经济商品化的进程。而从我国的现实条件看又是完全可能的。

第一，以联产承包制为核心的农业经济体制将进一步完善。

首先，联产承包制将进一步完善。目前，联产承包制特别是家庭经营承包制已经深深扎根于我国广大农村，问题是有的地方尚未扩及林业、渔业，有的地方对统与分的关系尚未处理恰当，有些地方的区域性合作经济组织的作用不明显等，这些都需要加以解决和完善。随着联产承包制的进一步完善和发展，必将进一步发挥广大农民的积极性和创造性，从而使生产不断地增长。生产的增长意味着商品量的增加。其次，一个重要的发展趋势，是市场的完善化。商品生产是离不开市场的。过去，由于商业独家经营，渠道单一，环节过多，加之实行统购统销制度，造成了产销脱节、行政区划切割和流通不畅、买难卖难等积弊。目前，随着流通体制改革的进行，已初步出现了国家、集体、个体一起上的局面。今后，随着流通体制改革的深入进行，特别是农产品统购统销制度的取消，农产品收购价格制度将实行计划收购价格、市场价格和保障价格制度，农村市场进一步完善，将大大有助于商品经济的健康发展。

第二，农村分工将进一步发展，农村产业结构将日趋合理。

商品化和专业化有着相互制约、相互促进的关系。社会分工的产生和深化要求商品经济的发展，反过来商品货币关系的发展，又促进了分工的进一步深化。因此，我国农村生产专业化将进一步发展。随着专业化的发展，商品交换也就越频繁。二者相互促进，将推动我国农村经济的进一步繁荣。

由于种种原因，我国农村的产业结构还很不合理。主要表现在：种植业主要是粮食作物，而经济作物、饲料作物的比重很小；在农业内部，主要是种植业，而畜牧业、林业、渔业的比重较小；在农村，绝大多数地区主要是农业生产，而工业、商业、交通运输业等比重不大；在地区布局上，基本上是自给自足的结构，地区优势未能很好地发挥。近几年来，我们对农村产业结构进行了初步调整，取得了较好的效果。粮食、棉花、油料的大幅度增长，又为农村产业结构的进一步调整提供了极为有利的条件。随着市场关系和价格体系的完善，农村产业结构将得到进一步调整，即改变作物品种结构，并进一步改变农村单一结构的状况，发展多种经营，当然，这要以抓紧抓好粮食生产、不断提高粮食生产的商品率为前提。由于经济作物和多种经营项目的商品率都很高（1982年棉花为96%、烟叶为95%、糖料为100%……），多种经营的发展又意味着商品经济的繁荣。

第三，农村经济发展速度将大大提高。

首先，随着联产承包制和多种经营的发展，我国农民手里有了一定的资金。近几年来，大多数农民不仅解决了温饱问题，而且也有了存款。可以预见，今后农民手里的资金将会逐年增加，从而为广开生产门路、扩大生产准备条件。同时，随着城市经济改革的深入进行，城市将向农村提供越来越多的适用工业品和各项服务。随着城市经济改革的进行，企业的经营自主权将进一步扩大，分配中的平均主义问题将得到较好的解决，企业和职工的积极性将进一步地发挥，生产将进一步地增长。这样，城市将向农村提供越来越多的生产资料、生活资料以及科学技术、管理、信息等各种服务，加上城市工业向农村扩散，这一切，对农村商品生产和商品交换都将是巨大的促进。

综上所述，可以预计，我国农村商品经济将加速由自给、半自给经济向商品经济转化的进程。在现阶段，党在农村工作的中心任务是领导和支持广大农民实现从自给、半自给经济向大规模商品经济转化，从传统农业向现代农业转化，实现社会主义农业现代化。党和政府将继续实行有利于实现两个转化的政策和措施，这是我国农村商品经济持续发展，进而实现商品化的根本保证。

# 我国农村商品经济发展的限制因素和需要采取的措施

在我国农村商品经济的发展过程中，也有限制性因素：（1）如果联产承包制不能进一步完善，已经存在的或新出现的问题得不到及时、妥善的解决，特别是土地零碎问题得不到解决，广大农民的生产积极性就会受到挫伤。前些年，通过调整承包地块，允许转包、退包、延长承包年限，土地经营的投资和规模经济等状况已有所改善。今后，我们还应当继续采取行政的、立法的特别是经济的措施，使之进一步完善。（2）目前各地农村出现的专业户、专业组以及各种各样的合作和联合组织正处于发展的初期，在今后的发展中也会出现曲折。（3）农村产业结构距离合理的程度还相差很远。（4）流通体制改革的任务还十分艰巨，价格体系改革还刚刚开始，供销社的改革效果尚不理想。（5）农民手里的资金毕竟有限，而国家对农业的投资也是有限的。显然，这些都是发展农村商品经济的不利因素，它们综合作用的结果，可能导致延缓向商品经济转化的进程。我们的任务就是要避免这种可能，争取加速农村经济商品化的进程。这就要求人们从实际出发，解放思想，大胆探索，锐意开拓，知难而进，分类指导，以促进我国农村商品经济的发展。

### 伟大而深远的历史意义

实现我国农村经济商品化，具有伟大而深远的历史意义。

第一，农村经济商品化，将促使我国以城市为重点的经济体制改革的顺利开展。

我国的经济体制改革，是从农村开始的。农村经济的商品化，提出了改革城市经济，主要是国有经济体制的迫切要求。这是因为，在工农、城乡两大部门之间，有着错综复杂、千丝万缕的经济联系。农村经济的搞活，改变了封闭僵化的自然经济模式，势必要求城市经济也要搞活。如果城市经济仍然保持旧模式，就会造成整个国民经济的交换阻塞，流通不畅，"买难卖难"难以解决。因此，从一定的意义上说，农村商品经济的迅速发展，迫使我们加快城市乃至整个国民经济体制的改革，加快建设社会主义有计划商品经济的步伐。与此同时，农业是国民经济的基础，农村商品经济的繁荣，又为进行整个国民经济的体制改革创造了条件。

第二，农村经济的商品化，将会加速实现我国农村经济的社会主义现代化。实现农业现代化，把我国农村建设成为繁荣富裕的社会主义新农村，是摆在我国人民面前的一项伟大而艰巨的历史任务，这一任务的完成，有赖于商品经济的高度发展。因为，现代化的各种技术装备和先进的管理方法，主要来自工业和城市，农民要得到这些技术装备和方法，就必须有相应的资金，而这种资金只能靠出卖农副产品和从事其他产业去获取。可见，大力发展农村商品经济，提高农产品的商品率，增加商品总量，不仅是扩大再生产、更新技术装备的基础，同时也是提高农村经济商品化水平的根本条件。我国人民一定能够通过大力发展商品经济来实现农业现代化。

农村经济商品化，将会造就具备文化知识、掌握科学技术，善于经营管理的新型农民。价值规律是商品生产的规律，它促使商品生产者之间展开竞争。商品生产者为在竞争中处于有利地位，就要采用新技术、新农艺、新方法，加强经济核算、降低成本、了解市场、掌握信息，否则，将在竞争中被淘汰。我国广大农民将在价值规律这一伟大学校里学习，并受到教益和锻炼，从而成为新的一代农民。

第三，农村经济商品化，将使具有中国特色的社会主义农业更加发展和完善。前面已经指出，实行联产承包制以后，农村的社会主义阵地不是削弱而是加强了，更富有活力了。联产承包制为农村商品经济的发展提供了有利条件。而农村商品经济的发展又为社会主义农业的发展开辟了广阔的道路。因为，农村商品经济的发展，必然要求产前、产中、产后的各种服务及各种合作和联合。今后，农村经济中的合作和联合将是多种多样的，有纵向的，也有横向。从合作与联合的形式看，既包括农村已有的形式，也包括今后在实践中创造的新形式。这就是说，在农村经济商品化的过程中，具有中国特色的社会主义农业将日益完善。从国内外已有的经验看，我国社会主义农业的发展将通过以下三条具体途径：（1）合作经济，包括原有的合作经济和实践中新创造的合作经济形式；（2）联合经济，既包括国营、集体、个体之间的联合，也包括国营与集体、集体与集体之间的联合；（3）在保留家庭经营或个体经济独立经营基础上的合作与联合，即仍然保持各户的独立经营、自负盈亏，只是在某些项目上由各农户自愿组织起来，为各个成员服务。例如，若干农户组织运销队，推销各户的某些产品，等等。这样，每一农户可以同时参加若干个合作或联合组织。当然，这并不排除在实践中还可能找到别的具体途径。总之，是通过生产社会化，通过丰富多彩的各种各样的协作、合作和联合，把各种经济单位，包括国营经济单位、合作经济单位和个体经济单位编织在各种各样纵横交错的经济网络之中，使之在社会主义的轨道上运行，并通过社会化的发展使农民家庭经济不是在形式上，而是在实际上逐渐增加社会主义因素。

随着农村经济日益商品化，我国农村居民将在共同富裕的道路上走过最重要的转折点。在传统的集体经济模式下，由于分配上存在平均主义，社员之间的收入水平相差很小，人均收入高与低相差只有一倍左右，最多也不超过两倍。实行联产承包制以后，农民的收入有了较大幅度的提高，在农民收入普遍提高的基础上，农户之间的人均收入差距扩大了，高与低相差达到5倍、10倍、20倍，甚至更多。从目前看，在今后的一定时期内还有扩大的趋势。但是这种趋势不会无止境地继续下去。因为（1）务农业区域内不同地区、不同单位的经济发展水平的差距将会随着生产力的发展而逐渐缩小；（2）政府和社会对贫困地区、农户进行扶持，帮助他们发展生产；（3）政府将通过税收、信贷、立法等手段对农村居民收入提高的速度进行控制和调节，而且调节的手段和方法会日趋完善。因此，农村居民人均收入差距经过一段时间的扩大以后，将转向逐渐缩小。实现农村经济商品化，特别是原来低收入地区和单位经济的商品化，可以成为农村居民的人均收入差距由扩大转向缩小的一个重要条件。

第四，农村经济商品化将使我国城乡经济更紧密地结合起来，大大缩小城乡差别。过去，我国城乡关系的格局基本上是城市为农村提供工业品，农村向城市提供粮食和工业原料，今后，随着农村经济商品化，这种格局将被打破。首先，农村经济商品化将大大推进我国农村工业化事业。这是因为：（1）在商品经济发展过程中，通过竞争，使比较落后的技术被淘汰，城市将它吸收、开发的新技术不断向农村转移，将在我国形成从中心城市、城镇到农村的技术的适宜结构，推进城乡文化技术水平的共同提高；（2）随着商品经济的发展，根据经济合理的原则，以农产品为原料的工业（如食品工业、饲料工业等）将会越来越多地在农村中发展起来；（3）农村的某些工业资源（如矿藏、水利、建筑材料等）将得到利用，发展采矿业、水电、建材业等工业；（4）农村以自己劳动力的优势，同城市的技术优势相结合，组织各种各样的合作和联合；（5）在今后的发展中，农村工业的某些产品将成为第一流的产品。其次，城市的交通、信息、能源、特别是知识型人才将向农村扩散。最后，农村人口到城镇兴办工业和第三产业。总之，今后的城市与农村的关系将不只是工业、农业产品之间的交换关系，而是共同建设城市和乡村，共同发展我国的工业，第三产业和其他各项事业。这样，将使我国城乡差别大为缩小，直至最后消除。我国工农联盟将在新的基础上更加巩固。

（原载《论社会主义商品经济》，中国社会科学出版社 1987 年版）

# 贫困山区发展道路选择

## 商洛地区的地貌和自然特征

研究任何国家、地区的发展问题，必须了解它的过去，因为过去是未来发展的起点。不了解过去，离开这个起点，发展就失去了立脚的基础，并走上歪路。所以，在讨论商洛地区农村经济发展战略的时候，首先要搞清楚商洛的过去。

昆仑山脉，秦岭山脉，犹如一条巨龙由西而东横贯我国中部，形成一条巨大的山系。昆仑山脉西起新疆西南部和塔吉克东南部的帕米尔高原，东至四川西北部的岷山、邛崃山；秦岭山脉西起甘肃东南的迭山，蜿蜒东行至河南省中西部的熊耳山、伏牛山。它是我国长江、黄河两大水系的分水岭，是我国地理上的南北分界线，秦岭又是我国北方的暖温带，向南方亚热带过渡的地带。商洛，正是位于"两域"、地处"两带"的秦岭深山之中。

从地质构造的特征来看，商洛山区北属华北准地台南缘的商渭台缘褶皱带，南属秦岭地槽的东秦岭褶皱系。

早在5.7亿年以前的震旦纪，除下元太华隆起形成秦岭古陆外，其余无论是南部的秦岭地槽或是北部的商渭台缘褶皱带，都广泛受到海浸；在古生代期间是一直下沉的地区，大部分时间为海水淹没。后来经过亿万年的地壳变迁，到4亿年前的古生代志留纪时受加里东运动的影响，北秦岭以南发生褶皱，使海水由商渭台缘褶皱带南移于秦岭地槽；直到经过古生代的华力西运动和1.95亿年前的晚三叠纪印支运动，始全部褶皱成山，从此，商洛地区才全部结束了海浸历程。至此，使秦岭整体上升，秦岭地槽发展也告结束，后来，燕山运动，又形成一些断陷盆地，使本地区地表构造骨架基本形成。

新生代第三纪的喜马拉雅运动，使本区承继性地重新发生断块分异运动，由于当时高温潮湿的气候特点，在山间形成红色小盆地；约从250万年前至第四纪新构造运动，使本区沿大河形成三级或四级阶地，以及基岩峡谷内迭嵌套结构，从而，奠定了本区高山叠嶂，峡谷深邃的现代地貌特征。

本区山地，就是在这种漫长的地质时期，通过地质构造运动和风蚀水浸的外力作用，相互矛盾斗争中形成的。秦岭山地就是受南北向力的挤压，形成东西向褶皱、断块的我国东西向构造带的典型。

商洛地貌的总体特征是一个结构复杂的以中、低山为主的山区。岭谷相间，山势结构像张开的手掌，掌结位于柞水县的西北部，手指向东北、东和东南方向延伸。地势西北高而东南低。最高点位于柞水县北部的主峰牛背梁，海拔2802.1米，最低点位于商南县梳洗楼附近的丹江河谷，海拔215.4米。地势起伏相差悬殊，相对高差最大值达2540米。秦岭主脊位于柞水县、商州市和商南县的北部；它屏障于北，为群山之首，平均海拔在2000米左右。从而构成渭河与洛河、丹江流域的分水岭。

秦岭的地壳运动，特别是新生代以来的断块倾斜运动，使秦岭主脊和蟒岭、流岭、鹃岭、新开岭等，都具有北陡南缓的特点，从而使掌状岭脊间形成了一些断陷盆地，如洛河盆地、商丹盆地、富水盆地、山阳县河盆地、漫川盆地。山岭纵横交错，由北而南相间排列。蟒岭，西起洛南和蓝田交界的秦岭主脊龙凤山，向东南延伸，形成洛河和丹江的分水岭，分别注入黄河流域和长江流域。流岭，西接秦王山、九华山和文公岭，东延至丹凤县境的丹江峡谷，构成商州、丹凤和山阳之间的界岭。鹃岭，西接柞水东北部的山地，向东延至商南西境的丹江南岸，是境内金钱河与银花河的分水岭。郧西大梁，绵亘于本区南缘，是鄂、陕两省的分界岭，南鄂北陕，西高东低，北陡南缓，东与商南县境新开岭相接，西与镇安东南部的北羊山、羊山遥相呼应。镇安、柞水西部山岭交错，为西北—东南走向。在19293平方公里山区，不仅山岭交错，而且峰岭均匀展布。境内有37座山峰，2000米以上者14座，1800米以上者11座，1600米以上者10座。真可谓：山高峰多，岭峻坡险。

前述中生代末期本区地质结构已基本定型，自第三纪、第四纪以来的新构造运动承继了老构造格局，具有间歇性断块分异运动特点，同时，遭受长期风化、剥蚀，且受洛河、丹江、金钱河、乾佑河、洵河及其大小支流的切割，形成了结构复杂、纵横交错、千沟万壑的山地地形地貌。根据地形的形态特点自然景观，分为三大类；川塬地貌，主要分布在河谷地带，海拔在千米以下，相对高差小于 100 米，地面坡度多为 3—7 度，占总面积 2.86%；土壤肥沃，灌溉条件较好，是本区的粮油主产区，也是经济、文化较发达的区域，根据河流冲淤变迁及其位置等差异，又分为河滩地、河谷、阶地和梁垣地。低山地貌，是河谷川塬至中山之间的过渡地带，海拔高度多在 1000 米以下，相对高差 100—600 米，地面坡度 20—40 度，占总面积的 70.86%。是经济林、用材林和草场分布的主要区域，粮食生产有较大潜力，但土壤瘠薄，水土流失严重。中山地貌，主要位于各山脉海拔 1000 米以上的地方，相对高差为 500—700 米，最大可达千米以上，坡度多在 25—50 度，许多峡谷断岩常达 70—80 度，占总面积的 16.28%。是用材林和水源涵养林区，由于山高坡陡，气候寒冷，粮食生产只能在 1000—1500 米的沟槽缓坡种植。

人们说：商洛山区具有"两个气候带"，既是一个特点，又是一个好的气候资源。

两个气候带确是一个特点。因为，本区地处我国中纬度偏南地带的秦岭东段南麓，地理位置属于北亚热带的汉水中上游区，所以，属我国北亚热带与暖温带的交界地区，从水平方向上，它的确具有两个气候带的过渡性特点。把商洛山区的气候与全国气候区划比较，既有相似性，又有相异性，本区处于汉江支流的中上游，是北亚热带经济林的北部边缘，热量相当丰富，雨水充足；和南温带关中平原区比较，积温一致，雨量偏多；与中温带比较，除积温和降水量基本相似，其他差距过大。总之，同三个气候带相比，均不典型。

处在北亚热带的边缘，光热水配合得较好。其一，气候比较温和，年平均气温 7.8—14.0℃，小于 10℃ 的积温 2492.0—4394.9℃，年均无霜期 173—225 天。其二，雨量比较充沛，年平均降水量为 706.1—844.6 毫米。其三，光能资源比较丰富。太阳年总辐射量变化于 119.6—124.6 千卡/厘米，年平均日照时数为 1874—2123 小时。其四，四季分明，且冬无严寒，夏无酷暑。这样的气候特点适宜于各类作物和林草的生长需要。像商南湘河、丹凤竹林关、山阳漫川和南宽坪、镇安柴坪的丹江、金钱河、洵河的河谷盆地中，山岭屏阻寒潮，越冬条件较好，有利于油桐、乌桕、茶、油茶、棕榈和柑橘的栽培，也有利于小麦、油菜、豌豆等作物的越冬。本区的中温区地带，适宜核桃、板栗、桑、红果、猕猴桃等各类经济林木的生长。故有"南北植物荟萃之乡"的誉称。

"位两域，跨两带"，由于处在气候和地形的边缘区，导致了区域小气候十分明显，既表现了南北植物荟萃，品种繁多，又体现了各种林特资源的小区域性分布和零星分散，丰而不富。山区四季分明的确是个气候特点，但由于地形缘故，各地之间差异很大。按照张宝坤的分季法，本区东南部的商南县（豫鄂陕交界处）春季为 76 天，夏季为 70 天，秋季为 71 天，冬季 148 天；西南部的镇安县，春季为 93 天，夏季为 36 天，秋季为 69 天，冬季为 167 天；东北部的洛南县（秦岭主脊山区），春季为 88 天，夏季为 27 天，秋季为 70 天，冬季为 181 天，占全年时间的一半。由此可见，共同特点是冬季长、夏季短，东北部的冬季比东南部长 33 天，东南部的夏季比东北部长 43 天，在部分温凉区基本上没有夏天。

俗话说："阳阴坡，差得多"，"高一丈，不一样"，"山下桃花山上雪"，这形象地道出了山上山下、山前山后的气温差异。从垂直差异分析，本区地形起伏较大，不同的坡向坡度，不同的海拔高度，光、热、水及农业气象差异很大，具有明显的山地立体农业气候。总辐射与日照，南坡最多，北坡最差，东西坡少于川道。海拔高度严重影响热量条件的垂直变化，垂直递减率为 0.51—0.53℃/100 米，小于 10℃的积温递减为 179—180℃/100 米。全区最大垂直高差 2586.7 米，年平均气温相差 12℃以上。降水量与海拔高度基本呈正相关关系，非线性递增，垂直增减因地形、山势影响有较大差别，但增长势明显，增减值约 9.6—16.7 毫米/100 米。

本区位于秦岭南部，受季风的季节位移和强度，常发生干旱、连阴雨、暴雨、冰雹、霜冻、秋封等农业气象灾害。干旱是六种灾害的第一位，尤以伏旱危害最甚。据气象部门资料，27 年共出现干旱个例 449 个，其中伏旱 222 个，占总个例 49.44%；449 个个例中，大旱 132 个、中旱

139个、小旱178个，而222个伏旱个例中，大旱88个，占39.63%，中旱70个，占31.53%。1986年以伏旱为主的旱灾，中大旱相兼，持续交替，致秋粮比上年减产162499吨，减产幅度43.6%，相当于1985年全年总产的29.29%。部分地方颗粒无收。因积温不足形成的"秋封"①仅次于干旱居第二位。由于我国雨带的季节性位移，在大气环流相对稳定情况下，产生降水的天气系统在某一地区停滞或重复出现，造成连阴雨天气，"秋封"就是秋季连阴雨的一种附属特例。资料分析，337个连阴雨个例中，秋季连阴雨194个，占本区连阴雨总个例的57.57%。

综上所述，处在"位两域、跨两带"的商洛山区，既有优势的一面，又有劣势的一面，在广义农业生产中，必须遵循科学指导原则，按照自然规律办事，趋其利、避其害，否则，就会受到大自然的惩罚。

商洛所接收的历史遗产是什么？可以用一句话来概括：富饶而贫困。

史料记载："产于山者，百物俱有，果能因地之利，乘天之时，竭人之力以取之，何让于终南之陆海耶！"（直隶商州总志卷七）大自然没有给予山里人肥沃的原野，但却毫不吝啬地给予了他们丰厚的天然宝藏。然而令人困惑的是，山区—荒凉—落后—贫穷却又紧紧联系在一起，一代接一代地传了下来，这究竟是什么原因？

## 丰富的自然资源和自然经济

自然资源的内容较为广泛，上一节所讨论的气候条件，也是一种重要的资源。

商洛山区经过亿万年的沧海桑田之变，地壳由凹陷到上升，由海浸到海退。由于地壳的褶皱和断裂伴随着的岩浆活动，带来了丰富的矿液，岩浆和矿液通过断裂带的通道广布全区，从而形成了各种各样丰富的矿藏。据地质部门资料，全世界目前可供利用的矿产，有140多种，而商洛山区经区域地质调查、矿产普查与勘探，现已发现矿产及矿化物达50种，矿

---

① 是指在秋前玉米灌浆期间，因热量不足，使玉米青枯旱衰，不能正常成熟的一种农业气象灾害。

产地 350 多处，已探明或列入陕西省矿产储量表的各类矿产（不含放射性元素），共 37 个矿种，103 处矿产地。按国家颁布的矿床规模标准，本区有大型矿床 16 个，中型矿床 19 个。铁、钒、锑、银、铍、铟、铼、镉、碲、萤石、压电水晶、熔炼水晶、蓝石棉、白云母、钾长石等 17 个矿种，居陕西省首位；铜、铅、锌、钼等居陕西省第二位。地处洛南县境秦岭主脊南坡的钾长石矿，是钾肥和陶瓷工业的主要原料，储量居全国第二位。柞水县东南部的大西沟铁矿，产于中泥盆统千枚岩白云岩中成层状，为石炭纪海相沉积铁矿，以菱铁矿为主，磁铁矿次之，储量 3 亿多吨，占陕西省储量 46.1%，品位 25%—30%。由于海水进退和生物的繁衍，在古生代的海滨地带，山阳县境东部地区，沉积了钒、磷等矿，是山区潜在的优势资源；在古、中生代的洛南、大荆、熊耳山等凹陷盆地，蕴藏着煤矿资源。全区广为分布的大理石，有 30 多种。

商洛山区确是"南北植物荟萃"之地。由于它有优越的地理位置和有利的气候条件，使商洛成为植物荟萃的"物种库"，有各类树种 1320 种，有可作为野生纤维、淀粉、化工、油料等原料的植物 252 种；经调查采集的牧草植物种类 85 科，480 余种，有中草药 1116 种，产量与收购量居陕西第二位。桐油、板栗、木耳、天麻，为当地"拳头"产品，畅销海内外。这里是我国核桃主产区之一，质量高、营养丰富，驰名遐迩，在西欧和东南亚享有极高的声誉，产量居全国之冠，外贸出口量占全国 1/6 以上。

本地区野生动物达 1000 余种，并且栖息繁衍着珍贵的飞禽走兽。兽类有 4 目 14 科 50 余种，占陕西省 102 种的 49%。珍贵的一类保护动物羚牛，就产于本区柞水县，现被列为国家羚牛保护区。青羊、豪猪、花面狸、黑熊、豹、大鲵、麝和八哥、画眉、环颈雉等珍贵鸟类，在全区分布面很广。羚牛、黄鹂、苏门羚、金钱豹、青羊、金猫、毛冠鹿、白冠长尾雉、小熊猫、鸳鸯、锦鸡、大鲵、大灵猫等 24 种列为国家保护动物，占全省保护动物 65 种的 36.9%。

山高水高，河流纵横，沟壑交织，水资源丰富。丹江、洛河、金钱河、乾佑河、洵河，流域面积和干流长度，除洵河面积为 1764.4 平方公里，长 57 公里外，其余四条江河流域面积为 2000—7000 平方公里，干流长度达 140—250 千米。100 平方公里以上河流有 57 条。河网密度为 1.3 千米/平方公里以上。拥有水资源总量 52.089 亿立方米。人均、亩均占有水平为 2660 立方米和 2564 立方米，高于陕西全省 1500 立方米和 771.3 立方米的 77.3% 和 232.4%。五条大河流比降为 3.14‰—7.04‰，而二、三、四、五级支流比降，一般达到 20‰—40‰千瓦，提供了丰富的水力资源。理论蕴藏量 80 万千瓦，每平方公里 40.79 千瓦，人均拥有 376 瓦，均高于陕西水平，可开发量为 30.17 万千瓦。

商洛的广大山区，历史上一向以农业（其中又以粮食）生产为主。大多数农户无地少地，他们租种地主的土地。山区耕牛很少，农民使用的生产工具十分落后，主要是背篓和锄头，耕作技术落后，实行的是刀耕火种和弃耕制，产量很低。农民要以所生产的粮食等主要产品的 50%，甚至 60%—70% 作为地租和税负交给地主和官府，所余不足以温饱，只能过着"糠菜半年粮"的清苦生活。所以说，这是传统小农生产方式下的一种低下水平的自给自足的自然经济。其间，有些农民利用农闲之隙，或采集山货特产，或生产某些手工业产品，作为农业的副业，以弥补农民生活的不足。这种状况一直延续了几千年。

只是到了近代，作为现代意义上的商品经济才有萌芽和某种程度的发展。有些农民开始种植果树、茶树、漆树，乃至兴办手工作坊和小矿。特别是沿交通要道的少数集镇不仅逐渐成为南北货物的中转站和本地零星产品的集散地，而且促进了某些手工业作坊和现代工厂的发展，从而成为比较兴旺的大镇。这些镇依其经济实力的大小，开始产生不同的辐射作用，也就给农村带来了新的信息和文明。

明清期间，商洛山区的油桐、生漆、核桃、木耳等有很大发展。乾隆十年（1745 年），大力提倡"广行蚕桑，养山蚕"，并采取了一系列鼓励办法。同时，号召发展山货特产，索取"山泽美利"，如药材、木耳、蘑菇、核桃、栗子、棕树、构穰、桐、漆、葛条、蜂蜜之类，均可发展，既可食用，又可卖钱。特别要求"兴安（现安康）、商州两州各属，可采之药物甚多，摘茶、割漆、取构、取蜜、锯板、烧炭，贩运各处，小民颇多获利"。并且说："小民生长山中，田地狭窄，衣食艰难，即此便是恒产"。应该"用力采取，转相学习，以广生计"。这在当时顺应商品生产发展的历史潮流，对促进我国西北与东南的物资交流起了一定的推动作用。据有关历史资料分析，商洛山区每年销售核桃仁、桐油、生漆各有数十万斤。当时生产的木耳"收买成包，水陆运至襄汉，作郧耳出售，价倍川耳。"民国初年商南县的"裕和公"漆行，就经营生漆超过 1 万公斤，货价 3 万多银币。到 1943 年该县还有 7 家漆行。

人们生产的产品，除自己食用外，对多余产品要进行互通有无，以物易物，或作为商品进行货币交换，这样农村集市就陆续出现，为人们交易提供了方便场所，这是商品生产发展的必然结果。史料记载，商洛山区在明代就曾立过集市。乾隆以后建者最多。

综上所述，虽然某些地处交通要道的大镇的工商业有了发展，虽然仅限于少数几个点上，虽然就广大山区来说还是自给性的生产，但它毕竟在某些生产项目上（如葡萄、核桃、木耳等），开始受到商品经济渗透，注入了商品经济的因素。

农村商品生产发展需要集市，农村集市的建立又促进了商品生产的发展。

山区，毕竟是山区，由于种种原因，集市建立有兴衰，市场交易品类，数量也不多。据有关资料，柞水县在清代建立货物交换市场 18 个，但到清末民初基本倒闭。其他县及农村集镇，也多以粮食、木材等为重要交易，多属三日一集，常年萧条。商业又多集中在县城，农村小镇主要是杂货和熟食业。以较发达的商州为例：1939 年有商店 303 家，计盐业 16 家、药业 34 家、京货业 13 家、饭馆业 17 家、染业 23 家、山货业 4 家、杂货业 154 家、首饰业 14 家、估衣业 15 家、书店业 7 家、水烟业 6 家。规模比较大的是几家京货业，其余以杂货业为多，且规模很小。同年，商州生产的几种主要山货土产的数量为：核桃仁 2.5 万公斤、漆油 1 万公斤、白麻纸 57.6 万刀、木耳 2500 公斤、花椒 1 万公斤。

商洛地区开发的历史悠久。据商州市"紫荆城遗址"发掘出土文物，早在 7000 年前就有人居住。也是 3400 年前西周居民部落的遗址。再晚则是商鞅的封地。商鞅变法，提倡和奖励耕战。其中的耕，就是种植业。因而，在他的封地的农业也得到了发展。不过，由于人口尚少，开垦也只限于城镇周围的河谷平地，山上依然是原始森林。向深山开发，有迹可查的是唐王朝为了修建"大业城"（即西安）调十万民工进山砍伐木材，但对整个山区影响不大。以后，随着人口的增加，开荒趋于增多，并由河谷渐次向山坡开荒。普遍实行"烧火田"办法毁林垦荒，刀耕火种，大片林地被烧毁，但由于山高坡陡，所垦之地"一年收，二年减，三年变成光石板"，造成水土流失。农民为了吃饭，需开荒种地，官府为了增加税负，鼓励垦荒为业。史料记载宋朝的烧山开荒尤为普遍。宋淳化二年（991年），曾任商州团练副使的玉禹偁，大力鼓励农民开荒，他的《畲田词》云："杀尽鸡豚唤畲，由来递互作生涯。莫言火种无多利，木树明年似乱麻。""鼓声猎猎酒醺醺，斫人高山入乱云。自种自收还自足，不知尧舜是吾君。"①总的看来，在宋以前，虽然由于毁林开荒，生态环境受到破坏，但尚未明显地显现出来。明代诗人写道，"不尽青山绿水，都来鸟语花香，搅辔兰桥幽处，浑忘身在他乡"[（明）李本因诗。转自（清）王昶《商洛行程记》]。就是说，到了明朝时期还是森林茂密，诸山青翠，虎豹隐匿，百兽出没；江河两岸，沃野芳草，鹤鹳成群，千鸟栖息。商洛地区大量毁林开荒还是在明清之际。到了清朝更奖励开荒。清顺治六年（1649年），清庭颁《垦荒令》，招徕流民，不论本籍客籍均准开垦荒田，发给执照，作为永业。并规定三年之后始按亩征粮。康熙十二年（1673年），清庭对陕南实行薄赋政策，规定十年后"方行起科"，更加刺激了东南各省流民纷纷入境。由于商洛的特殊环境，流民入商比到安康早100多年。乾隆六年"通查商州及所属隙地三万余亩，可以开垦"，并奏请奉行"无主荒地，由官招垦；有主自认，无力开垦者，酌定价值招垦，给照为业。如已垦熟，原主不许复问"。这样，到乾隆末（1795年），官府声称"山地为川楚客民，开垦殆尽"，"梯田有至数十层者"②。由于长期的人为活动，乱砍滥伐，毁林开荒，刀耕火种，森林资源遭到严重破坏。森林植物的演替规律具有明显的地域特征变化趋势。特别是低山地带由于人为的多次破坏（开荒种地、砍取薪柴、过度放牧），最终形成了荒山和裸露岩石。利用和破坏同步进行，必然带来灾难。正如恩格斯早在一百多年前就告诫

---

① 《宋王黄州小畜集》卷八，第11页。
② 《丹凤县志大事记》。

我们："美索不达米亚、希腊、小亚细亚以及其他各地的居民，为了想得到耕地，把森林都砍完了，但是他们梦想不到这些地方今天竟因此成为荒芜不毛之地，因为他们使这些地方失去了森林，也失去了积聚和储存水分的中心。"① 史料记载：从明洪武八年至新中国成立前（即 1375—1949 年）的 574 年中，商洛地区共发生旱灾 106 年（次），水涝灾 107 年（次），而且多数是全区性的灾害，四季有旱，夏秋连水②。崇祯十年到十三年，商州、山阳、商南等县连续大旱：斗米一两六钱，饥殍载道，山外趁食者数十万，抛妻鬻子，饿死无算，人互相食，官长令掘万人坑瘗之③。到明末清初由于水旱灾害和兵荒战乱大部分人都逃亡出走，颠沛流离。仅顺治七年统计，逃亡外地者 35797 丁，占原丁三分之二。1928—1930 年，即民国十七年到十九年，三年不雨，六料未收，赤野千里，草根采掘已尽，树多赤身枯槁，遍野苍凉，不忍目睹，十室九空。1929 年 5 月 20 日《新秦日报》记载当时商县灾害悲惨情景，东乡任家后村，大部人外出逃荒讨饭，剩余的五家人全部进到南北二山的九间房等地。"榆树叶已吞食殆尽，可食树叶亦将食精光。"1931 年 1 月出版的《新陕西》报道：商县"各区死亡人数统计四万三千以上，绝户者一千三百余家，被卖妇女及迁徙逃亡达四万余人，……近且狂风怒号，昼夜不息，黄沙灰土，弥漫天空，麦苗受病，枯萎尤多，粮价陡涨，人民恐怖"。水涝灾害，在山里危害更惨。自从清顺治大量移民开荒，森林砍伐，生态遭受破坏以后，一遇大雨霪雨，地皮尽剥，山高水急，良田尽毁。康熙元年（1662 年）发生于陕西全省大水，其持续时间最长的是商县、洛南两县，"二月中旬雨至九月中，无数日霁者，禾稼无成，麦沾泞，十不种一"。④ 之后，商州、洛南、镇安、柞水县城的城垣多次水毁，城内数次水淹。孝义厅城就是水毁于嘉庆年间。1920—1922 年，即民国九年到十一年，商洛全地区性的水患灾害十分严重，"三年而六度未收。旱魔肆虐于前，滔雨成灾于后，一蹶未振，而寄灾惨祸，纷至沓来，雹如拳大，水深灭顶，百物一空；牛羊鸡

---

① 《马克思恩格斯选集》第三卷，第 517 页。
② 陕西省气象局气象台：《陕西省自然灾害史料》。
③ 《康熙续修商志注》。
④ 《陕西省自然灾害史料》。

犬已尽，麸秕糟糠无遗"。① 水旱为害，处处见告，哀鸿遍野，待哺嗷嗷，"商县一带树皮为之食尽，流徙死亡相属于道，……遭此奇灾，为粝十年所未有，闻之酸心，睹之泪下"。② 更甚者是 1931 年天降大雨，山走蛟龙，沟河暴涨，"丹江流域纷歧，山水暴发，纵横泛滥，冲毁堤堰田亩在在皆是"；洛南"洛河暴发，沿河田亩约三百余顷，被冲殆尽，两岸六十余里稻田，淹没无存"；镇安"夏秋之交，大雨六昼夜不止，山水暴发，因受灾相继死亡者 1200 余人"；山阳"大雨滂沱，山水暴发，东四区淹毙五十六人，二、三、五区淹毙九十七人，冲毁房屋万余间，牲畜数百头"；柞水"山洪泛滥，水高数丈，城门外大路冲毁数十丈，城垣倾倒二处，约三十余丈"；商南"大雨行蛟，平地水深二丈，秋禾席卷一空，房屋冲毁九百余家，淹毙八十人"。③

畲田大量增加，森林严重破坏，山上水土流失，岩石裸露，山下洪水泛滥，良田沙压，威胁着人们的生命财产。山阳县城护城堤防的修毁壅塞就是一例：该堤于乾隆三十年增修后到五十七年（1792 年），仅时隔 27 年，山上泥沙流失，抬高河床，因"滨临丰水，冬春水则入沙，而河常涸，夏秋雨至，众水迭出，则水势汹涌，不可抵御"，又筑堤一百三十丈，以卫南关（城）。到五十九年又由于"旧有石堤，因河路壅塞，水势北流，山水骤发，终难经久"再修堤、凿壕、建桥以护城④。以后，护城堤多次冲毁，多次重修，泥沙越壅越多，河堤越修越高，原来东西关低，入东西城门，要上几个台阶，到解放时，县河床比县城中心要高一米多。

## 贫困山区发展战略选择

总结历史经验，结合商洛的实际，我们认为新的农村经济发展战略可以概括为：以多种所有制并存，以市场为导向的贸工农结构，在粮食基本自给的基础上建设林牧工矿为支柱的持续发展的现代化农村经济。

---

① 《山阳县志点释》。
② 《陕西省自然灾害史料》。
③ 同上。
④ 《山阳县志点释》。

**多种所有制并存**

中华人民共和国成立以来，商洛地区的农业以至整个农村经济的所有制结构，经历了从土地改革、初级合作社、高级合作社、人民公社；三级所有，队为基础等变革。从 1978 年 12 月中国共产党十一届三中全会以后，实行了家庭经营承包制，取代了"三级所有、队为基础"的体制，农村出现了多种所有制结构。家庭经营承包责任制由两个层次组成，一是农民家庭经营层次，二是集体经营层次。实践证明，家庭经营层次有利于调动农民积极性，不仅可以促使农民自觉地按时按质完成各项作业，而且有利于发展承包土地以外的生产经营项目，从而促进整个农村经济发展。集体经营层次是指集体土地的代表者，对于一些单家独户无力兴办的事情需要集体经营层次来组织，来实现，因而两个层次结合，既能克服过去统得过死，吃"大锅饭"的缺点，又能克服农户经营的局限性，发挥组织起来的优越性，明显地解放了生产力，促进了农业乃至整个农村经济的发展。因此这种双层经营体制具有旺盛的生命力，使它能长期存在。今后这两个层次都要在农村商品经济的发展过程中不断发展和完善。

在农业中，除承包土地之外，农民家庭还经营林业和养殖业，其中有的办小林场或成为养殖专业户，从而成为农民家庭经济或个体经济。今后，随着商品经济的发展，各种专业户将会有较大发展。

在农村非农产业中，除乡集体企业和村集体企业之外，还有个体企业、联户企业和私人雇工企业，以及各种经济成分联合兴办的股份制企业。而在商洛这样的地区，个体企业和私人雇工企业将会有较大发展。

总的说来，在今后一个相当长的时期内，商洛地区农村经济将以公有经济为主导，但从所占比重来看，则以个体经济和私人经济为主。

**以市场为导向的贸工农结构**

以市场为导向，这是商品经济的显著特征。就是根据市场需要进行生产，它区别于生产什么，向市场提供什么。市场包括国内市场与国际市场，在当前商洛的具体条件下，一方面应该放眼世界市场，但更主要的是立足于国内市场。而且，还应当看到，商洛地区农村有一部分地区温饱尚未解决，尚不具备向商品经济和现代农业转变的条件。虽然大部分地区已解决了温饱，正在向商品经济转化，但由于解决温饱时间尚短，产品的自给比重较大，商品数量有限，市场发育不足，真正实现市场为导向还是今后较长期的奋斗目标。市场导向当然要结合当地资源，根据市场需要，在现有资源中选择优势产品、拳头产品和确定主导产业。

商工农结构是指农村商业、农村工业和农业的构成及其相互关系。这里讲的构成主要指商业、工业和农业这三种产业所占比重。在农村经济发展过程中，各个产业要有相应的比重，才能使农村经济顺利发展。这种产业比重的变化，也说明农村经济发展的不同阶段。例如，在传统社会，农村经济以农业为主体，农村手工业为辅，农村商业极少，当进入现代社会，农业比重下降，工业和商业比重上升，进而大大超过农业。从商洛地区农村产业结构来看，农业比重仍占主体地位，农村工业和商业尚未达到半数，而商业比重更低。这里讲的相互关系，可以从不同侧面来理解：（1）从各业所处地位来看，农业是基础，工业为主导，商业则是联系工农业之间的纽带和桥梁。农业是基础的地位，不会因为农业所占份额的下降而改变；（2）从商品生产的直接目的来看，是为了满足需要，为了满足市场的需要，即根据市场需要来安排生产，是以销定产，而不是以产定销；（3）从生产经营来看，农工商是指生产的农产品，经过加工，进而销售由一个单位来完成，或两个以上单位以合同方式固定彼此之间的关系，共同来完成。由农业企业牵头的一般称为农工商联合经营，由商业部门牵头的一般称为贸工农联合经营，也有工厂与农民企业联合的称为工农联合企业。

农工商（或贸工农）联合经营的出现是商品经济得到较大发展之后，适应客观经济发展需要而出现的经营组织形式。如上述，商洛地区农村商品经济尚处于起步阶段。因此，农工商（或贸工农）联合经营还不可能大量出现，所以在今后一定时期内，则主要是把上述（1）、（2）两方面问题解决好，对（3）可以进行试验，视条件之可能逐步发展。

**建设林牧工矿为支柱的持续发展的现代化农村经济**

林牧业作为商洛地区的支柱产业，主要取决于当地有丰富的林草资源可供利用；有广阔的可供开发的宜林宜牧土地；有优越的自然气候条件；有丰富的物种资源；经过几十年经营已经形成比较完整的生产经营体系；更重要的有广阔的林牧产品市场。

以工业作为商洛的支柱产业，这是因为要改变山区的贫困落后面貌，从发展生产的角度，要在发展第一性生产的基础上，首先是发展加工工业，增加附加值，增加积累。发展矿业及其加工业。商洛各种矿藏资源丰富，在有条件的地方，优先开发那种资源能够充分利用，技术条件上能够承受，经济效益好的矿业，有条件时可以积极发展矿产品的加工业，这是解决贫困山区脱贫致富的有效途径之一。

### 持续发展现代化农村经济

应该包含以下含义：（1）在农业上是优质高效的。（2）在资源利用上对于不可再生的矿藏资源要节约利用与合理开发并重，是既充分利用资源又避免环境污染；对可再生资源是保护与利用并重的。（3）在生产项目上是林农牧渔副全面发展多种经营的。（4）在技术手段上既要充分发挥我国传统农业的科学成果，又要逐步吸收现代农业的先进技术成就和科学的管理方法，走生态农业的道路。

为了使扶贫与开发更加的发展，扬长避短，加快脱贫与开发步伐，提高经济效益与社会效益，需要进一步加以论述。我们认为，粮食问题应立足于基本自给；在开发资源问题上，近期应以开发土地资源为重点；在加工工业上，近期应以农副产品为原料的轻工产品为重点，逐步创造条件，向技术密集、资金密集的贵金属、稀缺金属矿藏开发和高精尖技术加工业过渡，以免造成资源浪费和环境污染。

商洛地区的自然条件对农业生产（特别是对种植业生产）存在的有利方面和不利方面。有利方面：（1）气候温和，年均气温在7.8—14℃，夏无酷暑，冬无严寒，无霜期长；（2）雨量充沛，年均降雨量706—844毫米；（3）光能丰富，年均为1874—2123小时，而且水热同期，光、热、水组合较好，适合与满足作物生长的需要。不利方面：（1）山势陡峭，不利于操作和水土保持；（2）坡地多，土层薄，土壤较为贫瘠；（3）受季风和地形影响，水热时空变化大，不仅年度之间降水变化较大，而且年内各月降水相对变率大，冬春干旱，夏秋多雨，旱涝灾害较为频繁，常常发生霜冻，局部地区有冰雹为害。

总起来看，本地发展种植业的自然条件还是颇为优越的。重要的问题，在于如何开发利用，合理开发，扬长避短，则会成为优美而富庶之地。反之，开发利用失当，掠夺式经营，必会带来严重后果。

长期以来，这里的种植业以粮食生产为主，其中又以麦类、玉米为主，辅之以杂豆和土豆。生产手段十分落后，主要是手工工具，在川道地上还可以使用畜力，在山地上由于坡陡，连畜力都不能使用，耕作制度和方法也十分落后，在川道地上还多少施些粪肥，培肥地力；在山地则主要是弃耕制，即放火烧荒，耕作2—3年后即弃耕，然后再在另一块林地上放火开荒，耕作几年后再弃耕，如此延续下去。由于川道狭窄，可供开垦的土地资源极其有限，因此随着人口的不断增加，只能在山坡开垦下去，以求扩大耕地面积。可以说，这里的种植业生产，走的是外延垦殖的路子或战略。尽管那时人们还没有明确地提出选择什么发展战略，但从实际上、结果上看，可以说这里的种植业实行的是一种粮食——外延垦殖战略。

任何一种战略选择或者形成都有它的理由或者根据。同样商洛地区长期实行的粮食外延垦殖战略也有它的根据：（1）生产力水平低下，生产工具落后，生产技术靠一代一代的经验传授，甚至刀耕火种，单产很低；（2）农民单家独户进行生产，力量单薄，经不起天灾人祸；（3）在旧社会，许多农民没有土地，不得不租种地主的土地，要把收成的1/2以上作为地租交给地主和作为税收交给政府，所以扩大再生产能力十分薄弱，缺乏改造自然的能力。在这种情况下，随着人口的增加，比较可行的办法是靠开荒、扩大耕地面积来满足需要。正是在这个意义上说，这一战略的形成是小农生产方式的必然结果。

**种植业战略的演变**

中华人民共和国成立以来，商洛地区的种植业发展战略经过了一个缓慢的过程。大体上可分为三个时期：

第一时期，即1949—1952年的恢复时期，这一时期依然实行粮食外延垦殖战略。

经过长期的战争，农业生产受到较为严重的破坏。广大农民生产、生活都十分困难。新中国成立后，各级党、政领导深入群众，组织广大农民全力恢复生产，在发放救济粮、款的同时，号召农民开荒以增加粮食生产。所以，实行的依然是沿袭过去的粮食外延垦殖战略，由于毁林开荒，到1952年，耕地面积达到362.5万亩，粮食产量达到2.95亿公斤，分别比1949年增长12.3%和55.3%。

第二时期，即1953年到70年代末的缓慢演变时期。

这一时期，在种植业生产中逐步地由少到多地引进和采用新的技术，例如引进良种、化肥、农药、兴修农田水利、建设梯田、增施有机肥和增加一定数量的农机具等。因此，单位面积产量有较大幅度的提高。1978年粮食亩产（按耕地计）203公斤，比1952年的82.5公斤增加120.5公斤。随着单位面积产量的提高，有可能相应地减少耕地面积。1978年全地区耕地面积为257万亩，比1952年的362万亩减少105万亩。可见，种植业生产已经开始由扩大面积的粗放经营向提高单位面积产量的集约经营方向转变。其特点：一是这一战略转变并非完全自觉地、有计划地进行，因此往往出现反复和波动，比较明显的是60年代初期的"三年困难时期"，又进行了大量的开荒，虽然从统计上看，耕地是减少的，但实际上农民为解决口粮之不足，自发地进行了开荒，破坏了大量林地。二是演变的速度是相当缓慢的。如上所述，从1953—1978年的25年间减少了105万亩，平均每年只少4万亩。而且这只是从数字上看，实际上并非如此，一些农民每年都有无计划的放火垦荒，所以实际耕地面积要大大超过统计上的数字。

第三时期，即进入80年代，特别是在1986年以后，开始比较自觉地有计划地向优质高效的集约经营战略转变。

顾名思义，优质、高效是说不仅要求生产出高质量的农产品，而且要收到高的经济效益，这与过去只求高产不讲质量的做法不同，也与过去只讲数量不讲经济效益的做法不同。

所谓集约经营是指在一定的土地面积上，集中投入较多的生产资料和活劳动，采取新的技术及装备进行精耕细作的经营方式，它与粗放经营完全不同。

新的发展战略在《商洛地区农业区划报告》中得到较为集中的反映，报告提出要退耕还林还牧、种植业要走提单产的路子，但减少到一定程度后，使耕地面积稳定下来。指出"到19世纪末固定耕地一定要保持200万亩不再减少"、"本区粮食增产的出发点是主攻单产"。正是因为有计划地实行了战略转变，收到了明显结果。在种植业耕地面积减少30多万亩的情况下，1990年，粮食产量达6亿公斤以上，比80年代初增加约2500万公斤，1988年油料产量达8.86万担，比1980年增加近3万担（详见表）。

商洛地区各时期各种植业发展情况

| 年度 | 耕地面积 | 粮食总产量（以0.5万公斤计） | 油料产量(担) | 种植业（万元） | 占农业总产值（%） |
|---|---|---|---|---|---|
| 1949 | 322.9 | 38110 | 28230 | 3459.5 | 82.37 |
| 1952 | 362.8 | 59829 | 35084 | 5291.7 | 84.24 |
| 1957 | 314.9 | 54254 | 24717 | 5182.4 | 82.02 |
| 1962 | 295.4 | 57295 | 17034 | 5907.5 | 68.87 |
| 1970 | 287.4 | 78208 | 30828 | 8455.0 | 62.99 |
| 1978 | 257.5 | 104699 | 40572 | 16025.0 | 60.75 |
| 1980 | 255.8 | 115575 | 58911 | 18047.7 | 63.23 |
| 1985 | 222.6 | 110957 | 70434 | 28869.0 | 55.48 |
| 1986 | 223.1 | 80300 | 67780 | — | — |
| 1988 | 221.4 | 105122 | 88600 | 21839.0 | 43.52 |
| 1989 | — | 120 | 88360 | 24774.0 | 45.61 |
| 1990 | — | 124 | — | — | — |

资料来源：历年《地区国民经济统计资料》。

为了保证上述优质高效战略的实现，根据以往的经验和本地实际，需要采取一系列具有重大战略意义的措施。

## 一　保护和建设基干农田，保证稳定增产

所谓基干农田是指农田中的基础部分和骨干部分，它对稳定增产具有决定性作用。商洛地区的基干农田由两部分组成：一部分是有良好水利灌溉条件的旱涝保收农田，另一部分是在山坡上建设的石砌水平梯田。

（一）关于旱涝保收农田

新中国成立以来，商洛地区的农田水利建设取得了很大进展。据1985年的统计资料，兴修水库49座，总蓄水量14075万立方米。其中：10万—100万立方米的34座，100万—1000万立方米的13座（其中：二龙山水库8100万立方米，鱼岭水库1050万立方米）。塘池614处，蓄水量536.25万立方米。渠道1121条，抽水站390处，机井1784眼，已配套1639眼，水轮泵317处，装机328台。[①] 全地区有效灌溉面积达33.5万亩，占总耕地面积的15%，其中旱涝保收农田面积24.08万亩，占总耕地的11.2%。而在1949年有效灌溉面积只有11.58万亩，其中旱涝保收面积6.98万亩，分别增加1.9倍和2.45倍。而且机、电灌溉面积大大增加，1985年达10万亩，占有效灌溉面积的29.8%。但有效灌溉面积不大，1985年只占耕地面积的15%。由于川道地较少，可供扩大灌溉面积的条件不多，而且尚需大量投资，今后只能根据条件之可能尽量增加一些灌溉面积。当前存在的主要问题是：（1）农田水利设施、设备老化，影响灌溉数量和质量；（2）基本建设占用好地。因此需要采取有力措施对水利设施、设备进行维修更新，对旱涝保收田严加保护。同时要重视对现有水库、池塘合理开发利用，发展多种经营。

（二）关于水平梯田

如前所述，这里坡多坡陡，土层薄，极易水土流失，因此，在坡地建设水平梯田不仅可以保持水土、增厚土层，提高土壤肥力，从而满足人们对各种农产品（首先是粮食）的需要。更为重要的是由于它能保持水土，从而避免山石裸露，保护人们生存条件不受破坏。而且由于水平梯田提高了单位面积产量之后，也有可能退耕还林、还牧，从而为发展林特生产和畜牧业生产创造了条件。所以说，建设水平梯田不仅对种植业发展，而且对整个商洛地区的经济发展都具有十分重要的作用，是决定山区经济发展的具有根本性的战略措施。

新中国成立以来，商洛地区在水平梯田建设中取得了进展。从50年代组织群众在山坡上修建坡式梯田。1958年开始修建水平梯田，到1959

---

① 见《商洛地区农业区划》，第332页。

年底达 4.31 万亩。60 年代在原有坡田基础上改修水平梯田，到 1969 年累计水平梯田达 13.99 万亩。70 年代，是农田建设的高潮时期，到 1979 年达 51 万亩，比 10 年前的 1969 年净增加 37.75 万亩，平均每年增加 3.7 万亩。但进入 80 年代后，在实行家庭承包经营的头几年放松了对修建水平梯田的组织和领导，因而一度处于停顿状态。直到 1985 年以后，又逐渐恢复了水平梯田建设。当地干部和群众在长期的实践中越来越认识到兴修水平梯田的重要性，把梯田视为"金碗碗"。一些老农深有体会地说，"现在我们吃的是靠 70 年代修的'大寨田'（指水平梯田）"。因此，近几年来水平梯田建设取得了明显的进展。1990 年冬和 1991 年春共新修水平梯田 7 万亩，这是前几年所没有的。

在这里修建水平梯田是件很不容易的事情。坡陡、土层很薄，需要炸药炸开山石，垒砌石坝，并从别处运进新土。据在镇安、山阳县调查，修一亩水平梯田需用工 280—300 个工日，300 元钱（主要是炸药和其他材料开支）。需要国家在财力上给予必要的支持。

中共商洛地委和行署提出力争在 2000 年实现每人一亩水平梯田的目标，无疑是一项十分艰巨的任务，虽然也有可能不能如期实现这一任务，但是只要有计划、有步骤地持续搞下去，总有一天，会实现上述任务。关键在于持之以恒，既不能操之过急，又不能搞搞停停。70 年代末 80 年代初曾经出现的一度停滞，不能不说是一个教训。

在兴修水平梯田的过程中需要特别注意处理好以下两个关系：（1）处理好农田基本建设和当年生产的关系。即在兴修水平梯田时，要充分认识到任务的艰巨性，在时间安排上，不宜把时间打得很满，要给农民留出时间去搞多种经营，以增加收入，只有这样，才能使水平梯田建设坚持下去，使农民的旺盛斗志保持下去。否则，就要影响农民的当年收入，既不能提高农民的生活水平，又会使水平梯田建设难以持续下去。在调查中，我们发现有的地方把农民在秋、冬的大部分时间用于兴修水平梯田，显然是没有照顾到农民当年的收入。而且，修水平梯田是重体力劳动，一个壮劳动力一天要吃 0.75—1 公斤粮食，如果安排建设梯田劳动时间过多，也会造成口粮不足。在实践中，各县也都在摸索正确处理农田基本建设与当年生产、收入的关系的办法。有的乡、村为了更好地解决农田基本建设与当年生产的关系，为了使水平梯田建设持续下去，采取组织常年梯田建设专业队的办法，也有的乡、村采取季节性突击与常年专业队相结合的办法，均收到了较好效果。常年专业队人数一般占劳力总数的百分之几，多者在10%左右。（2）处理好劳与逸的关系。现在农民对修建水平梯田的积极性很高。一天劳动不下10个小时，有的时间还要长些，农民相当之辛苦。在这种情况下，各级领导就更要关心群众的劳逸结合。不能让农民过于劳累，必须清醒地看到在一定条件下，人的潜能是有限的，过度劳累不但不能持久，而且还会给劳动力本身带来严重危害。因此，群众的热情与积极性越高，领导上就越要关心群众，搞好劳逸结合。

（三）保护和利用好川道的耕地

所谓川道耕地是指山谷大小河流两岸的平地和沿公路两侧的耕地。全地区此类耕地不到总耕地的30%。川道耕地可以说是商洛地区耕地中最可宝贵的部分。一般说来，这一部分耕地水利灌溉条件好，土层较厚，单位面积产量较高，是本地区耕地的"地眼"。因此需要十分地爱惜这一部分耕地。人们重视水平梯田建设是十分正确的。但是，只注意水平梯田建设，而忽略对川道耕地的保护与合理利用就是大大的不应该。因为，水平梯田固然可以人工加厚土层，提高产量，但无论如何也比不上这一部分耕地的质量。所以，万万不能忽视这一部分耕地。当前存在的问题是这一部分耕地正在逐渐减少。当然，由于建设的需要占用一部分耕地是不可避免的。例如加宽公路、修建厂房、农民建房等均不可避免。但需严格控制，尽量节约，尽量少占。特别是农民住房，不应当占用上等的耕地。现在，从商州市到商南县沿公路两侧的旱涝保收耕地已经开始被农民建房占用、蚕食。如不采取坚决有效措施加以限制，必将带来严重后果。

**二　坚持和发展套种间种制度**

如前所述，商洛地区耕地后备资源极为有限，因此改革耕作栽培制度，提高复种指数，无疑是合理利用耕地，提高农作物产量的重要途径之一。

长期以来，商洛地区形成了以下耕作栽培方法。即在川道地农作物的种植形式主要是冬小麦和玉米连作，在中山区是冬小麦和春玉米单作，在一些高寒山区实行土豆（马铃薯）或玉米单作。在连作的地方，由于山谷狭窄，有些川道地受高山影响而热量不足，两熟作物之间争季节的矛盾十分突出，形成"秋赶夏，夏赶秋，两料不抵一料收"，而在单作的地方则复种指数低，单产不高。

为了增加生产，比较广泛地采取了间作、套种方法。间、套种在商洛已有比较长的历史，但过去多零星少量进行。真正比较广泛的实行则是在70年代以后。70年代初，借鉴外地经验并由洛南县开始试验小麦和玉米套种，比较好地解决了两熟作物夏、秋争季节的矛盾，并取得了两熟作物的双丰收。因之，得到较快推广，到1975年全县各类作物间、套种面积达到41万亩，占粮食面积的80.8%。由于间、套作面积的增加，复种指数大为提高，单产大幅增加。根据地区农业区划委员会的材料，该县间套种后粮食亩产比以前提高63.6%。洛南的实例，打开了人们的眼界，于是在全区得到很快推广，并在实践中得到发展和完善。特别是在山区不仅实行了小麦和玉兴的套、间作，而且实行了土豆和玉米、红薯和玉米的套种，同样取得了明显效果。被称为"三大套"（即小麦和玉米、土豆和玉米、红薯和玉米套种）的耕作栽培方法成为本地区农业史上一项耕作栽培制度的重大改革。山阳县在1983年对全县62个生产队调查，套间作耕地亩产量320.5公斤，净增产41.5公斤，比不间套种（亩产279公斤）提高14.9%。在"三大套"的经验启示下，间作套种已由粮食作物发展到粮菜、粮油，并向林特业发展，如粮桑、粮药套种，等等。

间套种的经验是极其可贵的，是合理利用光能、热能，增加生产的重要措施。因此应当坚持下去，并在实践中发展和完善。这里值得指出的是要对间、套种有全面的认识，间套种具有广泛的适应性，它不受地域的限制，不论什么样的地方都可以搞。但是不同地区有不同的间套种方式、不同作物品种的搭配、不同的间套种水平。所以，那种认为热能资源较多的地方没有必要搞间套种的看法是不对的。今后要特别重视粮豆间作和粮菜间作。因为，粮豆间作直接增加大豆种植面积，增加大豆产量，可以增加口粮和饲料粮中的植物蛋白；粮菜间作，可以增加蔬菜产量，从而满足人们对蔬菜的需要。

### 三 选育和推广优良品种

品种如何对农产品的质量和数量起着十分重要的作用。优良品种可以使产品的质量大大提高，产量相应增加，而比较差的品种往往质量低或产量不高，或者产量虽高但质量低。所以在国内外都特别重视良种的培育和推广工作。从国际上看，自50年代以来西方和一些第三世界国家所推崇的"绿色革命"实际上就是采用了新的品种以及与之相应的配套技术。从国内情况看，自新中国成立以来，对品种的选育和推广工作一直是重视的，取得的成就也是有目共睹的。即使是像商洛这样的贫困落后地区，虽然不及经济比较发达地区做得那样好，但在良种的选育和推广方面，也是取得了明显的进展。

小麦良种：1952年采用的良种是白茎王，1954年开始推广碧玛一号，70年代引进和推广丰产3号品种，现在主要选用新洛8号、秦麦1号、阿勃、咸农5、小偃6号等品种。其中新洛8号约60万—70万亩，秦麦1号约30万—40万亩，两个品种合计约100万亩，占小麦播种面积的74%。

玉米良种：50年代初先后引进白马牙、金皇后等品种，60年代开始引进杂交玉米，大幅度增产；70年代中后期又引进中丹2号，卢南1号等品种，现在则有中丹2号、卢南1号以及商育1号、莫17×303、陕单9号等品种，良种面积达90万亩，占玉米播种面积的66%。

水稻良种：目前主要是V2A×激光4号、广二石、广二矮、南京11号等品种，良种播种面积占水稻播种面积的95%。

红薯良种：商洛地区的红薯作物已经全部采用了良种。主要良种有徐薯18、徐州红、胜利100号等。

马铃薯（土豆）良种：主要良种有商芋1号、安农5号、克新3号等品种，良种面积占马铃薯种植面积的60%。

大豆良种：主要有丹豆4号、丹豆5号、铁丰18，良种面积占30%。

目前在良种选育和推广方面存在的主要问题：

1. 良种推广很不平衡。从作物品种看，红薯良种普及率达100%，水稻良种普及率达95%以上，而大宗作物玉米、小麦、马铃薯则达60%—65%，大豆更少，占30%。从地区来看，川道（平原）地区的良种普及率较高，浅山区次之，高寒山区的良种普及率很低，有的甚至没有良种。

2. 良种使用周期过长。现在要求良种更新，一般5—6年一个周期。但商洛地区更新周期很长，一般在10年以上，40年来小麦品种只更新三次，年均13年更新一次，显然，失之过长。同样，玉米品种，从1976年引进中丹2号和卢南1号，经过14—15年仍然没有更新。因此，出现品种混杂和老化现象。

3. 品种较为单一，尚未形成适合本地情况的良种品种结构（或体系）。由于各种良种的品质、特点不同，有的耐旱，有的不耐旱；有的抗病强，有的抗病弱；有的抗倒伏，有的易倒伏，因此，一般说来在一个地区不宜只选用一两个品种，而应选出各具特色的品种进行合理搭配，形成一个比较合理的良种结构（或体系）。如前所述，商洛地区的地形、地势颇为复杂，因而更需要注意建立一个合理的良种结构。只有这样，才能保证农作物的稳产高产。否则，良种品种过于单一，往往就会因为遇到良种不适应的地区或不适应的条件而大幅度减产。应该说，商洛在这方面是有深刻教训的。50年代中期，本地引进金皇后玉米良种，增产较为显著，于是1956年全面推广，不分平地还是坡地，一律种植金皇后，结果是平地增产，坡地大减产，造成很大损失，在本地良种推广的历史上被称为"金皇后事件"。1965年，开始引进杂交玉米，增产幅度很大，第二年不顾条件地普遍推广，结果又重复了1956年"金皇后"的错误。像这样的单一推广一种品种的做法，在小麦的良种引进方面也发生过类似情况。实践教育了人们，商洛的干部和群众吸取了过去的教训，在选育和推广良种的工作中，注意了良种品种的搭配。但是，从目前情况来看，小麦和玉米的良种品种结构还嫌单一，不够多样化。此外，还存在良种制种经费不足，良种的推广体系以及产供销制度不健全，没有找到适于这一地区的高产品种（如小麦亩产在800斤以上的品种以及适于深山区的耐旱耐寒品种），等等。

## 四　有机农业和无机农业相结合

在旧中国农业生产主要是靠农家肥，化肥只是在极少地区少量地使用。像商洛这样的地区则完全使用农家肥。化肥的使用开始于50年代初，以后随着国家化肥工业的发展，化肥的使用逐渐增多，但比较大量的使用还是在 1978 年特别是进入 80 年代以后，目前在本地已经基本普及化肥，每亩耕地年平均施用化肥 9.4 公斤（折纯），折合标准肥（实物）47 公斤。其中川道地亩均化肥 15 公斤（折合标准肥 75 公斤），山坡地施用化肥不多。

施用化肥省工省时，增产效果显著，但是化学肥料和化学农药也有较大缺点，即容易使土地板结，容易流失，而且成本较高，贫困地区农民缺现金，买不起，特别是化肥和农药又给土地带来污染，因此必须十分重视有机肥的使用，不能片面地追求增施化肥。本地有机肥原料资源十分丰富，除作物秸秆之外，还有大量的树叶和草，可以就地取材堆积沤制，只用人工，无须现金支出，能够发挥本地人多的优势和克服资金不足的劣势，可以说是体现了扬长避短。增施有机肥可以使耕地土层加厚，改善土壤的理化性质，提高土壤肥力，是本地稳产高产的重要保证。无论从近期看，还是从长远看，都应当特别重视有机肥的使用。当然，我们也不赞成一点儿化肥、农药都不使（用）的看法，因为，现在还做不到这一点，而且今后的化肥和农药也会随着科学技术的进步而减少有害物质，所以，比较好而且可行的办法是做到有机肥与无机肥相结合。

当前的问题是：（1）近些年来对有机肥不够重视，沤制土杂肥的数量大为减少，绿肥作物面积也急剧减少，1966—1967 年绿肥面积高达 60 万亩，现在只有 1.6 万亩。这是造成土壤肥力下降的重要原因。（2）在施用化肥时，还不能根据不同土壤情况使用不同肥分。目前，只重视氮肥的使用，不注意磷、钾肥的使用。据农业部门资料，本地坡地缺磷肥，但施用磷肥很少而多施用氮肥，效果当然不好。因此，从本地实际出发，应当特别重视有机肥，并以有机肥为主，不宜盲目追求化肥。在化肥的使用上应当研究科学施肥，即根据土壤需要来施用有关肥分。此外，有条件的地方可以发展沼气。

## 五 改革计划体制和农产品收购制度

影响种植业发展的还有两个问题值得特别注意，一是计划体制问题，二是农产品收购制度问题。

　　关于计划体制改革。在农村经济体制改革以前，种植业的主要部分——粮食、油料、烟叶、麻类、大豆实行指令性计划，种植面积多少，生产多少、自留多少，出售多少均由国家计划层层下达到生产队。生产队和农民没有自主权。即使某种作物不适宜本地生产，也必须按照计划要求进行种植。这种做法，当然不利于调动农民的积极性和本地优势的发挥。自农村改革以来，农业计划体制有了变化。主要是国家在种植面积方面的控制开始放松，农民对农产品处置有一定的自主权。国家规定的农民应当交售的农产品的品种和数量比之前均有减少。农民按规定卖给国家这一部分产品，名义上叫作"合同订购"，实际上仍然是必须完成的任务，具有义务交售性质，也就是仍然属于指令性计划；至于完成任务以外的部分，农民有了实际的处置权。

　　从改革的角度看，今后，指令性计划部分应当逐步地缩小乃至最后取消。理由是：（1）从道理上说，对农民的经济，不管是农民集体经济，还是农民个体经济，国家都不能实行直接指令性计划，而只能实行间接指导性计划。国家有必要制订农业生产计划和规划，但这种计划或规划对农民来讲只能是一种参考，而不具有必须执行的强制性。（2）国家与农民的关系必须建立在商品经济等价交换原则基础之上。也就是说，要把农民（个体或集体）看作是真正的商品生产者。作为独立的商品生产者的农民，除了依法纳税之外，国家（国营商业企业，如粮油公司、外贸公司等）要取得农民的产品必须通过商品交换，按照价值规律办事。国家在制订农业发展计划和规划时，必须考虑市场的需要与变化。

　　关于农产品收购制度的改革。如上所述，目前农产品收购制度实行的是"双轨制"即一部分是价格放开，在市场上收购；另一部分主要农产品则实行统一收购与市场议价收购相结合。例如对粮食大约有1000公斤靠义务性质的"订购"；还有一部分则由市场议价收购。现在，国家收购农民的粮食等主要农产品的价格虽然比过去提高了许多，但仍然低于它的价值，仍然存在工农业产品价格"剪刀差"。今后的趋势是随着我国经济的发展和财力的增强，各种农产品的价格必将逐步放开。国家工商企业为保证得到必要的农产品可以实行真正反映商品交换关系的合同制。即双方商定，签订合同，规定双方的权利、义务和违反合同的处罚办法。这种"合同制"与现在实行的具有义务交售性质的"合同"有本质上的不同。实行真正的合同制的好处：一是国家能稳定地得到所需要的农产品，从而保证国家计划的实现；二是农民也有了稳定的销售市场，从而避免因生产和市场的剧烈波动而造成的巨大损失。所以说，真正商品交换关系的合同制，是计划调节与市场调节相结合的一种适宜形式。关于农产品流通体制问题，我们在以后的有关章节还要专门讨论，所以这里不做进一步的展开。

# 发挥林业优势

森林作为陆地生态系统的主体，已经存在了几百万年，人类从森林里获得了生存空间、土地、能源和食物，从而发展了人类的文明，森林与人类的命运是息息相关的。商洛地区山地面积大，宜林土地广，森林资源丰富。林业成为这一地区的主要支柱产业。

有资料表明，单位面积森林的生物总量约为农作物的20—100倍。在秦巴山区，森林植被对环境保护，发展社会经济有着举足轻重的作用。商洛地区把林特资源作为最主要的自然资源，把林业作为重要的支柱产业是十分正确的。

在商洛大地上，山林土地广袤，地貌结构被称为"八山一水"，人均山地达10亩，开发利用的潜力巨大。商洛地区人均占有土地见下表。

商洛地区人均占有土地

| 地貌类型<br>项　　目 | 全区 | 变质岩亚高山 | 河谷坡垣 | 花岗岩流失中山 | 剥蚀亚高山 | 灰岩洛蚀、水蚀过渡低山丘陵 | 变质岩中山 |
|---|---|---|---|---|---|---|---|
| 海　拔（米） | | 720—2645.8 | 540—1100 | 1000—1500 | 967—2134 | 519.5—1176.1 | 1100—1500 |
| 人口密度（人/平方公里） | 110.1 | 117.6 | 305.0 | 64.1 | 41.7 | 100 | 64.4 |
| 人均土地（亩） | 14.18 | 12.73 | 5.73 | 23.39 | 36.26 | 15.01 | 23.3 |
| 人均林用地（亩） | 9.76 | 9.40 | 2.55 | 17.63 | 28.94 | 9.82 | 17.26 |
| 人均有林地（亩） | 5.73 | 7.35 | 1.48 | 13.23 | 18.88 | 4.36 | 9.24 |
| 森林覆盖率（%） | 51.19 | 62.16 | 28.24 | 60.20 | 67.13 | 42.77 | 60.30 |

在山区，宜林面积广阔，林特土产资源丰富，全区林业用地面积达

2005 万亩，占土地总面积的 69%，人均 9.76 亩。现有林地面积 1113.4 万亩（其中经济林面积 164 万亩），人均 5.73 亩，林特土产生物资源 1324 种、野生纤维、淀粉、油料等植物 260 多种，活立木蓄积量 1583.9 万立方米，是陕西省木材主产区之一。

大宗林特产品有核桃、板栗、油桐、生漆、柿子、木耳、葡萄、猕猴桃、五倍子、杜仲等。核桃、板栗、柿子产量居陕西省十地市之首，核桃出口量占全国 1/6，生漆、木耳分别居陕西省第二、第三位。中药材 1119 种，其中列入国家《中草药资源调查表》的 296 种，大宗地道名贵药材 20 种，总蕴藏量 2000 万公斤以上，现年收购量 450 万公斤，素有"天然药库"之美誉，是陕西省中药材主要产地之一。

作为森林资源的主要组成部分的动物资源种类繁多，全区动物资源 600 多种，其中野生动物 500 多种，被列为国家级一、二类保护的珍稀动物有羚牛、苏门羚、林麝、金猫、锦鸡等 24 种，柞水牛背梁一带是国家级羚牛自然保护区。

由此可见，就地上生物资源而言，商洛与其他大片山区一样，潜力在山、优势在山、希望在山。但是山地森林植被资源的作用，绝不仅仅是它的直接使用价值，更重要的是它的巨大而又不可替代的生态功能，而且森林生态功能往往是大范围、大面积的，影响所及，往往跨越一城一地，是较长时期起作用的，又能产生一系列的连锁反应。当人类对资源的不合理利用导致环境破坏以后，需要较长时间的治理再造，才能恢复，有的则是不可逆的。当树木砍伐后地表裸露任雨水冲刷，对于植物生长很重要的约 30 厘米厚的腐殖质，由于水土流失而流走，使过去的底层土壤变成了表土层，成了贫瘠土壤，对植物生长来说，不论物理、化学、生物性质都比不上原来的森林土壤。近几个世纪以来的工业发展，人口增长对工业用材和薪材的大量需求，对坡地的大量垦殖，使森林遭到极大破坏，森林骤减，生态系统失调，直接破坏了人类生产生活的物质条件和生存发展的环境条件，后果是灾难性的。商洛的森林，如果以其巨大的经济价值为人瞩目，不如说它的无可替代的生态环境效益至关重要。

新中国成立以后，在广大农村，特别是山区、林区，依然处于自然经济和半自然经济状态，简单的生态经济结构，即使在今天，仍有不少山区半山区的林业，商品经济仍然落后，这种开放性差的生态经济结构，主要依赖绿色植物利用光合作用向人们直接或间接提供生物能和有机物，人与自然维持着低水平的同步发展。尽管 50 年代有可能乘社会制度变革激发的热情，冲破落后的生态经济模式，利用山丘生态多层次、多产品的优势，建立一个开放性的协调型生态经济结构，可是这个机会错过了，1950—1958 年，全国出现了生育高峰，净增人口 1. 86 亿，加上 1958 年的"大办钢铁"，山地丘陵数以千万亩森林被作燃料付之一炬，导致新中国成立后生态系统第一次大损害。这期间，商洛森林面积由 1949 年的 915. 7 万亩下降到 444. 55 万亩，下降了 51. 5%。但由于林木自然生长，因此活立木蓄积只净下降 17. 9 万立方米。商洛地区多种树种年净长率为 1. 25%，即年生长约 16. 8 万立方米，9 年应增长 151. 2 万立方米，则 9 年间实际净减少蓄积 169. 1 万立方米。

新中国成立初期，人均耕地 3 亩，到 1980 年减少一半，在"以粮为纲"的口号下，山区进行了大面积的毁林垦荒，把田块一直开到岗顶。这是我国生态系统第二次大挫伤。这期间，商洛地区由于人工造林增加面积蓄积，但有林地面积仍只有 590. 1 万亩，活立木蓄积只上升到 1439. 6 万立方米（1969 年）。1959—1969 年 11 年的林木生长量为 213. 95 万立方米，所以这期间实际下降蓄积量 101. 19 万立方米。

1976 年以后，特别是 80 年代的改革开放增强了人们的商品意识。山区有了活力，但是林业盲目套用了农业生产责任制，实行分林到户，加之国家为了给屡遭挫伤的山丘林区休养生息，改变过去木材价格过低状况，1985 年开放了南方 9 省的木材市场，由于没有采取相应的保护措施，更是忽略了林业生产周期长、连贯性强的特点，匆忙放开价格，助长了乱砍滥伐。商洛地区 1976—1985 年 9 年间总生长量应为 175 万立方米，实际仅增加 28. 2 万立方米，实际上减少森林 146. 8 万立方米。以上这些减少的森林蓄积少量的是合理采伐所必需的，但多数则是对森林资源破坏所造成的。

历史上，商州本是一个山清水秀，十分富庶的地区，按《商州志》记载，清乾隆十九年（1755 年），山区森林茂密，虎豹隐蔽，官府曾悬赏捕虎 5 只。后来森林资源不断遭到破坏，新中国成立初期，全区仅有森林面积915.7万亩，到1958年曾下降到444.55万亩，减少一半以上，到1969年也仅590.10万亩，由于大量人工更新到1985年，森林蓄积上升为1177.5万亩，但林龄结构幼林化，林分质量下降。据1985年林业区划提供，全区森林蓄积年生长量19.8万立方米，年消耗量达87.88万立方米，成熟林分不断减少，水土流失加剧。据有关部门反映，四五十年前，全区主要交通沿线，江河两岸植被较好，森林比较茂密，而现在草木稀疏，已很难见到成片森林，林线一般后移了10—20千米，商县（现商州市）森林资源遭受破坏也主要有三次：一是1958年的大炼钢铁，乱砍滥伐面积达32万亩；二是1960年国民经济遇到暂时困难时期，破坏森林达20万亩；三是十年动乱时期，毁林面积约13万亩。此外，林权变动和林业上硬搬农业生产责任制做法，又遭到一定程度的破坏。连续多次的森林资源毁损，致使昔日森林茂密的商县变成了穷山恶水的贫困县。有些经破坏后未遭继续破坏的山区，出现了阳性阔叶树和灌丛的植被演替，成了低价残次林。应当说，商州市的森林资源遭到破坏的情况，在全地区具有代表性。

## 森林保水保土的巨大功能

森林虽不能消灭洪水，但可以有效减少灾害的程度，对土壤的影响，土壤的反馈作用很强，植物生长越好，它改善土壤的作用越好；土壤越好，植物生长也就越好。其主要作用在于：

1. 减缓洪水灾害营造防护林能调节常年河水流量，也相应使旱季稳定流量，国内外一些学者在长期观察研究后的结论：（1）美国弗吉尼亚大学教授理查德·李认为：森林覆盖率与洪峰模数（洪峰流速除以流域面积，以立方米/秒·平方公里表示）呈密切负相关；（2）我国四川林科所黄礼隆认为，森林覆盖率高的地区，流域洪峰径流系数（洪水的总流量除以总降水量）就小。

2. 森林对削减洪峰的最大作用即在极端状态下（流域森林覆盖率为100%时）对洪峰的削减作用。苏联学者的结论是，在森林全面覆盖条件下，森林减少洪峰模数的最大程度是0.4；另一位学者利用罗马尼亚的实验资料，认为可削减 50% 左右，我国学者研究结果表明，森林的拦蓄和阻滞，可使林地比荒坡洪水减少一半以上。[1] 以上研究认为可削减洪水 40%—50%。

从森林吸收、积蓄和下渗降水的角度，中国科学院和北京林业大学王礼先教授等研究，包括林冠截留，枯枝落叶层蓄水和林地土壤蓄水共可吸收 70—270 毫米降水。[2] 据联合国粮农组织报道，300 毫米的森林表土层可以滞留 76 毫米的降水。[3] 日本的中野秀章指出，森林土壤在 0.1 米（100 毫米）的深度内最大可拦蓄 260—315 毫米。日本水源涵养林建设得好，日本专家计算东京的水源涵养林，其土壤吸收降雨能力是裸地的 20 倍，能容纳每小时 100—200 毫米的暴雨降水量。[4] 长江规划办公室凯江径流控制站实测，在一场 678.5 毫米/81 小时的大暴雨中，通过森林拦截和吸收 66.3%，有力地减缓了洪水灾害。联合国最近一次研究报告强调，河流流过的地区，凡是植树造林的，只有总雨量的 1%—3% 泻入河流；但是林木被砍伐的地区，则有 97%—99% 的雨水排入河流。

与森林蓄水相关的是土壤下渗滞洪，指降水渗入林地，再下渗成为地下水，通过地下径流进入江河，从而在降水期使洪峰滞后，在干旱期能持续供水，使江河稳流。林地上的枯枝落叶腐烂后形成腐殖质，使土壤有良好的团粒结构，孔隙度增大，渗水率增强。据美国哈劳特试验，林地土壤渗透率为每小时 250 毫米；日本北海道试验的林地终期渗透强度为每小时 414 毫米，四川省林科所观测结果，林下土壤渗透强度为每小时 300 毫米。[5]

以上所有林地的试验结果，森林滞蓄能力都大大超过最大降雨强度每小时 60 毫米。祁连山水源涵养所研究结果，森林土壤的渗透能力极强，平均渗透率可达 16.32 毫米/分钟，世界上最强的降雨也达不到这样的

---

[1] 《林业工作研究》（1992 年增刊），第 23 页。
[2] 同上书，第 25 页。
[3] 同上书，第 33 页。
[4] 《森林与人类》（1991 年特刊），第 38 页。
[5] 同上。

速率。①

　　森林土壤由于林冠和枯枝落叶的覆盖，避免了雨滴的溅击，渗水力强，避免了地表径流的形成和冲刷，减少水土流失，可有效地防止水库和江河的流沙淤积，减轻洪水的泛滥。国内外研究资料表明，森林表土因水土流失而引起的年侵蚀深度只有 0.05 毫米左右，而无林坡地则可达 5 毫米左右，相差达 100 倍。

　　3. 增加平枯水期水量洪峰模数降低，水势趋于平稳，必然增加平枯水期水量。据祁连山水源涵养研究所长期观察森林覆盖率高的流域，枯水年径流模数也高。过去作者在新疆、甘肃等地考察，也有类似情况。对于森林能否增加径流，结论有分歧，但已有了值得重视的研究结果。（1）森林蒸腾强度随湿度变化而变化。美国学者证实，湿润的树冠蒸腾速度要比干燥的树冠增加 3 倍以上。美国雪松林分季节间的蒸腾量由 1.8 毫米/日（10 月末）到 11 毫米/日（6 月末）；据专家观察研究，温带地区森林蒸腾量仅及热带湿润地区的 20%—50%。这也许可以说明为何美、俄国学者对此有截然相反的结论。美国气候温湿，他们认为森林的存在会减少径流；俄国气候寒温较干旱，他们认为森林能增加径流。同时也说明森林对调节水量的作用。（2）蒸腾水分的去向。俄国学者研究表明，全球森林蒸腾的水分有 58% 形成内源水气而降入陆地②，有些特殊地方的降水则主要来自森林蒸腾水分。北京林业大学贺庆棠教授认为，我国森林蒸发量的65% 可参与小循环而降到陆地上。③

　　增加平枯水期水量的重大意义在于，把降水进行再分配，通过涵养调节，使降水成为稳定径流的有效水，而减少洪峰——既不可利用又甚至危及人类的无效水。

　　至于森林在更大范围内的功能，如与环境保护措施相结合对臭氧层的保护功能，森林对缓解"温室效应"的功能已引起国际上的深切关注与积极研究探索。

---

① 《林业工作研究》（1992 年增刊），第 26 页。

② 《林业工作研究》，第 33 页。

③ 同上。

### 森林的直接经济效益

农业是国民经济的基础，林业是农业的重要组成部分，林业在山区经济中更具特别重要性，干鲜果、木本粮油都是人们的食物，林业为人们提供木材及其制品、其他林特产品、中药材等；灌丛、矮林为人们提供生物燃料；各种经济林产品为林特产品加工提供原料，等等。林业是山区经济发展的基础产业和起步产业，是山区人民收入的重要来源。没有林业的发展，山就不会治好，种养加也建不起来，因而也谈不上商洛经济的发展。商洛要发展，就要突出林业，投入更多的力量。

林业有各种用途的林种，这里着重讲经济林和用材林。商洛的经济林及其产品的生产，有的历史悠久，已初具规模并有广阔的前景（见下表）。

**经济林面积**

| 项　　目 | | 数量（亩） | 项　　目 | | 数量（亩） |
|---|---|---|---|---|---|
| 木本粮油 | 油茶 | 3882 | 特种经济品 | 杜仲 | 361 |
| | 核桃 | 39448 | | 漆树 | 75701 |
| | 板栗 | 48657 | | 桑 | 4156 |
| | 柿子 | 881 | | 果 | 12504 |
| | 油桐 | 378605 | | 茶叶 | 13019 |
| | 花椒 | 4023 | | 其他 | 45066 |
| | 文冠果 | 1813 | | | |
| | 其他 | 5661 | | | |
| 合计（亩） | | | 633777 | | |

——漆树及其产品主要分布在商洛南部各县。漆的用途广泛，又是本地传统出口商品，现有漆树 7.6 万亩，年产漆 65 吨，到 19 世纪末可发展到 40 万亩，年产漆 150—160 吨。

——"商洛核桃"久负盛名，现有 3 万多亩，年产 8100 万吨，仍有发展潜力，可发展到 4 万多亩，年产 15000 吨。

　　——陕南油桐，所产桐油质量高，达到国家桐油出口标准，国内市场需要量也大，栽植面积可由 40 万亩增到 60 万亩，桐油产量由 1300 吨增到 2500 吨。

　　——龙须草，虽非木本植物，但宜于在山地发展，适应性强，耐干旱瘠薄，广泛分布于商南、山阳等地，是良好的编织材料和造纸原料，又是良好的固土先锋植物，人工垦复，栽植可发展到 60 万—70 万亩。

　　——蚕桑，重点在镇安，目前桑园面积已达 3 万亩，（1985 年为 4000 亩）年产桑叶 9000 吨，近年大力提倡在梯田石坎边栽植，不与农业争地，所谓"一亩农田半亩园"，可发展到 5 万亩，桑叶产量上升到 1.5 万吨。

　　此外还有板栗、葡萄、茶叶、薯芋、柿、山楂、猕猴桃、食用菌及中药材等多种植物和动物资源。

　　商洛地区的绝大多数林特资源及其产品可以综合利用。漆树除主产生漆外，漆果（籽）的外壳可加工漆蜡油，是优质肥皂的重要原料，种仁含有丰富的漆仁油，是重要化工原料，又具有独特的药用价值，漆花还是蜜源植物，漆树木材质坚而韧，纹理清晰，耐腐，是上等加工用材，叶可做饲料。核桃树除主产品核桃外，果壳是活性炭的原料，木材质地坚硬，纹理美观，不翘不裂，为高级家具用材。桐树除主产桐油外，桐油渣是优质有机肥料，桑树叶养蚕，蚕沙可作鱼饲料，枝条可作编织原料和燃料，桑葚可食用、药用。葡萄除酿酒外，葡萄仁可榨油，酿酒残渣可提取酒石酸，等等。

　　发展林特产，需要处理好扩大规模与提高单产，数量与质量关系。在发展初期要重视外延扩大再生产，加速扩大面积。没有一定的规模，也难以达到一定的产量水平，但同时也要重视集约经营，提高单产；当发展到一定规模时，应当把注意力集中在提高产品品质和单产上。至于品种选优，则需从一开始就予以充分注意。经济林树种一般树龄长，挂果期也长，如果为了追求速度，不分良莠，见苗就栽，就会使土地资源长期浪费。现在，比较突出的问题是只注意了扩大面积，品种混杂，经营粗放，病虫害多，单产低下。所以发展商品生产需要重视数量，达到一定批量，以利于组织加工和销售，但是更要特别重视质量，才能占领市场。

　　除了经济林外，以高大乔木为主的防护林和用材林，有了很大发展。

对山地森林来说，这两者其实是相通的。所有的用材林都必须兼顾防护效果。新中国成立以来，商洛累计人工造林 1315.76 万亩，平均年造 36.6 万亩，但实际保存仅 175.76 万亩，保存率仅 13.36%，飞播造林成效显著，从 1975 年开始在全区范围内的深远山区和大面积荒山，连续 5 年进行飞播造林，累计有效面积 180.06 万亩，已成林和可望成林面积 102.34 万亩，保存率达 52.3%，在国内有较高水平。

从林业生产的特点看，产品具有多层次的延续性，从营林生产到木材采伐直至加工利用，林业生产的商品既可以是活立木、原木，也可以是林产工业的最终产品。长期以来，营林归属农业、采运、加工又归入不同的工业部门，实行条条管理。林业的经济效益几乎完全体现在木材生产阶段，造成了以原木生产为中心和采运失调的严重恶果。这种被人为肢解的产品经济体制，严重阻碍了森林资源的再生产和林区经济的发展。

因此，我国林业，也包括商洛林业，必须建立商品经济体制，建立起价值规律起调节作用的体制，逐步改变林业销售初级产品的原始状态，实行对林木资源的加工再加工，实行等价交换，才能使林业的定向培育、集约经营有内在动力，才能获得尽可能高的经济效益。

我国林区，以往被描述成"五把斧头砍树，一把锄头栽苗，毁掉的是宝藏，留下的是穷根"，这种情况现在有了变化，特别在 1986 年以后，过去那种混乱局面明显淡化，林业开始出现生机。这种变化，主要是加深了资源与经济状况困境的危机感与忧患感。现在，林区正在摆脱过去那种单一木材经营模式，加强了营林工作，积极开发森林资源的多种效益，改变林业经济结构。商洛林业，开始走上了加速营林步伐，林区多种经营、资源综合利用的道路。不过，目前这种变革仅仅是优化森林生态经济系统的第一步，而且与其他地区与省区相比，速度仍比较迟缓。要让林区充分发挥生态、经济、社会三大效益，需要采用现代科学技术手段，利用森林生态系统阈值大的优势，根据社会经济生产力水平，建立一个结构复杂，多层次的生态与经济相结合的网络，建立一个结构、功能优化的生态经济系统，既充分利用雄厚的山地资源，又能加快山区脱贫步伐。

# 发展农区畜牧业

商洛的畜牧业大体上由两部分构成，一部分是山地牧业，就是以饲养牛、马、羊等草食性牲畜为主的山地放牧业，它构成节粮型牧业的主体；另一部分是以猪禽类为主的农家牧业，历来是作为家庭副业而存在的，目前专业户饲养已开始发展。本文着重讨论畜牧业在商洛农村经济中的地位与合理性及现状与发展前景。

### 畜牧业的地位与现状

把畜牧业列为商洛地区的支柱产业之一，这是因为：一是这个地区饲草基础条件好，气候湿润温暖，有利于牧草生长和牲畜放牧；二是有丰富的种质资源，近年来陆续组建了一批选育基地乡和核心群，开展了羔羊育肥和经济杂交试验，取得了进展；三是先后引进了优良种畜，基础牛群质量大有提高，可供今后发展；从国外引进的良种逐步成为肉兔生产的当家品种；四是商品生产基地建设已经初具规模，技术服务体系已经基本形成，已经有了一批综合加工利用的经营项目；五是畜禽产品有广阔的消费市场。因此，畜牧业在商洛具有重要地位。近年来畜牧业的发展很快，主要表现为：

1. 畜禽存栏总量增加。大牲畜存栏由 1976 年的 201300 头稳步上升到 1988 年的 219923 头，增长 9.3%。猪由 1976 年的 689700 头增加到 1988 年的 798765 头，增长 15.8%。羊的增长幅度更大，由 1976 年的 98900 只上升到 302720 只，增长 2.06 倍。家兔由 1976 年的 2492 只上升到 143000 只，增长 56.38 倍，家禽由 1982 年的 218.86 万只上升到 1988 年的 404.0 万只，上升 84.6%。总的情况是猪、牛增长缓慢，羊、兔发展较快。

2. 畜产品品种、品质、商品产量不断提高。岭南牛、白山羊的优良性能受到好评；山区牛逐渐向肉、奶、役兼用方向转化，畜禽结构有了变化，草食性牲畜逐步回升。禽畜产品商品量逐步增长。肉食、畜产商品收购量呈上升趋势。生猪商品率已达 60% 以上。

3. 畜牧业在农业中的比重稳步上升。已由 1980 年的 12.6% 上升到

1988 年的 20.2%。到 1988 年，畜牧业产值按 1980 年价格计算已逾亿元。

商洛的畜牧业具有畜群小而分散，畜种多而繁杂的特点。尤其本区山地牧草资源面积大，还没有得到充分经营利用，具有巨大的发展潜力。现有 600 多万亩的牧草土地资源如果用得好，不但有利于生态环境的改善，还会产出大量畜产品；如果用得不好或者不合理，就会引起草场资源破坏和水土流失。如果在干旱、半干旱地区还会造成盐渍化、沙漠化，形成难以想象的后果。

种草养畜有利水土保持，合理利用草场保持草原生态平衡。

### 草山草坡资源丰富

商洛可利用的草山草坡资源有 641.12 万亩，分别为灌木草丛类、山地稀树类、山丘草丛类以及农村隙地类。

无论在作物区和山区，都有较大的畜牧生产潜力。

在作物区，植物利用日光能制造的有机物质，一半在土壤里，一半在地上。在地上部分约一半为籽实，一半为茎叶，据任继周先生研究，在籽实中又有 25%（粮食）—70%（油料）的皮壳、糠渣，这些剩余物人类不能直接用它作为主副食品，但是可以作为饲料。因此，作物为人类直接食用的部分不过光合作用产物的 15%—37%，总平均大约为 25%，而能量的大部分，也就是 62.5%—85%，平均为 74% 的剩余物应该通过家畜食用后转化为畜产品。如果牲畜的消化率只为 30%—40%，它所收得的能量也可以同粮食的能量收获相当。因此，这是在不与人争食的条件下所取得的畜产品。同时，由于畜牧业的发展，使得有机肥料增多；由于种牧草，使土壤有机质增加，还可以促使增加粮食作物产量，因此，山地牧业与粮食种植业是互利和互相促进的。

在秦巴山区的针阔叶混交林区的林间隙地，也有一定的饲草生产能力，一般相当于同等面积天然草场 20%—50% 的牧草产量，有时甚至不比天然草地为低。在美国、针阔叶混交林造林 9 年以后就可放牧黄牛及绵羊，已经成为正常的管理制度，这也是变林牧矛盾为林牧相互促进的有效途径。特别是疏林牧草地，牲畜甚至比草地更爱吃，同时林地经过放牧，可以减少野生动物对树木的损害，譬如鼠类啃食树皮。现在美国将 600 万亩林地划分为11600个放牧单元，放牧了约2000万羊单位家畜，因此封山育林，禁止放牧应该是有条件的，就是当新造林地的幼树树冠高度还不及牲畜高度的时候以及超过草地可以承载放牧量时应该禁止，但是实行适度放牧是有利于资源利用的。

根据西北水土保持研究所资料，在黄土高原的条件下，当降水量为346毫米时，如果坡地林地的土壤冲刷量为1，那么草地为1.2，农田为19.5，而休闲地达到112.5。据调查资料，28度角的草苜蓿坡地比同坡度农田的径流量少47%，冲刷量少60%；20度角的苜蓿坡地比同坡度的耕地径流量少88.4%，冲刷量少97.4%。另一资料为减少径流20%—40%，减少泥沙85%—95%。据甘肃定西水保站测定，在同样雨量和地形条件下，农闲地和庄稼地的土壤冲刷量比林地和草地大40—100倍。在牧草中，多年生牧草的水土保持能力又远比一年生牧草为强。据干旱地区的研究资料，草地早熟禾的根量比一年生的黑麦草多3倍，比燕麦多7倍，根系面积分别大2—4倍，它与土壤团粒结构的形成有密切关系。一亩草苜蓿的根茬可以使土壤有机质水稳性和团粒结构增加30%—40%，固定氮素7.5—9公斤，还能把深层土壤的磷物质分解，吸收到表层来。

种草主要指种植优良牧草作物和当作青饲料的粮食作物。商洛人工种草面积达到42483亩，相当于草场总面积698.32万亩的0.6%，主要分布在商州市。另有草场改良面积161亩。农业生产的实质就是把太阳能转化为食物能。如果种植粮食，必须等到作物完全成熟后方才可以收获，如果种植饲料作物或者作为青饲料的粮食作物，则可以在它的绿色营养体产量最高而且比较容易被动物消化的时期收获，可成倍地提高单位面积的营养物质产量。普通豌豆成熟后，每亩可以收种子100公斤，也就是相当于300兆卡的可消化能，但是在它的盛花期收割青草喂家畜，每亩可收成1000—1500公斤，即600—900×4.187兆焦耳的可消化能。再如川地玉米，每亩可以收籽实400—500公斤，约含1400—1650×4.187兆焦耳可消化能，但是在它的乳熟期或在腊熟阶段作为青饲料，每亩可收6000—8000公斤，约含可消化能3000—4000×4.187兆焦耳，可大大缩短生长期，又可以提高复种指数。玉米秆叶制青贮饲料，牛最爱吃，亩产青秆约2000公斤。甘肃张掖地区，近年来在麦茬地上复种青豆，每亩收青饲料

1000—1500公斤，所含的可消化营养物质约等于小麦的1.5—2倍，如果种植多年生牧草，从早春直到晚秋都可利用太阳能，比其他的粮食作物的太阳能利用率提高约40%，任继周教授曾计算认为，种粮食只能利用光合作物的25%，种饲料玉米可以提高1倍。美国也有资料记载，种植各种作物所收获的能与所支付的能的比值为：玉米2.69、大米1.35、大豆1.43，而青贮作物高达4.39，苜蓿为4.94，青贮作物，苜蓿的收获能要大大高于玉米、大米和大豆。一般利用太阳能的效率，以生长季节中的可见光计算，我国草原一般是0.1%—1.4%，但高产人工牧草地可以达到3%以上，高产玉米光能利用率达到4%—5%，相当于亩产物质1500—1750公斤。

一亩苜蓿，一年最少产青草1000—1500公斤，所含的蛋白质约40—60公斤，如果收100公斤小麦，粗蛋白质仅为10公斤。玉米豆科青饲料或者青干草的维生素和钙的含量，要比粮食和秸秆高十几倍到几十倍。另一资料分析，苜蓿所含的蛋白质是小麦的7倍，每亩苜蓿可转化40—60公斤牛羊肉，相当于200—300公斤小麦的收入，还可以得皮毛。我国优良地方品种秦川牛、关中驴的形成与苜蓿有着密切关系。但苜蓿草不仅应当见花就收，而且要及时捆晒，防雨淋，每亩可制200—250公斤青干草，蛋白质含量为17%—22%，赖氨酸的含量为1.34%，但是，如果不及时处理，任它自然干枯，蛋白质要损失70%，胡萝卜素要损失90%，两种维生素几乎全流失，热能要损失50%以上，所以说2.5公斤枯草抵不上0.5公斤青干草。

种豆科牧草，可以促进改土肥土。豆科牧草不仅可以在不施肥或者少施肥的情况下生产出大量的绿色营养体，为牲畜提供优质饲料，而且它的地下根部依靠根瘤菌，能够固定空气中大量的氮素，据测定资料，每亩草苜蓿可固氮8.5公斤，每亩苜蓿可固氮22—25公斤，每亩箭舌豌豆可固氮6.15公斤，每亩普通豌豆可固氮5.15公斤。又据定西地区测定，种植豆科牧草之后的耕地，30公分内的耕作层中有机质显著增加，与对照地相比，苜蓿地有机质增加4.4倍，黄花草苜蓿地增加2.7倍，毛苕子地增加1.5倍。水稳性团粒结构的增加分别为：3.5倍、2.7倍和2.2倍。甘肃省农科院张掖试验农场在麦收后大量复种箭舌豌豆，压青以后种小麦，亩产

312.5 公斤；割青作饲料，根茬地种小麦，亩产 212.5 公斤，而施土肥的伏耕地亩产仅 187.5 公斤。据测定，苜蓿茬种小麦，平均可增产 40% 左右。

草种要选择适合当地的植物如草苜蓿、红豆草、黑麦草等。还有一种青绿饲料叫聚合草，近年来试验观察，生长快、产量高，蛋白质、维生素丰富，粗纤维含量低，牲畜消化吸收率高，适口性也比较好，可饲猪、牛、马。据报道，10 公斤鲜草相当 1 公斤玉米的饲养效果，1.8 公斤青干草的粗蛋白含量相当 1 公斤豆饼，是目前营养价值最高的青绿饲料之一。

在商洛高寒山区，大部分作物一年一熟，常常因为干旱、冻害、涝秋等原因减产甚至全年颗粒无收，在一些不适合种粮作地及区划为牧草地地区，多年生豆科牧草播收不受严格节令限制，作为家畜饲料，它的经济效益甚至还高于丰收年成种粮食。种植牧草大大提高了土壤肥力和含水量，因而也提高后茬作物的抗灾能力以及增强多年连作引起的病虫害抵抗能力，所以在陡坡地退耕还草，和在一般坡地改平后实行粮草轮作是有利的。

在国外，西欧的草田轮作成为农牧结合的核心，有的甚至专门划出耕地种植牧草、青绿饲料，在许多农业发达的国家，由于畜牧业在农业中的比重增加并且超过了种植业，人们的食物结构已从以粮食为主转变为肉蛋奶为主。我国国情不同，特别在陕南贫困山区更不能机械照套照搬，但对大片草场合理利用，增大畜牧业比重，适当增加肉乳蛋类在食物中的比重不但是必要的，而且也是可能的。

生态平衡，通常指一个生态系统内各组分之间通过各种控制机制（包括自然调节与人工调控）而保持相对的稳定，从能量流动和物质循环的角度，生态平衡就是一个生态系统内或一个区域内能量与物质的动态收支平衡。

保持草原生态平衡，一是完全依靠自然，二是通过人为干涉。一个草原生态系统，在没有人为干扰的条件下，它的能量输入主要来自太阳辐射，而物质循环几乎是封闭的。在漫长的自然进化过程中，形成了有利于自我维持的许多特性。如多种植物和动物组合在一起，各自占据它特有的生态位①，通过相互制约把某一种群爆发或灭绝的机会限制在最低水平，从而年复一年保持相对稳定的能流规模。

对于放牧生态系统，牲畜处于第一级消费者的位置，它既是自然生态系统的一部分，又受人类的控制，如果人类为了追求畜产品，过多增加牲畜数量，超限度消耗第一性产品——绿色植物，并且不断将畜产品取走，势必造成草原生态系统物质亏缺而导致平衡破坏。保持草原平衡的核心是控制载畜量，它的绝对值需要随产草量的变化而变化。在调整畜群结构的规模时应该以夏季牧场的最高饲养量为标准，以真实反映草场上的采食头数。国外管理草原经验，在生草利用率为30%时，可以维持草地氮素循环的自然平衡，一般利用率以50%为适度。美国科罗拉多州试验，当牲畜采食量超过地上部分生产量的40%—50%时，就会引起产草量降低，草质变坏，经济收入降低，只有在这一限度内实行适度放牧，报酬才是最高的。

关于天然草原的可利用性，大多数的草原植物，在长期放牧的环境中，形成了一定的宜牧性和耐牧性。适度的放牧和割草，正适合于牧草生长发育的自然习性。国内外的资料证明，适度放牧能促进牧草的发育和再生力的增强，营养价值的提高，并且能促进土壤生草化的发育过程。如果过度放牧，使得牧草的正常生长受到抑制，生草土被踏紧，植物种类改变，营养过度消耗，优良牧草衰退。相反，如果轻度放牧，植物大部分营养物质消耗在过度的生长和开花结实，植株分蘖力衰退、种类减少，它的适口性、消化率和营养价值都要降低。

商洛地区有草场草坡217万亩，农村隙地424万亩。据计算，理论载畜量为101.87万羊单位。加上林地，秸秆，载畜量为315.6万羊单位，而现在开发利用的仅202.3万个羊单位，尚有很大潜力。但畜群分布不均，靠近村庄、住户附近草场仍有严重超载，造成局部地区的草场退化，而多数草场却没有被利用，使得草资源和土地资源白白浪费。

除了合理控制载畜量，再进一步研究，还有在年度内的合理利用时间

---

① 生态位：在自然生态系统中，各种生态因子都具有明显的变化梯度，在变化梯度中被某种生物占据利用或适应的部分称为其生态位，即生态位是指某一生物，种群所要求的全部生活条件，随着演替系列向顶极群落阶段发展时，其生态位数目渐增，空白生态位逐渐被充填趋于饱和，从而构成复杂和稳定的网络结构的生态系统。

问题。在早春和晚秋，一方面因土壤水分含量多，土层疏松，这个时候放牧，在牲畜的践踏下，使生草土受到严重破坏，土壤通气性不良，影响牧草生长；另一方面早春时节牧草刚刚萌芽，本身还没有制造养分的能力，而根系所储存的养分已经用于越冬和返青，如果过早地被牲畜采食，势必影响生长机能，所以在萌发前期应该禁牧；在晚秋，就是牧草将要停止生长以前约一个月，是牧草大量积累储藏物质以供安全过冬和第二年萌生消耗，因而一般不宜放牧，特别不宜重牧，所以早春和晚秋原则上应该作为忌牧期。有效的办法是在计划轮牧的基础上实行牧场轮换，隔几年有1—2年休息，或改变利用季节，使牧草恢复生机，在忌牧期以外的时间就是宜牧期。

对于牧草利用方式，可以直接放牧，也可刈割后喂饲。以刈牧兼用的草地，先刈草后放牧比先放牧后刈草生产能力可提高20%—40%。大力推广青干草和玉米秆青贮饲料，它是牲畜冬季的良好饲料，如果能坚持喂饲，可以维持牲畜四季不掉膘，并且有利于提高牲畜繁殖和生产性能，尤其对奶牛更属必要，对于麦草秸秆类的加工调制，可采用麦秸碾青、秸秆碱化或者氨化和饲料中加尿素，以提高饲草质量。

### 提高牲畜群体质量

山地畜牧业除了合理经营利用牧草资源外，还需要改善畜群品种，提高牲畜群体质量。

根据商洛地区负责同志提出的"继续按照北牛南羊，遍养猪鸡"的布局，"集中抓好洛南、商州、山阳、丹凤、商南等县（市）的瘦肉型基地和山阳、镇安、柞水、商南等县的白山羊基地建设，提高单产和出栏率，促使以瘦肉型猪、白山羊、改良牛和良种鸡为重点的畜禽商品生产"的精神。

1. 育种改良。商洛主要是黄牛，黄牛育种方向，在农区，仍应适当照顾役用需要，逐步向乳役、肉役或乳肉役兼用过渡。发展地方良种黄牛，如陕西的秦川牛，主要通过本品种选育，以提高它的早熟性。增大体型和改进尖斜尻及大腿肌肉不够充实等外貌上的一些缺陷，逐步向肉役兼用或肉用方向发展，非良种基地的黄牛，可引用纯种肉牛、乳牛、乳肉兼用品种或国内良种黄牛（南阳牛、早胜牛、秦川牛等品种）进行杂交改良，向乳肉役兼用或肉用方向发展。

山区地势不平，但草山草坡面积较大，牛一般负担耕地面积较小，而土种黄牛体格小，生产性能低，可用纯种肉牛或秦川牛等品种改良向肉役方向发展。

2. 建立家畜育种组织和繁育体系。在良种牛产区，每一个有繁育基地的县市，最好都能建立一所种牛场，要与附近乡村挂钩，搞好基点牛群的育种工作。在选育奶牛时，不仅要提高它的产奶量，还要注意奶中脂肪和蛋白等成分含量，要坚持乳脂率测定。商洛地区奶牛体型极不一致，体质粗糙，乳房发育多数不良，乳用型表现不很明显，所以产奶量一般不高，需要从美国或日本引进优秀黑白花公牛冷冻精液，对奶牛逐步进行改造。要利用杂交优势，开展肉牛杂交改良。国外的研究证明，采用品种间杂交，可使它的杂种后代的产肉量提高10%—20%，同时要注意保留本地牛对当地自然环境具有强大适应性这一优良特点。根据国外经验，可因地制宜地采取两品种或三品种的轮回杂交与"终端"公牛杂交，或者两者相结合的杂交方法。据国外报道，采用两品种轮回的"终端"公牛杂交方法，它所生的犊牛平均体重可增加21%，而三品种轮回的"终端"公牛杂交方法则体重可以提高24%，商洛地区配种站已初具规模，但发展还不平衡，今后要提高数量质量。

3. 实行多目标经营，接种牛黄。商洛近年采取人工种牛黄。这一技术首先从广东海康开拓，本地区1981年开始试种，7个市县都有技术队伍，菌种以布袋植入，从理论上讲母牛更好，根据商洛的实践，公牛也好，多在老牛、残牛植黄，1981—1985年，全地区植500多头，植后不影响使役、生育，生长正常。牛黄收购价鲜品1983—1985年为4元/克，据资料记载，头产牛黄可达370克（河南），本地最高为101克，当年植入，1—3年可以收成，商县张坪乡秦河村一队村民史振海，1988年7月接种牛黄（塑料壳菌核），1991年5月11日取出得鲜黄40克，经医药公司鉴定，达到自然牛黄质量标准，收购价干品50元/克。鲜品40克得干品10克，这头乳用黄牛12岁，体重100公斤，种黄以后曾产牛犊4头，不影响使役、繁殖，是一项增产增值措施，可以进一步试验。

4. 加强饲料与饲养管理。育种水平再高，还需要饲料这个物质基础来发挥家畜的遗传潜力，要制定各种牛的饲养标准。我国已经初步制定出黑白花奶牛的饲养标准，试行修订。其他各类牛也应该进行这项研究。更应该结合当地的实际，实行地方性的饲养标准。要发展适于各种牲畜的饲料工业，逐步实行标准化饲养，施用营养完善的配合饲料。国内外经验证明，工厂化饲养和饲料工业必须同时并举，建立配合饲料工厂，根据饲养标准配方，配制成不同用途的各种配合饲料，使家畜能吃到营养价值完善的饲料。在饲料体系建成之前，各地饲料公司可以先配制和发售微量元素添加剂。同时要建立饲料种植基地。玉米是一种高产作物，适应性广，增产潜力大，既是粮食作物，也是高产饲料。美国从 19 世纪中叶以来，玉米一直居于作物播种面积的首位，90% 左右的玉米都用做饲料。玉米中除蛋白质含量比小麦低 3% 以外，粗脂肪和无氮浸出物（主要是淀粉和糖类）分别比小麦高 1.8% 和 2.1%，由于玉米单产水平高，所以单位面积所生产的营养物质大大高于小麦。但玉米所含蛋白质品质较差，特别是缺乏赖氨酸，因此用作饲料时必须补充其他富含蛋白质的饲料。

我国的养羊业生产水平也还较低。以 1985 年平均每头存栏畜产肉量世界平均 5.3 公斤，发展中国家为 4.5 公斤，商洛 4.7 公斤，高于全国的 3.8 公斤。养羊也是商洛畜牧业中的重要内容，包括奶羊和肉皮兼用型羊。从总体来讲，羊群数量应大力发展，但从局部地区，草场载畜量超载，对羊只数量应该有所限制。要加强育种工作，提高羊群群体质量，根据宁夏养滩羊的经验，在相同的母羊维持同样饲料消耗水平的情况下，产一只特级或一级羔羊相当于三级羔羊 1.5 只，或者一只三级羔羊相当于等外羔羊 1.5 只。那么以同样草场牧养 50 万只优良滩羊，它的产值相当于 75 万只一般滩羊。在商洛发展山羊和绵羊，道理同样如此，在群选群育的基础上，开展羊群鉴定分群、选种选配、人工授精，群体质量可以迅速提高。随着良种繁育体系的建立完善，品种专门化的进展，种羊场和育种点培育不同性状的品系，相应开展品系间杂交，养羊品质将有一个飞跃。

畜群合理组成是科学经营管理的重要内容，其合理性取决于牧业生产方向与草地类型。山羊适应性强，繁殖母羊比例高，数量发展快，以前经济价值较低，一些地方一般被淘汰，近年因山羊绒走俏，养殖有上升趋势。但如果采用放养，因为它善于游走登高，容易伤害幼树，因此需要适当进行控制管理。关于繁殖母羊的比例，据宁夏盐池畜牧局调查以占77%为宜，肉羊商品率达24%，这是以宰羔取皮为目的的。如以皮肉兼用，繁殖母羊比例以61%为好，宰羊率达25%，肉羊商品率为21%，还需要注意公母羊比例，实行人工授精可达1:50，可以减少非生产羊的比例。

国内外裘皮羊区解决肉食主要靠肥育淘汰母羊，其次还可以靠宰羔羊，也可安排一部分自食、外销的阉羊肥育。据宁夏试验，秋季肥育淘汰母羊，活重达39.6—44.6公斤/只，屠宰率38%，肉脂率24.0%—37.5%，当然不如成年肥阉羊，但在屠宰前适当补饲还可以增重3公斤左右，由于羊群繁殖母羊占77%，每年淘汰母羊将可达到13%，可超过现时肉羊生产水平。商洛地区在生产实践中可以进一步创造经验。

商洛山区包括贫困户多数户户养猪，一般一户养两头，一头屠宰自食，一头出售。进一步发展的制约因素一是养猪主要消耗粮食；二是山区商品猪销售困难，根据高寒山区目前的粮食紧张状况，有必要对畜牧业饲养结构作些调整，从牲畜对青饲料的利用情况比较，猪对青饲料利用率仅15%，奶牛可达66%，肉牛可达78%，羊为81%。如多发展些养奶羊，按每只羊年产200公斤鲜奶，蛋白质含量相当猪肉50.7公斤，羊奶中所含的蛋白质相当于150—225公斤粮食中的含量。养肉羊和牛，经济效益都是好的，从当前贫困山区粮食的紧张状况出发，适当引导山区农民多发展草食性牲畜是有必要的。但是我们不同意这样的观点，认为"陕南各级政府所以鼓励养猪，还存在猪多粮多的认识，认为猪粪肥田，增产粮食，理论与试验证明，一头猪一年排出的粪肥施于良田所增产粮食，远低于一头猪一年所消耗的饲料粮"，而且认为山区积肥、运肥、施肥较困难，因此不赞成山区养猪。

我们认为山区养猪，不但有传统的饲养习惯与消费习惯，还有资源的综合利用与循环利用问题。我们曾经参观北京东郊苇沟现代化养猪场，他们以生态经济原理运用到养猪，以猪粪搞沼气用以取暖、炊事及猪舍照明，以沼渣再加工后做鸡、猪饲料添加剂和盆景复合肥，沼液养鱼、肥田，延长了生态系统的食物链，使生物资源得到充分利用，其经济效果，几乎可比目前养猪的经济效益翻番，用他们场长的话说，现在交售一口活猪国家贴补 60 元，进行猪粪综合利用后，如国家一旦取消补贴，企业仍不会亏损。由此可见，并非养猪不合算，而是利用水平低，没有发挥资源潜力。即使猪粪直接肥田，还应把猪肉及猪粪的效益一并计算而不能只算其中的一部分。至于在农村、山区，以户为单位搞沼气池已在国内许多地方实行，健康开展，取得良好效果。因此，在粮食有可能的情况下，发展养猪不仅符合传统的消费习惯和生产方式，也是经济合理的。关于交售商品猪问题，由于山区交通不便，交售生猪，搬运十分困难，因此反映强烈。根本解决问题的途径，还需要随着山区条件的改善而改善。在当前条件下，收购部门应尽量为销售户销售创造条件，增设收购点，改善服务质量，这既是发展商品经济的需要，也是为山区脱贫的需要。

5. 要加强牲畜疫病防治。现在在 82 个市场中，已开展检疫业务的 77 个。要加强牲畜疫病防治，稳定和加强各级畜牧兽医组织，整顿恢复机构，充实调整人员。搞好内部改革，建立健全制度，扩大有偿服务项目。逐步解决无房、无药、无设备等问题，建立疫情监测报告制度，完善诊断，化验手段，控制消灭主要传染疫病。全面推广猪瘟免疫程序，实行双月仔猪适时注射，降低生猪死亡率，配备疫苗常年轮供及储运体系。

# 大力发展乡镇企业

首先需要说明，这里讲的乡镇企业所包含的内容比较广泛，它不只是指农村的工业企业，还包含农村商业企业、交通运输企业、建筑企业、旅游业企业，而且还包括农村集体、个体、联户办的林场、果园、菜园、畜禽场等农业企业。同全国一样，商洛地区的乡镇企业的前身是人民公社的社队企业，而社队企业的前身则是农村的个体工商业或农村副业。

### 乡镇企业的发展过程

新中国成立后的 40 多年来，这里的农村工业走过了一条曲折的道路，经历了以下几个时期。

第一时期（1949—1957 年），即农村工业的恢复时期。这一时期，农村经过农业合作化和私营工商业、手工业的社会主义改造，使原来的农村工业分为两个部分：一部分是乡镇中的手工业组成的手工业生产合作社；另一部分是原来分散在农村的小工业者转为农业生产合作社的副业组（队）。本时期，由于农民生产、生活的需要和政府的支持，农村工业得到了较快的恢复和发展。1957年，本地区农村工业产值达到801万元，比1949年增加6.8倍，比1952年增加3.3倍，占全地区工业的58.5%，占本地区农村工农业产值的12.7%。

第二时期（1958—1969年），即第一次兴办农村工业的高潮及其挫折时期。1958年，随着农村人民公社的建立和大炼钢铁运动的展开，掀起了第一次大办农村工业的高潮。当年乡镇工业产值达1718.8万元，比上年增长1.15倍。当时的社办工业主要构成：一是在大炼钢铁中建立小土炉、土化肥厂等。二是原来集镇上的手工业合作社并入。三是原来高级农业生产合作社的工副业组（队）；公社新办的铁木社、小水电站，等等。由于大炼钢运动违背了自然和经济规律，由于公社化"共产风"、"一平二调"的错误，造成了60年代初期的三年困难，于是社办工业项目被迫纷纷下马。1961年人民公社"六十条"（草案）提出公社、大队一般不办企业以后，社队企业急剧减少。1962年农村工业产值下降到475万元，1965年下降到谷底（2.15万元），在以后的五年中，农村社队企业虽然有了回升，但速度相当缓慢。60年代末，农村社队工业产值不到600万元，还不到1957年的75%。可以说，第一次兴办农村工业的高潮没有成功，而是失败了。

第三时期（1970—1978年），即第二次兴办工业的高潮时期。1970年国务院召开北方农业会议以后，当时城市工业多因"文化大革命"动乱而停产，农村诸如中小农具等生产资料奇缺，为了满足农业生产和农民生活的需要，一些社队把农村手工业者又重新组织起来，恢复了中小铁、木、竹等农具和粮食加工为主的一些社队企业，特别是70年代中期中央提出实现农业机械化号召以后，一些社队企业先后办起了一批农机修造厂。接着又针对市场纸张紧缺的情况，全地区先后办起了21个小机制纸厂。这样，本地区的乡镇企业又有比较快的回升和发展。到1978年，社队企业产值达3443万元，比1970年614万元增长4.6倍。总的来看，这一时期农村工业发展较快，但由于对农村工业的意义和作用认识不足，政策远未放开，还受原有体制的束缚，因此它的发展不能不受到限制。

第四时期（1979—1990年），即第三次兴办农村工业时期，或者说乡镇企业新的发展时期。在改革开放的大背景下，政府采取了积极支持大力发展的方针，提倡集体（乡办、村办）个体、联户和私营四轮齐动，并在贷款、税收等方面给予优惠，因而，使全地区的乡镇企业进入了一个新的发展时期。1990年乡镇企业产值达48.339万元，比1978年增加13倍。其中农村工业产值达23.945万元，比1978年增加5.9倍。农村工业占全地区工业比重近1/3，农村社会总产值的22%。

### 现状和存在问题

如前所述，商洛地区的乡镇企业，经过40多年特别是近10年来的发展，已经不再是几乎一片空白，而是有了发展的初步基础。1990年乡镇企业总产值达4.8亿元，比1930年增长19.7倍，占地区农村社会总产值的22.6%，其中工业总产值达23.945万元，占地区工业产值的30.3%。

从几个指标来看，均低于全国的平均水平，绝大多数指标也低于全省水平。

首先，从乡镇企业从业人数占农村劳动力的份额来看，1990年本地区乡镇企业从业人数为17.5万人，占农村总劳动力（90.78万人）的19.28%，而当年全省占21.5%，全国占22.1%。

其次，乡镇企业占农村社会总产值的比重看，1990年本地区乡镇企业总产值达48300万元，占农村社会总产值的45.6%，而当年全省为50.2%，全国平均为59.1%，比全省和全国分别低4.6个百分点和13.5个百分点。

最后，从农村工业占全地区工业产值比重来看，1990年乡镇企业工业产值为2.39亿元，占全区工业产值的30.3%，比全国低43.7个百分点，比全省高1.3个百分点。

在80年代以前，同全国一样，本地的乡镇企业就是社队企业，总的来看，当时虽然规模比较小，但相对而言比现在还稍大一些。1980年，一个社队企业平均人数为6.3人，平均产值为9823元，每个企业平均拥有固定资产9294元。又过了10年，到1990年，本地区乡镇企业平均人数下降到 3.6 人，每个企业平均产值为 9966 元，平均企业固定资产近 4300 元，均大大低于全国和全省。

总的来说，我国乡镇企业的技术装备水平比较低，除了大中城市郊区和东部沿海经济发达地区的一些乡镇企业的技术装备水平达到国际 80 年代水平外，大多数地区的乡镇企业仍处于工场手工业或手工业阶段。而商洛地区乡镇企业的技术装备程度更低。真正具有较先进设备的为数极少，绝大多数处于手工作坊阶段。1990 年，平均每一个乡镇企业拥有固定资产 4300 元，仅及全国平均水平的 27%。

1990 年，商洛地区乡镇企业的劳动生产率为 2760 元，仅及全国和全省的 27% 和 43.6%。百元固定资产原值实现产值 231 元，比全国低 31%，百元固定资产实现利税 39.8 元，比全国高 4.4 元。总的来说，其效益比全国和全省的乡镇企业都低。

正是因为这里的乡镇企业技术工艺水平不高，所以产品的质量也不高。采矿业以矿石为多，农林牧产品加工业也以初加工品为主。近几年来，开始注意引进某些较为先进的设备，并进行深加工和系列开发，增加了产值，提高了效益。例如，山阳县五里化工厂（镇办厂）有职工 124 人，用黄姜、川龙为原料，生产皂素，设备和工艺尚属先进，现在每年总收入 350 万元，实现税利 15 万元。又如三里乡办的大理石板材厂，职工有 105 人，固定资产 89.7 万元，其设备较为先进，别的厂只能生产 1 厘米以上（厚）的板材，而这个厂却能够加工比较薄的（0.5 厘米）板材，并利用边角废料加工桌面、精制的砚台、镇尺（压纸用）等多种产品，经济效益较好，1990 年产值达 61.2 万元，利润 2 万元。但这样的厂，在商洛地区毕竟是凤毛麟角，尚属个别少数。

### 乡镇企业发展战略措施

选择什么样的战略，需要从本地实际出发。

1. 抓好骨干企业和龙头企业。所谓骨干企业是指在整个乡镇企业中或行业企业中起骨干作用的企业，一般说来，规模较大、技术水平较高，采取企业化经营方法，在乡镇企业的发展中起着举足轻重的主力的作用。当然，由于各地生产力水平不同，在企业规模上，技术水平和管理水平方面也存在差异。所谓龙头企业是指在乡镇企业群体中或各自的行业中起带头作用的企业。例如在农工商联合中，有的由外贸公司牵头，有的由工厂牵头，组织有关的企业和农户进行生产、经营，这个牵头单位就是龙头企业。丹凤葡萄酒厂所需原料（葡萄）由千家万户农民种植、提供，所需包装材料则由纸箱厂、瓶盖厂、商标厂等相关企业提供。在这里，葡萄酒厂即为龙头企业，它带动了千家万户农民，又带动了相关联工厂。龙头企业必然是骨干企业，但骨干企业却不一定都是龙头企业。镇安县的金矿可以算作该县的一个骨干厂，但它与别的厂关联不大，所以不是龙头厂。山阳县中学的校办魔芋精粉厂，规模不大，但它联系千家万户农民，有些农民把魔芋供给该厂。有的经过农户加工成干片卖给该厂。所以说，这个厂是魔芋生产及加工系列的龙头厂。因此，在实际经济生活中，我们不仅要重视骨干企业，而且还要特别重视龙头企业的发展和提高。

今后，对已有骨干企业和龙头企业要上规模、上技术和上管理，对新发展的骨干企业和龙头企业也要注意使之有一定的规模和技术水平。

2. 大力加强乡镇企业原料基地建设。贫困地区的资金较少，人才奇缺，劳动力的文化技术素质较差，因此，在贫困地区发展乡镇企业，要特别注意从实际出发，立足于本地资源，发挥资源优势。尤其在初期，不能不顾条件地去追求高技术，更不能盲目地搞两头在外。各个贫困地区的实践都证明，在发展乡镇企业的开始阶段就搞大的、技术高的，企图一下子翻身的做法，十之八九以失败告终。浪费了极其有限而可贵的财力，失去了宝贵的时间，欲速则不达。相反，从本地实际出发，立足于本地资源，下功夫培育当地的生物资源，踏踏实实、一步一个脚印地走下去，都获得了成功。如前所述，商洛地区能够用来进行加工的农林牧副生物性资源品种很多，有的已初具规模，基本具备基地的雏形，但就大多数生物性资源而言，品种多、批量少，不足以满足加工业发展的需要。而解决农副产品加工业对原料的需要，以往一般是采取零星分散生产，然后经由农贸市场或收购单位直接收购而集中起来。然而，这种办法由于生产过于分散，且受自然因素影响，难以保证加工业对原料的稳定需求。因此，要想大力发展农副产品加工业，就要特别重视、加强原料基地建设。其好处是：（1）可以集中各方面的人力、物力和财力较快地形成规模；（2）可以采用优良品种和先进技术，从而保证优质、高产；（3）使乡镇加工企业的原料得到保证；（4）使原料生产者——农民的产品有稳定的销路，达到增产增收。所以，为了适应乡镇企业发展和脱贫致富的需要，就必须花大力气、锲而不舍地搞好原材料基地建设。应当看到，这是本地区发展乡镇企业的具有战略意义的措施。根据商洛地区农业区划委员会（1985）制定的农业区划，提出建设以下基地：（1）核桃商品生产基地；（2）板栗商品生产基地；（3）生漆商品基地；（4）柿子商品基地；（5）桐油商品生产基地；（6）木材商品生产基地；（7）肉牛商品生产基地；（8）白山羊生产基地；（9）兔肉商品生产基地；（10）葡萄商品生产基地；（11）茶叶商品生产基地；（12）山楂商品生产基地；（13）猕猴桃商品生产基地；（14）龙须草商品生产基地；（15）蚕茧生产基地，等等。现在已初具规模的有10个基地，如葡萄基地、茶叶基地、山楂基地、猕猴桃基地、龙须草基地、白山羊基地、核桃基地、木材基地、柿子基地，等等。目前，基地建设中存在的问题，主要是经营粗放，靠天吃饭，单产很低。此外，有的品种老化，产品质量差。质次而又低产，这是商品经济中最致命的问题。在基地建设中，没有一定的数量（或批量）不行，但只有数量而没有质量，也很难在市场上站稳脚跟。这是在基地建设中必须认真加以解决的问题。

3. 多种所有制结构。在社会主义初级阶段，整个社会的所有制结构是以公有制为主的多种所有制结构。由于生产力发展水平和原来集体经济发展程度不同，各地乡镇企业的所有制结构也存在差异。在生产力水平较高、集体经济实力比较强的苏南以及大城市郊区其乡镇企业的所有制结构以集体所有制为主；在中等发达地区，集体经济有一定基础但不及苏南一类地区，则集体与个体，私营不相上下；而在原来经济较落后、集体经济薄弱的地区，则个体所有（包括联户），占相当大的比重，甚至占多数。因此，在选择和评价所有制结构时，一定要从各地区实际出发，看它是不是有利于发展生产力。具体地说，看它是不是有利于商品经济的增长，是不是有利于资源的合理开发和利用，是不是有利于增加农村居民收入，在贫困地区，看它是不是有利于脱贫致富。在这些条件下，形成什么样的结构就是什么结构，不宜事先勉强地规定一个结构模式。当然，就全国而言，所有制结构要以公有制为主，但就一个专区、一个县来说，就不一定非要以公有制为主不可。以公有制为主，是搞社会主义，这是大家的共识。问题在于在初级阶段，在贫困地区，不以公有制为主，是不是就不搞社会主义呢？也不是，首先，这里讲的是少数局部地区农村的所有制结构，它并不影响社会的社会主义性质。其次，就少数农村地区而言，由于它是在人民政权的管理和组织之下，在强大的国营经济辐射或影响之下，作为公有经济补充而存在的非公有经济，是被纳入社会主义商品经济的体系之中，它的存在和发展有利于增强我国的综合国力。从个体经济和私营经济本身来说，都有各自的性质，但从有利于发展商品经济和贫困地区脱贫致富的角度来看，它有利于社会主义事业。所以，不能简单化地说，没有以公有制为主的农村地区不是搞社会主义。农村乡镇企业中的集体所有制经济成分需要有一个发展过程，它是随着生产力的发展而逐步发展的，不能求之过急，一蹴而就，欲速则不达，这已经为过去的实践所证明。

商洛地区乡镇企业从所有制结构看是乡集体、村集体、联户和个体所有以及私营经济多种所有制结构，即所谓"四轮驱动"。从技术水平和规模看，集体企业要高（大）于个体企业，但从所有制结构看，则个体企业却大大高于集体企业。1936年，个体企业占企业总数的91％，从业人数占62.8％，总收入占56.9％。

从商洛地区实际情况来看，本地山多，有发展林牧产品及其加工业的优势，从所有制看，有发展村集体经济的条件（如发展村办小林场、小果园、小茶园等），同时，由于本地山大沟多，居民点分散等特点，为方便群众的生产、生活，有条件的地方可发展农产品加工或饲料工业，有小矿藏的还可以办一些小矿。所以，需要特别重视发展村集企业。但是，由于居住分散、交通不便，所以在山区（特别在深山区）又不能不顾条件地要求每个村所在地都要办村集体工业。工业要求适量集中，除了诸如手工艺、纺织等少数产品外，大多要求集中，以便节省能源、运输费用，有利于采用新技术和企业之间的协作，而且也会避免占用土地过多，有利于治理工业污染。因此，在西部地区发展乡镇企业一定要吸取东、中部的一些地区搞村村点火、户户冒烟的教训。

那么，是不是说，在像商洛这样的地区就不能发展乡、村集体企业了呢？也不是。我们认为，可以有计划地设立若干工业开发小区，对宜于集中的项目，集中在开发区来办。考虑到贫困地区资金、技术力量薄弱的情况，可以搞股份制企业。这样就能把各方面的力量汇集起来，有钱出钱，有力出力，有技术出技术，既能办起来，又能办得好。同时，实行股份制还有一个好处，那就是股东，董事会决定企业方针大政，也有利于解决或避免政企不分问题。一些人们担心股份制会走偏方向。其实，股份制是商品化、社会化的产物，不是资本主义所专有，可以有资本主义条件下的股份制，也可以有社会主义条件下的股份制。股份制有利于集中各方面力量，也利于生产要素的合理流动，所以，在发展乡镇企业实践中，要重视股份制企业的发展。特别是对那些龙头企业，如果集体一时办不起来或办不好，就可以办一些国营、集体、个体、私营经济等各种经济成分联合的股份制企业。在兴办股份制企业时，可以实行企业和农户、大专院校、科研单位等多部门合作与联合，有利于提高企业的技术水平和管理水平。

4. 发展乡镇企业需要重视集镇建设。上面提到，发展乡镇企业要注意适当集中，也就是向乡镇集中，使乡镇成为农村的经济、政治、文化中心。同全国一样，在农村改革前，这里的乡镇建设不受重视，因而不但未得到发展，有的甚至衰败下去。近10年来特别是1985年以后，乡镇（包括集镇）有了恢复和一定的发展。今后，需要有计划地进行开发建设，使一些工业和其他非农产业在集镇中发展起来。各个村集体和农民，可以在乡镇加工区独立办厂，也可以和别的单位或个人联合办厂。为此，需要各县做出规划，需要在土地使用、雇工以及户口方面做出相应的政策规定和安排。

5. 要特别重视劳务输出。这里讲的劳务输出是指本地农业剩余劳动力到外地做工或从事其他经营活动。贫困地区缺资金，缺技术，加上交通不便，在本地兴办非农产业在开始时期困难较多，但搞劳务输出却相对容易一些。劳务输出的好处：（1）是解决本地大量剩余劳动力的一种办法；（2）可以增加农户收入，一般外出打工，一个人年收入为2000—3000元，可解决一户的温饱问题；（3）特别是从封闭地区外出，可以增长见识和才干，等于"留学"一次，这对发展本地经济大有好处；（4）有些人从深山、高山区出来当收入较多且较稳定后，比较容易地在平原地安家落户，从而有利于解决一部分缺水高山地区的人口移居山下的问题。因此，需要高度重视山区的劳务输出。

山区较为封闭，特别在高山区的农民生活虽苦，但却不愿离开家门。可喜的是，近10年情况开始有了变化，一些人离开家乡到外地去见世面。目前每年已有近20万人次外出（即劳务输出），但比较起来，仍有很大潜力。问题在于，现在的劳务输出多处于自发、自流状态，或自己盲目外出，或同乡、亲友串联，外出人员的合法权益往往得不到保障。因此，需要各地加以组织和引导。其他一些地方成立劳务服务公司，对外出人员加以必要的培训，与用人的大单位签订合同，值得借鉴。

## 多种所有制结构以及家庭承包制

以公有制为主，可以有两种理解：一是以公有制经济为主体，即公有制经济占整个经济的绝大比重，至少占50%以上；二是以公有制为主导，即公有经济所占比重虽然不超过半数，但它在经济发展中却起着决定性的导向的作用。在一些经济比较落后的欠发达的农村，在一定的历史时期内，公有制经济（指国营经济和集体经济）可能还未达到"主体"的程度，只能起主导（导向）的作用。个别少数地区甚至连主导作用都起不到。目前，商洛地区农村经济是由以公有制经济为主导的集体、国营、联户、个体、私人雇工经营以及各种经济成分联合经济所构成。

### 多种所有制结构的趋势

农村多种所有制结构的形式（或出现）不是偶然的，它是由生产力发展水平和生产的具体条件以及规模所决定的。[①] 当生产力还没有达到一定水平，生产的具体条件还没有改变时，主观的改变所有制不但不会达到人们的预期，而且还会得到相反的结果，到头来不得不进行调整，使所有制

---

① 这里讲的生产的具体条件，包括生产的工艺特点、生产场地的分散性等。如由于某些手工艺强的生产项目，农户居住十分分散等原因，一般适于个体经营。这里讲的规模，包括产量多少，如生产批量很少，也宜由农户经营。

结构适应生产力水平和生产的需要。商洛地区自高级社特别是人民公社化变为单一集体所有制以来的多次调整以及又出现了多种所有制结构的历史充分说明了这一点。当然，这种多种所有制结构的再现，并不是过去结构的简单恢复，而是在新的基础上的一种新的组合。

目前，商洛地区农村所有制结构不是单一的公有制，而是公有制为主导的多种所有制结构。下面，我们从农业和非农产业两个方面来进一步地说明：

从农业来看，主要实行农民家庭经营承包制土地为集体所有（即以原来的生产队即现在的村民小组为范围的农民集体所有，以及极少数的以原来的大队即现在的村为范围的农民集体所有），但均承包到户。农民家庭拥有中、小农具和役畜以及投入化肥、农药、种子等生产资料。所以说，家庭经营承包制是一种集体公有与农户所有相结合的一种经济形式。

在广义农业中，有的农业合作社（村民小组范围）或村经济联合社（村集体经济组织）还有集体林场、果园，茶园等。1990年全地区共有集体农业企业400个，其中乡办78个、村办322个，从业人数计2536人，其中乡办497人、村办2039人，村集体企业、从业人数分别占农业企业总数的80.5%和84.3%。也就是说，在集体农业企业中80%以上是村集体办的。农民家庭除了经营承包的耕地之外，还在自留地（山）种植蔬菜或树木，以及饲养猪、牛、羊、禽等和其他的庭院经济，这些经济属农民家庭经济或个体经济。

这两部分经济都是本地经济发展需要的。如前所述，这些是山区，生产条件很差，农户力量单薄，一些开发项目（如新建林场、果园、菜园）由农户去办则困难重重，一曰办不了，二曰办不好，而由集体去办则比较容易。但是像自留地或自留山的经营和庭院经济，由于它与农民家庭的生产、生活紧密地联系在一起，适于家庭经营，而且由于它可以较充分地利用农户的劳动力和少量资金，并得到客观的农畜产品和现金收入，因此应当提倡和支持农户发展除承包土地以外的经济。

从非农产业来看，非农产业即指农业以外的产业，包括农村工业、建筑业、建材业、商业、饮食业、交通运输业，等等。从商洛地区的情况看，农村非农产业结构是多种多样的，各个部门之间不尽相同：

1. 从农村工业部门看，由乡（镇）集体办、村集体办、联户办、农户办（其中，隐含极少数的私人雇工经营）以及各种经济成分联合办，各种形式同时存在，但以个体经济占多数。1990 年，全地区农村工业人数为 8.17 万人，占乡镇企业总人数的 46.7%，其中乡办工业占农村工业从业人数的 17.8%，村办占 16.1%，联户办占 7.2%，户办占 58.9%；从产值来看，1990 年（现价）农村工业产值为 26.994 万元，占乡镇企业产值的 52.1%，其中乡办占 29.2%，村办占 16.4%，联户办占 5.7%，个体占 48.7%。但一般说来，乡、村集体工业企业的规模较大，而且多为骨干企业，因此虽然比重不大，但在实际经济生活中却起主导作用。

2. 从建筑业来看，1990 年农村建筑业从业人数为 2.54 万人，占乡镇企业总人数的 14.5%。其中乡办占 30.7%，村办占 9.9%，联产办占 25.5%，户办占 33.9%。从产值来看，当年达到 1.08 亿元，占乡镇企业产值的 20.8%，其中乡办占 29.9%，村办占 34.1%。总的来看，农村建筑业以个体经济为主，分别占 59.4% 和 57.2%。

3. 从商业和饮食业来看，如果把供销合作社考虑在内，则农村商业、饮食业以集体经济为主体，如不计算供销合作社则以个体商业、饮食业为主体。[①]

4. 从农村信用来看，主要是农业银行的营业部和信用合作社。民间信用的具体营业额尚无法统计。

多种所有制结构存在问题：

1. 从整体看，目前各种经济成分的发展程度都显不足，都需要进一步的发展。

2. 本地区的农村集体经济（即合作社经济）的比重仍然较低，在近 1/2 的村还没有企业，即所谓的"空壳村"。因此，一些农户干不了、干不好，需要集体来办的事情，往往无力兴办。

3. 在农村存在一些可以影响千家万户的工业生产项目，如魔芋、龙须草、生漆等产品的加工，对生产魔芋、龙须草、生漆等产品的众多农户的

---

① 1990 年，不包括供销合作社，乡、村集体商业，饮食业产值为 269 万元，占商饮业产值的 4.8%，而个体（包括联户）占 95.2%。

生产和收入有着直接而重要的影响。因此，对这些加工项目最好由集体或各种经济成分联合（股份）兴办。因为，这样做既可以对农户生产给予实际支持，又可以起到导向作用。相比较而言，个体或私人雇工经营固然可以同样使农户的产品找到销路，但却起不到导向作用。所以，应当提倡集体或联合兴办这类加工企业。当然，也不排斥个体或私人雇工经营。

4. 股份制企业刚刚开始。在贫困地区，由于资金不足、人的文化、技术、管理素质较差，若由集体、个人单独去办某种工业企业均感困难，因此，应当积极提倡国营单位（包括科研单位和大专院校）、集体、个体、联户、私人雇工企业联合兴办。目前，这种联合企业已经在本地区出现，但只是开始，为数极少。

如前所述，商洛地区的经济落后，财力不足，而农村经济更差，各种经济成分都比较薄弱。因此，比之一般地区在政策上还应当放宽，需要更为特殊的政策。凡是能够促进本地商品经济发展的所有制，都应当给予鼓励和支持，而不要加以限制。特别在以下方面，值得给以足够的重视：

1. 积极而又稳妥地发展合作社经济。本地区的合作社经济基础较为单薄，所占比重仍然较低，在将近1/2的村（除土地外）尚没有任何企业。在这些村由于没有集体经济，光靠农户自身许多事想办而办不了或办不好，生产困难较多。因此，在有条件的地方应当积极领导和支持农民联合与合作，发展村、组范围的合作社经济。也就是说，从发展趋势来看，农村合作社经济会随着商品经济的发展而逐步发展和壮大起来，任何轻视或忽视农村合作社经济的发展是不对的。当然，也要看到这是一个发展过程，不可能一蹴而就。在发展合作经济时要有条件，需要农民自愿互利，不可"一股风"，搞变相的强制和形式主义。不热心于合作事业是不对的，同样操之过急也是不对的。

在谈到发展合作（社）经济的时候，不能局限于农业生产领域，还要重视农村工业中的合作经济以及商业、信用、科技等领域合作经济的发展。而且从发展趋势来看，这些合作经济今后将会有进一步发展。

2. 个体企业在进一步发展的基础上将向企业集团（群体）发展。由于本地区的乡、村集体经济薄弱，一些事情尚无力兴办，而本地区也有些人已经积累了一定资金和经验，具备办企业的条件，因此今后在非农产业中，个体经济和私人雇工经营将会进一步发展，并在相当长的时期内占据较大比重。

个体经济和私人雇工经济，在开始阶段一般规模较小，技术装备程度较低，但随着生产的发展和市场竞争的强化，必然增加技术装备和加强企业之间的联系，进而向企业群体发展。商洛地区的乡镇企业总的规模较小，技术落后，但在发展到一定程度之后，为了在市场竞争中站住脚跟，同样也会扩大经营规模，进行技术更新，并逐步向企业群体发展。

3. 各种经济成分之间（包括外地的企业）的联合经济（即股份制经济）将会有较快发展。如前所述，目前商洛地区乡镇企业中这种联合经济虽然为数不多，但由于，（1）采取股份制办法做到有钱出钱，有技术出技术，有管理出管理，有物出物，便于集中资金、技术、管理与合理利用资源；（2）采取股份制，一般要求事先进行可行性研究和设计，可以克服过去办企业时常常出现的主观随意性，凭领导一句话就盲目上马的缺点，从而保证事业的成功；（3）入股可多可少，比较灵活；（4）采取股份制办法，可以到有条件开矿、办厂的地方去办（即异地办厂），这也可以避免"村村点火"、"户户冒烟"的"天女散花"式的不合理工业布局；①（5）股份制企业的重大决策由股东董事会决定，也解决了政企不分以及少数干部随意动用企业资金的问题；（6）有利于引进外地、国外资金和技术。因此，这是一种很有发展前途的经济形式。

股份制是商品经济发展的产物，不是资本主义所专有的。把股份制等同于资本主义是不对的。在社会主义条件下，股份制企业中的公有股份无疑是社会主义性质，而公有股份占有一定份额（比如50%以上，甚至30%—40%）后即可对企业的决策具有决定性影响，也就能坚持企业的社会主义方向。即使公股比重很小，也会对企业的决策起到一定影响，因而也与个体企业和私人雇工企业性质不同。所以，有条件的地方都可以发展股份制。但也切忌"一刀切"和一股风。

---

① 农村工业，除少数编织、刺绣等手工艺生产等适合分散加工以外均宜于适当集中。因此，各县根据自己的条件，设立若干"加工区"是很必要的。以往曾经提倡"村村点火"、"户户冒烟"做法是不正确的。

4. 在讨论所有制结构时，不能回避关于阶梯式过渡的理论。传统的理论认为各种所有制企业都是纯而又纯的、排他的。全民所有制企业只能是全民所有制企业，集体所有制企业只能是集体所有制企业，不能有任何的掺杂。虽然在私人资本主义工商业改造时期曾经存在公私合营，但认为那仅仅是一种短暂的过渡性办法。特别是公社化初期提出的人民公社理论受到实践检验并调整到三级所有，队为基础之后，明确提出了从小集体向较大集体，然后再从集体向全民过渡的阶梯式过渡理论。这种理论不是对人民公社理论的否定，而是一种修正。它告诉人们现在退到三级所有，队为基础，将来条件成熟后还是要逐步过渡到公社所有制，乃至阶梯式地过渡到全民所有制。在以后的 20 年时间里这种纯而又纯的阶梯式的过渡理论被认为是正确的，是对马克思主义的一种发展。应当看到，直到现在，它仍然被一些人们习惯地看作是正确的。他们认为，现在实行家庭经营承包制是符合生产力发展需要的，但将来生产力进一步发展之后，还是要改为集体经济，向大集体过渡，乃至向全民所有制过渡。于是，这种理论就成为一些人们对家庭经营承包制长期性存在疑虑的主要依据。

然而，这种纯而又纯的逐级过渡的理论是否正确呢？它需要接受实践的检验：（1）从以往的实践来看，这种理论是不成功的。如前所述，这种理论是人民公社理论特别是作为"三级所有，队为基础"的人民公社理论的重要基础。但是经过 20 年的实践证明是不成功的。（2）从未来的趋势来看，也未必是沿着纯而又纯的阶梯式的逐级过渡。相反，从商品化、社会化趋势来看，各种经济成分之间、各个企业之间的联系日益紧密，在生产、经营过程中相互之间的协作、联合、渗透将日渐增多，股份制企业的逐渐增加，你中有我，我中有你的现象也将日趋增多。将来公有制成分的增加和作用的增强，不仅表现在本身比重的增加上面，而且表现在公股对联合企业（股份企业）控制上面，而不一定要采取过去那样的"改造"形式。相比较而言，这种通过社会化的途径，把各种经济成分及其经济活动纳入社会经济体系的运行轨道，并使不同经济成分联合、渗透的逐步增加公有制经济成分的比重和作用的办法可能更符合商品经济发展的实际。所以应当用新的理论观点取代那种不符合实际的理论观点。正是基于这样的认识，我们认为，农村各种经济成分也将会走合作与联合的道路，而不一定是纯而又纯的从小集体到较大集体,再从集体到全民的阶梯式的逐级过渡。这个问题解决了,自然也就比较容易地消除一些人对"家庭经营承包制能否长期存在下去"的担心。

### 完善以家庭经营为主的经营承包制

上面两节我们讨论了商洛地区农村所有制结构的演变、现状以及发展趋势,其中也涉及家庭经营承包制。但是,由于主要是讨论所有制结构,所以还不可能详细讨论家庭经营承包制问题,又由于家庭经营承包制在农村经济中所处地位的重要性,因此有必要另设一节进行专门讨论。

#### 家庭经营承包制的层次

商洛地区由于原来集体经济薄弱,普遍实行了土地家庭经营承包制(即采取了家庭承包的形式),这种承包制由两个层次组成:一是农民家庭经营层次,二是集体经营层次。

家庭经营层次,主要特点和优点:(1)农民在获得承包土地之后,在保证完成承包合同所规定的上缴税金和集体提留以及出售农产品数量的条件下,有充分的经营自主权;(2)农户在完成上交任务后,自负盈亏,因而打破了过去的"大锅饭",体现了多劳多收多得;(3)由于多收多得,可以促使农户增加投入,充分利用农户的正半劳动力;(4)由于农户有了自主权,加上政策放开,使农户可以经营承包土地以外的生产项目,如劳务输出、植树、养畜、办企业等,有利于合理产业结构的形成和经济效益的提高;(5)种植业作业多具隐蔽性,加上露天作业,农活质量不易检查,因而要求生产者自觉地保证农活质量,又由于种植业作业的多次性和成果的最终一次性(即每项作业质量都会影响最终产量),家庭经营利益更为直接,可以较好地满足这些要求。

可见,家庭经营层次有利于调动农民积极性,不仅可以促使农户采用新技术,自觉地按时按质地完成各项作业,从而保证承包任务的完成,而且有利于发展承包土地以外的生产经营项目,从而促进整个农村经济的发展。但是,毋庸讳言,家庭经营也存在局限性,主要表现在:(1)农户土地经营规模狭小和地块零碎;(2)农民生产工具和畜力不足;(3)许多农户资金奇缺,无力购置化肥、农膜等生产资料;(4)坡地坡度大,土层薄，需要建设水平梯田以种植粮食和栽植林木，但修建梯田需要强劳力协作和炸药等项开支却非单家独户之力所能完成；（5）在灌溉地区还需要统一灌水。这就是说，有一些事情单家独户办起来有困难，办不了，或者办不好，需要合作和联合。以弥补农户的不足。

集体经营层次是指集体土地的代表者，即土地的发包方，在商洛地区主要是指属于原来生产队范围的集体，有的叫××村××农业合作社。集体经营层次主要是组织兴修农田水利，建设水平梯田，统一浇水、植保，建设集体林场、果园、茶园，兴办非农企业以及组织推销产品，等等。

可见，两个层次结合起来有很大好处，既能克服过去统得过死，农民没有自主权，吃"大锅饭"的缺点，更好地发挥农户的积极性，又能克服农户经营的局限性，发挥组织起来（合作）的优越性。因此，当它取代人民公社三级所有，队为基础体制以后，明显地解放了生产力，促进了农业乃至整个农村经济的发展。

家庭经营承包制这种双层经营体制具有较大灵活性，它可以容纳不同层次的生产力水平和经济水平。在集体经济很薄弱的地方，主要是家庭经营层次在起作用，集体经营层次的作用很小；在中等发展水平地区，集体经济有一定基础，因此两个层次都比较起作用；在经济发达地区，两个层次都能起到较好作用，特别是在苏南集体经营层次的作用越来越大。商洛地区属于贫困地区，原来集体经济十分薄弱。目前，除了一部分存在集体企业的地方集体经营层次还能起一定作用之外，尚有半数以上的村、组没有集体企业，成为所谓的"空壳村"，在这些"空壳村"的农业生产由家庭这个经营层次进行。当然，随着生产力的发展，集体企业的兴办（或在其他企业参股），集体经营层次的作用也会逐渐增加。但是这是一个经济发展过程，并不由人们的主观愿望所决定，想快就快，想慢就慢。就"空壳村"而言，发展集体企业也要看条件，既要看需要，也要看条件，不能勉强。应当看到，在深山、高山区，农户居住分散，山高坡陡，交通不便，即使保留少数完全的独立农户经营也不影响大局，更何况已经实行了家庭经营承包制的农户，所以发展集体经济，不宜操之过急。

还需要指出，从商洛地区的情况看，有一些村居住较为集中，几个村民小组同住一个村落，因此村的作用较明显，新发展的企业或梯田建设往往由村民委员会出面筹办。这样，在这些村，除土地仍保留原生产队范围的集体所有以外，集体经营层次已逐渐转到村，这也符合实际，有利于生产发展，应当给予支持。但不可随意变动原集体的土地所有权。

家庭经营承包制的长期性

既然家庭经营承包制能够发挥农户的积极性，适于农业生产的特点，有利于增加产量，提高效益，有利于发挥组织起来（合作）的优越性。也就是说，这种双层体制具有旺盛的生命力，那么就没有理由改变它。这也正是它长期存在的理由或根据。

1985 年以后，农业出现徘徊局面，于是有人认为家庭承包制的潜力已经用尽，今后农业的进一步发展还得靠集体化。这种看法是不正确的。因为：（1）以家庭经营为主要形式的经营承包制的优点是内在的，只要这种经营体制存在，就自然存在它的优点，所以，根本不存在"潜力用尽"的问题；（2）任何一种经营体制要充分发挥它的作用并取得良好的经营成果，还必须有良好的环境以及其他自然经济的条件相配合。例如投入的多少，价格合理与否，气候条件好坏等都会影响农业的产量和效益。所以，不能不加区别地把农业徘徊的账记在家庭经营承包制身上。还有，同样还是家庭承包制，可是近两年来商洛地区的粮食产量和农业总产值均超过了1985 年，事实说明所谓"潜力用尽"是站不住脚的。至于说到集体化，如果是指今后要根据可能发展农村集体经济，增加集体经营层次的作用，那么这本身就是发展和完善家庭经营承包制，如果是指搞过去那样的集体化，那么它早已被实践所证实，不符合中国农业的实际需要。因而也是不可靠的。中共中央和国务院之所以三令五申发展农村集体经济绝不能再搞过去那种"归大堆"的集体化，原因也就在这里。

我们说家庭经营为主要形式的经营承包制会长期存在下去，并不是说它的内容和具体做法不会改变。

从家庭经营层次来看：（1）随着农业劳动力向非农部门转移和农业机械化水平的提高，农户的土地经营规模将逐渐扩大；[①]（2）经营的集约化

---

① 家庭经营不等于现在狭小规模，西方一些国家的家庭农场平均规模达 300 亩、500 亩、900 亩或更多。

程度会逐步提高；（3）采用的技术、装备程度会逐渐提高；（4）经营管理水平将进一步提高，并逐步向企业转化。总之，家庭经营这个层次要由传统小农生产方式向现代农业生产方式转变。现代农业生产方式就是商品化、专业化、社会化、企业化的农业。也就是说，在形式上仍然是家庭经营，但这种家庭经营所反映的生产方式却大不相同。

从集体经营层次来看，随着生产力的发展，主要有两个方面：一方面是集体对农户的产前、产中、产后服务，例如组织兴修农田水利和水平梯田，兴办林场、果园，统一浇水、植保、购置化肥、农膜，推销产品，等等。今后，随着农民生产、生活水平的提高，为农户服务的项目将逐步增加，服务的内容也将从生产领域向生活、文化等方面扩展。另一方面要发展服务事业，集体必须有必要的经济、技术条件特别是资金条件。资金来源，一是由农户提取或集资，二是集体经济提供的利润。因此，今后集体经济将继续发展，其技术、管理水平将逐步提高，即由手工业或工场手工业阶段向现代企业转变。随着商品化和社会化程度的提高，农村集体经济将向股份制发展，现有的集体企业可以扩股，引进外地资金和技术，新发展的集体经济，既可以是自建企业，也可以加入股份制企业。总之，只有集体经济实力增强了，才能更好地为农业生产服务。

综上所述，可以看出，今后家庭经营承包制的两个层次都要在农村商品经济的发展过程中不断发展和完善，从而使这种承包体制不断得到发展和完善。因此，不能用停滞的眼光来看待家庭经营承包制。

商洛地区的家庭经营承包制的两个层次都十分薄弱，承包制的整体功能都比较弱，都需要发展。

我们说家庭承包制具有长期性，并不完全地排斥其他形式：从全国来看，在经济较为发达的苏南和大中城市郊区存在专业承包和集体农场或农业车间等形式，这也是农民从各自的实际出发作出的合理选择。因此，从商洛地区来看，当将来农村经济有了重大发展之后，也不能绝对地排斥其他的形式。而专业承包、集体农场等也都实行了承包制，它们同家庭经营承包一样，也是经营承包制的一些具体形式。所以，确切地说，应当是以家庭为主要形式的经营承包制具有长期性。

存在的问题

从商洛地区来看，实行家庭经营承包制解决了农户的经营自主权，也就是说，确立了农户作为独立商品生产者的地位，从而为农村商品经济的发展提供了必要条件。但是，它还不够完善，主要表现在：

1. 双层经营体制刚刚建立，还很不健全和完备。从家庭经营层次来看，土地经营规模狭小，地块零碎，技术装备落后，商品化程度很低，在相当大的程度上表现为传统小农生产方式，从集体层次来看，集体经济薄弱，如前所述，目前尚有 52% 的村没有集体企业，远不能满足农户的需要。特别是距现代农业企业的要求，还相差很远。

2. 农户承包土地面积变动性较大。由于人口变化，不得不调整农户承包的土地。在商洛地区的农村一般是三年一小调，五年一大调。这种调整固然可以保证新增加人口的口粮和相应的收入，从而保证社会的稳定。但也产生一些问题。例如，农户不积极增加对土地的投入（特别是长期性投入），这种把土地作为福利的办法不利于控制人口，也不利于土地适当集中。

3. 土地经营规模狭小，而且由于家庭的小型化，使土地经营规模存在细分化趋势。而土地的细分化则不利于农业劳动生产率的提高和农业的现代化。

4. 集体经营层次的社会化服务较差。商洛地区在实行家庭承包制的最初几年许多合作社组织都瘫痪了，从 1987 年 8 月起在一些村重新组建农业合作社（相当于生产队范围）和经济联合社（相当于村的范围），到1990 年已经有 52% 的村重新组建了农业合作社。据中共商洛农工部调查统计，能发挥作用的合作社占 40%，其余 60% 不起作用。也就是说，实际起作用的村只相当于总村数的 20%，而且在起作用的农业社中又多数只能搞 1—2 项服务。在统一搞农田基本建设、统一购置化肥和良种、统一组织造林、统一灌溉、统一植保五项中，能做到四项服务的占 30%，能做到 1—2 项服务的占 70%。

5. 土地有偿使用，如何管好用好这笔资金，是一个很大的问题。从1989 年起在一些村开始实行土地有偿使用制度，即把耕地分为三个等级，旱田一级每年每亩使用收费 3 元，二级土地收 2 元，三级土地收 1 元。当年收费 370 万元，第二年（即 1990 年）收费 570 万元，按原议，此款主要用于农田基本建设和农户对土地投入的补偿。实行土地有偿使用的好处：一是明确土地的集体所有权；二是有利于开展农田基本建设；三是有利于促使农户对土地的投入（特别是长期性投入）和实行集约经营。但在实践中发现一些村将此款转作他用，有的基层干部用此款吃吃喝喝，有的用于基层干部补贴。为防止此类现象继续发生，行署规定此款专用，并实行村筹乡管的办法，即村（农业社）使用此款时，必须制订计划并经乡领导批准①，情况大为好转，农民开始放心，但如何管好用好这项资金仍然是一个值得研究的问题。

**主要对策**

对于现行农村所有制结构所存在的问题的主要对策：

1. 积极发展家庭经营，除了搞好承包的土地经营之外，要积极发展饲养业和林果业以及庭院经济，有条件的要发展非农产业，特别要积极支持和组织农民搞劳务输出。应当看到，只有农业劳动力向非农产业部门转移，才能解决土地经营规模狭小的问题，才能提高农业劳动生产率，解决传统小农生产方式问题。

2. 根据条件之可能积极发展集体企业，以增加集体的经济实力，为搞好社会化服务提供物质、技术基础。在发展集体企业时，切不要操之过急，切不要重复过去"一平二调"的错误。

需要指出，不论是原有的还是新兴办的集体企业都应当向股份制方向发展。长期以来，一向认为集体经济（特别是社区集体经济）即是本集体或本社区成员的共有经济组织，是不可分割的。其成员一旦离开本集体或本社区就丧失了作为主人的资格和所拥有的经济权利，并且认为这是理所当然的。但是，这种做法和认识是不合理因而也是不正确的。因为既侵犯了原本属于本集体劳动者（农民）的经济权利②，也不利于农业劳动力向非农产业部门转移。比较好的办法是实行股份制，每个集体成员都拥有一

---

① 经过乡批准，并不是说乡具有所有权和决定权，而是说乡政府起到一种监督作用，使这笔资金得以正确、合理地使用。

② 这种一旦归了集体（即"大堆"）就不能以任何形式取回或补偿的办法，实际上是对农民的一种剥夺。

定股份，即使离开本集体，它的经济权益也得到了保证。

3. 家庭经营承包制实际上是实行所有权与使用权分离的经营体制。为了稳定土地的家庭经营承包制，现在国家提出15年不变，在此期间不得随意侵犯承包农户的使用权。为了使农民放心，现在有人提出可以延长到50年不变，请政府考虑。这当然是一种积极的建议。不过，我们也提出一种建议，供领导决策时参考。这就是在坚持土地的集体所有权的条件下，确认农户对承包土地的使用权。① 这种使用权过去讲15年不变，但实际上几年一变，今后可以考虑长期不变。这就是说，以后对承包土地不再进行调整。即增人不增地，减人不减地。这样做，有利于农户保护土地，增加对土地的投入，有利于土地的集中，也有利于计划生育。将来搞土地经营的适度规模主要靠使用权有偿转移来实现，而不是靠行政命令或收回。

4. 建立健全社会化服务体系，搞好农业的产前、产中、产后服务。在社会化服务体系中村集体经济组织的服务是基础，有着特别的重要性。因此，要积极发展集体经济的服务项目。当然，要从实际出发，既考虑需要，又考虑可能，不积极、不热心固然不对，但不顾条件勉强地去搞也收不到好的结果。

在社会化服务体系中，供销合作社、信用合作社、技术推广站、经营管理站、畜牧兽医站等单位的作用不可忽视，需要充分发挥这些单位的作用。问题在于这些单位都需要进一步改革，才能更好地为农民服务。

这里，需要重视发展农民自己的新服务组织。例如，新的购销合作组织、信用合作组织、各种专业技术协会等。也可以发展个体的服务组织。当原有的一些服务组织不进行改革，不能更好地为农民服务，反而"坑农"时，自然会被农民的新组织所代替。从商洛地区情况看，劳务输出有特别的重要作用，因此在社会化服务体系的建设中，还要重视建立为外出搞劳务输出农民的服务组织。如组织培训、对外联系、保护外出劳务人员的合法权益，等等。

5. 管好用好集体的财产。一方面要保证集体财产的完好、不受侵害，另一方面要用好这些财产，使之发挥更大的效益。如前所述，目前商洛地

---

① 这种土地使用权类似过去的自留地。

区已经实行了土地有偿使用制度，每年有 600 万元左右的现金收入，这在贫困地区是一笔相当可观的财力。如何保护好和使用好这笔资金，是一个很大的问题。当前迫切需要建立一套严格的管理使用制度，这笔资金的使用必须经过社员讨论通过，并定期向承包农户（社员）报告使用情况。

# 商品流通与市场

商品流通是衔接生产与消费之间的重要纽带，也是资金周转中完成资金循环的最终环节。如何发育市场，疏通流通环节，成为经济发展中的突出问题。

### 商洛历史上的商业兴衰

商洛地区的商业流通曾经有过比较发达的时期。公元 1593 年（明万历二十一年）前后，商州龙驹寨（今丹凤县城）商业鼎盛。当时江南若干地区的手工业品棉布、丝绸、茶叶、瓷器自长江、汉水、丹江到龙驹寨，转驮运到关陇。据州志载："寨镇康衢街数里，商贾千家，鸡鸣多未寝之人，午夜有可求之市，百船联结，千蹄接踵"，其商务之兴隆可见。到明末清初（1641—1660 年），因战火，寨镇商业萧条。清乾隆（1763年）以后，商业逐渐恢复，历年自湖广采运白银、铜、锡等物资到西安铸造货币及器皿。同治、光绪年间，龙驹寨商务贸易益臻繁荣。据州志载：店肆栉比，商贾云集，年收厘金一百三十万两。财政收入为全省之冠。当时江岸帆船林立，装卸搬运往来如织，西北南多路驮骡日夜络绎不绝，街衢熙攘，颇为繁荣。光绪二十六年（1900 年）八国联军庚子之役，慈禧、光绪避难于西安，当时东南各省上奏公文及西北所需大米、京广杂货，都以龙驹寨为水陆联运枢纽，日以骡马千余头转运关中各地。1902 年（清光绪二十八年），商州开始用美孚牌、铁锚牌煤油，称洋油，燮昌牌火柴，称洋火。1911 年（清宣统三年），挪威人基督徒华国文在龙驹寨创设葡萄酒厂。1913 年以后，三炮台、大前门、哈德门等香烟源源进入本地销售，上海产日光肥皂（称洋碱）、僧帽牌蜡烛（称洋蜡）进入市场。自辛亥革命以后，军阀割据，龙驹寨工商倒闭，加之京汉、陇海铁路相继建成通车，又因丹江淤堵，航运受阻，商州长期繁荣的商业顿现冷落。1918年（民国七年），豫匪流窜商洛，骚扰践踏，各业纷纷倒闭，1932年春，焚烧寨镇，从此商州商业中心一蹶不振。

到1936年（民国二十五年）抗战前夕，长坪公路通车，州城人口增加，消费日多，车站设置西关，又因陕西省银行分行设在州城内，金融逐渐活跃，西安国货公司分销处及时成立，市西逐渐繁荣。

1949年7月12日商州城解放，商洛在豫鄂陕边区陕南行署支持下，开展贸易支援解放战争，成立商洛贸易总店，是新中国成立初期关中和陕南成立最早的地方国营企业之一。1950年春季，总店接受西北区贸易公司领导，改企业名称为"西北贸易公司商洛分公司"，为"一揽子"经营企业。根据市场变化，同年分公司先后成立洛南、山阳、丹凤、镇安支公司及黑龙口、商南、漫川、凤镇、石镇、茅坪商店。1950年上半年，配合全国进行第一次币制改革（中州币每300元兑换人民币1元）。1951年11月起，大张旗鼓地在国家机关、部队、企业内部开展"反贪污、反浪费、反官僚主义"的"三反"运动，1952年1月又在社会上开展"五反"运动①，使全体职工干部受到一次深刻教育。

1952年，根据党中央"增产节约，稳定物价，支援中国人民志愿军"的总方针，结合本区具体情况贯彻贸易政策，进一步巩固国营经济的领导以及扶助供销社，组织私商，扩大城乡物资交流。

1952年下半年，粮食由商业移交地方粮食系统经营。1953年，配合全国形势，实行粮食统购统销，同年商业系统开始实行经济核算制，批判了供给制思想。为实行某些商品专卖，3月成立商洛盐业支公司，烟酒专卖公司。根据工农业生产发展需要，各专业公司相继成立，将原贸易分公司划为百货、土产、油脂、食品四个分公司，成立花纱布公司、医药公司及专区畜产经营处，1955年5月成立商洛药材公司，经营中药，1956年元月，地区花纱布公司下放给商县，改名商县纺织品公司，百货公司文化用品批发部下放改名商县文化用品公司，针纺批发部下放改名为商县针织

---

① "五反"，即反对行贿、反对偷税漏税、反对偷工减料、反对盗骗国家财产、反对盗窃国家经济情报。

公司。

1954 年上半年，全区进行了私营商业的企业登记工作，1955 年上半年动员对私商改造。1954 年 9 月 15 日公布统购统销命令，棉布实行统购统销，直到 1984 年棉布销售停收布票。1955 年全国进行第二次币制改革，旧人民币 1 万元折合新人民币 1 元。同年三季度，在国营商业企业开展反贪污盗窃斗争。

到 1956 年，社会主义三大改造基本完成，进入社会主义革命高潮，农业合作化已经实现，全国干部实行工资改革，城乡市场活跃繁荣。商县城关的私营棉布业、国药业、照相业已纳入国家资本主义形式的合营商业。

1958 年发动的"大跃进"，商品生产、流通和供应上造成混乱，供求关系紧张，生产建设比例严重失调，生产性物资及生活性物资货源紧缺，脱销，给生产生活造成暂时的很大困难。到 1959 年冬，商洛地区部分恢复乡镇庙会和发展农村集市贸易市场，组织小型短距离物资交流会，开始兴办商办工业，由于粮食紧张，商南、洛南、山阳等县利用橡子及野生淀粉酿酒加工食品。

根据物资供应紧张情况，1960 年开始，除对九种针棉织品实行凭票凭证供应外（城市居民、国家干部每年凭证供应棉布 2 米，农村供应 1 米），一些商品在县以上也实行凭卡片供应，卷烟实行凭证供应，食糖除节日根据货源适当供应外，平时基本只保证病人、产妇、缺奶小儿和高温作业人员供应，并以供应公共食堂和集体单位为主。

1962 年，贯彻国民经济的"调整、巩固、充实、提高"的八字方针，恢复专业公司，市场情况开始好转，市场价格相继回落，一些商品开始敞开供应，1963 年，城乡物资交流进一步扩大，农副产品收购量显著增加，平价商品销售量增多，高价商品数量下降。

1966 年进入"文化大革命"时期，各公司企业处于混乱瘫痪状态，在动乱中，商业工作也同样遭到严重损失。直到粉碎"四人帮"，实行拨乱反正，商洛的商业工作才又出现新的生机。

### 农村供销合作社

值得特别关注的是农村供销合作商业在流通领域中的作用，它在支援农业生产，沟通城乡物资交流、解决农民生产和生活需要，促进农村经济发展和联合等方面，都发挥了重要的作用。商洛的合作社商业，与陕西全省一样，在陕甘宁边区时期就有了一定的基础。1950 年成立陕西省合作局以后，一方面改造国民党政权遗留下来的旧合作社；另一方面在广大农村组建新的供销社，开展购销业务，帮助农民恢复和发展生产，减除城乡资本主义对农民的盘剥，取得了农民的信任和支持。1952 年 10 月，召开了全省合作社第一届社员代表大会，成立了陕西省合作社联合社，建立了自下而上紧密联合的合作商业体系。在国家进入大规模经济建设以后，供销合作社担负着除粮油以外的农副产品的收购任务，为工业提供了大量原料，为城市提供了食、用的生活必需品，有力地支援了工业建设和城市经济的发展。在农村，农业生产资料和生活用品，全部或大部由供销社组织供应，供销社的商品零售额占农村社会商品零售总额的 80% 左右。正当供销社以新的姿态向前迈进的时候，1958 年，经济工作指导思想上发生了"左"的错误，供销社也在一大二公，越公越好的影响下，由集体所有制过渡为全民所有制，由民办变成了官办，影响了供销社的发展，削弱了供销社的特殊作用。在国民经济调整时期，1962 年初，根据中央《关于商业工作问题的决定》精神，恢复了供销社原来的领导管理体制，供销社根据有关政策，在完成国家委托的购销任务的同时，积极开展自营业务，议购议销计划外的农副产品，对于活跃城乡市场做出了贡献。"十年动乱"期间，不仅彻底否定了供销社的集体所有制性质，合理的规章制度被废弛，大批干部下放，伤了供销社的元气。

党的十一届三中全会，是新中国成立以来我党历史上具有深远意义的伟大转折。在农村联产承包制全面推行，农村经济飞速发展的新形势下，中央明确提出供销社要恢复和加强组织上的群众性，管理上的民主性和经营上的灵活性，要按照合作社原则，真正办成农民集体所有的合作商业，要扩大经营范围和服务领域，完善商品生产服务体系，同农民结成经济利益共同体，县以上各级供销社都要按照自下而上、自愿联合的原则办成经

济实体，商洛各级供销社在上级支持下，围绕官办改民办这个中心进行了
一系列改革，取得了明显效果：

一是恢复了以农民为主体的集体所有制合作商业性质，民主管理制度
已经恢复。

二是适应整个流通体制改革和农村商品生产发展的需要，疏通流通渠
道，全面推行农产品分购联销、工业品联购分销和合同制、代理制、返利
制、联营制等多种经营方式、不同层次的经济联合体。商品购销额逐年
增长。

三是建立和完善商品生产服务体系，开展产前、产中、产后的信息、
技术、储运、加工、销售等系列服务。为了促进农村商品生产向专业化、
规模化的方向发展，并同市场需要更好地结合，各地供销社还积极帮助商
品生产专业户、重点户组建一些专业生产合作社，进行产供销"一条龙"
服务。

四是对供销社内部的管理制度进行了改革，积极推行各种形式的经营
责任制。基层供销社普遍实行了主任任期目标责任制，县以上企业大部分
实行了承包经营制，把责权制更好地结合起来。对人事、劳动、工资、教
育、计划、财务、物价等管理制度，也进行了改革，把竞争机制、制约机
制、风险机制引入了企业，调动了职工的积极性，增强了企业活力，提高
了经济效益。

### 实行社会主义市场经济

我国实行改革开放以来，不断地探索经济体制的目标模式，其核心问
题是如何正确认识和处理计划与市场的关系。过去很长一段时间里，传统
观念认为，以公有制为基础的社会主义经济，只能是计划经济，不能是商
品经济，更不用说市场经济了。那时候认为，商品经济只能以私有制为基
础，市场经济属于资本主义的经济范畴，商品只限于不同所有制之间的交
换，市场只能存在于计划经济的缝隙之中，作为它的补充。我国农村在改
革前是这样，商洛也是这样。对市场进行种种限制，比如大计划，小自
由；集市场贸易受到限制；只允许三类产品上市，等等。总的看来，是严
格限制市场的范围和作用，理论上否定商品经济和市场经济的存在。商洛

地区直到 1991 年集市贸易成交金额只相当于社会商品零售总额的 16.8%，1980 年只占 9.4%。这种情况，改革开放后开始松动，到了 1984 年党的十二届三中全会，才在总结实践经验的基础上，第一次明确提出社会主义经济是公有制基础上的有计划的商品经济，1984 年 12 月，中共中央召开全国农村工作会议，提出逐步取消 30 多年来实行的对农产品统购包销制度，对农副产品逐步放开，在国家计划指导下扩大市场调节。这是在计划与市场问题上，社会主义经济理论的一次重大突破。对此后我国以市场为取向的改革实践，起到了积极的推动作用。

小平同志在 1992 年年初视察南方的谈话中，对计划与市场问题再次发表了精辟的见解，他指出："计划经济不等于社会主义，资本主义也有计划，市场经济不等于资本主义，社会主义也有市场，计划和市场都是经济手段，计划多一点还是市场多一点，不是社会主义与资本主义的基本区别。"这一科学论断，从根本上破除了把计划经济和市场经济看作是社会基本制度的传统观念，启发了人们重新思考把社会主义市场经济体制作为经济改革的目标模式。党的十四大对此作出了明确肯定的决定，这是继 80 年代初提出"有计划商品经济"理论之后，在计划和市场关系问题上又一次思想大解放，是社会主义经济理论的又一次重大突破。

我国多年来实行计划经济，使我国初步建成以重工业为中心的工业体系和国民经济体系。但我国在实行计划经济的过程中也曾出现过比例失调，大起大落的现象；物资匮乏，效率低下，也曾经成为我国经济生活的难治之症。党的十一届三中全会以来，针对这些问题，国家及时采取了以市场为取向的改革步骤。十多年来，我国经济改革所带来的变化，包括所有制结构的多元化，经营主体（企业）的市场化，市场体系的培育，政府对经济管理的逐步间接化，即通过市场管理等，处处表现为市场取向改革不断扩大，不断深入。事实证明，市场取向的改革越是深入的地方、部门、企业，经济活力就越大，发展速度就越快，为什么经济实力最强的国有大中型企业发展得不如非国有制经济成分？市场取向的改革进展程度不同，是一个很重要的原因。

80 年代，我国经济已经跨上了一个大台阶，90 年代要加快发展，我们还要进一步扩大开放，恢复我国在国际关贸总协定中的地位，大步走向国际市场，参与国际竞争，所有这些，都迫切要求我们更加重视和发挥市场在资源配置中的主导作用，要求我们明确推出社会主义市场经济体制作为我国经济改革的目标。我们要在社会主义市场经济体制的基础上，把计划和市场这两种资源配置方式和手段很好地结合起来，凡是市场能够解决好的，就让市场去解决，市场管不了，或者管不好的，才由政府用政策和计划来管。当然，这种计划调控也不是传统的以行政指令型为主的计划，而是适应市场经济规则要求的，主要是政策性和指导性的计划，并且也不排除对国民经济某些关键部门必要的行政指令的管理。但就农村而言，对集体经济单位和个体经济来说，只能实行商品经济和市场导向，而不能实行指令性计划。

### 商洛地区的具体措施

为了发展社会主义市场经济，陕西省及商洛地区制定了关于搞活流通的决定和具体实施意见，并且予以实施：

第一，认真学习邓小平同志的南方谈话，进一步解放思想，更新观念。明确改革步子加大后，新的市场经济对国合商业的新要求，只有加大改革力度，敢于放手，敢于试验，才能把经济搞上去；要使每一个商贸职工有紧迫感，有压力，使国家商业真正有活力，增实力。正确认识流通对生产的引导作用，打破地域性流通思想的束缚，抓住大流通这个"活跃经济的中心链条"，锐意创新，大胆实践，搞活大流通，发展大市场；强化四个认识即要尽快同传统的经营观念、经营模式彻底决裂，政府政权，企业管严要企业依靠自己力量创新路；强化风险意识、市场意识、竞争意识、敢为天下先的意识，振兴财贸经济要在大商业、大流通上着力。

第二，全面深化体制改革。首先加快推行"四放开"：以分配放开为突破口，理顺完善企业内部激励机制，全面推行企业工资总额同效益挂钩，企业工资实行总挂总提，全部进入成本，理顺明确国家与企业的分配关系，在此基础上，企业内部打破原有的工资制度，实行百元销售含量，百元利润含量，岗位技能工资等企业内部效益、工作量含量工资制为主体的责任制分配办法，适当考虑工龄工资比重。稳步推行用工放开，增强企业竞争机制，企业内部打破干部、工人身份和原有岗位人员界限，实行中层领导聘任制和岗位优化组合。正确运用价格开放政策，国合商业不断探索价格放开后的企业不同类型的商品价格分级管理办法，为增强企业竞争能力，搞活经济注入了生机，同时也为正确运用价格放开政策创造经验。抓住经营开放机遇，调整经营商品结构。经营放开给不同行业和企业商品经营创造了平等的竞争条件，围绕提高效益和安排市场任务，扩大经营门类，增加花色品种。

商洛地区在总结 1991 年试点工作的基础上，在商贸企业全面推行"四放开"破"三铁"（铁饭碗、铁交椅、铁工资），转机制。一是在经营机制上开始出现了六个倾斜：由一业为主向综合经营倾斜；由批发向零售和加工倾斜；由以国营、集体经济为主向多种经济成分倾斜；由统包统揽向划小核算单位、分级管理倾斜；由企业承包向抽资个人包干倾斜；由二线向一线倾斜。有条件的企业都要大胆试行股份制经营，把股份制经营作为转换企业经营机制的重要内容之一。二是加快转变机关职能，推动党政机关进入经济建设主战场：兴办经济实体；积极组建商业、粮食总公司，从有利于发挥国营商业的整体优势；有利于发挥各专业公司和总公司两个积极性；有利于提高国营商业的规模效益和整体效益；有利于提高工作效率出发进行组建。三是组建主要商业经营集团，实行规模经营，针对商洛地区名优新特产品批量小而缺乏竞争力的实际，研究制定了粮油、食品、核桃三个经营集团方案，已经行署批准实施。四是边改革，边总结完善。

第三，努力增加投入，狠抓市场建设和商业网点建设。一是摸清情况，确定目标，把商业网点建设列入重要议事日程，组织力量对现有网点进行普查登记，建立网点档案，制定网点近期发展规划，制定完善商业网点建设基金来源，多渠道多形式筹集，采取国家拿一点，银行贷一点，集体、个人筹一点的办法，抓紧 12 个骨干商业网点建设。二是突出重点，落实责任，抓市场建设，1992 年把建设县城中心市场和沿国道、沿边界市场作为重点，即所谓"一心两沿"开展市场建设工作，地区各商贸主管部门和有条件的商贸企业，都要在沿海发达地区及地区边界毗邻省地开辟信息和贸易窗口，立足本区，面对国内国际大市场，到年中，全区七个县城中心市场，已有五个建成投入使用，一个路面已经硬化，一个已绘出图纸，落实资金。七个边界市场正在兴建五个，定出规划两个，沿 312 国道市场建设已拿出初步设想，同时打击了假冒伪劣商品，整顿了文化市场。三是大胆探索，积极搞好开放试验区建设。1991 年 2 月，作出了建立商州市黑龙口、洛南县石门、商南县富水镇三个开发开放试验区的决策，以后采取了一些更特殊、更优惠的政策。石门镇试验区已有区内外五户国营企业，1 户集体企业，145 户个体工商户进入开发区投资建房，务工经商，成员来源有河南、甘肃、浙江的客户，也有本省华县、华阴县的客户。

第四，抓住改革开放时机，努力提高经济效益。一是强化企业管理，优化运行职能，严把进货关，商品护理关，谁进货谁负责，造成积压追究责任，使商品适销率达到 95% 以上，不盲目当蓄水池；加强全面质量管理，举办仓储、财会人员，QC 小组长识别假冒伪劣商品培训班 9 期，500多人次，商业系统开展了"创佳评差"活动，供销系统举办了营业员晋级考试；加强财务管理，推行资金定额和周转双重考核，使商品资金在总资金中占到 80% 以上。二是适应流通格局变化，开辟新的经营路子。①积极开拓区内外市场，增加两头在外经营比重，改固守区内为两头在外做生意。增加区外市场购销比重，淡化区内市场对区内经营的影响，凡能提高企业经济效益的，允许区外经营大于区内经营比重，粮食系统先后在 14个省市购销粮油，占购销总量的 60% 以上，物资部门 1992 年前 5 个月市场组织货源占总购进的 88.23%，把企业推向市场，计划外销售占纯销售额的 90%，国合商业区外销售比重由上年同期的 8.8%、5.86% 提高到26.5% 和 9.41%。②改变恋土恋乡为出山闯荡，地区外贸车队与福建清田县签订合同出 4 台车承包运货，台车年缴运费 6 万元，扣除各项费用，台车年纯利润相当于过去台车年纯利润一倍多。③改孤军作战为联营联购。联营采取四种形式即与省外乡镇企业、对口企业联营；与个体户联营；与省内有关单位联营；与外商合资办企业。个人经营的新型商业"个体户"，凡是有利于企业扩大购销，提高效益的各种形式，企业都可以结合自身实际，大胆改革实施，与港商合办的"陕西百汇皮革有限公司"已进入实施阶段；与日商合资生产太乙阳丹片的厂房已租赁装修，生产设备已到位安装，结束了商洛无"三资"企业的历史。对农副产品收购，采取了与乡、村干部、个体户联购的方式，还采取换购，收原品或半成品，秤称、斗量等群众乐于接受的办法，使农副产品比上年同期增加 69.4%。三是抓扭亏增盈，挖潜提效。对于亏损企业，落实了专人分包，签订了限亏承包合同，制定了扭亏增盈考评办法。对盈利企业逐户制定了增盈规划，确定奖励比例。对完不成扭亏增盈的企业领导，坚决实行罚款或撤免降，年终兑现。

第五，切实加强领导，确保流通体改的顺利进行。各级党组织密切配合各级政府一致行动，充分发挥了思想政治工作对流通体改的保证作用，地、县（市）两级加强了组织协调，及时研究解决流通改革、网点建设、规模经营、市场安排和有关政策方面的重大问题，还专门研究了把商南建成省级集贸市场的有关问题，进一步审定了商南县的商业建设规划。

我们认为，在农村以市场经济体制代替原来的计划产品经济体制是农村经济体制改革的目标。农村市场经济体制应当包括以下几点：

1. 从生产经营单位来说，应当是独立的商品生产者和经营者；

2. 市场取向，即以市场需要来安排生产；

3. 价值规律和市场供求规律在起作用，从长远看，主要农产品的价格应当放开；

4. 市场要发育，市场体系要逐步完善起来；

5. 创造良好的市场环境，如有较完善的法律、法规，交换场所和仓储设施较完善，等等。

市场经济体制的建立和完善，是一项较为复杂的系统工程，需要一个过程，因此，既要积极，又要扎实地工作。

当前的问题，一是贯彻搞活流通决定的深度不够，观念更新步伐不快，一些部门领导满足于"守摊子"，竞争意识不强。二是市场发育不良，市场体系远未建立起来，商业网点不足，营业面积偏少，流通设施落后，全区现有商业网点 1.3 万个，每千人拥有 5.6 个，低于全省每千人拥有了 7.7 个的平均水平。三是政策不够到位。（1）政策不落实，如减税让利、政策性补贴、计划内物资作价原则、征收商业网点配建费等在一些县（市）还未完全落实。（2）政策不够完善难执行，国家商业批发代扣税已经停止，而对个体、合资、工业企业批发代扣税的办法不明确；国合商业搞个人承包，实质成为个体经营，没有明确的管理办法；国合商业白条子进账，销进货不开发票，势必出现营业税和批发环节税的大量流失，缺少对策，规定"特困和微利国合商业用银行贷款搞商业网点建设，可向税务部门申请免征投资方向调节税"，但对"特困"和"微利"的尺度由哪一级来认可，不够明确。四是商贸企业经济效益严重滑坡，随着流通领域进一步放开搞活，国营批发企业旧的优势基本丧失，各类集体、个体批发企业大量进入流通领域，全区批发市场蓬勃发展而国营批发企业则日趋萎缩，其主渠道和蓄水池作用明显削弱，利润下降，亏损增加，费用水平上升。商州市工业品批发集体、个体企业 282 户，占领了城区 2/3 的批发市场，全区国营商业批发企业销售额下降。

总而言之，距市场经济体制的目标还有很大的距离。

今后的努力方向是建立市场经济体制，在一个时期之内，除了继续深化加强以上五个方面的工作以外，要做好以下几个方面工作：

1. 加强企业管理，严格执行各项规章制度。企业管理工作是企业经营的关键，企业要在完善企业管理体系，强化企业管理上下功夫，把懂管理，会经营的业务骨干和专业技术人员充实到企业领导班子中去；要调换那些对管理无方，决策不力，不懂科学经营和管理的企业领导人员。强化执行企业财务制度，清理"三角债"，减少不必要的银行贷款，以提高企业的效益。

2. 发挥拳头产品和群体经营优势，走集团经营之路。1992 年组建粮油、食品、核桃经营集团，各部门和企业其他形式的联合购销群体也要巩固、完善和提高。以拳头产品为龙头，以群体优势带动批量，树立市场中心地位，增强市场竞争能力。要提高拳头产品质量，譬如豆类产品商洛适生，外销市场好，应积极引进大颗粒优良品种更新换代，商洛是全国的核桃主产区，过去出口产量占全国 1/6，但近年管理不善，病虫害严重，品种退化，需要提纯复壮，提高产品竞争力。

3. 努力提高经济效益。一是加强购销力量，以灵活经营的形式占领区内外市场。二是转变经营策略，走批零一体，综合经营的新路子，改进商品分级分等，改进包装质量。三是组织强有力的工作班子，重点帮助亏损大户，紧抓扭亏增盈，主管部门要深入企业做好调查研究，提出措施。财政、税务、银行等部门要结合本身业务特点搞好"支帮促"，解决具体问题，商洛税收部门制定了税收优惠政策，包括开发、开放试验区税收优惠政策；支持国家机关、事业单位兴办经济实体；积极支持"四放开"的全面推行；支持农业单位兴办经济实体；鼓励外商来商洛投资办厂；积极支持搞活国营大中型企业的政策，并且采取措施，保证税收优惠政策全面落实。商洛银行在转换银行机制，适应改革发展方面，采取优化资金增量，调整信贷结构；用足用活人民银行再贷款；对企业上质量、上水平、上等级和经济效益好的项目，银行在小额贷款、技改贷款上优先安排；对党政单位兴办的各类经济实体，只要符合国家产业政策，能利用当地资源，经济效益好的，给予大力支持。同时要积极发展金融市场，鼓励和支持企业面向社会多渠道直接融资；发展外汇业务，积极引进外资，促进外向型经济的发展。

4. 抓商办工业和生产基地建设，首先要强化为农业生产、为工业生产、为人民生活服务的"三个服务"的思想，通过市场信息引导生产部门发展适销对路的产品，促进工业产品、农副产品基地的不断发展壮大，同时利用自身优势发展商办工业，开发拳头产品和特色产品，促进商品生产发展。

# 发展交通运输业

交通运输是国民经济中的重要物质生产部门，发达的地区综合交通运输系统，是区内外紧密联系和国民经济全面发展的强大物质支柱。在贫困山区，发展交通运输对于发展山区经济更具有举足轻重的地位。

### 历史沿革

古代商州，曾为"秦楚咽喉"，是我国东南各地和中原部分地区通往京畿长安的交通要道，曾开辟过许多驿道，设置有很多"驿站"、"邮驿"、"急递铺"。唐贞观年间商州刺史李西华倡修的从蓝田至河南省内七百里路，商县以东史称"商旅六百里"，此路古时又称商山路、武关道、兰武道，尤为著称。

商洛有五大河流，除洛河注入黄河外，其余均经汉江流入长江。丹凤龙驹寨、山阳漫川关为古时有名的水旱码头。据有关史书志书记载，古时荆州负赋送达冀州，多自长江溯汉水而上，到老河口入丹江，至现在的丹凤县改陆运到卢氏，顺洛河而下到黄河。唐、宋、元三代，龙驹寨已逐步发展成为"北通秦晋，南接吴楚"的水陆交通码头。唐代将丹江航道作京城与东南的一条交通命脉。明万历天启年间（1573—1627 年）"龙驹镇康衢数里，巨屋千家，鸡鸣多未寝之人，午夜有可求之市。是以百艇联樯，千蹄接踵，熙熙攘攘，商税所由复增，税额所由日增"。明洪武初年修建的龙驹寨"船邦会馆（俗称花庙，花戏楼）"，可谓"商水日臻繁华"。清康熙三十二年（1693 年）、五十九年（1720 年）、雍正十一年（1733年），均因关中灾荒，将襄阳、湖广仓米自丹江运到龙驹寨，再由畜驮人担转送到长安。清道光至光绪年间（1821—1900 年），丹江航运进入极盛时期，"南来北往，万商云集"。

由于丹江航运的发展，龙驹寨的商业，服务业逐步兴盛起来，曾设有"过载行"、"骡子店"、"骆驼场"、"发货铺"、"银钱铺"共 80 多家。曾建有"八大会馆"，现存的"船邦会馆"即其一。清嘉庆年间，英国曾在此开办"福秦洋行"。1911 年，专曾引进意大利酿造葡萄酒技术，开创了葡萄酒酿造业，从而西北酿造葡萄酒历史最早，是全国第三个酿造厂。清时，年收纹银 13 万两，居全陕集镇之冠。

民国二十四年至二十五年（1935—1936 年），长坪（长安至河南西坪）公路建成通车，民国三十二年（1943 年）洪箭（商县洪门河至洛南箭杆岭）公路建成通车。这两条公路，本区境内共长 288 公里，即解放初期全地区的所有公路里程，对当时发展商洛经济和沟通豫鄂陕省际交通，具有十分重要的作用。

1931 年至 1934 年陇海铁路由河南灵宝修至潼关、西安以后，商洛逐渐失去了昔日的交通要冲地位。新中国成立后，50 年代到 70 年代末，公路较前有所发展，但比较缓慢。70 年代末，有支线公路总里程 3598 公里，但技术等级低，路况差。

80 年代后，公路发展较为迅速，截至 1984 年底，全区公路总里程达 3958.5 公里，占全省比重 10.7%，每 1 平方公里拥有公路 0.205 公里，居全省第四位，其中干线 673.5 公里，县公路 3184.0 公里，专用公路 101公里，已初步形成以国省道公路为骨架，以县乡公路为网络的公路体系。

全区有 311 个乡，1600 个行政村通了公路，占村总数 55.9%。成为商洛目前唯一的运输方式。水运曾经有过繁荣时期，现在已经衰落，如果今后生态环境有所改善，沙石不再继续淤积，经过河道整治，水运在商洛还是应占有相当位置，因为商洛河川多，而水运又是比较节省，经济的运输方式。

**交通运输的特点与问题**

由于自然环境的地区差异，社会经济发展水平不同，以及工程建设难易和地区投资比例大小不等原因，商洛的交通运输业具有以下的明显特点：

1. 路网布局很不平衡。陕南秦巴山区，崇山峻岭，交通阻塞，人力背挑几乎是过去唯一的运输方式。新中国成立以来，尤其是三线建设中，国家对包括商洛在内的陕南地区的陆上交通建设特别重视，公路干支线沟通了县城和大部分集镇，从而初步改变了交通闭塞行路难的面貌。但是，商洛的公路多集中于干线与县级公路，乡级尚无正规公路。商洛地区公路通车里程见表。

**公路通车里程**

| 公路<br>地区 | 合计<br>（公里） | 干线公路<br>（公里） | 县公路<br>（公里） | 乡公路<br>（公里） | 专用公路<br>（公里） | 公路密度<br>（公里/平方公里） |
|---|---|---|---|---|---|---|
| 陕西全省 | 36859.9 | 7889.0 | 25681.1 | 1406.8 | 1919.0 | 0.179 |
| 商洛地区 | 3958.5 | 673.5 | 3184.0 | | 101.0 | 0.205 |

资料来源：《陕西国土资源》，下同。

2. 线路等级低。新中国成立前，公路大多是由马车道改建而成，量少，质差。新中国成立以来，公路交通建设得到了很大的发展，一方面发动广大群众从事公路建设；另一方面，国家拿出了一定的财力、物力进行公路建设，除了恢复，改建旧有公路外，新建了很多干线、支线，但是总的说，线路质量还是不高，商洛地区最高质量等级是三级路，至于乡以下道路，质量更差。与全省相比，全省有少量二级公路，三级公路占一定比重，而商洛没有二级公路，四级等外线路比重大。

3. 公路客货运量低于全省水平。陕西省十地市，商洛是其中的一个，平均计算商洛应占1/10，实际上低于这个数值。

新中国成立以来，商洛交通运输得到很大发展，基本改变了过去交通闭塞的落后状态，但目前的公路运输情况，仍然与国民经济发展要求不相适应。主要问题是：公路技术标准低，通过能力小，早期修建的桥梁，不适应大吨位车辆通行，质量差，不时中断交通，多数黑色路面已过龄期，未能改造，路况下降，路桥不配套。有的运输车辆尚待更新改造。大吨位车辆少，大部分为油耗大的中吨位车，客车数量少。汽车站陈旧，站房狭小，设施简陋。交通工业发展也不平衡，汽油车的修理能力过剩，柴油车，小客车的修理能力又不足，企业现代化管理水平低，各项技术经济指标长期落后于全国全省平均水平，运输成本高，将阻碍公路交通运输的进一步发展。

公路水毁严重。由于资金缺乏，加之地形限制，商洛的公路绝大多数是沿河走，绕山转，抗洪能力弱。据不完全统计，从1950年到1990年，全区公路水毁损失达1.1亿元，国家投入公路水毁修复资金达2600多万元。特别是1987年全区有110条2949公里公路遭受不同程度水毁，造成5条国省道、31条县道、74条乡道严重阻车，全区的18个区142个乡交通中断。

从当今运输系统的现状与趋势看，公路运输是当今世界最活跃，最广泛，最富有潜力的一种运输形式。但是，由于商洛的原有的基础太差，公路现状仍很落后，已明显成为国民经济发展的制约因素。

### "以工代赈"发展交通

#### 加快公路建设促进社会经济进步

为了帮助贫困地区尽快改变落后面貌，1985—1987年采取"以工代赈"的方式，资助贫困地区修建县乡公路，商洛地区3年新建地方公路622公里，其中等级公路568公里，通车里程540公里，修建桥梁总长4910米/183座。

山区交通的改进，使群众腿长了，脑子活了，眼睛亮了，信息灵了，不但促进了商品经济的发展，逐渐形成了商品流通的新格局，而且促进了精神文明的建设，使科技文教、体育、医疗、卫生和广播、邮电事业也得到了一定的发展。许多区乡，公路通车后，建起了文化站、电视室等，使科技知识迅速普及。尤其是人们的思想观念正在发生深刻的变化。商品生产观念、市场竞争观念、时间效益观念逐渐在取代传统的自给自足、"死守一业"、"死守一方"的小农经济思想，开始从封闭型走向开放型。由此可见，公路交通条件的改善，最大的社会效益是拓宽了山区群众封闭的、狭隘的精神境界，更多地了解社会文明。

　　加速了客货流量

　　"以工代赈"修建公路，既是公路建设大发展的三年，也是交通运输大发展的三年。商洛地区三年期间新增各类车辆2173辆，总数达到8963辆。其中，个体运输户拥有货车364辆，客车27辆，从业人员11000人；新增拖拉机317台，总数达到4534台；客运线路增加到101条，比1984年增加28条，通车约216个班次，大小站点418个。1987年完成全社会客运量609万人次，客运周转量48433万人公里，货运量103万吨，货运周转量10221万吨/公里，分别比1984年增加40%、23%、2%和28.3%。

　　镇安县"以工代赈"公路建设基本上改变了过去有路难行车的落后面貌，对于发展经济，治穷致富很快取得了显著效果。全县10个区全部通了轿子车，238个行政村通了汽车，占总村数437个的54.5%。各种运输车辆发展到696辆，运输专业户发展到41户。农民购买汽车41辆，内客车2辆，各种拖拉机397台。1987年共运各种矿石9055吨，分别比1984年增加4557吨，比1985年增加1548吨；运输大理石2200立方米，比1985年增加1900立方米。总收入达360万元，分别比1984年增加2.3万吨，比1985年增加0.25万吨；客运量47.25万人次，比1984年增加18.4万人次，比1985年增加5.6万人次。全县客运班车由1984年的12辆增加到20辆，客运线由1984年的8条增加到14条，农民乘车难的问题基本得到解决。

　　丹凤县三年"以工代赈"使地方道路面貌大为改善，形成了以县城为中心，以干线为骨架，辐射6米主要支线的区乡道路网。地处偏僻的峦庄区和竹林关可直向西安发班车。全县 174 个行政村通了汽车，占总村数的 53.7%。农民购买汽车 63 辆，拖拉机 623 台，自行车 1.5 万辆，运输专业户发展到 444 户。群众高兴地形容说："昔日肩挑背驮真难行，现在车宽车多忙不停，有货不愁运不出，一天就可进省城。"公路通后，峦庄区供销社把 1983 年收购积压的 55 万公斤橡碗全部运出，减少了损失。峦庄区 1987 年与 1984 年相比，汽车由 2 辆增加到 2150 辆，橡碗年收入由 10 万元增加到 47 万元，加工木把年产值由无到有，达到 55 万元，木耳由年产 1 万公斤增加到 5 万公斤。

促进了资源的开发

商洛地区自然资源丰富，木材蓄积量 1500 多万立方米，是本省主要木材产区之一；山货土特产品资源 1000 余种，年产量达 2.5 亿公斤以上，中药材年收购量居全省第二位。全区共有国营和集体矿区 162 个，已探明并列入省储量表的矿种共 36 种，有 8 种矿产储量居全省或全国第一。但前几年苦于公路不通，长期在地下沉睡。三年修建了一条矿区路和林区路，带通矿点 82 个，林区 24 个，使全区村以上矿点企业数从 1984 年的 136 个增加到 320 个，总产值从 1984 年的 2780 万元增长到 5057 万元。全区多种经营收入 1984 年 4.4 亿元，1987 年增加到 6.3 亿元。

丹凤县打通了丹（凤）峦（庄）和丹（凤）庾（家河）公路后，峦庄和庾家河两个区集体和个体共采云母、绿柱石、铌钽、锑沙等矿产 1120 吨，调运后，共收入 80 多万元。蔡川乡韩沟村四组仅采矿一项，户均收入 2000 元，加工大理石板材 100 立方米，踏步石 800 米，产值 22 万元，使"死宝"变成了"活宝"。

活跃了农贸市场

公路建设的发展，大大加速了商品流通，也使全区的集市贸易市场活跃了起来。全地区 1984 年有集市贸易市场 130 个，随着公路的修通，目前已达到 150 个，比 1984 年增加了 20 个，基本都在公路沿线，活跃了经济，方便了群众。一些新建的集市，逢集远近几十公里赶集的人络绎不绝，商品交换一下子兴隆了起来。

实践证明，"以工代赈"修建贫困山区道路，是开发山区经济，群众脱贫致富的好门路，是我国反贫困的一条重要措施，今后应该继续采取这一办法，帮助贫困地区振兴经济。

### 加速交通运输建设

交通运输事业的发展速度，在很大程度上取决于外部环境条件，包括各级政府和人民群众的关心和支持，国家和地方的经济实力、体制和政策问题。从商洛地区的情况看：

1. 要进一步确立交通运输"先行官"的地位，进一步改善外部环境，真正把交通作为经济发展全方位开发的战略重点，列入重要议事日程，使"倾斜"政策落在实处，尽可能地集中财力、物力，用于交通基础设施建设。

2. 以公路建设为重点。商洛地区约占全区总面积80％以上的山地适应公路运输条件，因此在有条件地方发展水运的同时，应以公路运输作为发展重点。

3. 处理好公路建设和公路技术改造的关系，运用现代科学技术和经济原则，探索经济上合理，技术上先进的公路建设和改造方案，使公路网的布局特别是公路的等级结构趋于合理化。

4. 加快开发水运事业，商洛历史上航运事业较为发达，应坚持宜陆则陆，宜水则水发展交通的方针，充分利用水力资源，解决山区群众交通困难，重点开发丹凤、商南两县航运事业。

5. 交通基础设施要统筹规划，条块结合，明确目标，分层负责，突出重点，量力而行。坚持干支兼顾，以干为主，养建并重，以养为主，努力改善提高公路通过能力，使公路交通与社会经济发展的需求相适应。加快桥梁配套，提高晴雨通车里程，确保公路运输安全畅通，打破山区封闭状态，使交通更好地为振兴商洛经济服务。

# 科技兴农

科学技术是第一生产力。按照目前比较流行的看法，认为这里所说的科学技术是专指自然科学技术。我们认为，这种看法未免失之过窄。因为，科学不只是自然科学，它也包括社会科学。而这里讲的科学技术，至少应当包括社会科学中的战略学、政策学、管理学、技术经济等具体学科。或者至少应当包括现在人们所讲的软科学。而按照现在流行的看法，往往容易使人们轻视或者忽视管理科学的错觉。其实，没有正确的发展战略，没有相应的政策，没有科学的管理方法，社会、经济、文化事业就会遭到严重挫折。即使是自然科学事业的发展，也存在战略选择和科学管理的问题。正是基于这样的理解，我们在本章讲到科技兴农的时候，都不单指自然科学技术，还包括社会科学，至少包括社会科学的一部分。

社会经济的发展，靠科学技术这个第一生产力来推动。同样，贫困地区农村的脱贫致富，或者准备起步、起飞，也需要这个第一生产力的推动。

在旧中国，商洛地区农民在生产中使用的是靠一代一代经验传授的传统技术，耕作是粗放的，在山坡林地上采用放火烧荒，弃耕制，所用的种子是祖先传下来的本地种子，没有化肥、农药，即使是农家肥料也为数不多。在河川地还有耕畜，而在山地只是靠人力耕作和背背、肩挑，所使用的工具是锄头和背篓。这是延续了几千年的落后传统技术，加上坡陡，土层簿，亩产很低。

### 农业科学事业有了发展

新中国成立 40 多年来，商洛地区的农业科学事业有了比较明显的发展。

1. 耕作制度从过去的"烧荒开垦—耕作—弃耕"转向基本农田制。正如我们在第四章所指出的，在新中国成立前，除了为数不多的川道地之外，山坡地一直采取弃耕制，即耕种几年即抛弃再放火烧荒。新中国成立后到 1958 年前，山坡地仍然实行落后的弃耕制。从 1958 年开始修建水平梯田，这种弃耕制也开始发生缓慢的变化。直到 70 年代末，共有水平梯田 51.7 万亩，加上 60 万—70 万亩的平川地，两项合计 120 万亩，占耕地面积的 1/2 以上。特别是 1985 年以后，地区农业区划委员会提出要退耕还林、还牧和基本农田稳定在 210 万亩的目标之后，虽然仍有少数农民偷偷放火烧荒。但总的看，可以说基本实现了稳定的基本农田制。在前面有关章节中已经指出，耕作制度上的这一转变，在本地具有重要的战略意义。即使是从耕作制度本身的变化角度看，无疑也是一个巨大的进步。

2. 栽培制度从单作向单作与间套种发展。长期以来，本地农作物栽培制度基本上是单作。在川道地实行玉米、冬小麦连作，在山坡地实行玉米、马铃薯或小麦单作，虽然有间套种，但为数很少。自70年代开始发生变化，70年代初，推广小麦和玉米间作，到1975年更实现了小麦和玉米、马铃薯和玉米、红薯与玉米间套作的所谓"三大套"，解决了两熟作物夏、秋争农时的矛盾。以后逐步推广到粮油、粮菜、粮桑和粮药套种，目前复种指数已达1.9以上。从单作向间套作发展，是栽培制度的一项重大改革。

3. 良种普及率有很大提高。各种主要作物的良种普及率：冬小麦74%，玉米66%，水稻95%，红薯100%，马铃薯60%，大豆30%。在畜禽良种方面，近几年来引进了北京白鸡100只，种蛋3.9万枚；引进丹麦牛冷冻精液颗粒510粒；从东北引进长白瘦肉型猪种。现在存在的主要问题是良种更新周期太长，种子混杂、老化现象比较严重。

4. 化肥、农药、农膜的使用从无到有，从少到多。从50年代初开始推广使用化肥、农药，现在已基本普及。近几年又开始推广塑料覆盖技术，取得了良好的效果。此外，本地推广玉米营养钵育苗、移栽已有相当基础。1990年，镇安县玉米营养钵育苗移栽面积达4.13万亩，占全县玉米面积的1/5。

5. 农业机械数量有明显增加。新中国成立前，商洛地区农业生产没有农业机械。只是在新中国成立以后才逐渐增加起来。到1987年动力达到25万千瓦，比1962年增长近100倍。其中，大中型拖拉机1987年达到296台，比1992年的26混合台增长10倍，手扶拖拉机从1970年的94台增加到1986年的5203台。在农业生产中起作用最大的是农田水利灌溉机械，1988年达到31401千瓦，比1962年增长11倍。

6. 初步形成了农业推广服务体系。更为可贵的是经过40年的努力，建立了一支农业科学技术推广队伍，初步形成了推广服务体系。

从种植业来看，1952年成立地区农业技术推广站，第二年在商县、丹凤、山阳、镇安、洛南5县各建一个农技站，以后，柞水、商南也建站。"文化大革命"时期，农业技术推广站和农经管理站撤销，1979年又恢复了地区站、县站、公社农技站以及农经管理站。农村实行家庭经营承包制以后，根据新的情况，农业推广组织结构有了变化。到 1990 年底，形成了地区、县、区、乡四级农业技术推广站，村成立农业综合技术服务组，有的村、组以下有示范户的农业科技推广网络。一般说来，县站 7 人，区站 4—5 人，乡站 3—4 人（其中 1 名为国家合同干部，其他为畜牧站、农经站的人员），村综合服务组 3—7 人，由农民技术员、植保员、畜牧防疫员组成，其报酬（补贴）由村民负担。目前，全地区 367 个乡中只有 278 个乡建立了站，约 300 人。根据粗略计算，全地区农业技术推广系统共有 6400 多人，其中区站以上为国家干部计 411 人，占总数的 6.3%，其余为合同干部和农民技术员。

此外，还有各种技术协会、农经管理站等组织。1991 年全地区共有多种专业技术研究会、协会 225 个，1.4 万人，有 1730 个村级技术服务组织。

从畜牧业来看，同农业推广站大体相似。地区、县、区、乡四级设站，村设防疫员 1 人，一般乡站为 2 人，区站为 4 人。粗略计算，全地区畜牧兽医站系统约为 3900 人，其中区站以上为 330 人，占 8.4%，其余 91% 以上为农民畜牧防疫员。此外，还有检疫站、兽医院。

从林业看，全地区有林业技术推广站 275 个，以一站 4 人计算，大约 1100 人。

从水利看，有水管站 54 个，以每站 4 名技术人员计算计 216 人；水土保持站 8 人，灌溉技术推广站 5 人，水产站 5 人，共计 292 人。

以上农、林、牧、水利（含水产）技术推广系统合计 11834 人，其中国家干部 1048 人，占 8.9%。

综上所述，我们可以得出这样的结论：新中国成立 40 年来，商洛地区的农业（广义农业）科学事业和农技推广工作有了明显进步，在生产中采用的技术已经或正在发生变化。那种认为，贫困地区的农业依然是过去的传统技术的看法，并不符合实际。

**贫困地区更需要科学技术**

生产力在人类社会发展中起着主导的决定的作用，而科学技术又是生产力中的先导部分。任何社会，任何地区的发展，都要借助于科学技术的推动。经济发达地区如此，经济欠发达地区也是如此。但是，相比较而言，在经济比较落后的地区科学技术在生产中的应用，其效果会更加明显。因为，在落后地区，原来的科学技术水平比较低，农作物单产也比较低，一方面说明落后，另一方面也说明潜力很大。当采用某一项技术后，其增产效果比之高产地区采用此项技术的效果更为明显。

从实践来看，也得到了证实。据商洛地区的资料，玉米采用地膜覆盖技术后，平均亩产 410 公斤，比露地玉米（即未用地膜覆盖的玉米）增产132 公斤，即增长 47.5%。又如，地膜育苗（玉米）移栽，平均亩产331.5 公斤，比直播玉米增产 87.9 公斤，增长 36%。采用某一项技术增产幅度达 36%—47%，这在一般地区，特别在发达地区是很少见的。

由于人的文化、技术素质较差，因此在贫困地区推广农业技术，必须由低到高，在开始阶段更多的是采用常规技术，即实用技术，而不是那些先进的技术。从商洛地区的情况来看，主要是建设基本农田，实行间套种、采用良种、合理施肥、农药等。在林业生产中，主要是采用优良种苗，修枝（果树），增施底肥、防治病虫害等。目前，商洛地区的板栗产量很低，按树平均只产几斤板栗。如果抓好施肥和植保两项措施，即可大大增产。因此，在贫困地区推广农业技术要从实际出发，推广实用技术，一是农民容易掌握，二是能够收到比较好的效果。反之，推广颇为先进的技术，如叶面追肥、配方施肥等，农民不易掌握，效果也不一定理想。

当然也不是绝对地不能采用先进技术，相反，先进技术是起导向作用的。因此在有条件时应当积极采用。例如，目前本地区已经推广牛冷冻精液配种技术，因为是配种站技术人员操作，无须农民动手，所以能够推广，并取得令人满意的效果。

在推广农业技术的实践中，不能忽视或轻视优良的传统技术。例如，施用农家肥料、间作、池塘贮水灌溉等技术都是传统技术中的宝贵部分，值得在新的条件下加以充实和提高。

综上所述，可以把商洛地区的农业技术战略概括为：以先进的技术为导向的实用技术和优良传统技术并重的战略。

**把科学技术变为现实的生产力**

科学技术是第一生产力，但它还不是现实的生产力，需要把它转化为现实的生产力。在这个转化中，农业技术推广起着十分重要的作用。为了使这种作用发挥得更好，需要采取以下措施：

1. 增加农业技术推广的资金投入。从经济学观点来看，增加农业推广经费所取得的效益是很大的，投入少，增益大，可以说是一本万利。所以，应当想尽一切办法，增加农业推广经费。现在最迫切的是使区、乡两级的农业技术推广服务站有房屋、有一套最起码的仪器设备，其次是增加必要的试验、研究经费，使农业推广技术人员能够进行必要的研究和试验。

应当指出，这里是山区，地形地势复杂，小气候多样，十分需要适合各自特点的品种和耕作栽培方法，而这些是其他地区所没有的，必须由本地研究和试验。

2. 改革农业推广体制。现行的农业推广体制基本上是行政机构的体制，隶属于农业行政部门，经费由农业部门拨，任务由农业部门确定，推广站没有自主权。由于经费不足，无法开展科研和推广工作。同时，地方上各种"中心工作"，往往要抽调农业推广人员参加。这样许多农业技术推广人员没有条件，也没有时间从事农业技术推广工作，形成了一方面人才奇缺，另一方面却不能使农业技术人员更好地从事农业科学技术工作的现象，这不能不说是极大的浪费。

为了使农业科技人员有发挥他们所长的条件，调动他们的积极性，需要对科技推广体制进行改革：①要把农业科技推广服务组织与农业行政脱钩，成为独立的经营单位。②保证农业科技站人员从事本行业务工作的时间，不得抽调参加其他的所谓"中心工作"。③有条件的可以试行有偿服务。科技成果对增产增收起突出作用的，应当付给一定的报酬和奖励。此项资金为农民一时无力支付，可由财政上单列此项基金。④由于地区财政困难，也可以鼓励和支持农业技术推广站兴办经济实体，用实体的收入来支持农业推广工作和改善农业技术人员的生活状况。

3. 搞好集田承包。组织技术承包集团是科技服务组织的一种形式。这是在放活科技人员政策的基础上，学习河北省的经验，逐步发展起来的一种较大规模的技术服务组织形式。商洛地区地膜玉米承包集团，1992年共有数百名科技、管理人员和农民技术员参加承包集团，实行权力、财力、智力、劳力结合，并且地、县、乡、村层层签订双向技术承包合同责任书，自上而下地开展技术承包和生产资料、资金配套服务，有效地将各有关部门的科技力量与其他生产要素合理组织，调动了承包双方的积极性，保证了地膜玉米推广成功，显示了强大的生命力。因此，今后应视条件之可能，在一些项目上采取这种形式。此外，依靠科技扶贫经济实体或龙头企业开展综合配套的技术服务。例如商南县茶叶公司，针对当地的支柱产业开发，形成了统一的产业技术和农产品商品基地的发展，这也是一种值得学习的形式。

4. 积极发展各种专业技术协会。发展以农民、农民技术员，科技人员为主体的民办科技合作服务协会。随着科技开发和商品经济的不断发展，不少地县涌现出一批由科技人员或农村能人牵头，农民自愿组织的民办专业技术合作服务组织。这类组织采取联合集资或自愿入股的方式兴办以服务为宗旨的合作经营实体，根据专业农户的生产需要，在产前、产中、产后各技术环节，解决一家一户难以解决的社会化服务问题。例如杨峪河养鸡协会、商州市水杂果技术协会等。这种合作协会是农民自己组织起来为自己服务，因而具有较好的机制和较强的生命力，很有发展前途。从国外已有的经验看，这种合作组织的发展与完善将为农村今后的经济与科技体制改革提供一种重要模式。

5. 使每个劳动者掌握一项实用技术。商洛地委和行署提出，使每户有一个人掌握一项实用技术的计划，是一种非常有意义的事业，地委和行署提的是到2000年的目标。我们认为，作为一项更长的目标，可以提出使每个农业劳动者，特别是妇女掌握一项实用技术。现在的问题是需要落实，不是停留在文件上、口头上，而是要建立档案，一户一户地落实。

## 教育是经济开发的奠基工程

当今世界，无论对一个国家，还是对一个省，一个地、县来说，经济竞争归根结底是科技的竞争，是人才的竞争，是教育的竞争。在贫困地区尤其如此。要使经济开发这棵大树枝繁叶茂，果实累累，不仅要政策好、天帮忙、人扶持，还必须抓好教育这个奠基工程，努力提高劳动者素质，培养出千百万又红又专的各级各类建设人才。

### 现状与问题

据史书记载，我们商洛地区早在金朝就有了办学的历史。金承安三年（1198年），军判许安世在州治西建州学（学宫），但由于种种原因，一直未能得到较大的发展。1949年全区解放时，仅有中小学1073所，在校学生6.33万名，教职工1496名。新中国成立以后，我区教育事业有了长足的发展。到1991年，全区有幼儿园106所，小学4391所，中学217所，完全中学31所，职业中学16所，中等专业学校6所，高等师范专科学校7所，各级各类学校共计达4767所，在校学生达到34.4万名。教职工2.19万名，与1949年相比，分别增长了3.4倍、4.4倍、13.6倍。全区在1987年实现了基本普及初等教育，1990年各县（市）都达到了学龄儿童"基本无盲县"标准，到1991年底，已有32%的乡镇依法实施了六年义务教育，覆盖人口达82.3万。教育事业的发展，促进了人口素质的提高。据全国第四次人口普查统计，全区小学以上文化程度的人口已达到138.36万，占总人口的59.8%，其中大学文化程度的12395人，占总人口的0.54%；高中文化程度的136123人，占5.9%；初中文化程度的451010人，占19.5%；小学文化程度的784086人，占33.9%。与全国第二次（1964年）和第三次（1982年）人口普查相比，每万人口中，初中以上文化程度的人口数增长幅度较大。同时，文盲、半文盲人口则有较大幅度的下降。

但是，综观我区教育事业，仍不能满足经济开发的需要，存在许多突出的困难和问题。

1. 学校规模小，办学效益低。我区小学校均学生56名，比全省平均水平98.5名少42.5名，还有2086所初小，校均学生在25名以下；初中校均学生230.5名，比全省平均水平371.3名少140.8名；高中校均学生460.6名，比全省平均水平488.9名少28.3名。在1372个初中教学班中，

35 人以下的达 385 个，占到 28.1%，比全省平均水平 15.7% 高出 12.4 个百分点；在 299 个高中教学班中，35 人以下的有 27 个，占到 9%。平均每名教师负担学生数也不足编制标准，师资浪费情况比较严重。

2. 教育经费紧缺。由于经济基础薄弱和教育的发展速度较快，教育经费占财政总支出的比例逐年上升，而教育经费中公用部分比例逐年下降的状况，是贫困地区的普遍问题。我区也不例外。自 1978 年以来，我区教育经费占财政总支出的比例基本上处于稳定上升的趋势。从 1978 年的 13.2% 上升到 1985 年的 27.42%，处于最高点；而自 1986 年以来，回落稳定在 25% 左右。教育经费中的公用部分 1979 年是最高点，达到 40.97%，以后逐年下降，近四年基本上保持在 12% 左右。生均经费也少得可怜，不仅低于国家规定的公用经费标准，也低于陕西省的大部分地市。1991 年全区教育经费支出的具体情况是：支出总额为 5602.1 万元，占地方财政收入的 70.9%，有 3 个县在 90% 以上，占财政总支出的 25.5%。在教育事业经费中，个人部分高达 4963 万元，占 88.6%，公用经费仅有 638.8 万元，占 11.4%。各类教育事业的经费支出情况是：中师支出 186.3 万元，占全区教育经费支出总额的 3.3%；职业教育 142.9 万元，占 2.6%；普通中学 2148.1 万元，占 38.3%；小学 2303.4 万元，占 41.1%；幼儿教育 45.3 万元，占 0.8%；民办教师补助费 353.2 万元，占 6.3%；其他（包括教师进修及干训、广播电视教育、其他教育等）423.3 万元，占 7.6%。

3. 教师合格率低。按国家规定，小学教师达到中师、高中毕业以上程度，初中教师应达到大学专科毕业以上程度，高中教师应达到大学本科毕业以上程度。1991 年，我区小学教师 12109 人中，中师、高中毕业以上的 8466 人，合格率为 69.6%。全国小学教师合格率为 80.71%，陕西省为 81.98%，我区分别比全国、全省低 11.11% 和 12.38%。我区初中教师 4526 人中，大学专科毕业以上的 2547 人，合格率为 56.27%，全国初中教师合格率为 51.79%，陕西省为 45.39%，我区分别比全国、全省高出 4.48% 和 10.88%。我区高中教师 1132 人中，大学本科毕业以上的 374 人，合格率为 33.04%。全国高中教师合格率为 47.2%，陕西省为 48.16%，我区分别比全国、全省低 14.16% 和 15.12%。

综合上述分析，我们可以看出这样几个问题：（1）长期以来，由于经济投入不足，造成了办学条件很差，教育欠账较多的状况；由于教育的服务作用不强，又形成了经济教育"两张皮"，相互困扰、相互埋怨的恶性循环。（2）要实现我区经济发展的第二、第三步战略目标，必须把教育搞上去，大力提高劳动者素质，培养出满足需要的各级各类人才，以加快科学技术转化为生产力的步伐。（3）要搞好教育事业，必须较大幅度地增加教育投入；但我区经济落后，财政拮据，短时期内很难满足各类教育的普遍需求。加之人民群众的经济承受能力有限，集资办学也难以有较大的进展。（4）在经费短缺、教育需求较大的双重困难状况下，必须进一步深化教育改革，积极探索符合实际的、有商洛特色的教育发展路子，努力争取以较少的经济投入取得较大的办学效益，以积极主动的教育服务促进经济的较快发展，创建教育为经济服务效益显著，经济对教育的依靠日益增加的良好局面。

**战略措施**

《中共中央关于进一步加强农业和农村工作的决定》指出："振兴农村经济，最终取决于科学技术的进步和科技成果的广泛应用。要牢固树立科学技术是第一生产力的马克思主义观点，把农业发展转移到依靠科技进步和提高劳动者素质的轨道上来。"这段话既指明了我区经济开发所应循的道路，也指明了我区教育要适应经济开发的需要，就必须坚持教育为社会主义建设服务的指导方针，团结推动科技进步和提高劳动者素质来运行。

### 一　真正把教育作为经济开发的奠基工程

人是生产力中最基本的因素。受过一定程度教育和训练的人，就形成了发达的和专门的劳动力，就能够加速科学技术向现实生产力的转化，提高劳动生产率，从而加快经济的发展。纵观经济发达和经济欠发达国家、地区的历史过程，除了原有的基础、市场、交通、能源等差距外，一个最突出的差距是教育发展和劳动者素质不同。日本的经济起飞，得益于普及教育造就了一大批训练有素、科技素质较高的劳动大军；前联邦德国"二战"后的经济快速发展亦是如此。在我们国内也是这样。一些原来经济就比较发达的地区，教育本身就较发展；一些经济上的后起之秀，在抓经济项目的同时，也注重了发展教育。就连经济上取得了辉煌业绩的深圳，在发展初期，也是招"才"生财，借"才"生财，采取了许多吸引人才的措施。最近，深圳的决策者还明确提出：90 年代要继续保持繁荣，唯有以科技为先导，以培养人才为基础。正是由于这些地区的劳动者素质高，敢于解放思想，勇于用足政策，善于科学决策，促进了科学技术向现实生产力的转化，加快了经济建设的步伐。而经济贫困地区的劳动者素质低，相当一部分管理者素质也较低，就造成了良种推广难，增产技术推广慢，科学技术转化为现实生产力举步维艰的局面。总结历史的经验教训，贫困地区在实现第二步战略目标的奋斗中，要做到高点起步，高效开发，就必须注重综合生产能力和经济效益的提高，必须走依靠科技进步和提高劳动者素质的道路。

发展教育事业，提高劳动者素质，已不仅仅是一个理论问题，也是一个十分迫切的现实问题。要使农业生产技术从传统的耕作技艺向大量运用现代化科学技术转化，要使农产品从原始的初级产品生产向深加工转化，要提高乡镇企业的劳动生产率和经济效益，没有较高素质的劳动者都难以实现。因此，贫困地区在经济开发中，一定要既看到自身的优势，又看到自身的劣势，自觉坚持"两手抓"的方针，一手抓自然资源开发，一手抓智力资源开发。要以自然资源开发来保智力资源开发，以智力资源开发来促进自然资源开发。各级政府的领导更新观念，自觉地把发展教育事业、提高劳动者素质作为实现科学技术是第一生产力的思想，实现经济建设"转轨"的奠基工作，要防止和纠正教育是"软任务"、见效慢的"近视"行为，像抓项目、争投资一样抓教育和重视人才的培养。要真正像邓小平同志所倡导的那样，"少讲空话，多干实事"，为官一任，育才一方，使教育事业年年都有新的发展，新的变化。

## 二　积极探索贫困地区教育发展的路子

各级各类教育是一个相互联系的系统工程。而贫困地区受各种因素，特别是财力的制约，不可能按照常规来满足各类教育的普遍需求。应从自身经济、社会发展的状况和教育基础出发，进行科学合理的规划，选择理想的教育发展模式。从我们商洛地区的现实状况来分析，教育发展应选择"降低重心，优化结构，择优而上，高点起步，注重质量"的路子。

1. 降低重心。无论从贫困地区发展教育所承受的能力，还是从目前劳动者素质和经济发展状况来看，90 年代的教育重心应为普及初等义务教育和扫除文盲。不普及初等义务教育，不改变小学师资合格率低、经费无保证、办学条件差的状况，就提高不了小学教育的质量，就杜绝不了新文盲的产生，也保证不了新增劳动者的基本素质。不扫除文盲、半文盲，就难以提高劳动者的整体素质，就严重影响科技成果的推广应用，最终也将制约经济的发展。全国农村抽样调查结果表明，文盲程度的农民人均收入比小学程度的低 18.4%，以我区的人均收入水平，按扫除 20 万文盲、半文盲人口计算，每年可增加纯收入 1400 多万元。因此，当务之急是普及初等义务教育和扫除文盲。

2. 优化结构。教育结构只有与经济结构相适应，才能发挥出应有的办学效益。当前最突出的是要优化中等教育的结构。首先，应控制普通高中的规模。各县（市）可集中办好重点中学，为一部分学生升入高一级学校深造提供条件。同时将农村高中改为综合中学，实行"二一分段、高三分流"，即前两年可集中上文化基础课，后一年按学生特长和志愿分设普通班和职业班。以此来扭转"千军万马过独木桥"和"一人升学九人陪读"的形势。其次，要下大气力办好职业中学。每县（市）要突出抓好一所示范职中建设，集中人力、物力、财力，使其首先"富"起来，"红火"起来，形成一定的规模。同时，还可以在县、乡的农民技术学校，职工学校附设职业班，不拘一格、多种形式扩大职业教育的规模。只有适当规模、较高质量的职业教育，才足以改变当前中等教育结构不适应经济开发的状况。最后，还要改革初中教育，打破"千校一面"的模式。在校舍，场地，经费比较宽裕的地方，可进行四年制试验，既保证为高一级学校输送一部分合格的新生，又能够使返乡的毕业生有一技之长，能较快地适应农村生活。

3. 择优而上。经过 40 多年的发展，贫困地区的各类教育都形成了一定的规模。但受各种因素的影响，各类教育的发展状况又不尽一样。在县与县之间有差异，在不同的乡镇之间也有差异。应打破统一、封闭、呆板的局面，允许各县、乡从自身的实际出发，选择各类教育的发展模式和速度。发展是硬道理，不平衡是客观存在。要扬长避短，跳跃式向前发展。特别是在"三教"的发展上，应形成"一体两翼"的格局，即以主体的发展，带动两翼的起飞。在一个县或一个区、乡的范围，无论是基础教育，还是职业技术教育、成人教育，哪一类比较发达，就以哪类为主体，带动其他两教发展。分级管理，分级决策；宏观调控，微观放活。让县、乡从自己的经济建设需要和教育基础出发，办好自己的教育事业。

4. 高步起点。在教学手段、教学方法和人才培养方面，要打破按部就班的常规，充分利用现有的各种最新技术或研究成果，抢占"制高点"，使有限的力量达到事半功倍的成效。在教学手段上，应积极发展电化教育，可在各区、乡建立教育电视发射机，及时传播教育信息，促进师资的继续教育，缩小同发达地区的时空差距。在教学方法上，要在师范院校开设最新教学方法或教改实验课，并强化训练，使新师资以新的高度和新的风貌走上工作岗位。还可举办新教法研讨会或演讲，使新的教学方法入校入班，逐步普及。在高、中级专业人才培养上，要打破从小学到大学逐级培养的常规，充分利用现有的教育资源（在岗、在乡的几十万高、初中毕业生），以成人高、中等院校，高、中等教育自学考试，电视大学等渠道，培养"永久牌"的"物美价廉"的专业技术人才。

5. 注重质量。质量是企业的生命，也是学校的生命。对贫困地区来说，注重教育质量尤其重要。不讲究教育质量，培养出来的学生达不到规定的标准，不仅谈不上为经济建设服务，而且也是极大的浪费。按1990年全国供给的教育费用计算，培养一个小学生每年约需84元。我区每年若有1万多人留级重读，就要重复开支90多万元。如果有1万人读到四年级时流失，又成为文盲，不仅要浪费掉400多万元，而且接着进行的扫盲教育，又需要增加新的开支。所以，在我们贫困地区更要特别注重教育质量。要明确提出"德育为首，质量立校"的口号，强化学校管理，搞好教改教研，提高教育质量；要坚持依法治教，采取各种得力措施，实施"希望工程"，最大限度地降低流失率和留级率，减少重复教育。

### 三　着力提高教育的办学效益

教育的发展是在一定的经济实力限制内进行的。经济发展状况决定着可供教育发展的条件，教育的规模、速度要以生产力发展所提供的物质条件为前提。教育规模超过经济的承受力，就必然造成办学条件上的"瓜菜代"、穷凑合等问题。而穷地区、穷县办大教育，既有工作指导上的盲目性问题，也反映了广大群众渴望文化翻身以及教育应超前发展的要求。在这种情况下，大砍大压是不可取的。唯一的出路是因势利导，努力提高教育的办学效益。

1. 进一步合理调整校点，提高规模效益。70 年代中期，村村办小学，乡乡办初中，区区办高中。1977 年，全区小学达到 6124 所，初中 408 所，高中 72 所，平均每 326 人一所小学，每 4800 人一所初中，每 2.77 万人一所高中，校点盲目膨胀到高峰。党的十一届三中全会以来，校点膨胀的局面已经制止，而且逐步有所调减。但是，目前的校点仍不尽科学合理。大量的规模过小的学校存在，犹如"乱生育、多子女、难养活"，不仅使本来就很拮据的教育经费更加紧张，而且影响着教育质量的提高。必须下决心进一步调整规划中小学校点布局，提高办学的规模效益。在小学初小可按村设点，完小应相对集中；在中学，初中按 6000—8000 人口一所设点，高中按 8 万—10 万人口一所设点。特别是要下大气力建设好一批骨干学校和寄宿制学校，增强其知名度和辐射能力，创造出"孔雀东南飞"和"一江春水向东流"的局面。同时，逐步合并那些生源不足、办学条件差、教育质量低的学校，以达到中小学校点设置进一步科学化、合理化的目的。

2. 深化学校内部管理体制改革，提高办学效益。当前，企业和高校转换机制、打破"三铁"已成为深化改革、增强活力、提高效益的大趋势。我们贫困地区的中小学也应抓住机遇，深化学校内部管理体制改革，最大限度地提高办学效益。要创造条件，挖掘政策潜力，引进竞争机制，逐步推行校长负责制、教师聘任制、结构工资制和教学目标责任制。要改革长期以来形成的"大锅饭、铁饭碗、铁工资、铁职称"的弊端，解决川道地区学校人浮于事，只能进不能出，而边远山区学校教师分不去、留不住的问题。要采取各种激励政策，充分调动教师的积极性，增强办学活力，提高教育质量。

3. 改革教学内容，提高人才效益。在实现第二步战略目标的奋斗中，农业要提高劳动生产率，必然向深加工方面发展，必然要吸收和消化大量的科技成果。这就要求劳动者不仅要具备一般的文化知识，还应掌握一定的实用科学技术，具有较强的商品经济意识，培养多方面的能力。从大多数学生要回农村参加农业生产的实际出发，中小学要将"升学教育"转到为农村建设服务的轨道上来，坚决走文化知识教育与职业技术教育相结合的路子。要突出抓好劳动课或职业技术课的教学，以综合的、基础的生产技术为主要内容，也可讲授培训一些与本地资源优势、经济开发重点项目有关的知识或技术，为学生参加农村开发奠定坚实的基础。

### 四　增强教育为农业发展服务的力度

商洛区情和教情的一个最突出的特点是"农"字。全区有93%的人口在农村，97%的学校在农村，86%的学生在农村，每年还有2万多名初、高中毕业生要回到农村。因此，我区教育上的办学指导思想应该"转轨"，变"离农教育"为"兴农教育"，变"升学教育"为"素质教育"。教育上的所有工作都必须服务于经济建设这个中心，办学的立足点要放在农村繁荣、农民富裕上来。在具体实践中，要因地制宜地广泛开展教育兴农服务活动。一是建立教育兴农服务点。每所农村中小学都要联系一个乡镇或村组，定期组织师生到点上开展科技知识宣传活动或参加生产劳动。二是开展"小先生"、"二传手"活动。利用职业技术课或第二课堂活动，集中给学生讲授培训一些农村急需的实用科技知识，再印成"明白纸"，通过学校—学生—家庭—农村的路子推广开来。三是农村学校的教师参与当地的社会生活。陶行知先生早就指出："乡村学校要做乡村生活的中心，乡村教师要做改造乡村生活的灵魂。"在不少乡村，特别是边远地区，教师是当地的"秀才"，是最有文化知识的人。因此，不仅要教好书，而且应成为农村经济开发的带头人，成为村组干部的参谋或智囊团。可参与研究制定经济开发规划，参与各类培训活动，参与各项精神文明活动等。四是抓好毕业前培训，强化生产技能训练，在初、高中毕业生返乡离校前，集中一段时间进行实用技术培训，使其掌握一两项致富本领，促其尽快锻炼成多种经营和商品生产的"能人"。五是在中小学生中广泛开展小种植、小养殖、小编织、小加工、小制作、小采集、小实验、小考察、小发明、小咨询"十小"活动。既可以使学生从小学到农业生产的基础知识和技能，培养热爱农业和科学技术是第一生产力的意识，又能起到为农服务的作用。六是把勤工俭学的基地修成旱涝保收的基本农田，进行新良种、新技术实验，探索经验，做出示范。七是有条件的中学，可将物理、化学实验室和电教设备对农村开放，帮助进行土壤分析、试验，放映科教影片等。八是发挥职业中学的专业、基地、设备优势，在教育兴农中起骨干作用。开展"一生带一户、一班带一村、一校带一乡"的"一一"活动，让师生走出校门，传艺各个乡村，致富千家万户。组织师生承包一些科技推广项目，协助一些乡镇实施"丰收"、"星火"、"燎原"计划，让广大师生边教学、边实践、边推广、边致富。无数的事实告诉我们，教育兴农，大有作为，服务经济，育人富校。学校在参与经济开发的实践中，既能为农村经济开发提供刺激和活力，也能从中吸取营养和得到保护。

### 五　多种渠道解决教育投入不足的问题

尽管商洛地区地、县（市）财政处于"吃财政饭"的状况，仍应坚持江泽民关于"对教育的投资就是对国家未来的经济繁荣和竞争力的投资，也就是对国家未来的生存和前途的投资"的指示精神，坚持落实《中共中央关于教育体制改革的决定》中提出的教育拨款的增长要高于财政经常性收入的增长，并按在校学生人数平均的"教育费用逐步增长"的规定，下最大决心保教育。同时，还要多方努力，拓宽教育经费的来源渠道。

首先，国家应拿出一部分资金，对贫困地区予以重点扶持。对贫困地区教育的投入，是推动科技进步和提高劳动者素质的一个根本性措施，也是增强贫困地区内在活力，从根本上解决脱贫问题的一个关键性措施。在90年代，应重点扶持我区解决三个突出问题：一是实施九年义务教育，为全面提高劳动者素质奠定基础。二是在每县（市）办好一所骨干职中，加快中等教育结构调整的步伐。三是在每个乡镇建立一个教育电视发射机，以有利于培训教师和实施农村成人教育。在国家财政予以支持的同时，还应积极争取一些国际支援，以补充国内资金的不足。

其次，拓宽学校创收的渠道。可调动各方面力量，扶持城镇和川道学校积极兴办第三产业；给农村中小学划出一些山林或撂荒地兴办校产，特别是在勤工俭学中，要改变长期以来形成的"各自为政"的封闭保守的局面，以区、乡镇为单位联合起来，上规模，抓效益，求得整体发展。

最后，多途径争取社会的支持。在大力提倡"人民教育人民办"，发动社会各界和广大群众集资办学的同时，按照大胆地试、大胆地闯的原则，借鉴高校改革中的成功经验，在中小学建立教育市场，开展一定程度的有偿服务。可在重点中学或职中的"热门"专业，在保证完成一定程度的招生计划的同时，适当招收一定数量的自费生，适应农村兴办第三产业的需要。在地区师范、卫校、农校也可举办一年或两年制的培训班，使农村的一些返乡青年掌握从事第三产业的一技之长。

# 控制人口、提高人口质量

商洛人口严重膨胀及由此引起的人口、资源与生产力之间的恶性循环，是导致贫困和脱贫艰难的根本症结之一。因此，研究人口问题，是研究商洛贫困山区经济开发的基础。

商洛山区是中华民族定居较早的地区之一，早在原始社会末期，就有人繁衍生息在这块土地上。据史料记载，商洛人口在公元742年（唐天宝元年）时，约有8.86万人。从公元742年至1650年的900年间，由于战争和自然灾害，人口数量减少到17843人，从此以后，人口的自然增长，特别是外地灾民的大量流入定居，到1949年商洛人口达到123.72万人，每平方公里达到64个人。

### 人口增长快质量差

新中国成立后，我国发生了深刻的变革，确立了社会主义制度，在社会主义革命和社会主义建设事业上取得了巨大的成就。商洛与全国其他地方相比，虽然经济落后，生产力水平低，但同过去比，生产力已迅速发展，经济、文化取得了较大的进步，人民生活有了很大改善，医疗卫生事业有了很大发展。这段时间，人口增长较快，1949—1975 年出生率一般在 30%—35%。最高达到 40%，自然增长率平均为 20.3%，有的年份高达 25%。从而使商洛人口的再生产类型由过去的高出生率、高死亡率、低自然增长率的粗放型转变为高出生率、低死亡率、高自然增长率的过渡型。导致商洛人口由 1949 年的 123.72 万人猛增到 1975 年的 198.05 万人。70 年代后期，加强了计划生育工作，人口出生率有所下降，自然增长率也得到一定的控制。这段时间，商洛人口再生产开始向低出生率、低死亡率、低自然增长率的集约型过渡。但是，由于人口再生产的惯性规律及庞大的人口基数，商洛人口仍大幅度增加，15 年增加 33.15 万人，年均增长 2.21 万人。

若以商洛地区 1990 年人口与 1949 年相比，在净增 107.48 万人中，非农业人口 15.57 万人，占总人口的 6.74%，农业人口 120.85 万人，占总人口 97.69%，从增长比例来看，农业人口增长 78.35%，由占总人口 97.69% 下降到 93.26%；非农业人口增长 44.48%，由占总人口的 2.31% 上升到 6.74%，但农业人口基数大，人口增长失控仍在农村。

贫困山区农村人口剧增的原因何在？

其一，客观上，由贫困山区条件所致。贫困山区物质资料匮缺，劳动生产率很低，农业产出的多少，取决于对农业投入量的大小；决定农业投入量的因素，又在于劳动力的集约程度。劳动力集约度大，生产率就提高得快，农产品产出量就多；反之亦然。商洛山区农民要提高农产品产出量，就要增加劳动力，劳动力需求量则构成了贫困山区人口的推动力。1990 年商洛高寒山区问卷调查中，农民喜欢儿子的比重很大，山区农民认为，有人就有势，有劳动力就不愁吃穿，他们把生儿子作为提供劳动力的一个重要目的。

其二，城乡差别所致。城市居民除生活条件较好外，而在丧失了劳动能力之后，仍可获得退休金维持生活。贫困山区，特别是高寒山区，生产处于自然经济的封闭状态，生活必需品完全靠自我劳动而获得。这样作为贫困山区的农民，要求晚年生活上的保障，奉敬的信条就是"养儿防老，积谷防饥"，通过多生儿女，以获得生存上的安全和心理上的平衡。

其三，现行农村土地制度所致。实行联产承包责任制以后，农民按人平均分配土地，并过一定时期，还要按人口变动情况，实行土地再分配，其结果，人口越来越多的家庭，获得土地的面积就大，人口越少，获得的土地就越小，从而形成了农村人口增长的经济利益驱动力和扭曲的诱导机制，使土地规模越来越小，人口越来越多，农户数量增大。

其四，文化素质所致。贫困山区人口文化素质差，早婚现象严重，促成了多生早生。据 1990 年人口普查资料，商洛地区文盲人口的一孩生育率为 20.17‰，小学文化程度人口的一孩生育率为 45.71‰，初中文化程度人口的一孩生育率为 49.1‰，大专人口一孩生育率为 64.94‰，文盲妇女和大专妇女一孩生育率相差 44.77‰，可见，提高妇女文化素质，增强一孩生育意识，至关重要。

可以看出，时隔八年时间：（1）育龄妇女人数增加 11.82 万人，增长 24.64%；（2）生育妇女增加 2.4 万人，增长 59.29%；（3）多胎次妇女增加 2 万多人，增长 85.69%；（4）一胎和五胎以上比重略有下降外，二、三、四胎都较大幅度增加，使多胎率由 57.01% 上升到 66.46%，上升 9.45 个百分点。这说明贫困山区计划生育工作的形势还是相当严峻的。

据资料分析，人类在地球上达到 10 亿人时，整整用了 200 万年，增加到第二个 10 亿人时，花了 100 年多一点时间；增加到第三个 10 亿人时，花了 30 多年时间；增加到第四个 10 亿人时，只用了 15 年时间；增加到第五个 10 亿人时，仅用了 12 年时间。世界人口学家估计目前正以每年 1 亿人的速度增长，如果人类置若罔闻，再按 17‰ 的人口增长率不加控制地发展下去，再过 40 年地球人口将达到 100 亿人。人类居住的这个地球的承受能力，今天已接近临界状态，它既不能再生，又不能扩大，宇宙间只有这一个地球！商洛山区人口达到 10 万人用了 100 多万年时间，发展到第一个 100 万人时，用了 1200 年时间，增加到第二个 100 万人时，仅用了 40 年时间，80 年代以来，每增加 10 万人，已由 6 年、4 年减少到 3 年时间，严峻的现实摆在我们的面前。特别是"七五"人口自然增长速度同全省贫困县与周边比较，却显示出了"黄牌"。商洛人口的增长速度比全省贫困县高 20.47%，比蓝田县高 36.90%，比安康地区高 41.93%，比汉中地区高 1.12 倍。

人口作为经济活动的主体，作为劳动力的来源，作为生产力的要素和生产关系的承担者，它的变动和发展必然给社会经济活动带来一定的影响。在合理的限度内，他可以促进经济的发展；超越一定的限度，就会延缓经济的发展。这里要特别提到的是，商洛山区 40 年来，人口与经济逆向发展，双超百万，成了严重制约商洛经济发展的一个阻力。这就是在人口增长超百万的同时，全区耕地面积却呈逆向减少，由 1949 年的 322.88 万亩，1952 年恢复到 362.76 万亩，到 1990 年减为 221.77 万亩，比 1949 年减少 101.11 万亩，相当于消灭了商州、洛南、柞水三县 1990 年的全部耕地，相当于占全区总人口 46.88% 的 101.7 万人丧失了耕地生存条件。人口骤增与土地锐减之间的矛盾日益突出，人口增加与粮食短缺的矛盾将长期难以解决。

客观事实证明，人口过快增长，不仅给贫困山区人民带来吃饭难，而且也相应地造成了入学难、就业难、居住难等一系列社会问题。如此下去，贫困山区的贫困帽子不仅不能尽快摘掉，而贫困地区和先富地区及一般地区的差距则越来越拉大，还势必陷入越生越穷，越穷越生的恶性循环之中。

### 人口质量低的主要原因

贫困山区教育落后，造成劳动者素质低下。1990 年商洛地区总人口为 231.20 万人，在全区总人口中，大学文化程度占总人口的 0.54%，高中文化程度占总人口的 5.89%，初中文化程度占总人口的 19.5%，小学文化程度占总人口的 33.91%，文盲和半文盲占总人口的 25.11%，在总人口中拥有各类文化程度的人口，大大低于全国和陕西省，大学生拥有量还比我国西藏自治区低 34 名，而文盲半文盲的比重则高于全国和陕西省。按 1982 年的水平，比全国和陕西省要落后十年以上。如果统一把各类不同文化程度的人受教育时间计算为小学 6 年、初中 9 年、高中 12 年、大专 15 年、大学本科 16 年，商洛各类文化程度人口受教育的时间，按全区人口平均，每人受教育时间为 4.58 年，不到小学五年级的水平，不仅较全省平均受教育时间少 1.92 年，较陕南三地区平均受教育时间也少 0.92 年。

马克思主义认为，社会生产包括物质资料的生产和人类自身的生产，这两种生产是人类社会存在和发展的前提。但一切物质资料的再生产都是为了人，因为，人是生产力中最活跃最重要的因素，物质生活资料是人类生存的基础，没有物质生活资料，人类就失去了生存条件。由此可见，人口与社会经济密不可分。经济是人口存在和发展的基础，经济的发展制约着人口的发展，而人口作为经济活动的主体，它的变动和发展对经济的增长有着极其重要的作用。"事实上，每一种特殊的、历史的生产方式都有其特殊的、历史地起作用的人口规律。"（《马克思恩格斯全集》第 23 卷，1972 年版，第 692 页）人的生产和物的生产有计划地协调发展是社会主义和共产主义人口规律的客观要求。它要求人们必须把"两种生产"的关系处理好，使人类自身生产和物质资料生产增长有计划按比例协调发展，以满足人类生存与发展的需要。对于贫困地区来说，不仅经济总量要有一个较快持续的发展，而且要使人均收入水平也要相应地有一个较大的提高。"人均反映的是人口与经济的对比关系，人口规模越大，均摊到每个人身上的物质产品就越少；相反，就越多。"（《开发与致富》1991 年第 5期）树立人均观念，增强人均意识，研究人均占有，关注人均水平，纵横分析，左右衡量，总结过去，展望未来，使人们从懵懂中清醒过来，切实做到"两种生产"同时管、一齐抓、协调发展、相互促进。

人是生产者消费者的统一，作为人口就是生产力与消费力的统一体。人口作为生产力发挥作用，必须要有相当的生产资料作为条件。一定量的劳动人口与一定量的生产资料相结合，才能形成现实的生产力。在一定的社会生产方式下，在一定的生产技能发展阶段，生产资料和劳动力之间客观上存在着一定的比例关系，劳动人口必须适应生产资料的要求，才能得到充分而有效的使用。两者相协调相适应，才能促进经济的发展，给社会带来福音；如果失去一定的平衡，将会阻碍或限制经济的发展，给社会带来灾难。

贫困山区人口大幅度增加，人均耕地不断减少，逆向发展的结果，矛盾日益突出。1949 年商洛人均占有耕地 2.66 亩，比陕西省人均占有耕地5.4 亩少 2.76 亩；比全国人均占有耕地 2.71 亩也少 0.05 亩。1989 年商洛全区人均占有耕地减少到 0.97 亩，仅相当于原人均耕地面积的 36.5%；

同期，陕西人均占有耕地 1.66 亩，相当于原人均耕地面积的 30.74%；全
国人均耕地 1.29 亩，相当于原人均耕地面积的 47.6%。无论陕西或全国，
现在人均占有耕地都大大高于商洛，而商洛原人均土地面积要比全国原人
均土地面积减少 11.1 个百分点。

**人均占有耕地面积（亩）**

| 时间<br>地区 | 1949 年 | 1989 年 | 1949—1989 年人均减少耕地 |
|---|---|---|---|
| 商　　洛 | 2.66 | 0.97 | 1.69 |
| 陕　　西 | 5.40 | 1.66 | 3.74 |
| 全　　国 | 2.71 | 1.29 | 1.42 |

40 多年来，人增地减，双超百万的客观事实，使人与粮食的矛盾长期
难以缓解。一方面，100 多万人需要生存，首先需要吃粮，按商洛 1991 年
人均占有粮 289.6 公斤计算，新增 110 万人年需粮 3.186 亿公斤，相当于
1991 年粮食总产量的 43.37‰。人们通过辛勤劳动增产的粮食，不能用于
提高劳动者的口粮水平，而大部分甚至全部被新增人口吃掉了。另一方面
作为粮食载体的耕地减少了 101 万亩，若按 1991 年粮食耕地亩产 324 公
斤计算，年减收粮食 3.27 亿公斤，基本相当于增加人口的年粮食需要量。
两者相比，形成很大反差，增大了粮食供求矛盾。

**商洛地区几个主要历史年度人均占有粮食**

| 年　　度 | 1978 年 | 1980 年 | 1985 年 | 1990 年 | 1991 年 | 1991 年比 1978 年<br>增长比重（%） |
|---|---|---|---|---|---|---|
| 粮食总产量（吨） | 523495 | 577875 | 554784 | 622320 | 672534 | 88.47 |
| 人均占有量（公斤） | 271.13 | 296.30 | 276.03 | 288.73 | 311.39 | 14.81 |

商洛人均占有粮食与全国和陕西省比较都很低。40 年来，商洛粮食总
产量增长了 3.27 倍，年均增长速度为 2.9%，而人均粮食产量只增长了
1.7 倍，年均增长仅为 1.3%，比总产增长速度低 1.6 个百分点，人均粮
食占有量要比全国低 100 公斤，陕西省低 60 公斤。由于粮食总产与人均

占有量不能同步增长，加上人民群众的生活底子薄弱，稍有灾情，就处于窘境。1986 年旱灾，粮食比上年少收 1.53 亿公斤，群众冬春生活就发生了很大的困难。仅 1987 年春季，全区就调进返销粮 0.65 亿公斤，国家财政补贴 2800 多万元，人均 43.75 公斤，13.6 元。商洛贫困山区区情告诉人们，在商洛现有耕地条件下，要使粮食总产再上新台阶，缓解人粮矛盾，必须付出艰苦的努力。同时，还告诉人们，要稳定民心，无论何时，都不能放松粮食生产。

商洛人口基数大，增长快的格局，严重影响着人均占有量和积累与消费的比例关系，也严重制约着经济和社会的发展。

在人口不断增长的情况下，为了保证人均收入不致下降，必须追加一部分国民收入用于保证新增加人口的消费需要。我们国家长期以来在每年新增消费基金中约占 60% 用于保证新增人口的需要，只约有 40% 用于提高原有人口的消费水平。可见，人口增长对人均收入的增长有巨大的制约力量。就社会的生活资料供应来看，人民的消费水平直接表现为人均生活资料拥有量，在社会生产和供应的生活资料数量既定的情况下，人口增长越快，平均消费水平就越低；反之则高。充分说明商洛山区由于人口的过快增长，严重影响了人民生活水平的提高。

## 抉择

贫困山区之所以陷入贫困，既有直接的成因，也有间接的成因。直接的成因诸如自然条件和物质条件，间接的成因诸如上层建筑，社会经济关系等从侧面的影响。各种成因不是机械地存在于空间，而是在社会经济活动中交织在一起，且往往形成互相推动，相互制约的循环链条，制约着经济社会的发展。说穿了，贫困地区致穷的原因很多，而人口过快增长，超过土地承载能力和生产发展水平，物质生产与人口生产失调是一个主要原因。当今，贫困地区人口问题已经严重威胁着这个地区人民的生存，制约着农民生活水平的提高，给经济和社会的发展带来了巨大的压力，使贫困地区面临着生存和发展的双重挑战。商洛山区贫困的根本症结之一，也就在于经济贫穷和文化落后，从而刺激了人口的增长，人口的过快增长反过来又限制了经济的发展，阻碍了文化的进步。人类要生存，贫困地区要发展，生存与发展的抉择就必须打破这种人口过快增长—经济贫困—文化落后—生态恶化的循环链条。

广泛开展人口教育，树立人口忧患意识。我国贫困地区一个通病是计划生育工作薄弱，生育率高，人口数量多，耕地少。人口增长过快，对经济发展的压力越大，森林滥伐，草场过牧，开荒垦殖，"绿色屏障"锐减，生态环境平衡遭受破坏，水土流失严重，自然灾害频繁，这是贫困地区长期难以摆脱的重要社会根源。党的十一届八中全会《关于进一步加强农业和农村工作的决定》（以下简称《决定》）指出，90年代我国农村的目标是："在全面发展农村经济的基础上，使广大农民生活从温饱达到小康水平，逐步实现物质生活比较富裕，精神生活比较充实，居住环境改善，健康水平提高，公益事业发展，社会治安良好。"看来贫困地区要赶上这一班"车"，还有一段距离。贫困地区如何办？《决定》明确指出，从现在努力做起，在"八五"期末要使现在尚属贫困地区的群众，基本解决温饱问题。实现共同富裕，是社会主义制度的本质要求，是广大群众的普遍愿望，但是，只能是先富带未富，不能"均贫富"；只能是在国家必要的扶持下，不断增强贫困地区和贫困户的内在活力和自我发展，自力致富的能力；只能是计划生育结合起来，严格控制人口过快增长，使人口增长与经济发展相适应。这是贫困地区打断恶性循环链条，建立良性循环的先决条件。

贫困地区为了生存和发展，必须建立严格控制人口的约束机制。农村实行家庭联产承包责任制的初期，按人平分土地是正确的，但以后在人口的动态变化中，又以实有人口为标准，实行土地再分配，其结果，是人口越来越多的家庭获得承包的土地面积就大，人口越少的家庭，获得承包的土地面积就小，自然而然地造成了农村人口增长的经济利益的驱动力，从而导致土地规模越来越小，人口则越来越多。虽然，农村也实行超生罚款制度，但相应的土地配套制度跟不上，在某种意义上讲，只能造成虚假性约束，并不能从根本上解决问题。因此，在贫困地区完善土地制度，建立对农村人口具有高效应的约束机制，克服现行土地联产承包责任制按人口动态变化不断平分土地的弊端。使土地制度与农村人口优化控制相结合。把计划生育与土地承包责任制挂起钩来，对实行计划生育的守法户，在土地联产承包中应给予照顾；对于长年在外，强生孩子的户，由集体收回承包地。把计划生育与家庭长期利益相结合，从根本上消除土地制度对人口增长的消极诱导负效应。同时，国家应帮助贫困地区逐渐建立和完善农村养老保险制度和努力改革社会福利保险制度，逐渐提高农村养老保障的社会化程度，从而改变"养儿防老"的传统生产观念，消除农民对生存保障的后患之忧。

制定扶贫与计划生育紧密结合的政策，是建立控制人口约束机制的重要环节。人口增长超过粮食增长和经济发展速度的现象，是贫困地区普遍存在的问题。1980 年至 1986 年在全国十八片贫困地区中，有 1/3 以上人口增长速度在 20‰以上，其中秦巴山区高达 27.0‰以上，人口自然增长高于国家计划生育标准的占贫困地区总县数的 55.6%，在这种情况下，如果仅靠国家投钱投物的方法扶持贫困，是永远不能脱贫的。为此，必须制定有利于控制人口增长的扶贫政策，使计划生育政策和扶贫政策相互配套，相互协调，相互促进，而且，扶贫工作要从人口生产和物质生产两个方面综合评价。对符合生育政策，而未解决温饱的夫妇，应该先脱贫，再生育，不脱贫不安排二胎生育指标；对实行计划生育的贫困户，在扶贫政策上应优先发放扶贫资金，优先培训致富技术，优先安排到乡镇企业就业，优先享受社会福利和社会救济。此外，对智力障碍人口的生育问题，应采取坚决而有效措施予以防止，避免这类人口的增长。

（原载《贫困山区发展道路选择——商洛农村开发建设研究》，中国林业出版社1993 年版）

# 解决农业剩余劳动力就业

农民收入的增加、生活水平的提高，取决于农业经济的发展和效益的提高，取决于农村经济结构的多元化，有赖于农民的充分就业，特别是有赖于农业劳动力向非农部门转移、就业。

在传统农业时期，在农民尚未解决温饱的情况下，农村产业结构比较单一，主要经营农业，而农业又主要是粮食生产。农民的收入来源主要是农业，收入多少取决于农业生产的发展和效益的提高。当农业商品经济进一步发展，农业劳动生产率进一步提高，农村产业结构由单一农业而逐步转向农业和非农业相结合，乃至达到非农产业占优势或绝对优势时，农民的收入除了来自农业向广度和深度的发展以外，越来越多地来自非农产业部门的收入。也就是说，有赖于农民的充分就业，特别是有赖于农业剩余劳动力向非农部门转移。

根据历年《中国统计年鉴》提供的资料整理，1978 年农民人均纯收入为 133.6 元，其中农业占 85%，非农部门占 7%，其他占 8%。到了1994 年，农民人均纯收入为 1222.98 元，其中农业所占份额为 64%，下降了 21 个百分点，而非农产业所占份额上升到 30%，即提高了 23 个百分点。又据中国社科院农村发展研究所百村劳动力流动追踪调查课题组《关于中国劳动力流动与劳动者收入的报告》所提供的资料〔对东、中、西部地区 14 个省（区）252 个村 901 户的调查〕：1994 年在 901 户中，农户收入来自农业占 36.3%，来自非农部门占 54.3%，其他（非生产性收入）占 9.3%，其趋势与全国农村情况基本一致。但由于各地发展不平衡，东、中、西部差距较大，根据上述 901 户的调查资料划分，来自农业的纯收入，东部地区占 9%，中部地区占 34.7%，西部地区占 97.7%。也就是说，西部农民纯收入基本来自农业，而中部主要来自非农业，东部则基本来自非农业部门。这种情况，完全证实人们凭经验得出的结论，即在农业领域存在大量剩余劳动力，5 个人在于 3 个人的农活的情况下，很难提高农业劳动生产率和农民的收入水平。当然，大量剩余劳动力滞留或挤压在农业领域，存在隐性失业，也是实现小康乃至富裕生活的重大制约因素。换言之，要实现小康乃至富裕就必须解决农业剩余劳动力的出路问题，也就是解决他们的就业问题。反之，也就无法实现小康、富裕。所以，我们在这一章将集中讨论农民就业问题。

# 农业剩余劳动力及其就业、转移的概念

为了便于农业剩余劳动力就业问题的讨论，首先需要搞清楚与之相关的几个概念。

### 一 农业剩余劳动力的概念

什么是农业剩余劳动力？也许有人会认为，这是不言自明的，没讨论的必要。可是，只要对书刊稍加留意，就会发现确实存在不同的见解。我们稍加归纳，大致有以下几种看法：

第一种看法认为，农业剩余劳动力是指农业劳动力总量超过了全部农用土地对劳动力的容纳量。这种看法侧重于"土地对劳动力的容纳"，其标准是农用土地与农业劳动力之间的比率，对占用土地较少的畜牧业（笼养鸡、兔等）、水产养殖业等则未考虑，所以，它不是农业生产的全部。显然，按照这种界定所计算的农业劳动力要小于实际的需要量。也就是说，其所计算的农业剩余劳动力要大于实际的剩余量。

第二种看法认为，农业剩余劳动力是指在现有生产力水平下超过耕地所需要的那部分农业劳动力。这种看法是以耕地为基础的，并不包括耕地以外的农业生产项目所需要的劳动力，比起上述看法更为狭窄。林业、牧业、水产业、副业、菌类生产越发展，其误差就越大。

第三种看法认为，农业剩余劳动力是指农业劳动力与其他要素之间过量结合的结果，因此农业剩余劳动力由边际生产率大于零，小于生活费额和边际劳动生产率等于零或小于零两部分组成。

　　第四种看法认为，农业剩余劳动力不仅仅是现在已经显现的失业人口，还包括"隐性失业人口"或"假失业人口"。如通常讲的5个人干3个人活，虽然5个人均属在业，但就业不充分，实际上有2个人失业。这种观点，把"隐性失业"引进来，使上述第三种看法前进了一步。

　　第五种看法认为，农业剩余劳动力是指现在显性失业的农业劳动力。持这种观点的人认为，目前摆在我们面前的主要任务是解决失业农民的就业问题，对于已经在业的农民尽管有的边际劳动生产率为零也不能列为失业。这种看法，从解决问题的轻重缓急、先后顺序来说有其一定道理。但把"隐性失业"排除在剩余劳动力之外，显然是失真的，它人为地缩小或掩盖了农民失业的真实程度。

　　第六种看法认为，不是农业剩余劳动力而是农村剩余劳动力。这是把农村作为对象和整体，不是把农业作为对象和整体。这种看法在农村经济农业占绝对优势的情况下，与实际基本吻合或偏离很小。但在农村产业结构发生重大变化之后，与实际偏离的程度就越来越大，在农业占绝对统治地位时，可以说农业劳动力基本上是农村劳动力，农业剩余劳动力可大体上说就是农村剩余劳动力。然而，在农村产业结构变化之后，在农村工业有了一定发展之后，农村劳动力既有农业劳动力，又有非农产业的劳动力，那时，农村工业等非农产业的企业会发生破产、不景气，也会发生裁员和劳动力剩余现象。然而，严格地说，此时的失业人口就应当称为农村工业等非农部门的失业人口，而不应当再称为农业的失业人口。当然这一部分劳动力就不应再称为农业剩余劳动力。

　　以上几种看法，除第六种看法不属于农业剩余劳动力这一特定范围以外，其他五种看法都有一定的合理性，但也存在某些不足，即偏离实际，需要加以补充和完善。我们认为，比较符合实际的看法应当是，农业剩余劳动力是指在一定生产力水平下，一个国家（或地区）超过为农业生产所需要的那一部分劳动力。

　　所谓一定生产力水平，因为生产力是变化的，农业剩余劳动力的数量是随生产力变动而变化，因而是一个动态概念。所谓农业生产所需要的（劳动力）是指整个（广义）农业生产部门，既包括种植业，也包括林业、水产业、畜牧业、副业等部门的需要。而且，由于农业生产存在季节性，所以这里讲的需要不仅满足平时的需要，而且要满足农忙季节的需要。这就告诉人们，这里的剩余计量是以劳动力（年、人）为标准，不是以工日为单位。

还需要指出，既然农业生产存在季节性，因此在农业中除了按劳动力为计量单位的常年剩余之外，还有季节性剩余，解决好这种季节性剩余问题也是重要的，不可忽视的。有的作者按工日计算农业劳动力的需要量，即（农忙期工日 + 农闲期工日）÷360（日）＝一年所需要的农业劳动力。表面看来，似乎很科学，实际上农忙期较短，农闲期较长，因而压低了农业劳动力的实际需要量，增大了农业剩余劳动力数量。

## 二 农业剩余劳动力转移和就业

在实际生活中，一些作者常常把农业剩余劳动力转移和农民就业等同起来。其实，二者是不同的。为了便于讨论，需要讨论一下农业剩余劳动力转移和农业劳动力就业的概念。所谓农业剩余劳动力转移不是地域上流动和交换（如从甲地到乙地仍然从事农业生产经营活动），而是特指产业部门的转换和变动，即特指从农业部门向非农部门转移或转换。农业是人类社会最早出现的生产部门。随着生产力水平的提高，农业产品有了剩余，原来从事农业生产的部分农民，相继向手工业、商业等部门转移，于是出现了第一、第二、第三次社会大分工。所以说，农业剩余劳动力向非农部门转移，在历史上早就出现了。不过历史上的农业劳动力向非农部门转移，是十分缓慢的、少量的，农业仍然是社会上绝大多数人从事活动的产业部门。只是到了18世纪产业革命以后，社会生产力有了迅猛的发展并波及古老的农业部门，农业开始由自然经济（自给自足的经济）向商品经济、由传统农业向现代农业转变。在这个转变过程中，由于生产力水平大为提高，农业剩余劳动力随之增加并且向非农部门转移。这是所有国家已经出现过或将要出现的现象，一种合乎规律的现象。在发达国家这一现象已经或基本过去，在发展中国家正在或将要出现的现象。由于发展中国家是后起者，可以享受到科技、医疗卫生进步带来的利益，降低了死亡率，加上人口政策上的失误，因而当进入从传统农业向现代农业转变过程之后，不光农业存在大量剩余劳动力，就连城市也存在着大量剩余劳动力，因而给农业剩余劳动力向非农部门，特别向城市非农部门转移带来更大困难。

所谓农业剩余劳动力就业是解决农业的失业人口（包括隐性失业人口）找到工作的问题。从农业剩余劳动力就业角度看，不管是在农业内部就业，还是农业外部（即非农部门）就业，都可以，都使问题得到了解决。所以，农业剩余劳动力就业比农业剩余劳动力转移的范围要大得多。从二者所要达到的目标看，是不同的。从就业角度看，其目标是就业，只要就了业，问题就得到了解决。而从农业剩余劳动力转移角度看，随着农业现代化的发展、农村产业结构的调整、小城镇重点建设和城市工商业的发展，要逐步解决农业劳动力在社会劳动力总量中所占份额减少和城市人口所占份额增加的问题，可见，农业剩余劳动力转移和农业剩余劳动力就业，是既有联系又有区别的两个概念和问题，不可混淆和等同。为了实现小康，增加农民收入，迫切要求农业剩余劳动力尽可能多地就业。就业的途径有多种，劳动力转移就是重要途径之一。

在一些发展中国家，特别是其中的农业大国，由于原来经济落后，农民贫困，即使农业生产也未得到较为充分的发展，还有向生产的广度和深度进一步发展的较大余地。因此，像中国这样的农业大国在农业现代化过程中，尤其是初、中期，在解决农业剩余劳动力就业时，在充分重视在非农部门就业（即转移）的同时，要重视农业内部的就业。因为，农业进一步发展的潜力还很大，还可容纳一定数量的劳动力，不可忽视。

## 我国农业劳动力有多少剩余

在讨论了若干概念之后，就转入题目本身的研究。首先是我国的农业劳动力有没有剩余？如果有，究竟有多少剩余？

### 一　目前我国农业劳动力是否有剩余

目前我国的农业劳动力有没有剩余？一般的印象似乎没有什么不同看法，但实际上的确存在两种看法。一种看法，认为目前在我国不仅存在农业剩余劳动力，而且大量存在，这是绝大多数人的看法，并且已经为实际生活所证实。另一种看法，认为现在我国不存在农业剩余劳动力，虽然持有这种看法的人居于绝对少数，然而毕竟存在。他们的理由是：（1）现阶段，我国农业生产力基本停留在人力和畜力阶段，劳动生产率的提高十分缓慢，在一个相当长的时期内农业还将是以消耗大量劳动（力）为特征的劳动密集型产业。（2）我国幅员辽阔，为农业劳动者的就业提供了充分的场所和机会。（3）农业投入状况表明，投入的劳动力不是多了，而是不足。（4）现在城市和非农产业部门吸收农民就业的主要原因并非"劳动力过剩"，而是由于倾斜性政策和全民经商风的推动，比较利益的推动。还有人认为，农业剩余劳动力转移必须具备三个条件：（1）农业劳动生产率不断提高；（2）农业劳动力向非农部门转移的速度要与工业的容纳能力相一致；（3）农业机械化代替劳动力。但目前这些条件尚不具备，近些年之所以有大量农业劳动力转移，是受非农产业收益高的吸引，并不是劳动生产率提高的结果。持这种看法的人还认为，在农业基本处于手工劳动为特征的技术基础时，农业本身难有真正的过剩劳动力。

应当说，所谓我国没有农业剩余劳动力的看法，尽管其某些论点（抽象地说）似乎有一些道理，但是由于它离开了农村的实际，偏于抽象地议论，因此，其结论不能令人同意，也得不到实际的支持。

### 二　究竟有多少农业剩余劳动力

目前，在中国究竟有多少农业剩余劳动力？由于对农业剩余劳动力概念的理解不同，特别是计算方法不同，也存在差异。我们则是通过比较，采取较合理的计算方法。

1. 计算方法：第一种是经验计算法。即根据经验确定在正常年景下一个劳动力平均负担的耕地面积，并以此去除总耕地面积，得出农业生产需要的劳动力数量，然后从农业劳动力总数中减去农业需要的劳动力数量，即得出农业剩余劳动力数量（农业剩余劳动力＝农业劳动力总量－农业所需要的劳动力）。这种计算方法的优点是简便易行，缺点是按耕地计算，而未考虑山林、草场、水面等条件，即未考虑发展林、牧、渔、副业等所需要的劳动力，所以误差较大，夸大了农业剩余劳动力数量。

第二种是典型推算法。一般是根据若干调查点的农业剩余劳动力占农业劳动力总数的百分比，以此推算全国的农业剩余劳动力数量。这种方法比较简便，但由于我国地域辽阔，各地情况不同，因此误差较大。若远点过少，误差更大。

第三种是工日计算法。首先给出各种作物的所需用工量，然后把各种作物的用量相加得出总用工量，再用 300 个工日（一个劳动力一年按 300 工日计算）去除，得出农业所需要的劳动力数量，最后计算出农业剩余劳动力数量。这种方法，也比较简便，但缺点是：（1）只计算了各种作物的用工总量，没有计算林牧渔各业的用工量；（2）用一个劳动力一年应出工日数（如 300 天）去除各种作物的总工日数，似乎科学，但未考虑农业生产时期与生产劳动时期的不一致，未考虑农忙时期的劳动需要量，所以计算的劳动力需要量低于实际需要量，夸大了农业剩余劳动力数量。

第四种是人力单位计算法。这种方法是把影响劳动力素质和农业机械化因素引进来。具体做法：将农业劳动力受教育程度和机械装备程度折合成统一的人力单位，再计算出剩余量（G）。即：

G =（标准教育年限折合劳力系数 × 农业劳力数 + 农机单位折合系数 × 机械总动力）– 农业所需的劳动力

这种计算方法的优点是有更强的可比性，但换算标准劳动力较难。此外，（1）前提是基期没有剩余，只是在技术水平提高之后才出现了剩余，与我国实际情况不符；（2）只计算耕地所需劳力，未计其他，因而与实际偏离。

第五种是平均产值计算方法。在商品经济条件下，劳动力流动趋向主要取决于劳动生产率，总的是劳动生产率低的部门的劳动力向劳动生产率高的部门转移。依此，设置一个合格（或标准）的劳动力，他在市场竞争中至少达到获取平均劳动生产率水平。首先计算出一个社会劳动者创造的国民收入额（从产值来看，此额即代表一个标准劳动力）。其次计算出需要的农业劳动力数量，即农业净产值 ÷ 一个社会劳动者所创造的产值（此为国民收入额）。再次计算出剩余劳动力数量（现有农业劳动力数量—农业劳动力需要量）。这种方法的优点是将商品经济引进来。缺点是：（1）在市场发育不健全、价格关系没有理顺的情况下，易出误差；（2）按产值计算，消除了农业生产的季节性因素，使计算出的剩余数大于实际。

第六种是季节性用工比重测算法。这种方法是在上述工日计算法基础上，根据农业生产季性特点来计算农业劳动力剩余量。即先计算农忙季节的劳动力需要量，再计算农闲季节期劳动力需要量，二者相加，即为全年的需要量。最后从农业劳动力存量减去需要量。从而得出农业剩余劳动力数量，这种方法似乎弥补了忽略农业季节性的缺陷，但将农忙季节的用工量和农闲季节的用工量相加，然后用每个劳动力一年可做的劳动日数（例如300天）去除，却没有照顾到农业季节性特点。

以上各种计算方去均有不足之处，有的只计算面积过于狭窄，有的未考虑农业生产季节性的特点，因而有不同程度的误差，不能完全或接近反映实际。在多数情况下，是扩大了剩余量。这也是目前一些人夸大我国农业剩余劳动力数量（甚至说有 1.7 亿—2.0 亿剩余劳动力）的原因所在。

2. 我们认为，用劳力负担播种面积推算的种植业需要劳力数，再加上林牧渔各业所需要的劳动力，然后再计算农业剩余劳动力的办法，比较简便，而且弥补了只计算耕地面积带来的不足（即未考虑耕地的复种指数和林牧渔的发展情况），计算结果更接近实际，所以可以采取这种办法。以 1994 年为例：

当年农业总劳力数为 33386 万人。农作物播种面积 20.8 亿亩（未计果园、菜园面积和绿肥作物面积），粮食作物播种面积为 16.43 亿亩，其中，水稻 4.53 亿亩，经济作物播种面积为 3.18 亿亩，蔬菜播种面积为 1.2 亿亩。

按人均负担水稻田 7—9 亩，旱粮作物人均负担 15—18 亩，蔬菜作物人均负担 5—6 亩，计算，则：

（1）水稻田所需农业劳动力为：

4.53 亿亩 ÷（7—8 亩/人）＝5033 万—6471 万人

（2）旱粮作物所需劳动力为：

11.9 亿亩 ÷（15—18 亩/人）＝6611 万—7933 万人

（3）经济作物所需劳动力数：

3.18 亿亩 ÷ 10 亩/人 ＝3180 万人

（4）蔬菜作物所需劳动力数：

1.2 亿亩÷（5—6／人）＝2000 万—2400 万人

以上种植业所需劳动力为 16824 万—19984 万人。

（5）此外，还有林牧渔业所需劳动力 4350 万人（因 1994 年数字在统计年鉴未列，故用 1992 年数字）。

以上五项合计，1994 年农业所要的劳动力在 21174 万—24334 万。

当年农业剩余劳动力＝农业总劳力 33386 万人－（21174 万—24334 万人）＝12212 万—9052 万人。按大数计算，1994 年有 1 亿左右的农业剩余劳动力。也就是说，根据我们的看法，现在有的人估计我国有 1.2 亿—1.5 亿的农业剩余劳动力是偏高了。至于有的人说有 1.7 亿、2 亿的农业剩余劳力，显然是更高了。

值得指出的是：由于农业存在季节性，在南方，一年之中大约有 3 个月的农闲期；在北方，一年之中大约有 5—6 个月的农闲期；全国平均大约有 4—5 个月的农闲期。如果扣除人均有 1 个月的假期，则全年大约有 2.1 亿—2.4 亿人的季节性剩余。所以，在实践中，既要重视解决常年性的剩余，也要重视解决季节性的剩余。

3. 常年性农业剩余劳动力产生的原因主要有以下几点：

（1）土地资源有限，耕地还在不断减少；人口基数大，增长快，造成劳动力供大于求。特别是 50 年代中期至 70 年代末期的人口政策上的失误，更加大了农业剩余劳动力的数量。

（2）生产力的发展，技术装备水平提高，农业劳动生产率提高，导致所需农业劳动力的减少。

以上两点，即耕地减少、人口膨胀和技术进步是农业剩余劳动力产生的基本原因。

（3）在我国，农业土产结构单一化，劳动力素质差，就业门路狭窄，也是原因之一。

（4）更深层的原因，是优先发展重工业战略。由于实行这一战略：第一，人们重视城市和工业，忽视农村和农业（实际上而不是口头上）；第二，农业为工业提供积累，农业资金不足，生产结构单一化，农民在农业内部就业门路狭窄；第三，工业（特别是重工业）大量采用先进技术装备，跳过劳动密集阶段，对劳动力吸纳能力弱；第四，与工业化战略相配套，实行城乡分隔政策和户籍制度，等等。

由于长期的积累，问题多而严重，要根本改变这种状况是一项长期而艰巨的任务。

# 46 年以来我国农业剩余劳动力转移的历程

农业剩余劳动力就业，从就业的产业部门来看，分为两个方面：一是在农业内部就业，主要是扩大生产规模和门路、发展劳动密集型产业和产品；二是在非农产业部门就业，也就是通常说的劳动力向非农部门转移。在本节，我们着重讨论后者。

从 1949—1995 年的 46 年间，我国农业剩余劳动力向非农部门转移、就业，以改革作为标志可以分为两个大的时期，即改革前 1949—1978 年的前 30 年和改革以来 1979—1995 年的后 16 年。总的来说，前 30 年农业剩余劳动力转移、就业的规模较小、速度缓慢，后 16 年转移、就业的规模增大、速度加快。但是，在每个大的时期，不能一概而论，具体到某些年份，有快有慢，甚至停滞、逆转。

### 一 改革前的缓慢转移、就业时期

1949—1978 年的 30 年间，我国农业剩余劳动力转移、就业。总的来看，规模较小，速度缓慢，但中间也有起伏和波折，大体经历了以下几个时期。

1. 从 1949—1957 年的分流转移时期。这里讲的分流转移是指农业剩余劳动力向非农部门转移，从空间来看，采取了两个流向：一是直接转向城市，二是在农村转移，包括本地农村和外地农村，主要是在本地转移。

新中国成立初期，由于长期战乱，百业凋敝，存在大量失业人口。1949 年城镇失业人口达 474 万，占当时就业人口的 60%。

在 1949—1952 年的国民经济恢复时期，政府在加强社会治安的同时，采取有力措施稳定物价，积极支持恢复生产，使更多的人就业。1952 年城镇失业人口为 376.6 万人，比 1949 年减少 97.6 万人，同期从农村吸纳大约 500 万的劳动力。在农村进行了土地改革使 3 亿多无地少地的农民分得了土地，并且逐渐恢复农村的小商贩和手工业，发展了农村的供销合作社商业，因而从事非农产业的劳动者达到 926 万人。

从 1953—1957 年的第一个五年计划时期，由于建设的需要，五年内从农村招收 825 万劳动力到国营企业和事业单位，平均每年 165 万人。同期，有 440 万人（平均每年 90 万人）在农村非农部门就业。

综上所述，可以看出，当时农业剩余劳动力转移是采取了城乡分流的办法。由于大规模工业建设的需要，因此以转移到城市为主，在农村转移为辅，大体的比例是城市占 65%，农村占 35%，应当说是正常的，比较符合实际。

2. 突发性的大规模的转移时期。这一时期是短暂的。具有突发性，主要是 1958 年、1959 年两年。1958 年，在"左"倾错误和急于求成思想指导下，提出了许多"左"的口号和错误做法，就农村工业而言，提出了"全民大办钢铁"、"公社工业化"的口号，几千万的农业劳动力被调去大炼土钢铁和其他社办工业企业，因而使农村非农产业部门的劳动力急剧增加。1958 年底，农村非农部门的劳动力达到 5900 万人，比 1957 年增加 4500 万人。同时，城市职工人数也急速增加。1958 年底达 5194 万人，比 1957 年增加 2093 万人，扣除城市人口就业因素，两年内有 1000 万以上的农民劳动力进城，平均每年达 500 万人之多。

需要指出，上列数字还没有包括季节性的剩余劳动力从事非农产业活动。事实上，1958 年 9—12 月的人民公社化期间，参加大炼钢铁和社办工业的人数还要多，最多的时候有 9000 万人。当时，许多地区因为农民去大炼钢铁等，以致田里的粮食（作物）没有人收获，棉花也没有人采摘，造成丰产不丰收。

3. 1960—1969 年的转移停滞时期。由于 1958 年的公社化、大炼钢铁以及"五风"等错误，导致了 60 年代初期的"三年困难"，农业生产大幅度下降，供应紧张，一些地方饿死了人。为了渡过难关，采取了非常措施：一是停止农业人口向城里转移；二是压缩城乡的非农业人口，实行劳力归田。

1960 年政府决定压缩城市人口和压缩非农部门劳力以加强农业生产第一线。1961 年 6 月 16 日中共中央决定，在 1960 年底城市人口的基础上三年内减少城镇人口 2000 万人以上。从 1961—1963 年 6 月，共精简城市职工 1940 万人，压缩城镇人口 2600 万。1963 年又提出，在今后 15 年内每年大约安排 100 万青年下乡，参加农业生产。这样，新中国成立后，第一次出现了城市人口向农村倒流。同期，农村的非农产业部门的劳动力也大大减少。1961 年人民公社 60 条中规定：公社、大队一般不办工业企业，劳力加强农业第一线。1960 年农村非农劳动力减少到 2742 万人，1961 年减到 505 万人，1962 年再减到 95 万人，1963 年又减到 71 万人。1963 年比 1958 年减少 5737 万人，比 1952 年少 855 万人。以后缓慢增加，到 1969 年仅达到 260 万人，相当于 1952 年的 28%。在此期间，由于人口膨胀，社会劳动力增加很快，1969 年达到 33225 万人，比 1957 年增加 9454 万人。其中，城市职工从 3101 万人增加到 5714 万人，增加 2600 万人，平均每年增加 217 万人，还低于城市自然增加劳动力数。农业劳动力从 19310 万人增加到 27119 万人，净增加 7800 万人，完全挤压在农业领域。这种情况对农业既有利也有弊。从克服"三年困难"、加强农业第一线、保证城乡居民供应等方面看，"劳力归田"确实起到了积极作用，但从劳动力转移规律来看，停止转移，甚至城市人口向农村倒流，不能说是一种正常现象。特别是在浮夸严重的缺粮地区，在短期内增加人口过多，更加重了缺粮程度。

4. 1970—1978 年的农村就地转移时期。在"文化大革命"期间，城市工厂停产"闹革命"造成了许多日用工业品脱销断档。以 1970 年北方农业会议提出公社要努力发展小机械、小钢铁、小电力、小化肥、小煤矿的"五小"工业为契机，农村非农产业又逐渐发展起来。1978 年农村乡镇企业（当时称为社队企业）从业人数达到 3158 万人，比 1970 年的 300 万人增加了 2858 万人，平均每年增加 318 万人。当时，"城门紧闭"，不准农民进城从事第二、第三产业，也不准农民外出流动，农民只能在农村人民公社社队企业转移（就业），即所谓的"就地转移"。在此期间，"就地转移"的劳动力平均每年达 277 万人（扣除社队企业中的农业企业人数）。由于人民公社高度集中的管理体制，加上政策上不准个体经营，所以当时的农村非农产业基本上限于集体经营。

综合上述，清楚地说明在 1949—1978 年的 30 年间，我国农业剩余劳动力向非农部门转移或者说在非农产业部门就业，经历了一条曲折艰难的道路。算总账，城市向农村流动的劳动力多于农村向城市流动的劳动力。由于城门紧闭，当时不准个体、私营，所以这一时期的农转非主要在农村社队企业，进城的主要是来自农村的大专毕业生，为数不多。他们主要在国营企事业单位就业。

### 二 改革以来的加快转移时期（1979—1995 年）

自 1978 年底中国共产党第十一届三中全会以来，我国农业剩余劳动力转移、就业进入了一个新的时期。特别是乡镇企业异军突起，大大加快了农业剩余劳动力转移、就业的步伐。1979—1994 年的 16 年间，从农业部门转移到非农产业部门的劳动力：（1）在农村，累计已达 11757.4 万人，比 1978 年的 2218.2 万人净增加 9539.2 万人；（2）从农村转入城市就业的累计达 2108.5 万人，两项合计 11647.7 万人，每年平均 728 万人，其中在农村非农部门就业人数占 81.9%，进城就业占 18.1%。从农业剩余劳动力转移的具体过程看，又可分为 4 个小的时期（或阶段）。

1. 步入转移新阶段（1979—1982 年）。这一阶段农业剩余劳动力转移、就业情况大体上保持 70 年代的水平，但出现增长趋势。1982 年，全国农村非农产业部门从业人员已达 2768.9 万人，比 1978 年增加 550.7 万人，同期直接进城就业的农民累计 355.9 万人，二者合计为 906.6 万人，年均 266.7 万人。这就是说，大体上保持在 1970—1978 年的年均 279 万人的水平上。然而，由于农村第一步改革、农村政策逐步放宽和农民经营自主权的逐步确立，这就为下一步农业剩余劳动力更快转移提供了有利条件。所以，这一阶段也可称为准备加快转移时期。

2. 加快转移阶段（1983—1988 年）。随着农村经济改革的深入，农村产业结构的调整，特别是乡镇企业的发展，农业剩余劳动力转移步伐明显加快。（1）1988 年农村非农产业从业人员达到 9295.5 万人，比 1982 年增加 6526.6 万人。（2）同期，农民进城就业累计达 834.6 万人。两项合计 7361.2 万人，年均 1226.9 万人。其中在农村就地转移占 88.7%，进城就业的占 11.3%。

3. 转移锐减阶段（1989—1991 年）。从 1988 年下半年开始为期三年的治理整顿，使农业劳动力向非农部门转移受到了冲击。一些乡镇企业面临关停并转，城镇对进城务工经商的农民也进行了清理，因而使农业剩余劳动力向非农部门转移步伐放慢，非农部门就业锐减。1989 年比 1988 年减少 207.9 万人（农村乡镇企业减少 168 万人，进城就业农民减少 39.9 万人），1990 年比 1989 年减少 100.8 万人（乡镇企业少 98.8 万人，进城减少 2 万人），1991 年农业劳动力转移人数比上年增加 359.3 万人（乡镇企业增加 337.3 万人，进城农民增加 22 万人），三年合计净转移 448.5 万人（乡镇企业 70.5 万人，进城 378 万人），年均 149.5 万人，大大低于 1979—1982 年时期的年均转移 1200 万人的水平。

4. 再度进入加快转移阶段（1992—1994 年）。从 1992 年起，我国国民经济又转入高速增长时期。乡镇企业又放开脚步，城市特别是小城镇对农民进城务工经商政策放宽，农业剩余劳动力转移的步伐再度进入快速阶段。从 1992—1994 年的 3 年间，农业劳动力向非农部门转移达 2931.4 万人，年均 977 万人，其中在农村乡镇企业就业占 81.6%，在城市就业占 18.4%。

### 三　为什么农业劳动力转移会有波折

如上所述，在改革前 30 年农业剩余劳动力转移相当缓慢甚至处于停滞或"倒流"，而改革后的 16 年的转移却大大加快？为什么会有如此的不同？从根本上说，在于经济体制，在于经济体制改革，政府采取的一系列政策措施基本上符合市场经济发展的需要。具体地说，有以下几个方面：

1. 农民作为独立商品生产经营者地位的确立，为农业剩余劳动力的转移提供了基础条件。改革前，在高度集中的计划经济体制下，农民和生产队没有生产经营自主权，生产什么，生产多少，交售多少，留多少，分配多少，均由上级决定。当然，在这种情况下，农民和生产队也就无权合理配置自己的劳动力。这是造成农业剩余劳动力转移缓慢、停滞的基本原因之一。自 1979 年以来，实行了以家庭联产承包为主要形式的经营承包责任制，农民获得了经营自主权，在完成承包任务的条件下，农民（或承包集体）拥有生产经营自主权，农民逐渐成为独立的商品生产者和经营者。

农民作为独立的商品生产经营者，作为市场的主体，可以充分地支配自己的劳动，合理安排自家的劳动力，根据市场的需求和变化来调整、优化自己的劳动要素配置，以便增加收入。农民作为"经济人"，要求不断优化自己的劳动要素配置，实现收入最大化是合理的理性行为。

当然，农民的自主权还不充分，市场经济体制的确立和正常运行还需要时间，还有一个过程，农民作为独立商品生产经营者地位的完全确立也有一个过程。然而，方向已经肯定，随着市场经济体制的确立和市场经济的发展，农民要根据市场的需要来配置自己的劳动要素则是确信无疑的。所以说，1979 年以来，农民获得了自主权，发挥市场主体作用，对农业劳动力转移具有根本的基础的意义。

2. 政策对农业劳动力转移和择业具有重大作用，在一定条件下起决定性作用。政策属于上层建筑，对经济的发展有着重大影响。就农业劳动力转移而言，正确的政策可以推动农业劳动力转移，使之顺利、快速进行，政策不正确则会阻碍、破坏劳动力转移。

在改革以前，在高度集中的计划经济体制下，先后强调以粮为纲、劳力归田，不准农民进城、限制农村非农产业发展，不准个体经营和私人经营；在流通领域不准农民经商，与之相适应城市居民口粮由国营粮店直接供应。这就是说，不经允许，农民进城不但找不到用人单位，而且吃住问题都无法解决。

自 1979 年以来，国家逐渐放弃了限制农民向非农部门转移的政策，先后制定了一系列适合市场经济发展需要的允许农民自由流动、自主择业的政策。鼓励农民到非农产业部门就业；允许农民自理口粮进入小城镇务工经商，甚至落户；允许农民跨地区流动和择业；允许个体经营和雇工经营；允许和支持农产品市场体系的建立，等等。这些政策在很大程度上消除了农业剩余劳动力流动的种种限制，为农民流动、择业提供了良好的环境，从而有力地推动了农业剩余劳动力的转移。

3. 乡镇企业异军突起，为农业剩余劳动力转移提供了有效载体。农业剩余劳动力向非农部门转移需要有容纳的地方，需要有吸纳农业剩余劳动力的载体，没有载体也就转移不出去，或者成为"流浪者"。

在改革以前，由于不准农民进城，即使农村的社队企业也受到"三就地"等种种限制，因而使大量农业剩余劳动力转不出去。自 1979 年以后，广大农民不仅逐渐突破和消除了种种限制，而且在政府支持下创造了乡镇企业的形式，雨后春笋般地发展了以集体为主的多种所有制的乡镇企业，使之成为农业劳动力转移的主要载体，从而使农业劳动力加快转移成为可能。1994 年我国乡镇企业从业人员达 12018.2 万人，比 1978 年增加9191.6 万人，年均增加 574.5 万人。但由于 1978 年乡镇企业中农业企业人员为 608.4 万人，而到 1994 年减为 260.8 万人，减少 347.6 万人，故而在 1979—1994 年的 16 年间农业剩余劳动力向乡镇企业中非农企业实际转移了 9539.2 万人，年均 596.2 万人，而不是 574.5 万人，占同期向非农部门转移总数的 81.9%。事实非常明显，没有乡镇企业的迅猛发展，也就不会有农业剩余劳动力如此大规模的转移。

4. 农产品市场的建立，为农业剩余劳动力转移提供了有利条件。在农村实行以家庭承包经营为主的经营承包制以后，接着进行了流通领域的改革，逐步放开农产品价格，取消统购统销，建立农产品市场，为农业剩余劳动力转移提供了方便。

农业剩余劳动力到非农产业部门就业，多数为在农村就地转移，即所说的"离土不离乡"，但其中也有一部分离家较远，或者工厂的效益较好不再"农忙停产"，不再或基本不再从事农业劳动，他们的口粮和其他产品主要来自农产品市场。还有跨地区转移，中西部地区的农民到东部地区或大中城市郊区的乡镇企业就业，他们的食品供应也来自市场。可以说，没有农产品市场，将给农业剩余劳动力在乡镇企业就业带来相当大的困难，有的（如跨地区转移）甚至根本不可能。

至于农民进城从事第二、第三产业，更有赖于农产品市场。

毫无疑问，随着城市食品供应制度和户籍制度改革的深化，随着农产品市场体系的完善，将为今后农业劳动力转移、就业带来更大的便利。

5. 农业的增长和发展，为农业剩余劳动力提供更雄厚的基础。农业是国民经济的基础。农业的增长和发展，不仅为非农产业的发展提供了大量的农产品，为人们提供新鲜的空气和优美环境，而且还为社会提供大量的劳动力。

自 1979 年以来，农业剩余劳动力转移与农业增长有直接的关系。1994 年我国粮食产量达到 44510.1 万吨，比 1978 年的 30477 万吨增长

46%，年均增加 877 万吨。可以设想，如果不是每年增产近 900 万吨的粮食，农业剩余劳动力转移将会遇到何等困难！另外，从农业剩余劳动力就业角度看，由于改革以来调整了农业内部结构，特别是林果业、畜牧业、淡水养殖业以及蔬菜、瓜果的发展，在农业内部消化了大量农业剩余劳动力。可以这样说，没有农业的增长和发展，就不会有农业劳动力的大量转移和就业。

以上几个方面，可以说，既是 1979 年以来农业剩余劳动力加速转移的原因，也是一定意义上的关于转移的经验总结。它告诉我们，没有农民的自主权，没有适合社会主义市场经济发展的政策，没有转移的载体，没有完善的市场体系，没有农业的增长和发展，就不会有农业剩余劳动力的快速转移。就经验而言，为了更好地解决农业剩余劳动力转移、就业问题，需要汲取已有的经验并在实践中创造性地加以运用。

## 农业剩余劳动力就业形势严峻

虽然，自改革以来农业剩余劳动力转移、就业步伐大大加快，但是由于自 50 年代中期开始的人口政策上的失误造成的人口增长过快，由于长期实行的重工业发展战略和城乡分隔政策，长期积累的农业剩余劳动力就业问题，不可能在短期内得到解决。根据《中国统计年鉴》（1995）的资料整理，1994 年乡村劳动力为 44447.7 万人，比 1978 年的 30674.1 万人增加 13773.6 万人（年均增加 860 万人）。其中，农业劳动力增加 4234 万人。另据本章第二节已经指出目前我国农业有 1 亿左右的剩余劳动力，还有 2 亿多的季节性剩余。根据我们按适合劳动人口预测，1996—2000 年乡村将有 5400 万人的自然新增的劳动力。如果按照 1990—1994 年的 5 年间农业劳动力向非农部门转移、就业水平不变计算，在"九五"期间将转移 3526 万人（年均 705 万人），那么，到 2000 年将有 1854 万的新增加劳动力找不到工作而成为剩余劳动力，连同原有 1 亿的剩余，将有 1.2 亿的剩余劳动力。这就是说，按"八五"期间农业剩余劳动力转移、就业的实际规模和速度走下去，到 2000 年不但解决不了原有剩余劳动力转移、就业的问题，而且还要使剩余增多，问题比现在（1994 年）还要严重。

　　我国农业剩余劳动力转移、就业形势严峻还表现在以下的矛盾或问题上面：

　　1. 提高劳动生产率与增加就业的矛盾。历史表明，经济越发展劳动生产率就越高，而随着劳动生产率的提高，生产所需的活劳动就少。

　　近些年来，我国的国民经济随着劳动生产率的提高，相对于经济增长的就业弹性呈下降趋势。例如1978—1987年相对于经济增长的就业弹性为0.4618，而1988—1993年，其就业弹性就下降到0.2132。换言之，在1978—1987年间，经济增长每增加一个百分点，则有0.46个百分点的劳动力就业，而在1988—1993年间，国民经济每增加一个百分点，只增加0.21个百分点的就业。国民经济新的增长所带来的扩大就业作用是下降的。这种就业弹性下降趋势具有规律性，在"九五"期间将会继续下去，并影响到农业剩余劳动力转移。

　　当然，劳动生产率提高和扩大就业之间数值，在我国城乡之间和产业之间反映程度也不相同。一般地说，城市比乡村反应明显，传统产业部门比现代产业部门反映得明显和突出。

　　传统部门主要集中在第一、第二产业上面。由于新工艺、新技术的使用，降低了吸纳劳动力的能力，甚至使原有的劳动力也绝对地减少了。例如从全国看，第一产业的劳动力数从1991年起逐年有所减少，第二产业虽然逐年有所增加，但增加的数量却有减少趋势。1993年比1992年增加596万人，1994年比上年增加了344万人，增加数量开始下降。而第三产业的从业人数，从1991年起逐年增加，1994年比1991年增加3108万人，年均增加1036万人。

　　从农村劳动力的就业情况看，第一产业是减少的，第二产业就业从1994年开始绝对量减少（减503万人），第三产业从业人数为3174万人，比1978年增加1785万人，年均增加595万人，但1994年比上年只增加200万人，低于近16年来的平均数。近年来，农村第二产业就业减少的重要原因是东部沿海地区和大中城市郊区的乡镇企业上规模上档次上技术装备水平，而农村第三产业就业数量下降是因为农村工业布局过于分散影响服务业的发展。

　　2. 建立现代企业制度与城市安置就业的矛盾。由计划经济体制向市场经济体制转变，必须建立现代企业制度。现代企业制度要求技术装备程度高，管理水平高，经济效率高，而且要求企业有用人的充分自主权。相反，在计划经济体制下，企业尤其是大中企业没有用人自主权，因而在企业中滞留大量富余人员。随着国有企业改革的深化，必然要对企业人员进行精简，一部分经营不善的企业将进行整顿、停产或破产，这也要有一部分职工被精简下来，从而给农业剩余劳动力转移、就业带来困难。

1995年底，城镇国有单位富余职工约1500万人，停工停产职工长期无业者已超过500万人，全国城镇失业人员达480万人。后两项合计近1000万人，占城镇国有企业职工总数11214万人的8.7%。所有这些，都将影响农业剩余劳动力向城镇转移。

过去，国有企业是城镇人口和农民进城就业的重要场所，现在已经开始发生变化，城市就业载体出现了一些新生长点。例如，非国有经济中的中小企业，但主要的还得依靠国有企业的重振。

3. "离土不离乡"与规模、集聚效益的矛盾。自改革以来，我国农业剩余劳动力转移采取了"离土不离乡"、"进厂不进城"就地转移方式，这是在城乡分隔政策尚未破除的情况下所采取的一种方式，有它的道理，解决了大量农民就业。并带来农村经济乃至整个国民经济的发展和农民收入水平的提高。但是，"离土不离乡"转移方式也存在弊端，而且随着时间的推移将表现得日益明显。

首先，"离土不离乡"导致了乡镇企业布局的分散化。

在我们这样大的国家里，合理的工业布局不应是过于集中，而应适当分散，适当地分布在若干经济区，即使在各个地区也要有适当分布。这样，才能形成较为合理的工业布局和体系。从一定意义上说，发展农村工业是实现适度分布的过渡办法，但这必须是在政府宏观调控之下，才能收到比较好的效果。然而，在实践中特别在开始的一个时期，即有一定程度的放任自流和盲目性。而且有人崇尚家家办工业，村村办工业，甚至提出"村村点火"、"户户冒烟"的口号。这样，就使得新发展起来的农村工业出现了过于分散的问题。目前，在全部乡镇企业中有92%分布在各个村落，7%分布在建制镇，只有1%分布在县城或县城以上的城市。

其次，乡镇企业分布过于分散，其后果是经济效益不高。一般说来，农业生产是在露天之下，较为广阔的土地上分散进行，而工业生产则不同，它需要适当集中，即集中在交通方便，其他关联产业、行业相配合的地区，发挥规模效应和积聚效应，这样才能降低成本，提高经济效益。所以，就农村工业而言，除了像编织、刺绣等手工艺和农产品初加工可以分散在农村、农户之外，其他项目都应当适当集中。但是，正如上述，在实践中却出现了过于分散的问题。虽然解决了一部分农民就业和增加收入的问题，然而这种过于分散却加大了工业成本，降低了效益，也是第三产业发展缓慢的重要原因，这一切，从长远看，是不利于工业的发展的。

再次，农村工业过于分散，占用了大量土地，造成了土地资源的浪费和环境的污染。

最后，农村工业过于分散，直接影响到城市的发展和城市化进程。

4. 乡镇企业上规模上档次与扩大就业的矛盾。总的说来，乡镇企业的规模较小，技术装备落后，随着经济的发展必然逐步向技术、资金密集方向发展。事实上，进入 1985 年以后特别是 90 年代以来，东部沿海地区和大中城市郊区的一部分乡镇企业，由于面对越来越激烈的市场竞争，开始"上规模上档次"，向着资金密集、技术密集方向发展。这是一种合乎规律的现象。但是相伴而来的是乡镇企业吸纳劳动力的能力开始减弱，集中表现在乡镇企业的就业弹性明显下降。1980—1985 年，乡镇企业固定资产每增加一个百分点则就业人数增加 0.74 个百分点，而到了 1985—1990 年就业弹性下降到 0.26，1990—1993 年又下降到 0.21。这就是说，自进入 90 年代以来，乡镇企业就业弹性比 80 年代中期以前下降了 1.5 倍左右（扣除物价因素）。当然，各个地区的情况有所不同。一般说来，东部地区乡镇企业就业弹性下降幅度最大，西部次之，中部地区最少。

上述情况说明，在今后发展乡镇企业时，需要重视、考虑资本替代劳动的程度和就业状况，处理好两者的关系。

5. 农业剩余劳动力转移与农业劳动力弱化的矛盾。一般地说，农业剩余劳动力转移中的劳动力并不是农业中不需要的"多余"，而是农业劳动力中的"精英"部分。因为：（1）出于比较利益，出于增加收入；（2）第二、第三产业部门要求技术和体力；（3）离家在外，需要有较强的自立能力和适应能力。因此农民家庭往往把主要的有文化、技术的青壮劳动力派出去，而留在家里务农的则多为年纪较大、体力不强的人，即出现了所谓的"老头、老太太、老大爷、老大妈"的"四老"现象。在一些经济较为发达地区和农业劳动力外流较多地区，出现了强壮劳动力白天进厂劳动，早晨上班前、中午休息和晚上下班后去田里干活，有的在星期天下田干活，把农业当成了零星时间的副业或"星期天农业"。农业劳动力的这种弱化和副业化倾向，对农业的发展是十分不利的。

6. 劳动力市场不完善与农业剩余劳动力流动的矛盾。目前涉及农业剩余劳动力就业的劳动力市场既不发育也不规范。（1）有形市场很少，多为无形市场。在有形市场中多为"工伏市"，职业介绍机构很少，无形市场多为亲友邻里介绍或包工头带领，也有的自找门路。（2）由于供大于求，多为买方市场，农民往往处于不利地位。（3）农民工与用人单位之间大多没有签订合同，即使签订合同也很简单，没有明确规定双方的权利和义务。有的甚至写出"工伤"由农民工"自己负责"的内容，直接违背《劳动法》。（4）缺乏宏观调控。涉及上亿劳动力安置、就业问题，应当加强宏观管理。但过去对农业剩余劳动力转移、就业问题却很少查问，基本处于自流状态。近几年来，由于"民工潮"的冲击，已经引起国家的重视，要求加以引导，使"流动"有序进行，情况已开始好转。现在的问题是在一些地区还不落实。正是由于劳动力市场很不发育和不规范，缺乏必要的宏观调控，助长了农民流动的无序性。

以上所列各种矛盾需要采取慎重的态度，从实际出发，权衡利弊，由此及彼，妥善处理矛盾两方的关系。

## 农业剩余劳动力转移、就业的对策

如前所述，农业剩余劳动力转移的形势相当严峻，在 2000 年时农业剩余劳动力的数量不但不能减少而且还要增多，即使到 2010 年也不能全部解决，这是跨世纪的较为长期的任务。任何急躁情绪，企图在短期内解决，都是不现实的，但是任务又是硬性的，不解决，就不能实现农业乃至整个国民经济的现代化。所以既要有长期的坚定性和坚韧性，又要有扎扎实实的实干精神。

农业是国民经济的基础。农业要发展，也能够发展，农业的潜力还很大。从就业角度看，在可以预计的未来 15 年，农业依然是安置农业剩余劳动力的重要场所，但农业的后劲不足，资金缺乏，需要随着工业化进入第二阶段而调整工农关系，又需要政府在财政上的支持。笔者现特提出 1996—2000 年农业剩余劳动力就业的对策建议。

**一　向农业的广度和深度进军**

从农业剩余劳动力就业角度看，农业领域是一个不可缺少的缓冲地带和"蓄水池"。由于过去长期片面实行"以粮为纲"，影响和阻碍了农业多部门、多种经营的发展；由于农业提供工业化积累负担过重，严重影响了农业基础设施建设而造成农业发展不充分和后劲不足。所以，从另一方面看，我国农业仍然具有进一步发展（无论是广度，还是深度）的潜力和余地。从就业角度看，最为省事、交易成本最低，一般农民都干得来，是首先在农业内部就业。

1. 继续调整农业内部结构，大力发展种植业、林业、畜牧业、渔业和副业，扩大就业门路。在改革前，虽然也需提出"以粮为纲，全面发展"，但由于存在片面性，在实践中往往形成"以粮为纲，其他扫光"。当然"扫光"是有些夸大，然而在许多人那里却形成了农业就是种植业，种植业就是粮食的印象。1978 年在农业总产值（当年价格）1397 亿元中，种植业占 80%，在种植业中粮食占 76.7%，形成了"一头沉"的农业结构，造成了农业内部一些行业的发展不充分和就业门路狭窄。进入 80 年代以后，随着人们思想的逐步解放，农业内部结构也相应变化。1994 年种植业占农业总产值的 58.2%，比 1978 年下降了 21.8 个百分点。粮食占种植业产值的 58.6% 下降了 18.1 个百分点。特别在林果业、养殖业、蔬菜业和花卉业中发展了林场、果园、畜禽场、水产养殖场和各种专业户，更加拓宽了就业门路。据 1992 年的统计，全国有各种专业户（包括蔬菜）达 7000 万户左右，但这并不是说调整农业结构的任务已经完结。从需求看，在今后的一个相当长的时期内，我国的粮棉油和肉奶蛋等农业畜产品都比较紧缺；从供给来看，我国有 6300 万公顷宜林荒地；有 500 万公顷的淡水养殖水面只利用了 70%，且经营粗放、产量很低；在 3 亿多公顷草场资源中，有 2/3 需要改造；许多浅海、滩涂尚未开发利用；即使在平原地区仍然可以进一步发展畜禽养殖业。这些都说明农业的潜力很大。如果与过去十多年相比，每年都有 1/2 就业，每年就有 350 万人就业，到 2000 年就可以吸纳 1700 万人就业。还可以设想，我国有 80 万个行政村，如果每年每一个村增加 2—4 个专业户，一年就可以有 160 万—320 万人就业，"九五"期间就可以吸纳 800 万—1600 万人就业。所以调整农业内部结构，是扩大就业的重要措施。

此外，还可以发展诸如塑料大棚蔬菜、花卉、西瓜及绿色食品、旅游农业等，搞得好，一年也可以吸纳上百万人就业。

我们认为，调整农业内部结构需要特别注意三点：

第一，当人们生活水平提高之后，将越来越要求肉奶蛋、无污染的绿色食品，所以今后在绝不放松粮食生产的同时，要进一步搞好名、特、优、精、新产品，只有如此，才能占领市场，安排新的劳动力就业。

第二，要继续搞好农业的综合开发。由于这种开发一般规模较大、技术较强、效果较好、离家较远，可以新增加就业。山东省自 80 年代中期以来，开始改变农业的指导思想，调整农业结构，重视农业的综合开发，使立体农业、海水养殖、林果业、畜牧业等高效农业发展较快。到 1994 年底，全省亩收入千元以上的高效田达到 2600 万亩，其中亩收入 5000 元以上的达 430 万亩，亩收入 1 万元以上的 135 万亩。通过农业深度开发，使农林牧副渔各业吸纳劳动力的潜力得到了发挥。据统计，全省通过农业开发重新安排农业剩余劳动力近 100 万人。

第三，在开发各种名特优精新产品时要重视规模经营，只有达到了一定的规模才会有好的经济效益，从就业角度看才需要安排专门的劳动力。例如，家庭养鸡只有在 200 只以上时，才要有专门的劳动力，1 亩以上的蔬菜大棚才需要懂技术的专门劳动力，50 株以上的苹果才需要有专门的劳动力。如前所述，现在，一些地方出现从事农业的劳动力的弱化现象。克服这种现象的办法就是规模经营和企业化经营。大量实践证明，规模经营、企业化经营以后，自然要求懂技术、会管理的精壮劳动力。

2. 继续搞好中低产田的改造。我国人均耕地少，粮食和棉花生产的面积已经接近饱和。在现有技术水平下，粮食和棉花的种植面积常常处于相互挤占的情况。上一年粮食产量少了，下一年就适当增加一些粮食面积，挤一点棉花的面积；下一年的棉花少了就适当增加一点棉花面积，减少一点粮食面积。改变这种局面的办法，一是增加耕地面积，二是提高现有耕地的单位面积产量。而提高单位面积产量除了提高技术水平外，一个重要途径是改造中低产田。

在农村改革前，我国有6700多万公顷（占耕地的2/3）的中低产田，自80年代以来各级政府很重视中低产田的改造工作，并取得了很大进展。但目前仍有60%的中低产田需要改造，说明任务之艰巨和潜力之大。据我们在陕西省丹凤县调查，把沿公路两侧的川道旱田加以干整、加厚土层，并引水灌溉，一亩地需要投50—100个工日，每亩产量可由200公斤提高到300—350公斤，有的可达400公斤；把山坡地改造成石砌水平梯田并加厚土层，一亩地需要投工150—180个，亩产可由50—100公斤提高到150—200公斤或200—250公斤。又据我们去安徽农村了解，在平原地区改造中低产田所需劳动要大大减少，但一般也需要20—30工日/亩，一般增产3—5成，有的达到1倍。可见，改造中低产田不仅是增产的一项重要措施，而且也是扩大农民就业的重要途径。所以，应当继续把改造中低产田工作搞好。

当然，改造中低产田需要必要的资金。但是与开荒、改造沙漠、兴修水利等项建设相比较则是花钱少、见效快的事业，应当给予必要的投入。

就改造中低产田本身来说，也需要有重点。考虑到：（1）中部地区是我国传统的农业产区；（2）这里的农业发展较有基础；（3）地处承东启西的较好位置；（4）一般说来，交通比较方便；（5）劳动力资源比较丰富；（6）技术力量较强。因此，改造中低产田的重点宜放在中部地区。

3. 在有条件的地方，大力发展庭院经济。在我国农村有2亿多个农民的庭院，是一个值得重视开发的园地。过去，许多农户在房前屋后种植树木、果树或饲养畜禽，主要是利用闲散时间进行的一种副业生产活动。自70年代以后，一些农民开始发展庭院经济，或实行菜果间作，或者畜禽间营，合理利用时空能，不仅增加了收入，而且改善、美化了庭院的环境。一些农村已经成为种植、养殖、加工、贮藏的场所，搞得好的已成为一村一品、一乡一品的专业村、专业乡。例如，河北省隆化县七家乡，1990年有 1.8 万亩山楂，年产 94.5 万公斤，预计到 1995 年可产 300 万公斤，成为有名的山楂生产乡。该乡山地村的刘金榜（省劳模）依据时空能优化组合对他的庭院作了新的布局。在庭院中央挖了一个宽 4 米、深 3 米的贮窖，可贮山楂 3 万斤。又在庭院的西侧按新设计改革了旧猪圈，在围墙四周又用葡萄做围堰，地窖之上冬种韭菜，夏种其他瓜菜，形成了比较典型的地上、地表、地下时空能优化组合。除刘金榜外，全乡还有 40 户从自己的实际出发，采用了时空能优化模式，实行种、养、加、储的经济活动，其中 5 户收入达万元，30 户收入达 2000 元。这些农户已不再将庭院经济作为副业，而是作为家庭经济的一项主业，是吸纳劳动力就业的重要场所。如果在现有农户中有 1/3 发展了庭院经济，以一户需一个劳动力计算，则可吸纳 7000 万人就业。所以说，这是一项支出最少，大有前途的事业，需要各级政府的大力提倡和支持。

综观世界，在马来西亚、墨西哥等发展中国家都比较重视庭院经济，把它作为增加农民收入和改善农民生活的一项措施。在西方，一些经济发达的国家也很重视庭院经济，只是随着农民生活水平的提高，许多农民更多地把庭院经济转向美化环境和自用的绿色食品。从国外经验看，随着生活水平提高，庭院经济的经营内容可以改变，但这种经营活动却有着光明的前途。

4. 加强农业基础设施建设。农业基础设施是一个广泛的概念，它包括农田水利设施、道路、电力、通信，等等。

目前，我国的农业水利设施是 50—70 年代建设的，大多老化，甚至带病工作。据农业部门统计，全国有 8.5 万个水库，其中带病工作的，大型水库占 70%，中型占 30%，小型占 40%；农村道路大多上不了等级，绝大多数是等外路，晴通雨停；电力和通信设施更为落后。总的来说，我国农业的基础设施十分薄弱，远远满足不了客观发展的需要。这也是农业后劲不足的重要原因。因此必须大力加强基础设施建设。

加强农业基础设施建设，特别是其中的大中型水利建设、道路、电力、通信等设施建设需要中央和地方财政进行投资。有一些农业基础设施建设可以采取以工代赈的办法。从劳动力就业角度看，有计划地进行农业基础设施建设，可以安排大批劳动力就业。特别是根据各项建设的实际，安排好长年性施工与季节性施工的合理结合，有计划地安排季节性施工更值得重视。因为，这样做，既可以增加农业劳动力劳动的均衡性，也可以缓和农民工对城市的季节性冲击。

5. 开垦荒地。根据国家统计局的统计，目前我国有宜农（种植业）荒地 3500 万公顷（合 5.75 万亿亩）。1992 年当年开荒 24.3 万公顷（合 364 万亩），大大低于 50—60 年代年均垦荒 100 万公顷以上的水平。如果每年开荒以 50 万公顷（合 750 万亩）并以每个劳动力负担 10 亩计算，则每年可吸纳 75 万劳动力，从 1996—2000 年可吸纳 375 万劳动力。

综合以上各项，搞得好，在农业内部每年可以安置 2000 万人左右的长年就业和大量的季节性就业。在现阶段，我国农业劳动力的价格还比较低，应当看到这是个有利条件，也是一个机遇。如果能够抓住这个时机，充分利用丰富的劳动力资源，把农业的建设搞好，必将大大推进我国的现代化事业。

## 二　继续大力发展乡镇企业

在我国，在相当长的时期内，乡镇企业是农业剩余劳动力转移的主要渠道和载体。从 1978—1994 年的 16 年间，我国农业剩余劳动力向非农部门转移 11647.7 万人（年均 728 万人），其中在乡镇企业就业的为 9539.2 万人（年均 596 万人），占 81.9%。在"九五"期间，如果按 1990—1994 年平均每年向乡镇企业转移 545.7 万人计算，则到 2000 年共转移 2728.5 万人，占转移总数的 77.6%。考虑到从 1989—1991 年的治理整顿因素而改按 1992—1994 年每年转到乡镇企业 797 万人计算，则到 20 世纪末，可转到乡镇企业 3985 万人，占同期向农非部门转移总数 4885 万人的 81.6%。所以，在"九五"期间农业剩余劳动力向非农产业部门转移主要是由乡镇企业吸收，仍然需要根据条件之可能，积极地大力地发展乡镇企业。其中，需要特别注意解决好以下问题：

1. 乡镇企业要适当集中。要根据条件逐步改变过去实行的"离土不离乡"、"进厂不进城"就地分散转移模式。因为这种模式过于分散，不能发挥规模效应和集中效应，影响企业经济效益的提高，同时占地过多并带来环境污染。近几年来，一些地方的县城、乡（镇）采取"工业小区"

的办法，效果较好，既节省了土地，发挥了规模、积聚效应，又便于管理，克服了"村村点火、户户办工业"的缺点。所以，今后发展乡镇企业要适当集中，除了像长江三角洲、珠江三角洲、闽南三角洲和胶东半岛等地区人多地少、村落密集、交通方便，可以在一些行政村发展乡镇企业外，其他地区应向乡（镇）政府所在地、县城或附近城市集中，办"工业小区"。

2. 积极发展乡镇企业中的第三产业。外国学者威廉·配第和 C. 克拉克提出，农业剩余劳动力向非农部门转移遵循一二三的次序，即由第一产业转入第二产业，然后再转入第三产业；这种转移秩序被称为配第—克拉克定理。根据我国的实践，除了按照"一二三"次序外，在一些地区是按照"一、三；二、三"的路子。不管哪一种模式，都说明发展第三产业是十分重要的。根据发达国家的经验，每增加一个第二产业人员，可相应增加 2—3 名第三产业人员。即使在工业化起步晚的国家，第二产业增加一个人就业，第三产业往往以更快速度发展。而我国，由于城市发展不够，乡镇企业过于分散，也造成第三产业滞后。1992 年，我国农村第二、第三产业就业比例仅为 1∶0.31。也就是说，农村第二产业每增加一人就业，第三产业仅增加 0.31 人，远远低于发展中国家的水平。1994 年乡镇企业中的第三产业虽有一定发展，但第二、第三产业从业人员比例也只有 1∶0.37。

目前，我国农村有近 4.5 亿的农村劳动力，其中第一产业达 8500 万人，第三产业只有近 3200 万人，显然是过少了，所以，在"九五"期间应大力发展乡镇企业中的第三产业。

3. 加速发展中西部地区的乡镇企业。随着国家建设向中西部地区推进，乡镇企业也要在中西部地区加速发展。

中西部地区较之东部地区，人口较少，土地较多，交通不便，经济落后，农民的商品经济意识较低，缺资金、缺技术、缺管理经验，因此在中西部地区发展乡镇企业，在开始阶段采取东部地区与中西部地区联合办厂的形式，效果较好，值得重视。

4. 不同地区的乡镇企业其资本密集程度应有所不同。从发展趋势看，我国经济将逐步由劳动密集型向资本密集型和技术密集型转变。乡镇企业也不例外。但是，由于各地区的情况不同，经济发展水平不同，因此对劳动密集型与资本、技术密集型的结构（即各占比重）应给予足够重视，即要统筹兼顾，不宜要求一律向资本、技术密集转变。具体地说，东部地区和大中城市郊区的乡镇企业由于原有基础较好，市场竞争比较激烈，应提倡和支持"上规模上档次"，中西部地区的乡镇企业起步较晚，一般资金不足，管理水平较低，所以除有条件的可以走资本、技术密集的路子外，一般应围绕农产品加工业来发展，而且只宜先从劳动密集起步，不宜过多地强调"上规模上档次"。

5. 发展乡镇企业要与小城镇建设结合起来。由于我国城市发展不够，特别是小城市和县城建设远远不适应经济发展的需要。因此，今后发展乡镇企业要与小城镇建设结合起来。这里所说的结合，是指把乡镇企业适当集中在小城镇。这样，乡镇企业的发展就等于是小城镇的发展，其中有一部分有可能发展成为小城市，甚至是中等城市。当然，把发展乡镇企业与小城镇建设结合起来，还需要相应的配套措施，留待下面讨论，这里不再详述。

### 三　实事求是地推进我国的小城镇建设

1. 实行以小城镇和中小城市为主的方针。发展我国的城市究竟采取何种方针？有人认为，我国大中小城市均不足，所以应当采取大中小并举方针。我们认为，根据我国的实际情况，需要采取以小城镇和中小城市为主发展方针。理由是：（1）大城市规模已基本形成，现在的问题主要不是忙于扩大规模或增加新的大城市，而是应当集中在更新、改造上面；（2）中小城市，不论是规模、基础设施，还是经济发展水平，均很不够；（3）我国地域辽阔，需要发展一大批具有现代水平的中小城市，才能有比较好比较合理的布局，并形成城市体系；（4）可以防止"城市病"；（5）有利于城市带动农村经济、文化事业的发展；有利于城市吸取农村的优点。当然，实行以小城镇和中小城市为主方针，也不是绝对地说，现有大城市的规模一点儿也不扩大，或不发展一个新的大城市。

人们还可以预见，随着经济的发展，现在的小城镇将进一步发展，并对农村现代化有重要作用，在小城镇中将会有一部分发展成为中小城市。

所以，对小城镇的发展要给予应有的重视。

2. 区别对待。为了有利于农业剩余劳动力转移，对大中小不同规模的城市，需要采取不同的政策和措施。

（1）对大城市要严格控制进城人口。考虑到我国大城市国有企业的特点，现在又存在大量显性失业和隐性失业人口，考虑到需要防止居住条件恶化、卫生条件极差、社会秩序混乱、治安恶化等"城市病"现象的滋生，对"农民工"进城需要严加控制。但是，由于目前在大城市里有一些工作岗位（如建筑业中的壮工、清洁工、修理和废品收回行业……）城市人不愿干，而"农民工"不怕脏、不怕累、可以干，还未发生抢城市人饭碗的问题。所以，对谋求这类岗位而进城的人应当开绿灯、放行。

（2）对中小城市的控制要适当放宽。由于中小城市的基础设施和一些行业的发展均不如大城市那样系统和完善，所以除了上述大城市可以放行的行业、岗位以外，还可以允许一些农民或集体单位进城务工经商，从事各个领域所需要的行业。

（3）对小城镇要取消限制，完全放开。凡本县或外县农民，有一定的资金、技术均可进小城镇务工经商。在职业和收入较为稳定的情况下，可以迁入户口。

（4）改革城市户籍制度。进入大中城市务工经商若干年后，职业和收入比较稳定，可以迁入户口。在正式迁入前，可以长期居留，实行"蓝卡制"。

（5）改革城市居民的福利制度。在城乡分隔的户籍制度之所以不能一下子打破，是因为在其背后存在着长期形成的城市居民在食品、住房、医疗、教育等方面的补贴制度。从长远说，这种福利制度应当加以取消。但在未完全取消以前，可采取"老人老办法，新人新办法"的双轨制过渡办法。

（6）对农民所发展的中小城市需要积极探索新的管理办法。对农民动手建立起来的新的城市，要探索新的城市管理办法和新的户籍制度。这种探索还应当包括改革以来新出现的带状城市和圈状城市。这些带状城市，搞得好，可以成为兼有城市和乡村优点的新型城市，值得注意。我们按现有转移规模初步预计"九五"期间将有900万农业劳动力转移进城，占同期转移总数的 18.4%。考虑到今后中小城市吸纳农业劳动力的步伐加快，到 20 世纪末转入城市的农业劳动力有可能超过 1000 万。

### 四　积极疏导农业劳动力流动、转移

劳动力、资金、物资等各种资源的合理流动是经济发展的需要，没有资源的合理流动，就不会有经济的发展和效益的提高，这是经济发展的必然，只能疏导，不能堵截。人为地阻止这种流动，必定会受到客观规律的惩罚。

当然，也毋庸讳言，目前在我国出现 6000 万以上劳动力跨省区县流动，数量之大，是罕见的。它的原因是多种多样的，但也不能不说是与过去长期限制人口流动有关，这是长期问题的积累和爆发，只能引导，而不能堵和赶。

1. 流动的简要情况。根据农业部等单位组织的调查和我们的了解，农业剩余劳动力流动的大致情况是：（1）从年龄上看，主要是青年，据了解 35 岁以下的男女青年一般占流动人口的 70%—80%。（2）从文化程度看，初中和高中程度居多，占 50%—60%。（3）从流动半径看，在本县内流动占 30% 左右，在本省内流动的也占 30% 左右，跨省流动的约占 30%—40%。跨省流动的基本上是有较高文化的年轻人。（4）从流动时间看，3 个月以内的占 15%—20%，3—6 个月的占 25% 左右，半年以上的占 50%—60%。在南方地区打工的青年，一个周期在 3—5 年之间，有部分人已打工 10 年以上。（5）从流动者从事的产业看，从事农业者占 20%—30%，主要部分为季节性帮收麦、播种等，少数在大城市郊区和东部沿海发达地区承租蔬菜地或粮田，90% 左右从事第二、第三产业。（6）从流入地点看，主要在城市占 70%—75%。（7）流动具有自发性。多为亲友邻居介绍，少数由包工头带领，占流动人口的 50%—60% 或更多，自己外出找工作的占 20%—30%，集体或职业介绍机构介绍的约占 10%。这里说的自发性，主要表现为无序，而在无序中又主要是缺乏正式的介绍和组织，并且不少是撞运气，有活就干，找不着后就"流荡"，真正的"流荡"很少。但这种无序也不利于管理。可见，现在的农业剩余劳动力流动，主要是有文化的青年通过亲友介绍到省城或省外长期（3—5 年或以

上）从事第二、第三产业活动的一种现象。从目前情况看，有一部分人在外已干5—10年，有可能长期干下去。有一些人从意向看，即使回乡也要继续干第二、第三产业，不再干农业。也就是说，在流动人口中有一部分人实际上也已转到非农产业部门。

2. 效果。从流出地看：（1）外出打工挣钱，增加了农民的家庭收入；（2）外出找工等于"留学"，开了眼界，长了才干，许多人回乡全成为能人、骨干，推动本地经济发展；（3）有利于流出地发展农业的适度规模经营。

从流入地看：（1）解决了本地劳动力不足的问题；（2）有的流入者成为本地企业骨干；（3）推动了流入地经济发展；（4）流动人员工资较低，对住房等要求不高，有利于流入地积累资金。

3. 存在的问题。在充分看到积极作用的同时，也要冷静看到流动中出现的一些问题。主要是：（1）给流入地的社会秩序和治安带来一些麻烦；（2）流动给计划生育增加了难度，出现了"超生游击队"；（3）携带家属的流动人员的子女入托、上学问题需要解决，否则会出现新文盲；（4）由于没有正式的介绍机构介绍和签订劳动合同，打工人员与用户双方权益得不到法律保护；（5）外出人员年节期间回乡探亲，给交通运输部门带来冲击；（6）由于集体经济组织政策尚未完全到位，户口迁出就自动丧失一切权益，因此一些长期外出人员（有的携家）本来可以迁出也不迁出，从长远看，也给流出集体组织加重人口负担；（7）有些民工因盲目外流，找不到工作，被迫返回，遭受不应有的损失；（8）因一些青壮年和有文化技术知识的劳动力盲目外流，使一些劳力输出地出现耕地抛荒和农业弱化现象，等等。总之，这些问题有的是难免的，有的是可以避免的，有的是原体制的遗留问题，有些是由于近几年我国经济发展的地区差距、城乡差距大大拉大引发的，有些是由于管理跟不上，只要深化改革，加强引导和管理，实行适量有序流动，问题可能逐步得到解决或使问题大大缓解。

4. 积极疏导。总的指导思想是疏导，既不能放任自流又不能"堵"。由于出现的问题是由多种因素所促成，因此要多种途径、多种办法，进行综合治理。

（1）把劳动力"流动"问题纳入经济社会发展计划。"流动"，既是农民的就业问题，也是劳动力资源的配置问题。它关系到国民经济的发展和社会的安全。对这样的事关全局的重大问题，需要列入国家的经济社会发展计划（规划），有组织、有计划地进行。

（2）加强劳动力市场及其服务体系建设。目前，农民流动特别是跨地区流动存在很大的自发性和冲击性。客观上是存在劳动力市场，但多为无形市场，涉及农业劳动力流动的有形市场还极少、极不规范。近年来，出现一些职业介绍机构。据不完全统计，目前全国有职业介绍机构1.3万个，是一个好的开端，但多分别属于流入地和流出地各自孤立地进行，缺乏联系和沟通，更缺乏全国性、地区性的介绍机构，缺乏职业介绍、培训、就业信息等服务体系。因此，急需建立全国性的职业介绍机构。作为第一步，在流出地和流入地比较集中的地区分别建立职业介绍机构，互相沟通，同时建立各种服务组织，以便进行就业信息、职业培训、劳保咨询等各项服务。

建立职业介绍机构，有助于增加流动的有序性，方便外出者，利于管理，可以按劳动法办事，保护外出打工者和用人单位双方的权益。

（3）有条件的可以允许流动者迁入户口。流动的概念比较广泛，既有家属、户口留在原居地劳动者本人外出打工的流动，也有个人或全家迁出的流动。后者也称为迁移。目前在流动人口中有极少数已经把户口迁入流入地。一般来说，由于生活习惯、文化、观念不同和收入较少尚不足以自立，因此流入者很难把自己融于流入地（特别是农村）。但现在之所以有少数人把户口迁入流入地，主要有以下几种情况：成为流入地乡镇企业的骨干，被企业留用；自己在流入地投资办厂经商或购置了商品房；与流入地人结婚。上面是说乡村，如在城镇，情况就有所不同。目前，主要障碍是户籍制度问题。据对四川省綦江县的调查资料，该县携家外出打工户占外流户的3.9%。这就是说，连同与外地人结婚的人计算在内，大约有5%的外流人是可以把户口迁出。把户口迁入流入地，有利于流入地经济发展和社会安全，有利于迁移者子女的教育，也可以适当缓解"流动大军"在年节回乡对交通运输部门的冲击。因此，在政策上应当放宽：只要在流入地有正当职业加稳定的收入，并经一定年限者，就可以迁入。当然，在一定时期内，对大中小城市应有区别。至于县城以下，更宜放宽。

（4）有关组织应深入地关心打工人员的学习和业余文娱活动。现在有极少数的打工人员奋发向上、刻苦学习，有的已自学成才，也有少数的共青团或工会出面组织打工人员学习技术，受到了打工人员的欢迎，但绝大多数还处于放任自流状态。打工人员在工余时间到处游荡，甚至滋事。因此急需共青团、工会等组织出面，组织打工人员夜校和业余文娱活动，使之健康成长。

（5）帮助流动人员解决子女入托、上学问题。有些地方已经开始解决流动人员子女入托和上学问题，受到流动人员的欢迎，但许多地方仍未引起重视。这是关系下一代的培养问题，应引起重视，设法解决。

（6）需要把跨国流动提到日程上。现在，巴基斯坦、菲律宾、墨西哥等一些国家均有大量跨国劳务输出，每年创造大量外汇。如巴基斯坦只有6000万人口，近年对外劳动人员达300万人，每年创造外汇达32亿美元。而我国1984年在国外劳务人员仅有4.7万人，劳务总额只有5.5亿美元。近几年虽有增加，也只有13万多人，相比之下，是太少了。因此可以根据我国国情适当考虑放开，取消一些不必要的限制，允许个人到国外进行劳务活动，并简化手续。

## 五　对季节性剩余劳动力要给予应有的重视

在讨论农业剩余劳动力转移、就业时，除了特别重视常年性的剩余以外，还应当重视另一种剩余，即季节性剩余。由于农业生产具有较为显著的季节性，因此在考虑农业劳动力需要量时，一般要考虑能够满足农忙季节的需要。这样一来，在农闲时就会出现较多的剩余。解决这一部分季节性剩余的就业问题，对更好利用劳动资源，增加农民收入，实现小康也是不可忽视的问题。我们认为，可以从以下方面考虑：（1）开展冬季农业，变冬闲为冬忙，许多地方已有成功经验；（2）积极发展农业的多种经营，以利于农业各季节用工的均衡；（3）对于一些农业基础设施（如农田水利建设、道路建设……）尽可能安排在农闲期间进行；（4）在非农部门和城市当季节工（如北方的锅炉工等），等等。

### 六　更好地发挥政府的领导作用

曾经有一些人对农业剩余劳动力流动特别是对跨地区的流动缺乏正确认识，甚至完全持否定态度，因而采取了放任自流或围堵的办法；也有一些人采取实用主义态度，劳动力紧缺欢迎，不缺时一赶了之。因而，引起了农民的抱怨和不满。如今，对农业剩余劳动力流动持否定态度的已不多见，但取实用主义态度的人还是存在。因此，要有针对性地反复宣传劳动力流动的意义。真正认识到解决农业剩余劳动力转移是各级政府的应尽职责，而且把解决农业剩余劳动力转移、就业的实绩作为对各级政府的重要考核指标。我们认为，政府需要做好以下方面的工作：

1. 各级政府要制订农业劳动力转移、就业计划和规划，纳入经济社会发展计划（规划）并组织落实。

2. 根据实际需要，国家应不断完善劳动法律、法规。

3. 积极推动劳动力市场及其体系的建立，搞好职业介绍、职业培训、技术信息等项服务。

政府要定期检查农业剩余劳动力转移、就业的情况，总结好的经验，解决存在的问题，以推动流动有秩序地顺利地进行。农业剩余劳动力转移、就业是跨世纪的任务，它是实现小康的一项重大措施，在实现小康之后还要继续下去。

（原载《中国农村小康之路》，中国物价出版社 1997 年版）

# 关于改造小农的若干理论问题

改造小农的理论是马克思主义理论的组成部分。对这一理论，首先要对小农认识清楚，然后才能谈到改造以及如何改造的问题。本文就是按照这个顺序来谈谈关于改造小农的若干问题。

## 一　什么是小农

什么是小农？或者说，什么是小农生产方式？马克思和恩格斯都有过描述和分析。

马克思在 19 世纪 50 年代，即 1851—1852 年在《路易·波拿巴的雾月 18 日》中指出："小农人数众多，他们的生活条件相同，但是彼此间没有发生多种多样的关系。他们的生产方法不是使他们互相交往，而是使他们互相隔离，这种隔离状态由于法国的交通不便和农民的贫困而更加强了。他们进行生产的地盘，即小块土地不容许在耕作时进行任何分工，应用任何科学"，因而也就没有任何多种多样的发展，没有任何不同的才能，没有任何丰富的社会关系。每个农户差不多都是自给自足的，都是直接生产自己的大部分消费品，因而他们取得生产资料多半是靠与自然交换，而不是靠社会交往，一小块土地，一个农民和一个家庭旁边也是另一小块土地，另一个农民和另一个家庭，一批这样的单位就形成了一个村子，一批这样的村子就形成了一个省。这样法国国民的广大群众，便是由一些同名数相加形成了的，好像一袋马铃薯是由袋中的一个个马铃薯所集成的那样。① 马克思在《资本论》中又指出：小农"这种生产方式是以土地及其

---

① 《马克思恩格斯选集》第 1 卷，人民出版社 1972 年版，第 693 页。

生产资料的分散为前提的，它既排斥生产资料的积聚，也排斥协作，排斥同一生产过程内部的分工，排斥社会对自然的统治和支配，排斥社会生产力的自由发展。"①

如果说，马克思比较集中地分析了典型自耕农的生产方式，那么恩格斯对小农作了进一步地分析。他说："小农有不同的类型，其中有些是封建的农民，他们还必须为自己的主人服劳役。……他们只有依靠工人阶级才能求得解放。""其中有些是佃农，在这方面存在着大部分与爱尔兰相同的关系。地租已增加到如此之高，以致在得到中等收成时，农民也只能勉强维持本人和自己家庭的生活，而在收成不好时，他们就几乎要饿死，无力交纳地租，因而陷入完全听任土地所有者的摆布的境地……除了工人，他们还能指望谁来拯救自己呢？还有一些农民在自己的小块土地上进行经营。他们在大多数情况下都是抵押款来维持，因而他们就像佃农依附土地所有者那样依附高利贷者，他们只有一点收入，而且这种收入由于收成的好坏不同而极不稳定。他们绝对不能对资产阶级寄托什么希望……但是他们大部分都牢牢抱住自己的财产不放，虽然这个财产实际上不是属于他们，而是属于高利贷者。"②

马克思和恩格斯所描述的小农生产方式有以下特点：

（1）它是小块土地的所有者、经营者；

（2）使用的是落后工具和传统技术，与机器、先进的农业技术无缘；

（3）它的生产是自给性的，主要靠与自然交换，而不是靠人与人之间的社会联系；

（4）他们的生活水平是低下的。

马克思与恩格斯略有不同的是，马克思比较集中地描述和分析了典型的小农生产方式（即自耕农），而恩格斯则除了自耕农之外，还分析了"封建的农民"和"佃民"。这就是说，恩格斯把自己没有土地的"封建的农民"和"佃农"也包含在小农生产方式之内，没有强调土地所有制，只要是小块土地上的经营，并且使用手工工具和传统技术，进行自给性的

---

① 《资本论》第1卷，人民出版社1975年版，第830页。
② 《马克思恩格斯全集》第16卷，人民出版社1964年版，第453页。

生产，也可归于小农生产方式。

## 二　小农生产方式是一种过时的生产方式

马克思和恩格斯分析了小农的命运，认为小农是一种过时的生产方式。

马克思在《资本论》第 3 卷中指出："小块土地所有制按其性质来说就排斥社会劳动生产力的发展、劳动社会形式、资本的社会积累，大规模的畜牧和科学的不断扩大的应用，高利贷和税收制度必然到处促使这种所有制没落……对这种生产方式来说，好年成也是一种不幸"。① 恩格斯在《法德农民问题》一文中指出："如果我们所许的诺言使农民哪怕有一点借口设想我们是要长期保全小块土地所有制，那就不仅对于党而且对于小农本身也是最坏不过的帮倒忙。……我们党的任务是随时随地向农民解释，他们的处境在资本主义还统治着的时候是绝对没有希望的，要保全他们那样的小块土地所有制是绝对不可能的，资本主义的大生产将把他们那无力的过时的小生产压碎，正如火车把独轮手推车压碎一样是毫无问题的"。②

然而，实践表明，小块土地所有和经营依然存在，并没有被消灭，农民家庭经营的规模虽然比过去有所扩大，但依然是小规模经营。所不同的是：（1）使用的不再是落后的手工工具而是机械工具和先进的技术；（2）不再是自给自足的自然经济而是为了出卖的社会化的生产；（3）农民家庭生活水平有了较大改善。也就是说，作为落后的过时的生产方式的主要标志的落后生产力，即手工工具和传统技术的自然经济以及与之相适应的生活贫困是不存在了，但是小规模的农民家庭经营被保存下来了。从生产方式来看，可以说落后的小农生产方式是不存在了、被消灭了，但农民的家庭经营却没有被消灭。他们已经是使用现代工具和技术进行的社会化生产了，即已纳入社会化的生产方式的体系之中了。所以，在小农生产

---

① 《资本论》第 3 卷，人民出版社 1975 年版，第 910 页。
② 《马克思恩格斯选集》第 4 卷，人民出版社 1972 年版，第 312 页。

方式下必然存在小块土地所有和家庭经营，但小规模的家庭经营并不等于是小农生产方式。小规模的家庭经营可以进入现代社会（像西方发达国家那样）。我们应当承认这种现实，我们的任务是要分析是什么原因使农民家庭经营得以存在，然后来修正经典作家的个别结论；而不是相反。

## 三　农业的家庭经营为什么会长期存在

马克思、恩格斯等经典作家之所以得出小块土地经营必然会被社会生产力的发展所淘汰的结论，在当时是有根据的：（1）从农业机器看，当时农业机械刚刚发明不久，体积较大，且比较笨重，价格也较高，因此小土地经营者一则使用不了，二则价格高，小农户置不起，即使能买得起但利用率不高；（2）从农业技术看，当时农业技术人员很少，且工资高，能聘请农业技术人员的只有大农，小农聘不起；（3）从社会化程度看，当时小农主要是自给性生产，不是商品性社会化的生产。所以，马克思说，小农生产方式"没有任何丰富的社会关系"，"排斥科学的不断扩大的应用"，"排斥社会生产力的发展"。应当说，是符合当时情况的。

但是，事物是发展、变化的。随着资本主义的发展，大大提高了社会生产力，（1）一些中小型的农业机器出现了，并且更加灵巧，价格也更便宜了，小规模的家庭经营买得起，用得了；（2）从农业技术看，由于社会化服务的普及，不仅大农场可以采用新技术，小规模的家庭经营也可以采用，而且比较方便，打一个电话，半个小时，技术人员就来服务。所以，农民家庭经营得以保存下来，但是，如前述，生产方式改变了。

最后，还要指出，农民家庭经营之所以存在，还因为它可以大大降低交易成本。我们知道，农业生产是在露天之下比较"广阔"的地域进行的，有些农活具有隐蔽性，这就给监督、检查农活质量造成了困难，有的几乎是不可能的。例如锄草和间苗，一锄头下去谁能检查草是否连根除去、苗留的是壮苗？这几乎没有办法检查。那么，怎么办？最好的办法是锄地人本人自觉、精心。然而又怎样才能做到这一点？只有把报酬与劳动的最终成果联系起来，越紧密越好。而家庭经营就是这种紧密联系的一种形式。它既可以免去了一切监督检查（的费用），又可以保证劳动者对每项农活的精心，不误农时。所以，家庭经营符合农业的特点，是会长期存在下去的。

在农业机械化、现代化过程中，由于农民家庭经营的规模小，也还存在局限性，例如大中型农业机械一则价格较高，二则一家买来利用率也不高。所以，需要发展产前、产后和产中的合作或社会化服务加以弥补。有人认为，随着农业机械化的发展，家庭经营就不存在的看法，是没有根据的。

## 四　农业没有一个工场手工业阶段

大家知道，在资本主义发展的初期有一个工场手工业阶段，它是从手工业生产向资本主义大机器工业过渡的准备阶段。在欧洲，大约从 16 世纪中叶至 18 世纪末，工场手工业在资本主义工业中占统治地位。那么，农业有没有这样一个阶段，即农业从传统农业向现代农业转变的开始阶段是否也存在一个特定的"工场手工业"阶段呢？毛泽东在 1951 年探讨关于山西要不要发展农业合作社的争论时，认为农业也有一个工场手工业阶段。毛泽东对刘少奇等人明确地说：既然西方资本主义在其发展过程中有一个工场手工业阶段，即尚未采用蒸汽动力机械，而依靠工场分工以形成新的生产力的阶段，中国的农业合作社，依靠统一经营形成新的生产力，去动摇私所有基础，也是可行的。据薄一波说，"他讲的道理把我们说服了"。以后，又说服了更多的人。对这一论点，笔者在相当长的时期是接受了的。但是自从改革开放以来，根据农村改革的实践，并考察了西方一些国家农业近代化、现代化的过程，觉得这一论点值得重新审视。

工场手工业可分为两种方式：一种方式是资本家把不同行业的手工业者聚合在一个工场里，实行分工协作，共同生产一种产品，如马车工场，其中有马具匠、铁匠、木匠、裁缝匠、油漆匠，等等。他们分别为马车的各个部件从事一部分专门劳动，这种手工工场属于混成的工场手工业；另一种方式是资本家把同行业的许多手工业者组织在一个工场里，按工序实行分工，共同完成一种产品，不像过去那样要一个人完成每道工序最后生产一种产品，这种手工场属于有机型的工场手工业，它是工场手工业的完成形式。

资本主义简单协作并没有改变个人的劳动方式，而资本主义工场手工业却使个人的劳动方式发生了革命性变化。由于实行分工，使工人专门从事一个部件或一道工序的操作，这就可以使劳动的熟练程度大大提高，并为机器大工业培养了一批有技巧的工人；由于缩短了各个生产阶段的实际距离，也就节约了时间和提高了劳动强度；由于工具日益专门化，使工具大为改进，促进了向大机器生产过渡的可能性。所有这些，都显著地提高了劳动生产率，从而为向机器大工业过渡创造了条件。[①]

但是，在资本主义发展的初期，在农业领域却没有像工业那样出现一个"工场手工业"阶段。这主要由农业生产的特点决定的。这里，我们仅就工场手工业的两种方式加以分析。如前所述，工场手工业的第一种方式是把多种行业的手工业者组织在一个工场，共同生产某一种产品，这在农业领域是没有的。因为，手工劳动的个体农民，大家彼此是一样的，根本没有手工业那样的铁匠、木匠之分。农业即使有种粮食、种棉花之分，但不是生产一种产品，而是甲生产粮食，乙生产棉花，不像工场手工业那样不同种工人生产同一种产品。

至于工场手工业的第二种方式，即资本家把许多同行业的手工业者组织在一个工场里，按照不同工序分工，共同生产一种产品，这在农业里也是不存在的。因为，农业生产是自然再生产与经济再生产相交织，每道工序是按时令季节进行的，时空是一致的。所以它不像工业那样，能够把同类工人集中在一起，然后按工序分工，在同一时间内完成一种产品。也就是说，把许多农民集中在一起，有的播种、有的间苗、有的收割，在同一时间内完成一种产品，这根本是不可能的。

所以，所谓农业也可以有一个工场手工业阶段的论点，是站不住脚的。强制地搞这样一个阶段，也不会有好的结果。例如斯大林集体化模式就是强制地实行这样一个阶段，其结果是不成功的。由于特殊条件而搞好的，是个别少数。不能以个别而代替一般。所以，笔者认为，在农业中搞一个所谓的"工场手工业阶段"，不是搞早搞晚的问题，而是该不该搞的

①　许涤新主编：《政治经济学辞典》（上），人民出版社1980年版，第423—424页。

问题。

## 五 合作社经济按其本性说是一种股份合作制

马克思、恩格斯等经典作家都认为要改造小农、改造小农要坚持自愿原则，任何时候都不能剥夺农民，这一原则是不可改变的，必须不折不扣地实行。但对改造小农生产方式的组织形式却要从实际出发。马克思、恩格斯认为，改造小农主要通过合作社的组织形式。

早在18世纪70年代末就已经有了消费合作社。在19世纪初，空想社会主义者欧文在《工业贫民救济委员会的报告》中，就主张广泛地建立合作新村或合作公社。1924年欧文和他的四个儿子以及一些信徒，在美国印第安纳州哈蒙尼亚的三万英亩土地上进行了试验，投资5万英镑，1828年试验失败。在19世纪中期，欧洲一些国家的工人已经组织了许多工业生产合作社和消费合作社。丹麦的社会主义者在小农中间宣传农业合作社，试图通过合作社组织农业生产，受到了马克思和恩格斯的重视。1872年3月，恩格斯在给皮奥的信中谈到皮奥等写的关于通过合作社组织农业生产的文章时说："这篇文章引起了轰动"，丹麦人"现在走在所有其他民族的前面"。又过了14年，恩格斯在从致奥古斯特、倍倍尔的信中更加明确地提出用合作社改造的小农的思想。他指出："我们一旦掌握了政权，我们一定要付诸实施，把大地产转交给（先是租给）在国家领导下独立经营的合作社"，"我们建议要求把合作社推行到现行的生产中去，正像巴黎公社要工人按合作方式经营被工厂主关闭的工厂那样，应该将土地交给合作社，否则土地会按资本主义方式去经营。……至于向完全的共产主义经济过渡时我们必须大规模地采用合作社作为中间环节，这一点马克思和我从来没有怀疑过"。[1] 如果上面引证的恩格斯讲的合作社，还是直接谈大地产，还未明指小农，那么，1894年在《法德农民问题》中，就直接谈及了小农。他说："当我们掌握了国家权力的时候，我们对小农的任务，首

---

[1] 《马克思恩格斯全集》第36卷，人民出版社1974年版，第416—417页。

先是把他们的私人生产和私人占有变为合作社的生产和占有……"① 这里讲得十分明白，无须作任何解释。

需要指出，马克思和恩格斯在探索改造小农的组织形式时，并没有用一种形式来束缚自己，而是从实际出发，探索其他可能的形式。例如，在 19 世纪 70—80 年代俄国农村广泛地存在着农业公社，马克思和恩格斯曾经认为可以利用还存在的农业公社，"也不可去否认可能使这社会形式转为高级形式……"② "俄国土地公社所有制便能成为共产主义发展的起点。"③ 但是由于西方革命处于停滞状态，而且资本主义又迅速发展，条件不同了，他们又作出了俄国农业公社不能直接过渡到社会主义的结论。还有恩格斯在 1882 年写了《马尔克》一文，也认为德国农村公社"马尔克"可以用作改造小农的形式。他说："经营大农业采用农业机器，换句话说，就是使目前耕种自己土地的大部分小农的农业劳动变为多余……"两个例，虽未变为现实，但是可以看出马克思和恩格斯在探索改造小农形式时，并不认为合作社是唯一的组织形式。不像后来的斯大林集体化的单一模式排斥其他形式。

就是对合作社，马克思和恩格斯也曾提出几种具体形式，即（1）恩格斯在《法德农民问题》一文提出的没收大地产的土地国有，然后把土地交给（先租给）原来在大地产的雇工们，由他们组织合作社集体经营，这种合作社类似苏联的集体农社。（2）恩格斯提出的"把私人生产和私人占有变为合作社的生产和占有"的合作社，大致类似中国的高级社。（3）丹麦社会党人提出的并为恩格斯所赞赏的"一个村庄或教区的农民……应当把自己的土地结合为一个大田庄。共同出力耕种，并按入股土地预付资金和所出劳力的比例分配收入"的合作社，相当于我国的初级社。

合作社经济是一种世界现象，是社会化的产物。在世界范围内出现了两种合作社模式：一种是西方一些国家实行的在保留农民土地所有制和农

---

① 《马克思恩格斯全集》第 22 卷，人民出版社 1965 年版，第 580—581 页。
② 《马克思恩格斯全集》第 19 卷，人民出版社 1963 年版，第 450—451 页。
③ 同上书，第 326 页。

民家庭经营条件下，发展产前、产后、产中的各种合作社；另一种是包括中国在内的斯大林农业集体化（集体农庄）模式。长期以来，一些马克思主义者把前一种合作社称之为资本主义的，把后一种合作社称之为社会主义的。其实，合作社作为社会化生产的一种组织形式，它本身不存在姓"社"姓"资"的问题，社会主义可以用，资本主义也可以用。问题在于哪一种形式更适合农业生产发展的需要，哪一种有利于农业生产的发展，就采取哪一种形式。

实践是检验真理的唯一标准。实践证明，在保留农民家庭经营条件下，并由农民组织的合作社，既能充分发挥农民的积极性，又节约了大量的交易成本；而集体化的合作社，一则没有完全实行自愿原则，二则对农民实行了剥夺，三则搭便车、交易成本高，收入低，平均主义，因此农民没有积极性。相比之下，前一种优于后一种。正是因为这样，后者有的失败，有的进行了改革。

在我国，自70年代末到80年代初，实行了以家庭经营为主要形式的联产承包制（实为经营承包制）。即集体经济实力强的实行专业承包，绝大多数实行家庭承包经营，这是从我国农业集体化20多年的实际出发，农民所作的理智选择。

由于马克思主义的一项基本原则是对劳动人民不能剥夺，因此由农民自愿组织的合作社就理所当然的是一种股份合作。即承认农民家庭经营基础上的合作。这种情形，在社会主义阶段是必然如此的。

马克思主义者认为，将来要实现土地国有制。但如何实现？有待于将来的创造。根据以往的经验，这类事虽然可以作出这样那样的设想，但是最好还是留给后人。

## 六　农业的改革要按照股份合作制的要求进行

我国的农业是按照毛泽东的想法"改造"的，不仅实行了斯大林集体化模式，而且接着又实行了人民公社。经过20多年的实践，证明这种"政社合一"的"归大堆的集体经济"对农民是一种剥夺。按道理说该集体全体成员是集体的主人，但实际上生产什么，生产多少，收入如何分配，均由上级决定，社员丧失了应有的民主权利和经济权益，因而出现了普遍性的怠工现象。1980 年夏季，全国 504 万个基本核算单位，人均收入在 50 元以下的占 27.3%，50—100 元的占 50% 左右，人均收入占 100 元以上的不到 1/4。总之全国有 1/3 以上的生产队是生产靠贷款、生活靠救济、吃粮靠返销的"三靠队"，这些队实际上已经破产。这就是说，人民公社，斯大林集体化模式是不成功的，必须放弃和改革。

中国农村经济的改革，是按照市场经济的要求进行的（虽然开始时还不是很自觉的），即第一步实行以家庭经营为主要形式的联产承包制（即经营承包制），人民公社解体、重新塑造农民家庭经营的市场主体地位。接着进行的改革是为农民创造适宜商品经济发展的环境、机制和市场体系。总之，是按照市场经济的方向前进的。至于经济组织形式则是按照股份合作制的要求前进的。既要解决农民被剥夺的历史遗留问题，也要解决农民在合作社中的主人地位问题。只有这样，才能充分发挥农民的积极性和创造性。

自 1985 年以来，各地对第一步改革进行了深化，延长了土地承包期（30 年不变），有的实行了两田制和租佃制。对于集体的乡镇企业，各地大多实行了股份合作制的改革。总的改革方向是正确的。但是，改革还存在问题，主要是股份并没有落实到户：（1）土地，在经营上是落实到户了，但在所有权问题上仍然是"归大堆的集体"，仍然发生收回承包田、干部任意处置集体土地的现象；（2）对集体企业虽然实行了股份合作制改革，但留有 80% 以上的集体股，干部仍有基本的处置权，社员仍是无权的，一旦离开了本集体就丧失了一切权益。

彻底的改革是农民真正当家做主，并得到应有的经济权益。绝对不能把集体企业搞成少数干部的财产和小金库。有的地方把全乡农民的集体财产说成乡政府的企业是错误的，应当改正。

## 七　股份到户，不等于拆散集体的财产

股份落实到户，就可以做到（1）把过去"归大堆的集体"剥夺农民的错误纠正过来，使农民"放心"，不再"怕变"，所谓的"怕变"就是

怕再搞"归大堆的集体";（2）农民的主人的地位和经济权益才能得到保证和体现；（3）农民到外地从事其他产业，他们离开集体时，经济权益才能得以维护。

有人认为，"股份到户"会拆散集体，这是一种误解。其实所谓股份合作制就是入社成员按章交纳股金，成为合作社集体财产，并按章经营、按股分红，一切重大问题由社员大会、代表会议或董事会决定，任何成员不得随意处置合作社的财产。所以，把股份落实到户，是顺理成章的事。

## 八  合作社经济的发展趋势

毛泽东认为，集体化的合作社的发展趋势是小集体→大集体→全民的过渡，也就是阶梯式的过渡。但是，由于商品化特别是社会化的发展，各种企业之间的联系和渗透越来越频繁和紧密，甚至你中有我，我中有你，不可能封闭式地从小集体到大集体、集体向全民的过渡。所以，阶梯式的过渡是极少可能的，而最可能的是互相渗透、股份合作和股份式制发展。

但过渡是一个很长的历史过程，可能是 100 年，甚至 200 年以后的事，有些人看不到这种长期性，经济形势刚好一些，就急于过渡，这是一种急性病。

当然，将来股份合作制如何发展，有待于将来的实践，要相信我们的后人，会根据实际情况作出正确的选择。我们这一代人大可不必多花心思。

（原载《中国农村观察》1999 年第 1 期）

# 建立农村市场经济体制

　　我国的经济体制改革是从农村开始的。改革是在理论准备不足的情况下开始并进行的。改革是复杂的，由于经验不足，所以采取了"摸着石头过河"的方式进行。经过从 1979—1992 年的 14 个年头之后，在 1992 年10 月召开的中国共产党第十四次代表大会上江泽民总书记在政治工作报告中，以邓小平建设有中国特色社会主义理论为指导明确提出：我国经济体制改革目标是建立社会主义市场经济体制。这是社会主义理论的重大发展。既然整个国家的经济体制定了下来，当然也就确定了农村经济体制改革的目标。

　　由于农村改革已经进行了 14 年（1979—1992 年），按照时间的先后顺序本来应当把 14 年农村改革放在本章叙述，但是考虑到农村的改革虽然是在摸索中进行，其方向还是沿着市场经济前进的。因此，作者把改革目标（即建立市场经济体制）放在前面，然后再谈改革实践。本章将着重讨论在农村建立市场经济体制的问题。

## 建立市场经济体制需要解决理论认识问题

### 一　马克思、恩格斯对社会主义经济运行机制的设想

　　马克思、恩格斯所设想的社会主义社会是生产力高度发展的社会。这个社会"是同传统的所有制关系实行最彻底的决裂"① 的社会。在这个社会里，生产资料完全归社会所有，"生产资料的全国性的集中将成为自由平等的生产者联合体所构成的社会的全国性基础，这些生产者将按照共同

---

① 《马克思恩格斯选集》第 1 卷，人民出版社 1972 年版，第 271 页。

的合理的计划自觉地从事社会劳动"。① "正像单个人必须正确地分配自己的时间,才能以适当的比例获得知识或满足对他的活动所提出的各种要求,社会必须合理地分配自己的时间,才能实现符合社会全部需要的生产。因此,时间的节约,以及劳动时间在不同的生产部门之间的有计划地分配,在共同生产的基础上仍然是首要的经济规律。"② 按照马克思和恩格斯设想的社会,已经不存在商品生产和商品交换,这个社会的经济运行机制已经与资本主义社会的运行机制完全不同。"一旦社会占有了生产资料,商品生产就将被消除。而产品对生产者的统治也将随之消除,社会生产的内部的无政府状态将为有计划的自觉的组织所代替。"③ 这样,马克思、恩格斯就把社会的经济制度与经济运行机制一致起来,社会主义社会有社会主义的运行机制,资本主义社会有资本主义的运行方式,或者说,社会主义社会有社会主义的资源配置方式(计划配置),资本主义社会有资本主义资源配置方式(市场配置)。这样也就把社会的资源配置方式与社会经济制度等同起来。

但是,马克思主义经典作家并不拘泥于自己的个别结论,他们总是根据条件的变化来修正自己的原有观点。当 19 世纪末生产社会化已达到较高程度,而且出现托拉斯的形式来组织生产时,恩格斯就指出这"不仅私人生产停止了,而且无计划性也没有了"。④

## 二　列宁对社会主义经济运行机制的设想

列宁在较长的时期内一直赞同马克思和恩格斯在《共产党宣言》、《共产主义原理》所提出的观点。列宁认为,社会主义社会要在生产资料公有制的基础上,把全社会组织成为"国家的'辛迪加'"、"成为一个总管理处"。⑤ 他又说,"把全部国家经济机构变成一架大机器,变成一个使几万

---

① 《马克思恩格斯选集》第 2 卷,人民出版社 1972 年版,第 454 页。
② 《马克思恩格斯全集》第 46 卷上,人民出版社 1979 年版,第 120 页。
③ 《马克思恩格斯选集》第 3 卷,人民出版社 1972 年版,第 323 页。
④ 《马克思恩格斯全集》第 22 卷,人民出版社 1965 年版,第 270 页。
⑤ 《列宁全集》第 3 卷,人民出版社 1960 年版,第 258 页。

万人都遵照一个计划工作的经济机体"。① "社会主义就是消灭商品经济"，由"产品经济代替资本主义商品生产"。② 他认为，计划经济是社会主义所特有的，市场经济是资本主义所特有的。

然而，1921 年实行新经济政策以后，列宁的思想发生了很大变化。他说："我们不得不承认我们对社会主义的整个看法根本改变了。"③

在 1922 年 4 月俄共（布）第二次代表大会所作的《关于工业的决定》指出："我们已经采取市场的经济形式"主张给企业"在市场上从事经济活动的自由"。④ 但是，他的主张没有被斯大林继续下去。

### 三　斯大林计划经济模式

列宁逝世后，在 20 年代末期，苏联领导层发生了一场激烈的论战。争论的一个主要问题是列宁的新经济政策要不要继续下去，是继续通过市场还是改用行政计划来配置资源。斯大林主张采用行政计划来配置资源，主张用农业全盘集体化来解决粮食问题并通过工农产品价格剪刀差的办法取得工业化资金。争论的结果，反对派遭到毁灭性打击，有的在肉体上被消灭了。于是斯大林建立了计划经济模式。他宣称："计划就是法律。"在斯大林的影响下建立起来的"社会主义政治经济学"把计划经济与社会主义经济等同起来。斯大林计划经济模式影响了"二战"后出现的社会主义国家，影响了整整几十年。尽管斯大林在晚年时不得不承认社会主义还存在商品生产和商品交换，不得不承认价值规律在生活资料领域还起调节作用，但仍不承认在生产资料领域起调节作用。总的倾向是社会主义要限制并逐步消灭商品生产和商品交换。

### 四　中国共产党的认识变化过程

长期以来，我们党接受斯大林模式，把计划经济与社会主义等同起来，把市场经济与资本主义等同起来。对农业，同样采用工农产品价格剪

---

① 《列宁全集》第 6 卷，人民出版社 1963 年版，第 11 页。
② 《列宁全集》第 15 卷，人民出版社 1963 年版，第 112 页。
③ 《列宁选集》第 4 卷，人民出版社 1972 年版，第 687 页。
④ 《苏共决议》汇编第 2 分册，人民出版社 1964 年版，第 259 页。

刀差的办法从农业取得工业化资金，用集体化办法从农业取得国家所需要的农产品。如前所述，中国对农业、农民控制是罕见的。在 50 年代，毛泽东批评苏联，说他们挖农民很苦，竭泽而渔。但后来的实践说明，我们对农业也挖得很苦，而且管得更严。实践证明，在经济较为落后的国家采用行政命令的计划经济，根本不是马恩所设想的产品计划经济，由于社会经济落后，由于封建专制主义的影响，其结果也会演化为超经济的强制，成为统制经济或专制经济。

从全国来看，从 50 年代起我们就进行过多次改革，但大多是在放权、收权以及条条块块等方面打转转。因此未能取得明显进展。就农村经济体制而言，虽有小的退却，但从总的趋向看，不是放权，而一直是"收权"（例如集体化、人民公社化、供销社和信用社"升级"，扩大统派范围等）。直到党的十一届三中全会以后，在改革开放的实践中，才逐渐改变了认识，以致获得理论上的重大突破。

1978 年 12 月，党的十一届三中全会提出了对经济管理体制着手认真改革问题。尽管当时还是强调解决权力过于集中问题，但毕竟提出了扩大企业的自主权问题，也提到要重视价值规律的作用。

1979 年 11 月 24 日，邓小平在同《大不列颠百科全书》副总编辑吉布尼等的谈话中说："当然我们不要资本主义，但是我们要发达的、生产力发展的、使国家富强的社会主义。学习资本主义的某些好东西，包括经营管理方法，也不等于实现资本主义。社会主义利用这种方法来发展社会生产力"，他还说："说市场经济只限于资本主义社会，资本主义的市场经济，这肯定是不正确的。"又说："市场经济在封建社会时期就有了萌芽。社会主义也可以搞市场经济。"邓小平在这里指出：说市场经济只限于资本主义社会"肯定是不正确的"，"社会主义为什么不可以搞市场经济？"实际上是提出了我国经济体制改革目标是市场经济。但是，由于传统理论和斯大林模式的影响，邓小平的正确主张在当时未能被全党所接受。党内的认识转变是逐步的。

1981 年党的十一届六中全会在《关于建国以来党的若干历史问题的决议》中提出，"在公有制基础上实行计划经济，同时发挥市场调节的辅助作用；要大力发展社会主义的商品生产和商品交换"。其实，大力发展商品经济，必然会加强市场的调节作用，必然导致市场经济。但当时仍然强调实行计划经济，把计划经济与公有制、社会主义等同起来。

1982 年 8 月，在党的十二大上，政治报告中提出：计划经济为主，市场调节为辅的方针。在理论上开始突破。①

1984 年 10 月，党的十二届三中全会决议明确指出："首先要破除把计划经济同商品经济对立起来的传统观念，明确认识社会主义计划经济必须自觉依据和运用价值规律，是公有制基础上的有计划的商品经济。"这就是说，我们党对计划经济的认识有了根本的改变，是理论的一个进步和飞跃。

1987 年 10 月，在党的十三大政治报告中指出：社会主义经济体制中计划与市场调节都是覆盖全社会的。有计划的商品经济是计划与市场内在的统一的体制，并提出新的经济运行机制，总体上说应当是"国家调节市场，市场引导企业"的机制。

1989 年 6 月，党的十三届四中全会提出：建立适应由计划商品经济发展计划与市场调节相结合的经济体制和运行机制。

1992 年年初，邓小平在南方视察时进一步地明确指出：计划经济不等于社会主义，资本主义也有计划；市场经济不等于资本主义，社会主义也有市场，计划和市场都是经济手段。计划多一点还是市场多一点，不是社会主义与资本主义的本质区别。邓小平的这一论断，从根本上解除了把计划经济与市场经济都看作属于社会基本制度范畴的思想束缚，解决了人们长期争论不休的问题，使人们在计划与市场关系问题上的认识有了飞跃。

1992 年 10 月，邓小平的观点被全党所接受。江泽民总书记在党的十四大的政治报告中明确指出："我国经济体制改革的目标是建立社会主义市场经济体制，以利于进一步解放和发展生产力。"这里讲的社会主义市场经济体制，就是社会主义条件下的市场经济体制，并不表明市场经济及其体制具有社会属性。

值得指出的是，邓小平在确立以市场经济体制作为我国经济体制改革

---

① 在党的十二大报告起草过程中，有些同志提出应恢复"社会主义是有计划的商品经济"的提法，但未被采纳。

目标这一重大问题上，作出了突出的贡献。如前所述，在 1979 年 11 月 26 日接见外国学者的谈话中，他就曾明确提出市场经济不是资本主义所独有的，社会主义也可以实行市场经济的意见。

1984 年 10 月，他在党的十二届三中全会通过《关于经济体制改革的决定》时，他说：这是个好文件。

1985 年 10 月 23 日，邓小平在同美国企业家代表团谈话中说："过去我们搞计划经济，这当然是一个好办法，但多年的经验表明，光用这个办法会束缚生产力的发展，应该把计划经济与市场经济结合起来，这样就能进一步解放生产力，加速生产力的发展。"

1989 年 6 月 9 日，邓小平在一次讲话中说："我们要继续坚持计划经济与市场调节相结合，这个不能改。"

1990 年 12 月和 1991 年春节期间邓小平又多次谈话，反复阐明了计划与市场问题上的观点。有人根据谈话写成文章。在 1991 年受到批判。

据此，1992 年去南方视察时，强调指出："改革开放迈不开步子，不敢闯，说来说去就是怕资本主义的东西多了，走了资本主义道路。要害是姓'资'还是姓'社'的问题，判断的标准应该主要看是否有利于发展社会主义社会的生产力，是否有利于增强社会主义国家的综合国力，是否有利于提高人民的生活水平。"邓小平的这次谈话，可以说是对多年来在这个问题上争论的科学总结。[1]

上述这一切都告诉我们，在理论上应当学习、领会马克思主义的精神实质，立场和方法，而不应当把他们当作教条，死记经典作家的个别结论。

## 在农村建立市场经济体制

社会主义市场经济体制就是社会主义条件下的市场经济体制。

---

　① 吴敬琏：《计划经济还是市场经济》，中国经济出版社 1992 年版，第 134—138 页；郭书田主编：《中国农村经济体制的转换》，新华出版社 1996 年版，第 6—8 页。

### 一　我国的市场经济体制

在党的十四大政治报告中指出：我们要建立的社会主义经济体制，就是要使市场在社会主义国家宏观调控下对资源配置起基础性作用，使经济活动遵循价值规律的要求，适应供求关系的变化；通过价格杠杆和竞争机制的功能，把资源配置到效益较好的环节中去，并给企业以压力和动力，实现优胜劣汰；运用市场对各种经济信号反应比较灵活的优点，促进生产者和需求者协调。同时，也要看到市场有其自身的弱点和消极方面，必须加强和改善国家对经济的宏观调控。

市场经济就是以市场为中心进行活动的经济。（1）资源配置的基础在市场；（2）社会商品的供求主要通过市场调节；（3）企业的生产以市场为导向；（4）商品价格的形成和变动要通过市场；（5）企业产品的质量和经济效益主要由市场评价；（6）企业的命运主要通过市场竞争来决定；（7）国家计划是间接的并通过市场来实现。[①]

我们在第一章曾经谈到构成经济体制的三个基本要素：企业、市场、国家（宏观调控）。然而，当我们进一步研究经济体制时，只讲上述三点就感到不够，所以在这里我把市场经济体制的内容扩大为六项。这就是：

1. 承认个人和企业等市场主体的独立性，它们应当能够自主地作出经济决策，独立地承担决策的经济风险。

2. 建立起比较完善的市场设施，形成具有竞争性的市场体系，由市场形成价格，取消各种障碍，保证各种商品和生产要素的自由流动，使市场对资源配置起到基础的作用。

3. 建立起有效的宏观经济调控机制，对市场进行导向和监控。消除市场经济的弱点和弥补其不足。

4. 建立比较有效的社会保障体系。

5. 必须有比较完备的经济法律法规，使参加市场活动的各个主体有法可依，从而保证经济的正常运行。

6. 国内市场与国际市场接轨。

---

① 郭书田主编：《中国农村经济体制的转换》，新华出版社 1996 年版，第 11 页。

以上几点，在任何国家都是存在的。由于各国的历史条件的差别和社会基本制度不同，因而各个国家的市场经济也存在各自的特性。中国是社会主义国家，公有制经济在整个国民经济中处于主体地位。在政治上，是以共产党为领导的，以共同富裕为社会目标。中国的市场经济就是在这样的社会条件下运行的。

新中国成立以来，由于长期推行的是计划经济体制，一则是转换体制需要一个过程，二则是商品经济很不发达，因此建立比较完善的市场经济体制还需要几十年的努力。在 20 世纪内只能初步确立市场经济体制。

### 二　在农村建立市场经济体制

国民经济是统一的整体，我国的市场和市场经济体制也是统一的。农村经济体制是国家经济体制的组成部分，在现实生活中也是不能分割的。我们讲农村经济体制是因为它有自己的特点，同时也是为了研究上的方便，并不意味着使它独立于整个经济体制之外。

我国农村市场经济体制主要内容和特点如下：

第一，要有发育的市场主体。（1）要解决集体产权不清晰、产权主体缺位问题，使社员（农民）真正成为集体产权的主人；（2）保证农户（或其他农业生产经营者）有独立的生产经营决策权；（3）不断地提高农民的经营水平和参加市场经济活动的能力；（4）支持农民组织自己的合作商业组织、合作金融组织、合作科技组织等，使这些合作组织真正成为农民利益的代表者。没有这些，农民就难以适应市场经济的环境。

第二，要建设市场，形成比较完善的农村市场体系和农产品市场体系。由于长期的高度集中的计划经济体制的结果，我国农业、农村市场既不发育也不完善，以致农村集贸市场大多非常简陋。因此，为了适应市场经济及其体制需要必须建立健全市场体系。就农产品市场而言，既要有农副产品市场、批发市场、期货市场，又要有城乡的农贸市场、集贸市场。就广大农村而言，既要有各种商品市场，又需要有生产要素市场（如劳动力市场、金融市场、土地市场、技术市场、信息市场等）。要发挥市场调节资源的作用，就必须放开农产品价格，由市场形成价格。

第三，搞好宏观调控，就是搞好总量上的调控，重要的是建立风险保障基金和掌握必要的储备，进行必要的吞吐。谈到粮食等的储备，必须增加投资建设现代水平的仓库。储备系统的仓库、基金、机构应单独成立。

第四，国家要制定各种法律、法规，以保证市场的正常运行。

第五，建立有效的社会保障制度。

过去在农村曾实行合作医疗和"五保户"保障制度。在苏南等地农村还实行了退休金制度。但改革以来，合作医疗受到削弱。现在开始恢复，需要认真搞好，并探索符合中国农村实际的社会保障制度。

第六，与国际市场接轨。应当充分发挥我国的资源优势，在国际农产品市场上取得相应的席位，在世界市场上换取我之劣势产品。

由于我国农村经济特别是农业经济正处在从自给半自给经济向商品经济、由传统农业向现代农业过渡阶段，农村的市场经济的发展，从长时期看，也可能需要更多的时间。

# 农业经济的运行

研究经济问题，需要特别重视经济运行问题。本节着重讨论在市场经济体制下，农业经济是如何运行的，某一个环节出问题都会影响到经济正常运行。

## 一　何谓经济运行

经济运行也叫经济运作。是指在既定的经济制度下，社会经济机体有规则有内在联系的协调运动和新陈代谢过程。

（1）经济运行总是以一定的经济制度作为前提的，所以在"既定的经济制度之下"是不言而喻的；（2）一个社会的经济好比一架复杂的大机器或像有生命的动物的机体一样，机器或机体的各个组成部分是相互联系和协调的，只有这样，这架机器或这个有生命的动物才能不断地运动；（3）经济运行是一个过程，是一个社会规模的再生产过程。研究经济运行的目的是在既定的经济制度下，如何使经济能够正常地运行。

经济运行的核心是经济运行机制。那么，什么是经济运行机制？首先要搞清什么是机制。机制的原意是工具、机械，也就是人们为达到一定目的而设计的装置。最先是工程学中使用，指机械结构及其工作原理。后来又在生理学和医学中使用，说明生物机体的各种组织和器官是有机地结合在一起，并通过各自的变化和相互之间作用的机理。在现代，"机制"一词已在自然科学和社会科学广泛使用。经济学借用这个概念，意思是说经济系统像一架复杂的大机器一样，通过它的各个组成部分的功能和相互连接的作用以实现其总体功能。经济运行机制的基本功能就是根据社会需要把总劳动按比例地分配到各个部门，使经济资源得到合理的配置，使社会经济利益关系比较协调，没有好的有效的运行机制，社会经济就不能正常运行。

商品经济就是以市场为中心，商品经济的运行机制就是市场机制，而市场机制就是通过市场价格的波动、市场主体之间为各自的利益而竞争以及市场供求关系的变化来调节经济运行的机制。

但是，要使市场机制起调节作用，必须具备一些前提条件，这些条件主要是：（1）社会上存在众多的独立的商品生产经营者；（2）市场价格在供求变化时能够上下自由波动；（3）生产要素能够在社会范围内流动。对于每个商品生产经营者来说，市场的价格信号起着直接的导向作用；竞争会使生产要素合理流动，使有限的资源达到优化配置，它的具体流动和配置过程是这样：部门内部的竞争使生产要素向效益好的企业流动，以实现资源在微观方面的优化配置；部门之间的竞争使生产要素向短缺部门转移，以实现资源在宏观方面的按比例分配。可见，在市场机制中，是借助交换价值和利益刺激间接影响社会生产的比例关系。所以，经济运行机制是一种工具，一种手段，其本身不具社会属性。

经济运行机制归根结底是社会生产力发展的产物，起决定作用的是经济形式。我们知道，就经济形式来说，随着生产力的发展，人类社会曾经依次出现自然经济、商品经济这样不同的经济形式。按照马克思、恩格斯的分析，将来到共产主义社会还要有产品经济的形式。在自然经济阶段，各个生产单位处于孤立的分散的状态，就如同一袋一袋的马铃薯，社会的经济就由一袋一袋马铃薯所组成，经济运行由各个生产单位自我调节。商品经济是社会化的生产，这种生产方式就必然由社会的方式来调节。有商品就有市场，商品经济的运行由市场机制调节。如上所说，商品经济的运行机制就是市场机制。由于生产力水平不同，商品经济也存在不同的发展时期，市场机制的具体表现也有差异。经过自由竞争的资本主义时代、垄断资本主义时代，以及"二战"后一些国家为弥补市场机制的不足而强化了行政干预和宏观调控，实行了一定的计划调节。当然，它们的计划是间接的，建立在价值规律之上。在20世纪初世界上出现了社会主义国家，特别在"二战"后出现了一些社会主义国家，这些国家都处于大力发展商品经济阶段，它的经济运行本应采用市场机制，但是由于理论认识上的原因，把社会经济制度的社会属性与经济运行机制等同起来，认为市场机制是资本主义所独有，社会主义只能实行产品经济，其经济运行机制只能是计划机制。因此，社会主义国家都使用了计划机制。一般来说，计划机制是以社会为主体，从社会共同利益出发，按照事先编制的统一计划对社会的生产和经济运行进行调节和控制。但是，要使计划机制起作用，必须具备几个经济前提：（1）整个社会一开始就是直接的社会生产；（2）产品一开始就是社会成员的共同产品；（3）在这里，只有生产中的劳动直接交换，不存在商品交换，但是，这些经济前提，在已有的社会主义国家都不存在，因此在实践中采用计划机制的结果，往往成为强制的命令机制，效果并不好。

## 二　在市场机制下，农业经济如何运行

在市场经济机制下，农业经济是怎样运行的？由于市场经济是以市场为经济活动的中心，所以我们的分析也从市场开始，并围绕市场进行。

1. 市场是农业经济运作的中心。这里所说的市场是发育的市场，是完善的市场体系。如农产品市场（农贸市场、农产品批发市场、期货市场）、金融市场、劳动力市场、农业生产资料市场、农业技术市场、信息市场、土地市场，等等。市场的设施（场地、摊位）以及交通、通信、食、宿、银行、库房、咨询等都比较齐全和先进，能够满足参加市场活动的各个主体的需要。

市场的价格既是信号又是评判者。各种商品（或服务）价格是开放的由市场形成。

参加市场的主体都是善于经营的精明人，他们都是独立自主的、平等

的，按照市场的规范从事活动，进行公平的竞争。

如前所述，在高度集中的计划经济体制下，上面说的市场及其体系是不存在的。现在要实行市场经济体制，必须重建市场，即必须发育市场，建立完善的市场体系。没有完善的市场体系农业经济是难以运行的，或者勉强运行，也是不正常的、低效率的。从中可以看到，农村经济改革任务相当之重。不过，这里我们假定农业（乃至农村）的市场及其体系已经发育和完善。

在农业经济运行中农业生产经营者是市场主体之一。农业生产经营者（农户或其他农业经营者）出现在市场上。[①] 他们要了解市场行情及其变化趋势，特别是价格及其变化（甚至向人咨询）。然后，他们根据市场需要作出决策，决定生产什么，生产多少，采取哪些增产措施。一般把这称之为市场导向。农户在作出生产经营决策之后，他们根据生产、生活的需要，从市场上陆续地买回所需要的生产资料（农机、化肥、塑料薄膜、农药等）和生活资料。如果他们买的物品是假货，那么他们就会受到严重损害，甚至造成颗粒无收。如果价格过高，那么农户的生产成本必然增大，甚至造成亏损。

农户和其他生产经营者根据农时季节和农艺的要求，从事生产活动。他们非常重视产品的质量。在卖方市场时，由于农产品紧缺，他们比较重视产品数量。在买方市场时，他们比较重视产品质量，会生产精细产品和无污染的绿色食品。他们精打细算，注意降低成本，力求采用新品种。所有这些，都是为了向市场提供质量高、成本低、由有竞争能力的农产品，以取得最大利润。

农业生产经营者作为卖方出现在市场上时，他们的目标是他们的产品能卖一个好价钱。通过市场竞争使自己的劳动成果得到社会承认。在计划经济体制下，农产品卖给国家，价格也确定了，农民不用花费什么心思。现在不同了，竞争性很大，农业生产者就要花很大精力。如果商品少，是卖方市场，产品好卖；如果产品过多，是买方市场，也会出现"卖难"，甚至压级压价，这时，农民最感头疼。如果国家有个特定部门按照比较合

---

① 这里的市场当然不是农村集贸市场，而是农产品批发市场、期货市场。

理的价格收购，就解决了农民的困难。这就是说，需要宏观调控。

还有，在高度集中的计划经济时期，由于农产品紧缺，所以要集中一定时间来收购粮食等农产品，即使农民正在忙于抢种也要停下来去送交粮食，农民对这种事一直很头疼。但是在我国似乎已经成为一种定式。像这样的事，在一些市场经济国家是不会发生的。我们不妨也借鉴一下。

2. 组织各种合作经济组织。需要组织各种合作经济组织（即中介组织），代表农民及其利益参加市场活动。

我们这里讲的农民参加市场，以市场为导向，参加市场竞争，是指农产品批发市场和期货市场。这样的市场，由于农产品数量较多，距农民住地较远，加上农民需要以很大精力投入日常的生产活动，所以大多数农民不能直接参加。这就需要组织各种合作经济组织（如供销合作社、蔬菜合作社……）代表农民利益参加市场，给农民提供市场信息，供农民决策，并使农产品卖到比较好的价格，买回农民所需要的用品。与此同时，农民还需要组织信用合作、技术合作（技术协会）等各种合作组织，代表农民的利益参加相应的市场。

此外，对原有的合作经济组织，过去由于"升级"，"官商化"严重，需要通过改革使之成为真正的农民的合作经济组织。在外国，这些合作经济一般均代表农民（社员）利益，参加市场活动、参加市场管理和市场价格管理等有关农民利益的讨论和对话。① 我认为，这也是可以借鉴的。

值得注意的是，各种合作经济组织，当它们发展壮大以后，特别是成为国内屈指可数的大的集团以后，往往会出现"仆大压主"现象，即不将它的真正主人（广大农民社员）放在眼里。这就需要特别强调"加强教育"。问题是，过去我们的"加强教育"，常常是对农民（社员），而不是合作经济组织的工作人员，特别是各个组织的负责人。今后，应当加强对合作组织的工作人员（包括负责人）的教育，使之明确谁是合作组织的主人，并为他们服务，任何时候都要维护合作经济组织的利益。

3. 搞好宏观调控。市场不是万能的，也有它的不足。例如市场不能直

---

① 在国外，有的国家的合作社也代表农民利益参加与政府对话，有的由农场主协会或农业合作协会代表农民参加对话。

接体现社会的共同利益，市场也不能有效地解决非竞争性、非营利性领域的社会经济问题，市场的自发性会引起经济的较大波动，市场竞争也会带来垄断，等等。因此，必须搞好国家的宏观调控。

在市场经济下的宏观调控，是建立在市场机制充分发挥作用的基础上，主要运用经济的、法律的、行政的方法，实行间接调控。例如解决属于社会共同利益的问题，就需要运用经济政策和法律手段，以使经济战略和规划实现。又如解决非营利性的社会经济问题时，就需经济政策（投资政策、税收政策等）上的支持。再如解决市场价格波动过大问题，就需要有储备制度和储备基金，必要时实行吞吐，以平抑市价。为建立公开平等竞争的秩序，就需要建立反垄断法及相应的措施，等等。显然，这些与高度集中的计划机制根本不同。而要建立适合市场机制需要的间接调控体系需要做许多工作。特别是：（1）要转变政府职能，精简机构，实行"小政府，大社会"。（2）建立农产品储备制度，政府储备的主要功能是实行吞吐、调节供求、平抑市价。还可以建立"粮食银行"。（3）增加对农业的投入。农业是国民经济的基础，农业是地球上最大的人工生态系统，它除了生产一般的产品外，还生产一种特殊的产品——清新的空气和优美的环境，农业是社会上最大的公益部门，农业受气候影响较大，同工业等部门相比，农业在市场竞争中处于不利地位。因此，对农业尤其要特别予以关注，要增加投入。有关全局性的公益事业，政府有责任给予支援。

4. 建立符合国情的社会保障制度。社会保障制度内容较多，主要有老年保障、失业保障、医疗卫生保障以及伤残保障，等等。劳动者在年富力强时为社会提供劳动，创造财富，当他们年老丧失劳动能力时，社会应当对他们提供基本的生活保障。劳动者在失业期间也应当从社会得到一定的帮助。劳动者因工作造成的伤残，更应该得到社会救济。此外，劳动者还应当享受一定的公费医疗或医疗补贴。应当看到，社会保障制度是建立市场经济体制的重要支持条件。没有这个条件，市场经济的运行就要受到影响，过去在农村实行合作医疗，"五保户"，效果较好，改革以来，这种保障制度在有的地方被削弱了，应当恢复。在一些发达地区的农村，有的集体单位实行退休金制度，效果也较好，有条件的也可以实行。此外，根据条件，发展一些保险业务（如作物保险、人身保险、医疗保险等）以分散意外事件带来的问题，也是可行的。总之，要找到适合于农业、农村情况的社会保障制度，对农村市场经济的发展，无疑会起到良好的作用。

5. 建立适应市场经济需要的法律体系。市场经济实际上也是法制经济。没有法律进行规范，市场的平等公平竞争就不能保证，因而市场经济活动就不能正常进行。所以，需要建立一套法律体系。

6. 利用国际农产品市场。在冷战后，国际统一市场正在形成。我国实行市场经济要与国际市场接轨，利用国际市场来优化国内的资源配置。就是说，利用我之资源优势产品出口，从国际市场买回我之资源劣势产品。

# 改革是一个渐进过程

从高度集中的计划经济体制转到市场经济体制，是资源配置方式的根本性改变，而这种改变要涉及方方面面，涉及各方面的利益，牵涉每个人的生活。因此需要循序渐进，就整个转换来说，是一个过程，一个渐进的过程。

## 一　两种改革方式

从改革的方式方法来说，有两种方式方法可供人们选择。一种是有试验地逐步进行，这种方式方法是在比较平稳的社会环境中进行改革，不会造成大的社会震动。这种方式从眼前、近期来看，可能比较缓慢，但由于是在比较平稳的社会环境中进行，生产、生活秩序没有发生混乱，生产还会有发展，积之10年20年算总账，还是比较快的。另一种方式方法是急剧地深刻地打乱原来的经济秩序，破釜沉舟于一役，即所谓的"休克"疗法。这种方式方法在一个小国并在较为强大的外力支持下，有可能成功，但是在一个大国，或者在外力支持极为有限的情况下，往往效果不佳。

## 二　渐进方式的优点

两种方式方法相比较，渐进的方式比较可取。因为：

1. 这种方式方法可以保持社会的基本稳定。社会稳定是改革和发展的根本条件，没有这个条件，改革和发展都将受到影响，甚至无法进行。所以，关心改革的人们都要求社会稳定，即要求有一个比较安定的社会环境。所以在改革中一方面需要有一个比较稳定的社会环境，另一方面在采取某项改革措施时也要尽量减少引发社会震动的程度。正是从这个角度出发，我认为采取上述第一种方式可以达到这一要求。

2. 可以使政府有比较充裕的准备时间。改革必须有政府的参与和领导。这就需要给政府以准备的时间，以便有步骤地把改革引向深入。当然，要使政府在改革中发挥积极作用，还需要有改革精神的人来主持。否则，也会把事情搞糟。我们讲使政府有准备时间也就包括了使用干部。

3. 可以使人们有思想准备和逐渐适应。既然改革要牵动各个方面，涉及每一个人，所以要使人们有心理准备，以便逐渐适应。高度集中的计划体制毕竟实行了几十年，长期的宣传，长期养成的习惯，都对改革产生不利影响。广大农民一方面要求改革，另一方面对市场、对市场导向的某些方面又感到不适应，城里人也有类似情况。特别是改革要涉及人们的利益，有的得益有的不得益，甚至减少了既得利益，不仅有一个适应的问题，而且还有一个承受能力的问题。这就需要假以时日，做好协调工作。如果不考虑这些而贸然进行，也会给改革带来不利影响。

4. 可以使一些必要的设施相适应。改革中还有一个设施方面的建设问题，也叫硬件建设，例如建立农产品批发市场就需要建设场地、库房、交通、通信等各种设施，而这些设施建设都需要一个过程，不是在很短的时间内完成。

5. 市场经济是法制经济。市场经济需要制定各种法律，以便参加市场活动的主体遵循，但制定法律、法规需要有一个调查研究、制定的过程，不是在短期内所能办成的。

6. 特别重要的是市场经济需要有与之相适应的各种专业人才，而人才的培养则需要一个过程。

可见，经济体制改革采取渐进的方式比较稳妥。特别是像中国这样的发展中大国，更要稳扎稳打，不可轻率从事。上面讲的都是在商品经济比较发达的情况下的改革。而在商品经济不够发达的国家，还需要商品经济的充分发展才能建立起比较完善的市场经济体制。而商品经济的充分发展需要一个过程。

中国农村经济体制的第一步改革，即把人民公社体制改为政社分开的家庭经营为主要形式的经营承包制，从 1979—1984 年只是短短五年的时间，就以包产到户，包干到户来说，大规模的群众行动只是在 1980—1982 年上半年，也就是两年半的时间，1.2 亿农户行动起来，可以说是一场大规模、悄悄地自发性群众运动。这种情况可以说是一种突变式行动，也可以说是改革中的一个特例。之所以会出现这种情况，我想大致有以下原因：（1）原来的"归大堆"的集体化是不符合农业生产的需要，很不得民心。20 多年来，农民一直在探索包产到户，但都被强制地压了下去。因此，政府的政策上有所松动，农民就立即采取行动。可以说，改革是农民的迫切要求；（2）这次改革是农民自觉自愿自发的行动，他们的要求是共同的，而且没有影响生产，就农村内部而言是有秩序、平稳进行的；（3）农民是理智的，他们在动手改革中，首先保证了国家和集体的需要，没有触及政府和集体的利益，也没有立即影响到政府的正常运作；（4）这次改革只限定在农业内部，没有影响城市和其他部门的利益，没有引起社会震荡。相反，却给城市及其他部门带来了利益，并且推动了城市改革。这些特殊的情况和条件，一般是不具备的。所以，我们不能把农村第一步改革的突变方式作为范例来要求下一步改革也采取这种方式，也不能将它移植到城市的改革。当然，农村经济第一步改革的花费是比较少的，所采取的某些方法（为了减少阻力只限于农业内部，尽量不触及其他方面的利益等）是值得借鉴的。

### 三　减少新旧体制的摩擦

既然改革要采取渐进的方式，那就一定要有一个新旧体制的因素同时存在的状况和时期，由于两种体制运作方式不同，必然发生摩擦。例如某些农产品价格完全放开，随行就市，而有些农产品的收购价格没有放开，那么，受到冲击的是没有放开价格（即低于市场价格）的农产品，农民作为商品生产者经营者，作为经济人，他要把自己的人力、物力和财力投放到放开价格的产品生产，因而不利于没有放开价格的农产品的生产。所以，只要是采取价格的"双轨制"就必然产生摩擦，这是客观存在，问题在于如何处理好这类矛盾。政府的任务就在于尽可能地把这种摩擦减少到最低的程度。（1）在原来计划经济体制尚未触及的地方先行一步。例如农村的乡镇企业是处于国家计划之外的，近些年来所发展的水果业、水产业也是原计划所没有的，所以这些企业和生产项目一开始就实行市场经济体制。（2）为了减少阻力，对已经纳入统购统销的农产品，在完成国家收购任务后，多余部分允许农民自由处理。即允许农民按市场经济原则处理。（3）即使是国家征购的农产品，也可以采取适当减少征购量的办法，以便取得经验，当条件成熟时完全放开价格。

应当看到，国家要掌握必要的农产品与价格放开是既有联系又有区别的两回事。日本政府直到现在还统一收购农民的稻谷，但价格高，农民愿意卖。问题的实质在价格。在我国，从工业化进程来看，已经到了停止农业为工业化提供积累的阶段，完全放开农产品价格的条件已经基本具备。应当看到"双轨制"长此下去，归根结底，对"没有放开价格的农产品"的生产不利。政府为了得到这些农产品也不宜把时间拖得过长。

### 四　可能时，还要利用旧体制的某些方面

在旧体制还没有完全被取代的情况下，旧体制及其某些方面还在运作，为了避免带来混乱，为了生产的顺利进行和发展，在可能的条件下，还要利用旧体制的某些方面。例如：经济改革要政企分开，使企业（或农户）成为真正的独立自主的商品生产经营者。但是，在新旧体制改革转换的一定时期内，还需要借助县、乡、村基层干部为农村商品经济的发展发挥积极作用。

# 自 1979 年以来的农村经济改革（1979—1995）

我国的经济体制改革是从农村开始的。这是因为：（1）农民对原来的高度集中的计划体制的弊端感受最深，要求改革最为迫切；（2）农村农民之间的关系比较简单些，农民利益一致，阻力最小，不像城市一项改革牵动许多部门，矛盾较多，需要更多的协调；（3）农村改革开始时涉及城市很少，影响不大。

农村经济改革，从1979—1995年的16年间，大体上可以分为两个小的时期：（1）从1979—1985年以家庭为主的经营承包制取代"三级所有，队为基础"的人民公社制度时期；（2）从1986—1995年的流通领域改革为主的时期。第一个时期（或第一步）改革的突出特点是广大农民群众积极行动起来进行的。党政部门先是不同意，但没有像过去那样强行压制，而是根据群众改革的进程和效果，一步一步地放宽政策，因而取得了成效。所以，对第一步改革可以这样来描绘：农民先行动，政府再认可。当第一步改革之后，政府才从被动逐渐转向主动，来主动领导改革。

这一章，将着重讨论从1979—1995年的农村经济体制改革及过程。

**以家庭为主的经营承包制取代"三级所有，队为基础"的人民公社制度**

以家庭经营为主的经营承包制是在1979—1984年基本完成的。这时人民公社已经解体，在这种情况下，从1985年实行政社分开，至此人民公社正式消亡。

一　农村经济改革是通过建立农业生产责任制开始的

中国共产党十一届三中全会以后，全国各地根据中央精神，大力消除"文化大革命"造成的生产经营混乱状况，积极推行农业生产责任制。而农村经济改革就是从建立健全农业生产责任制开始的或者说是以农业生产责任制的形式、名义进行的。其具体过程是：从不联系产量到联系产量；从责任承担者来说，先是责任到组，后是到劳、到人、到户，由包产到户到包干到户。

二　由于长期"左"倾思想的严重影响，实行农业生产责任制从一开始就发生了争论

1. 关于要不要联系产量，要不要包产到组的争论，主要发生在1979年。由于党的十一届三中全会通过的《农村人民公社工作条例（修正草案）》（即"六十条"）仍然"不准"包产到户，所以许多地区的农村首先实行了包产到组。1979年1月1日，《人民日报》报道了四川、云南和广东的部分社队实行生产责任制的情况。报道说：四川省广汉县从今年开始，全县农业普遍推广"以产定工、超产奖励"的办法。广东省的社队普遍推行"五定一奖"的经营责任制度。据笔者了解，当时实行包产到组的

还有安徽、贵州、甘肃、内蒙古等省、自治区农村的一些社队。

所谓包产到组，是指生产队把土地、劳动力、农具、耕畜、开支、产量、工分、超（减）产奖（罚）工分数，包到各作业组，在作业组内部按工分分配。安徽省凤阳县一些生产队实行的生产队对作业组实行"大包干"，即包上交粮食和各项提留，其余均归作业组。当时，凤阳农民说：大包干、大包干，直来直去不拐弯，交够国家的，留足集体的，剩下都是自己的。但是由于"左"的影响很深，包产到组却遭到了一些人（包括当时中央一些领导人）的反对。

1979 年 3 月 15 日，正当一些地区农村社队实行包产到组，《人民日报》在头版显著位置发表了甘肃读者张浩的一封来信，标题是《"三级所有，队为基础"应当稳定》。张浩认为，包产到组会动摇人民公社"三级所有，队为基础"的基本制度，也就是动摇社会主义，等等。《人民日报》在发表这封信时，还专门加了编者按语，对来信的观点大加赞扬，并以权威的语气，指责包产到组，提出要立即坚决纠正。

张浩来信和《人民日报》编者按语发表后，在全国各地农村引起了强烈震动。人们从生活经验推断，发此文非同一般，"大有来头"。一时间人心浮动，想搞包产到组的停了下来，已经搞的在准备改为包工到组。一些地区农村的同志把它称为"倒春寒"。《人民日报》发表张浩来信和按语，诚如人们猜测，确有来头，是当时国家农委主要负责人出面并决定的。

当然，也有些地方从实际出发，不为所动。安徽就是如此。中共安徽省委于 3 月 16 日向全省发出指示，明确指出："实行各种形式的责任制是符合三中全会精神，凡是已经实行的要稳定下来，以后总结经验，不要变来变去，引起不必要的波动。"在此期间，国家农委主要负责人曾经打电话给万里，说包产到组使人民公社变成了三级半，破坏了"三级所有，队为基础"的基本制度。万里回答说（大意），已经春耕大忙了，农业责任制形式就不宜再改变了。其实，万里在不同场合曾经说过：问题是看能不能多打粮食，只要产量上去了，就不管三级，还是三级半。

当时的争论是很大的。这里再讲一件笔者亲身经历的事。在张浩来信发表不过几天，我与所里两位同志参加了中办组织的调查组，调查农业生产责任制问题，先到广东后到湖南。两省情况截然不同。广东省在习仲勋、杨尚昆等主要领导的支持下，实行"五定一奖"（即包产到组），调查组得到了大量第一手材料并写出了题为《调动农民积极性的一项有力措施》的调查报告，发表在当年 5 月 10 日的《人民日报》上。湖南的情况则相反，省里不赞成包产到组，认为包产到组破坏了人民公社基本制度，有的介绍说，现在允许搞包产到组，下一步就要搞包产到户。"今年不纠，明年大乱。"这也告诉我们，一些人之所以反对联系产量，是因为从责任制角度看，既然可以到组，也就可以到户，他们更怕的是包产到户。1979 年 7 月，《人民日报》农村部姚力文同志约作者与魏道南合作写出《联系产量的生产责任制是一种好办法》一文，据说因内部意见不一，而未能发表。① 由此可见当时争论的一斑。当然，物换星移，在 16 年后的今天，有的青年朋友可能感到不理解，对本属于经营单位的责任制问题，何至如此争论？然而，在当时确实是这样。一种理论、观点本来是人提出的，一旦成为一些人们的教条，也会使信奉者做出认真而可笑的事情来的。

2. 关于包产到户的争论，从全国来说，主要在 1980 年。通过实践是检验真理标准的讨论，进一步解放了广大基层干部和农民的思想。在许多社队实行包产到组的同时，一些生产队实行了包产到户。在 1978 年秋冬和 1979 年春，在安徽、内蒙古、贵州等地的一些社队开始搞起了包产到户。由于自 1956 年以来特别是在"文化大革命"中对包产到户多次、反复批判和对一些支持包产到户的基层干部、农民的批斗乃至关进监狱，由于当时中央文件仍"不准包产到户"，所以这一次包产到户开始是在非常秘密状态下进行的，对外讲是包工到组或包工到户。安徽省凤阳县小岗生产队的做法就很典型。这个队有 18 户农民，是个穷队，多年来农民在秋收后就要外出讨饭。在难以为继的情况下，生产队长召集全村社员讨论：今后怎么办？社员说，办合作社以来就数 60 年代搞"责任田"那时好，于是背着大队、公社秘密地搞起了包产到户。当时社员积极支持干部。他

---

① 此文，后来由姚力文介绍给安徽省理论刊物，准备发表。因当时《农业经济问题》正在筹备中，所以留至 1980 年该刊创刊号上发表。

们立下保证书："包产到户"要严守秘密，收了粮食该完成的都要完成；如上级追查，队干部坐牢，全村各户保证把他们的孩子抚养到18岁。①

在同一时期，即在1978年秋冬，安徽省肥西县山南区遇到严重干旱，播种困难。为了抗旱抢种，保证第二年农民的口粮，在区委书记汤茂林的领导下，背着上级以"借地"名义，把耕地包给了各农户。这种做法实际上是包产到户。实行"借地"以后，家家起早贪黑地抗旱播种，取得了明显进展。1979年年初省委发现后，立即派调查组，由于效果好，不仅得到调查组的支持，更得到了省委的支持。

由于"左"的影响很深，所以包产到户一经出现，就引起了比联系不联系产量、包产到组，更为激烈的争论。

安徽省内有不同看法，有的邻省在边界车站拉出"反对包产到户"的横幅。

1980年1月，在北京举行的农村人民公社经营管理会议上，安徽代表在小组会上介绍本省实行包产到户情况后，遭到浙江、江苏一些代表的反对。他们说，包产到户问题不是你一个省的问题，今天你们搞了，明天就会波及我们。

会议进行中间，专门召开了理论、宣传和大专院校的与会代表参加的座谈会，集中讨论包产到户问题。会上发言中，反对的居多，赞成者少。作者表示赞成包产到户。

会议后期，传达了华国锋的讲话，明确表示他不赞成包产到组，当然更反对包产到户。在传达中，农委负责人王任重几次插话说：现在有一股风（意指单干风）。因此，在会议总结时，对作者进行了不点名批评。原话是这样：现在有些农民搞了包产到户，他们这些年吃了苦头，是可以理解的。但是，一些搞理论宣传的同志，他们推波助澜，我们不得不提醒这些同志，你们不要逼得我们再来一次反对单干风。

时隔不久，万里调到中央，任国家农委主任，农业系统的情况开始发生变化。

7月，万里提出，国家农委派出几个调查组分赴西北、四南、华东、

---

① 王宇昭：《大包干：大趋势》，第3页；《凤阳古今》，第214—215页。

中南、内蒙古等省、自治区调查农业生产责任制问题，特别是包产到户问题。中国社会科学院农村发展研究所根据农委的要求组织一个调查组（作为农委派出的调查组）赴安徽、河南调查。在调查组到安徽时，省里对包产到户的态度开始变化。当调查组到肥西时，反应比较冷淡。只是县委农研室一位同志态度明朗。我们到滁县地区，却大不一样。当时的地委书记王宇昭及地委办公室主任陆子修等地、县领导态度明朗，热情欢迎，并为调查组提供方便。在调查过程中，基层干部和农民都以事实说明包产到户的好处，并希望调查组向中央领导机关反映，最好能让农民长期搞下去，实在不行让再搞三年也行啊！当调查组到固镇县时，受到县委书记陈复东的热情接待，我们专门调查了该县搞的不动磙子作物的包产到户的情况。特别令人难忘的是宿县原符离区委书记武念慈同志，他因 1962 年给上级党委写信保荐包产到户而被批、被斗，以及坐牢。我们见到他时，他刚刚平反不久。听他介绍情况，实在令人敬佩。他完全按照党章向上级陈述自己的意见，是正当的。但却遭到如此对待！这次调查，给我们调查组感受也是深刻的。

　　8 月，几个调查组集中向国家农委汇报时，分歧较大。安徽组明确地支持包产到户，指出即使经济条件比较好的生产队搞包产到户也获得增产，并建议允许包产到户，给立一个正式"户口"。[①] 农委第一副主任张平化对我说：你们农经所是一家之言。

　　不久，1980 年 9 月 14—22 日，中央召开省市自治区党委第一书记座谈会，专门讨论农业生产责任制问题。会上，对农业要实行生产责任制，实行包产到组，实行专业承包联产计酬已经没有不同意见，但在包产到户问题上，仍然分歧很大。发生了所谓的阳关大道与独木桥的争论。有的认为，集体化是阳关大道，大有前途，而搞包产到户是走独木桥，没有前途。有的认为，如家住深山沟之中，不走独木桥，就无法走出去，达不到平坦的阳关大道。经过争论，最后形成了题为《关于进一步加强和完善农业生产责任制的几个问题》的会议纪要。会议纪要肯定"集体经济是我国农业向现代化前进的基础"，强调农业生产的管理"应从实际需要和实际

---

① 王贵宸等：《关于安徽省包产到户的调查报告》，打印稿。

情况出发，允许有多种经营形式、多种劳动组织、多种计酬办法的同时存在"。特别指出，对于包产到户应当区别不同地区、不同社队采取不同的方针："在那些边远山区和贫困落后的地区，长期'吃粮靠返销，生产靠贷款，生活靠救济'的生产队，群众对集体丧失信心，因而要求包产到户的应当支持群众的要求，可以包产到户，也可以包干到户，并在一个较长时间内保持稳定。"又指出：集体经济比较稳定的地区"就不要搞包产到户"。但是这类社队"已经实行包产到户的，如果群众不要改变，就应当允许继续实行，根据情况的发展和群众的要求，因势利导，运用各种过渡形式进一步组织起来"。在这里，（1）可以搞包产到户的范围比过去是大得多了。（2）虽然指出在"集体经济比较稳定的地区就不要搞包产到户"，但是，用词不同了，过去是"不准"、"不许"，现在是"不要"。给人以"松动"的感觉。特别是对这类社队已经搞了的"应当允许继续实行"，这无疑等于同意农民的选择。（3）会议纪要有这样一段话值得特别重视："就全国而论，在社会主义工业、社会主义商业和集体农业占绝对优势的情况下，在生产队领导下实行的包产到户是依存于社会主义经济，而不会脱离社会主义轨道的，没有复辟资本主义的危险，因而并不可怕。"这实际上已经在很大程度上等于承认了包产到户。9月27日中央把会议纪要转发到各地（通称为75号文件）。① 这是中央第一次基本上承认可以搞包产到户的文件。

包产到户问题，同样在学术界引起了争论。

1979年年底，中国农经学会在北京密云召开学术讨论会，会上，安徽省代表介绍肥西县包产到户的经验，一些理论工作者发表了包产到户值得重新研究的意见。

1980年1月，在农业经营管理会议上，出席会议的理论、宣传、教育部门的代表专门座谈包产到户问题，有的认为包产到户是责任制的一种形式，应当给立个正式"户口"（或"户头"，即使之合法化），有的反对，认为包产到户实质是单干，违背社会主义方向。

---

① 陈吉元、陈家骥、杨勋主编：《中国农村社会经济变迁》，山西经济出版社1993年版，第493—494页。

1980年上半年，陆学艺、杨勋、吴象、张广友、王贵宸、魏道南等理论、教学工作者都到安徽调查并支持包产到户。后来，农村发展研究组的一些青年学者到安徽进行了较为系统的调查，支持包产到户。

1980年8月，受《经济研究》编辑部王松霈同志之约，我与魏道南合写了《论包产到户》一文并交编辑部，当时主编持慎重态度，认为各方面争论很大，暂不发表。迟至1981年第1期以"争鸣"的形式，同时发表了赞成与反对的两篇文章，可见编辑部同志的良苦用心。这也可以说是学术界关于包产到户问题争论的结束。

### 三　从包产到户到包干到户

中央75号文件下达后，各地基层干部和广大农民受到极大鼓舞，已经包产到户的解除了担心，"一块石头落了地"，未搞的纷纷起来搞包产到户。

1980年1月底，包产到户的队数占总数的1%，包产到劳的3.1%，两项合计占4.1%，尚居于少数。到1980年年底，占生产队总数5.0%的生产队实行了包干到户，10个月以后（即1981年10月底）达到了38%，再过8个月（即1982年6月）全国已有67%的基本核算单位实行包干到户，连同包产到户和包产到劳三项合计占基本核算单位的84.5%，基本实现了"双包到户"（即包产到户、包干到户）。联产到组的占基本核算单位的2.1%，专业承包的占4.9%，这些基本核算单位一般来说，其经济实力比较强。也就是说，到1982年6月底，全国有91.5%的基本核算单位实行了联产计酬责任制（见下表）。

#### 全国农业生产责任制形式变动情况表

| | 1980年1月单位数 | | 1980年2月 | 1981年6月 | 1981年10月 | 1982年6月 | |
| --- | --- | --- | --- | --- | --- | --- | --- |
| | （万个） | （%） | （%） | （%） | （%） | （万个） | （%） |
| 已建立责任制的基本核算单位总数 | 407.04 | 84.7 | 90.8 | 91.4 | 97.8 | 598.11 | 99.1 |

续表

| | 1980 年 1 月单位数 | | 1980 年 2 月（%） | 1981 年 6 月（%） | 1981 年 10 月（%） | 1982 年 6 月 | |
|---|---|---|---|---|---|---|---|
| | （万个） | （%） | | | | （万个） | （%） |
| 其中：定额包工 | 267.71 | 55.7 | 39.0 | 24.2 | 16.5 | 31.02 | 5.1 |
| 专业承包 | — | — | 4.7 | 7.8 | 5.9 | 29.24 | 4.9 |
| 包产到组 | 119.50 | 24.9 | 23.6 | 13.8 | 10.2 | 12.80 | 2.1 |
| 包产到劳 | 15.10 | 3.1 | 8.6 | 14.4 | 15.8 | 75.94 | 12.6 |
| 部分包产到户 | — | — | 0.5 | — | 3.7 | 12.96 | 2.2 |
| 包产到户 | 4.93 | 1.0 | 9.4 | 16.9 | 7.1 | 29.75 | 4.9 |
| 包干到户 | 0.11 | 1.02 | 5.0 | 11.3 | 38.0 | 404.07 | 67.0 |
| 其他 | — | — | — | — | — | — | 0.3 |

资料来源：王贵宸、魏道南、秦其明：《农业生产责任制的建立和发展》，河北人民出版社 1984 年版。

以后又有所变化，主要是一些实行定额包工和包产到组的基本核算单位实行了包干到户，因而使包干到户的单位又有了增加。到 1984 年年底，在基本核算单位中已有 98% 实行了包干到户，近 2% 的单位实行了专业承包。所以，人们将它概括为家庭经营为主要形式的联产承包责任制（实际上是以家庭为主的经营承包制）。这样，"三级所有，队为基础"的人民公社已经基本解体。

四　政社分设

也许是避开可能引起的不利，也许是低调处理较为有利，人民公社是在平静中消亡的。

1984 年中央文件下发各地，提出政社分设，到 1985 年结束。当年底，成立 83182 个乡（镇）政府，940617 个村民委员会。村民委员会是村民的自治组织，还承担一些诸如计划生育、民兵、治安保卫、民事调解等行政性工作。村以下设村民小组。在大张旗鼓地宣扬中产生并以政权强力维护的人民公社，就这样悄然地在中国大地上消失了。

人民公社制度被以家庭为主的经营承包制所取代，其效果非常明显。1979—1984 年，粮食连年获得大丰收，平均每年增产 175 亿公斤，尤其是

1984 年获得特大丰收，产量高达 4073 亿公斤；棉花产量达到 62.5 亿公斤，达到 2000 年的预计指标；农民纯收入也由 1978 年的 133.5 元提高到 1984 年的 355.3 元。这些都是实实在在的，不再是"文化大革命"时期那种广为宣传但群众得不到实惠的所谓"连年大丰收"了。

五　原公社的经济组织情况

在"三级所有，队为基础"的人民公社体制时，三级经济，实际上是三种不同范围的农民的联合经济组织，可是由于公社是按等级的，所以叫公社一级经济、生产大队一级经济、生产队一级经济。在政社分设后，这三种经济的情况如下：

1. 原公社一级经济，也叫社办经济，是公社范围的生产队（基本核算单位）联合兴办的经济，归根结底是公社范围的农民的联合合作经济，其真正主人是公社范围的农民。在农村经济改革以前，由于各个公社的情况不同，公社一级经济的发展很不平衡。有的经济实力比较强，有的经济比较薄弱，甚至只有一个农具修配厂或米面加工厂。"政社分设"之后，原来的公社一级经济，开始时仍沿用以前的"社办企业办公室"代管，后来多数采用了乡农工商公司或乡经济联合社等形式代替了人民公社的社办企业办公室。由于经济实力不同，所起作用也有较大的差距。一部分经济实力较强的，还能起到一定程度的合作经济的作用；相反，经济较弱的，甚至连经济实体都没有，对农民的生产、生活影响不大。

这一部分合作经济组织的领导成员，常常是乡一级党政领导兼任，一方面使这种经济得到当地党政领导的支持，因而有利于发展，另一方面又往往形成党政不分、政企不分，不利于农民当家做主，集体所有产权主体缺位，有的甚至成为干部的"小金库"，因而给这种经济的发展带来不利影响。改革后，一些学者从表面看问题，认为这种经济是乡政府办的经济，是"小全民"所有制。可见，存在产权不清问题。

2. 原来的大队一级经济（不包括作为基本核算单位的大队），也叫大队企业，是生产大队范围的生产队联合兴办的经济，也可以说是生产大队范围内农民的合作经济，其真正主人是大队范围内的农民。原来公社下面的生产大队，大体相当于现在的行政村（即村民委员会）所辖范围。由于发展不平衡，少数的大队经济起步较早，经济实力较强（占少数），有的大队一级经济相对较弱（占大多数）。在政社分设时，在大队经济较弱的地方，往往把大队的财产折价分给或卖给社员，因而没有了大队经济。而在经济实力较强的大队，则由村党支部和村委会代管起来，近几年来由于经济发展，有些地方成立了农工商联合公司，有的成立经济联社。这种经济存在的问题是产权不清，民主管理很差，其收入往往抵补村干部和民办教师的工资。部分大队经济还给农业一部分资金，支持农业。

3. 原来以生产大队为基本核算单位的大队，现在为农村社区合作经济组织。一般经济实力比较强，改革后又有很大发展。这些合作经济组织，一般为××村农工商联合总公司、村委会、党总支三块牌子一套班子，主要干部相互交叉，往往是党总支书记兼农工商总公司经理（或董事长）。在村农工商联合总公司下分工业、商业、农业等公司，分业承包，在承包时各业收入保持平衡。由于农工商总公司经济实力很强，实行以工补农或以工建农。北京市的窦店村、江苏的华西村、三房巷村、河南的刘庄村，等等，都属于这一类。

以上原属于公社、大队（即乡村两级）的经济，在政社分设后，得到了进一步发展。1979年有企业148万个，职工2909.3万人，纯利润104.5亿元，到了1984年年底有企业165万个，职工3848.4万人，纯利润128.7亿元，两年后企业和职工数有所减少，企业151万个，职工2439万人，但盈利继续增加达161亿元。

4. 原来生产队一级经济，即原来的基本核算单位，是本队范围的农民的合作经济组织，土地、农机具、耕畜等均属于生产队集体所有，除少数的生产队发展了工副业，具有相当强的经济实力外（如江苏省江阴县蓬蒿六队），绝大多数的生产队经营农业，经济实力比较弱，有相当一部分的生产队（1979年对504刀个基本核算单位的统计，每人平均集体分配收入不足50元的占27.3%）成为"空壳队"，在政社分设后，集体已经形同瓦解，此后的土地发包、管理等事务由村民小组代管。

在强调搞好社会化服务时，因村民小组范围有限，一般由村委会出面，进行一些组织工作，如统一筹划全村的农田建设、办林场、茶园等。有些村委会还把土地的发包、管理工作代管起来。有时，他们对外宣称土地已经属于村集体所有。有些调查者也信以为真，以为土地已经为村集体所有了。但据作者对陕西商洛、湖北咸宁、安徽滁州等地农村调查，实际并非如此。因为村委会在处理原属各生产队的土地时，村委会是分别按原各生产队土地数量进行管理的，不能侵犯各村民小组土地及其利益。作者在安徽省凤阳县调查时曾碰到这样一件事：在靠近蚌埠的一个村有一块水塘，租给蚌埠水产公司养鱼，所得租金，计划村留一部分外，大部分分给涉及水塘的四个村民小组。但其他几个村民小组提出意见，认为大部分分给四个小组可以，但他们也要取一部分，理由是这个水塘原是一片低洼地，几乎没有收益，在公社时期由大队组织各生产队劳动力挖成了水塘，所以应当分给他们一部分利益。由此可见，农民对土地的产权及其利益是相当关心的；并不像有的作者说的那样：现在农民对土地所有的观念已经淡化了，可以搞村所有或国有了。

六　包干到户是一种经济形式

包干到户已经突破了生产责任制的范围，是一种经营形式、经济形式。

包干到户与包产到户不同。包产到户是以农户（社员户）为单位向生产队（或农业社等）承包一定的生产任务，对所承包的产量负责，实行"三包一奖"。完成任务，由生产队按所包工分（或以产计工），进行分配。在这里保持了集体经营、统一分配，无疑，是农业生产责任制的一种形式。而包产到户则大不相同。是将生产队的全部耕地按人口或劳动力各占一定比例，划分相应的份额，包给社员户耕种，生产队（基本核算单位）对社员户不再采取"三包一奖"或"以产计工"的办法，而是采取社员包干（一定的粮食等产品及一定的金额）上交的办法，不再统一核算。

农民把这种办法称之为：交够国家的，留足集体的，剩下都是自己的。实行包干到户的生产队，土地是生产队集体所有，一些大中型农机具和水利设施等一般也由集体统一管理、使用。生产上分户经营，各户独立核算，自负盈亏。就是说，承包农户已经是一个独立的生产经营单位。如果从生产责任制角度看，它只是一种经营责任制，即对经营成果负责，而不是过去只对产量负责，确切地说，是一种经营承包制而不是联产计酬承包制，只是由于习惯，人们还将它称之为联产承包制。但是，如上所述，包干到户使家庭成为独立经营单位，成为市场主体，就不是生产责任制所能包容得了的，再以生产责任制来概括，已不能正确地反映这种事物。特别是：（1）随着土地的有偿使用；（2）随着农户农机具设备的增加；（3）随着农产品价格完全放开，农户经营市场导向作用的加强；（4）随着土地承包采取招标形式。家庭承包经营将逐渐向完全独立的经营转变，即向完全的市场主体转变。其中有些农户"包干"经营，将逐渐向租赁制转化。那时，将更远离农业生产责任制。许多学者在文章中曾经论及农村以家庭经营为主的经营承包制的实行，使土地的所有权与使用（经营）权相分离。我认为，这种分离及其发展的结果，将形成完全独立的商品生产经营者。

当初，在第一步改革时，缺乏理论准备，但是，农民作为生产主人，他们的自发行动是向着商品经济→市场经济前进的。中国农民创造的家庭经营承包制不仅送走了人民公社，而且也冲破了初级社的集体经营模式。也就是说，它在很大程度上冲破了我国自20世纪50年代以来的农业合作化模式。作者自农村改革以来对包产到户、包产到户是积极支持的，但在较长的时间内认为，中国农业合作化总的说来，还是成功的，特别是初级社比较符合中国实际。然而，随着改革的深入，随着对包干到户认识的深化，不能不对原来的认识加以检讨和修正。或者说，如果我们今天从理论上实践上肯定了包干到户，认为它符合现阶段中国的生产力水平，那么，自然地会提出这样的问题：把时钟倒拨40年将如何呢？或者更进一步明确地说，如果40年前不强行采取那种办法而采取这种办法它不是更适合当时的生产力水平吗？当然我们要尊重历史，从当时的情况特别是人们的认识来看，实行由互助组→初级社→高级社的阶梯式过渡就已经是一种很不简单的创造了。但是，我们今天，一是总结经验，二是为了面向未来。如果对过去走过的路没有透彻的认识，那么也就不能把经验教训变为财富，也有可能影响到今后。例如，我们完全肯定集体化，那么在条件"成熟"时，可能还要"归大堆的集体化"，或者强行搞"集体经营"，或者对家庭经营的长期性认识不够，或者认为实行土地股份合作都不行。

七　有的作者对双层经营的上层有时候认为是原来作为基本核算单位的生产队，也有时认为是原来的生产大队（即现在的村），随意性比较大，势必产生混乱

双层经营是指原来的基本核算单位（大多为生产队，极少数为生产大队）在改革前是集体所有、集体统一经营，改革后把集体经营分解为两部分，一部分仍由集体经营，另一部分由承包农户（社员）经营。下面我们作具体说明：

原来某基本核算单位（生产队），集体所有、统一经营。生产队拥有土地、农机具、耕畜、种子、肥料等生产资料，并由集体制定生产计划（这里将行政层层下达计划舍去），种什么，种多少，采取什么措施，均由集体决定，秋收后，粮食等实物和现金收入的核算和分配也由生产队统一进行，社员按工分分配。

实行包产到户，生产队把土地、农机具等生产要素分解后再依情况分到各个社员户，各户在保证完成承包任务的前提下，自己安排劳动时间及生产措施。生产队对承包社员户实行包工包产包成本的"三包一奖"。社员按工分参加生产队的统一分配。可见，在包产到户的情况下，虽然各户有了一定的经营权，但是在保证完成生产队任务的前提之下，所以生产队仍然保持了基本的统一经营。

包干到户却有很大变化，即包干的社员户除了按规定完成交售任务和上交生产队的提留后，其他均由社员独立经营，自负盈亏。即社员户成为基本独立经营的农户（单位）。由于原来各个基本核算单位的条件不同，情况也有区别：

第一种情况，原来集体经济实力较强，不仅有水利设施，还有农业机械等，这一部分仍由集体经营、管理，为各社员户服务，有的还组织某些产品的销售业务。所以，在这些单位存在明显的双层经营，但社员（农户）经营比重很大。

第二种情况，原来集体经济的实力一般，只有水利设施，由集体管理，主要经营在农户（承包户）。这种情况在农村占大多数。

第三种情况，原来集体经济十分薄弱，实际上属于破产的"三靠队"。即所谓的"空壳队"。除了土地及少量农具、耕畜外，没有其他财产。包

干到户后，土地及农具、耕畜都分配到户，农具、耕畜折价到若干户（分摊一件），由农户经营。在这里已经不存在双层经营，实为农户单层经营。据了解，这种情况，大约占原生产队的20%。

80年代中期以后，强调发展社会化服务事业，一些经济实力较强地区（如大城市郊区、苏南等地）在乡成立了农机服务公司，有的村（大队）成立了农机服务站，为农户有偿服务。在一般地区，由于村民小组范围小，没有经济实力，而且没有脱产干部。所以，某些为农业服务的项目由村委会出面组织。这就是说，多数新发展的服务项目在村，而不在村民小组。原来生产队这一层将如何发展、能否发展？值得研究。

### 农民不断探索的结果

农村的第一步改革之所以能迅速实现，不是偶然的，是广大农民和基层干部多年探索的结果。

一　第一次包产到户被打下去

如前所述，从1955年下半年到1956年年底的一年多的时间内，实现了农业集体化。由于管理混乱，一些省的农村实行了包产到户。当时，在四川、安徽、江苏、山西、浙江、广东、河南等省均有发现。大多数取得了较好效果。包产到户一出现，就引起了不同的看法。从目前查到的资料，在全国性报刊上，最先支持的是1956年4月29日《人民日报》发表了何成的《生产组和社员都应该"包工包产"》的文章。介绍了安徽、四川两省实行生产组和社员"包工包产"的情况，指出"把一定产量的任务包给生产组和每个社员，是完全对的"。文章针对"生产队把一定的地段、一定的产量包给生产组和社员，会妨碍发挥统一经营、集体劳动的优越性"的看法，指出，农活不同，有的适合生产队劳力干，有的适合生产组干，有些适合个人干，"可以由个人负责田间管理工作"。个人在责任地段上仍"按照全社统一的生产计划和技术措施来进行工作"，可以"在这个基础上充分发挥积极性和创造性"。当然也有不赞成的。1956年9月1日《人民日报》就发表了羽心的《关于社员个人和生产小组的"包工包产"》不赞成包工包产到组、到户。认为，"这样做就成为'组织起来单干'了"。但这时的讨论还是比较心平气和的。到了1957年夏季以后，特别是城市"反右派"以后，在农村进行社会主义教育，开展大鸣大放大辩论以后，就提到两条道路、阶级斗争的高度，也就火药味十足了。认为是走回头路，遭到了严厉批判，并被明令禁止。

值得特别指出的是浙江省永嘉县搞的包产到户。如果说，其他省的包产到户还是农民自发搞起来的话，那么永嘉县则是县一级领导机关的直接领导下、总结经验下进行的。其实行范围也比别的地方要大。具体情况如下：

永嘉县在1956年初实现了高级社化，也出现了"干部乱派工、社员磨洋工、上工一条龙、干活一窝蜂"的混乱现象。据此，在1956年5月，县委主管农业的副书记李云河派县委农工部干部戴洁天去燎原农业社蹲点，与社员和社干部一起研究改进劳动管理的办法，李、戴帮助燎原社总结经验，并写出了《燎原社包产到户总结》报告，得到了县委的肯定，并于9月在全县推广，到1957年春全县有200多个社搞了包产到户，实行包产到户后效果明显，社员出工主动，干活细致，生产进度快。因此波及周围的乐清、瑞安和平阳等县，到1957年夏季有1000多个社（17.8万户，占农户总数的15%）实行了包产到户。

1956年11月20日，中共温州地委机关报《浙南大众》发表了《不能采取倒退的做法》的社论，批评永嘉县搞包产到户是"打退堂鼓"。李云河不服，于1956年11月26日写出《专管制和包产到户是解决社内主要矛盾的好办法》的专题报告，上报地委、省委和华东局，得到了省委主管农业书记的支持。

1957年1月27日，《浙江日报》发表了李云河的报告，并加了编者按语。这一篇公开见报的文章，是一篇比较系统地论述包产到户的文章。文章指出"包产到户没有改变所有制"，"包产到户以后的农民活动是在社和队的统一领导下进行的"，"更能实行按劳取酬、多劳多得"，"集体生产是好的……但不能天天集体，事事集体……这样容易窝工浪费"。

但是，时隔不久，发生突变。当年3月初，中共浙江省委明确指出包产到户是方向道路错误。7月30日《浙南大众》发表评论员文章：《打倒包产到户，保卫合作化》，8月初省委派工作组到温州批评包产到户。8月中旬中共温州地委召开扩大会议，对包产到户开展了批判。9月下旬，中

共永嘉县代表大会，严厉地批评了李云河的"错误"，李被迫检讨。10 月
12 日，《人民日报》报道：《温州专区纠正包产到户的错误》的消息。至
此，第一次包产到户就被彻底打了下去。1958 年，永嘉县一些支持包产到
户的干部和农民受到了处分。中共永嘉县委第一书记被撤职，副书记李云
河被开除党籍、下放劳动，参加试点的干部戴洁天被打成"右派"、"反
革命"。在以后的年代里，凡遇大的运动，支持包产到户的干部和部分农
民都受到了批判。

二    包产到户再次被打下去

1956 年下半年到 1957 年上半年的农业合作化后期在一些地区农村第
一次出现的包产到户被强行压下去以后，在 1959 年春季，在河南、江苏、
湖南、甘肃等省的一些农村再次出现包产到户。不久，就被"反右倾机会
主义"运动打了下去。1959 年 10 月 12 日，中共河南省委的报告说："省
委候补委员、新乡地委第一书记耿起昌同志反对人民公社，宣扬小农经济
优越论。他在今年 5 月间趁着正在算账的机会，打着加强管理，保证秋季
大丰收的旗帜，提出包工包产到户、定产到田、个人负责，超产奖励（奖
励70%—90%）。在全区强行推行之后，在 70% 以上的生产队范围内，搞
了包产到户。洛阳地委第二书记王慧智同志，在今年 5 月整社以后，打着
处理遗留问题、发挥社员生产积极性、巩固人民公社的旗号，主张和强行
各县推行'包工包产到户'涉及 800 多个作业组"。耿、王二人受到省三
级干部会议的严厉批判，并被中央作为右倾机会主义分子典型通报全国。
以上是较为突出的例子，其他一些地方的农村也有零星出现。1959 年 12
月 5 日，中共中央、国务院在转发中共农业部党组的报告时所作指示说：
"这份报告还提到，今年 5、6、7 月，农村经济出现了一股右倾邪风、歪
风，搞什么生产小队（即后来的生产队——引者注）基本所有制，包产到
户……实际是猖狂地反对社会主义道路的逆流。各地在庐山会议以来，反
右倾、鼓干劲、保卫党的总路线的斗争时，已开始把这些反动的丑恶的东
西大量地揭露出来，请你们认真注意，彻底加以揭发和批判。"1959 年刚
刚出现的包产到户，就是这样被打了下去。

三    1961—1962 年的包产到户，又一次被打下去

随着"大跃进"、人民公社化以及"五风"的盛行，导致农村形势日

益严重，浮肿病、妇女病、不正常死亡在继续，党和政府对国民经济比例严重失调和人民公社的生产关系在逐步调整之中，在这种情况下，包产到户又一次并以更大范围和规模在农村出现了。这次包产到户的出现，不仅有县、地领导的支持，更有的是在省级领导机关的支持下有组织进行的。甚至得到了一些中央领导人的赞同或支持。

据薄一波说，当时全国实行包产到户约占20%。[1] 当时搞各种形式包产到户的，安徽省达85%以上，甘肃省临夏地区达74%，浙江省新昌县、四川省江北县均达70%，广西壮族自治区龙胜县达42%，贵州全省达40%，河南省在豫东北盐碱地地区，经省委和中南局领导同意，采取了"借地"形式，即借给各农户，由户种植、收获，以渡过困难。

由于安徽省的"责任田"形式（即包产到户——引者注）比较广泛和普遍，引起上上下下的议论和不同看法，所以这里重点介绍安徽搞包产到户的始末：

1961年2月，中共安徽省委第一书记曾希圣到淮北农村调查，得知宿县一位老农在1960年同他的儿子一起到山里开荒，结果一年收了3300多斤粮食，交给队里1800斤，自己留了1500斤，还将饲养猪鸭的收入款交给生产队。曾希圣从中得到了启发，于是在农村进行试点，农民很满意，并创造了在计划、分配、大农活、用水、抗灾等方面实行统一管理下（即"五统一"）的"责任田"办法。3月6日省委发出了《关于包产到田责任到人问题（草案）》的文件，在全省推行。[2]

与此同时，曾希圣向华东局柯庆施汇报，柯庆施说，这个办法不要推广，可以试验。3月10日，在广州中央工作会议华东组会上，曾希圣介绍了"责任田"办法，大家一般地表示："试验可以，推广值得考虑"，但曾感到心里不踏实，在广州会议期间，即3月15日或16日向毛泽东汇报"责任田"问题，毛泽东说："你们试验嘛！搞坏了检讨就是了。"曾希圣立即打电话给省委："现在已经通天了，可以搞。"在广州会议期间，毛泽

①　薄一波：《若干重大决策与事件的回顾》（下卷），中共中央党校出版社1993年版，第1078页。

②　陈吉元、陈家骥、杨勋主编：《中国农村社会经济变迁》，山西经济出版社1993年版，第332页。

东又通过柯庆施转告曾希圣："可以小范围试验。" 3 月 20 日曾希圣又给毛泽东、刘少奇、周恩来、邓小平、彭真、柯庆施写信，主要讲"责任田"的好处和坏处以及"五统一"问题。曾希圣说，"在上次小组会上的发言对'五统一'没有多作解释，有些同志的误会可能由此产生的，所以说明一下"。毛泽东对信没有表态。曾希圣更觉不踏实。于是在 4 月 27日，中共安徽省委发出，关于试行包工包产责任制情况向中央、主席并华东局的报告，再一次解释了包产到户"五统一"，与分田单干不同。对此，毛泽东仍未表态。7 月，曾希圣赶到蚌埠向毛泽东汇报，毛泽东勉强说了一句，"你们认为没有毛病，就可以普遍推广"。

到了 12 月，毛泽东到农村调查，思想发生了变化，认为普遍实行以生产队为基本核算单位，这是最后的政策界限，不能再退了。他在无锡把曾希圣找去，用商量的口气说："生产恢复了，是否把责任田这个办法改过来。"曾希圣说："群众刚刚尝到甜头，是否让群众再搞一段时间。"①

1962 年初，曾希圣在"七千人大会"上因安徽省在"大跃进"中刮"五风"严重而受到批判，也把"责任田"作为一个问题提出来，进行批判，说他搞"责任田"是犯了方向性的严重错误，"带有修正主义色彩"。他被撤职。新省委于 1962 年 3 月 20 日作出改正"责任田"的决定。认为"责任田"在方向上是错误的，与中央提出的"60 条"和关于改变农村人民公社基本核算单位问题的指示是背道而驰的，要求在 1962 年内大部分改过来，1963 年扫尾。

四 60 年代初，中央领导层关于包产到户的看法

到此为止，似乎问题得到了解决，其实不然。因为，当时农民认为包产到户比"归大堆"的集体好，并得到了实惠，所以不愿改变。

1962 年 6 月 14 日，中央农村工作部副部长王观澜致信邓子恢和谭震林说：安徽群众"特别强烈要求的是'责任田'三年不变，人大代表李有安（劳模）甚至代表群众说话，提出'三年又三年不变'"。6 月，李富春也致函刘少奇、邓小平并书记处，说他本月 16 日途经安徽一些地

---

① 薄一波：《若干重大决策与事件的回顾》（下卷），中共中央党校出版社 1993 年版，第 1090页。

方，看到农民生活好了，没有浮肿病和逃荒要饭的了。同农民谈话，农民都说"实行包产到户好，积极性比过去高了"，"现在自己种自己收，多种就多收，多收就多吃"。6月29日李富春还写信给正在湖南农村同田家英一起调查的梅行说，农业问题恐需"在政策上要灵活些，要以退为进"。

1962年4—7月，中央的一些领导人对包产到户思考较多：

（1）邓子恢的主张。1962年4月初，安徽宿县符离区委书记武念慈写信给邓子恢，反映群众意见，认为"责任田"坚持"五统一"方向是正确的。这引起邓子恢的重视并派工作组到安徽调查。6月中旬和7月18日，调查组发回调查报告，肯定"责任田"，认为是"在集体农业生产的管理上找出了一条出路"，群众说"越干越有奔头，最好一辈子不要再变"。在5月中央工作会议上，邓子恢赞成在一些适合搞包产到户的地方就让农民搞。5月24日他给党中央、毛泽东写了《关于当前农村人民公社若干政策问题的意见》，主张给农民多一点"小自由、小私有"，强调建立生产责任制。在此之前的5月中旬，邓子恢先后在中央高级党校等单位作报告，认为不能把"包产到户"说成是单干。7月2日符离区委全体同志给邓子恢并党中央写信"保荐"责任田。邓子恢坚信"责任田"是正确的，并把有关包产到户的调查材料及信件送给毛泽东。

（2）中央几位领导人对田家英在湖南的调查结果的不同态度。"七千人大会"后，毛泽东南下，在1962年3—4月派秘书田家英率调查组到湖南农村调查如何尽快恢复农业生产问题。经过两个多月的调查，发现农民对包产到户呼声极高，过去搞"大呼隆"粮食生产从1955年开始到1961年几乎连年下降，农民强烈要求调查组"帮个大忙"，把田分到户，中央"只应当大家，莫当小家"。田家英深受感染，赞成农村可以搞包产到户。田家英到上海去汇报，陈云称赞他"观点鲜明"，之后向毛泽东汇报，毛认为，"包产到户是一种倒退，反映落后群众的要求"，并说："我们是要走群众路线的，但有的时候，也不能完全听群众的，比如要搞包产到户就不能听。"田家英又回到湖南调查，于7月初返回北京。田又向刘少奇汇报，刘说："要使包产到户合法起来，可以……在'秀才'中间酝酿。"田又向邓小平汇报，邓明确表示赞成。7月中旬毛泽东回到北京，田被召见。田表示：全国各地出现包产到户、分田到户，与其自发地搞，不如有领导地搞，全国农村可以60%地搞包产到户，40%地仍集体统一经营、统一分配。应当说，田家英的见解是非常可贵的，但毛泽东没有搭理。①

（3）邓小平的意见。6月下旬，中央书记处听取华东局农村办公室汇报，华东局认为安徽搞"责任田"就是单干，是方向性错误。会上赞成和反对的各占一半。邓小平说：在农民生活困难的地区，可以采取各种方法，安徽省的同志说，"黑猫、黄猫，能逮住老鼠就是好猫"，这话有一定的道理。"责任田"，是新生事物，可以试试看。7月7日，邓小平在接见出席共青团三届七中全会全体同志的讲话中，主要讲包产到户合法化。他说："生产关系究竟以什么形式为最好，恐怕要采取这样一种态度，就是哪种形式在哪个地方能够比较容易比较快地恢复和发展农业生产，就采取哪种形式；群众愿意采取哪种形式，就应该采取哪种形式，不合法的使它合法起来……刘伯承同志经常讲一句四川话：'黑猫、黄猫，只要逮住老鼠就是好猫'……现在要恢复农业生产，也要看情况，就是在生产关系上不能完全采取一种固定不变的形式，看用哪种形式能够调动群众的积极性就采用哪种形式……现在要冷静地考虑这些问题。过去就是对这些问题考虑得不够，轻易地实行全国统一。有些做法应该充分地照顾不同地区的不同条件和特殊情况，我们没有照顾，太轻易下决心，太轻易普及。"②

（4）陈云的意见。1962年春夏之交，陈云在上海、杭州看了安徽"责任田"材料，7月初回到北京，与几位政治局常委交换意见，看法基本一致。7月6日他给毛泽东写信，打算向毛进言。毛从外地回京后，约陈谈话。陈云讲了个体经营与合作经营在我国农村相当长的时期内还要并存的问题。当前要注意发挥个体生产积极性，以克服困难。当时毛泽东未表态。第二天传出，毛很生气，严厉地说："'分田单干'是瓦解集体经

① 薄一波：《若干重大决策与事件的回顾》（下卷），中共中央党校出版社1993年版，第1084页。
② 《邓小平文选》第1卷，人民出版社1994年，第323—324页。

济，是修正主义。"

从以上情况可以看出，当时中央决策层中多数赞成包产到户，反对者占少数。但在当时党内民主生活不正常的情况下，毛泽东的意见起决定作用，只要他反对，多数人只好跟着走。

五　包产到户第三次被打下去

1962 年 7 月上旬，毛泽东从邯郸回京主意已定，对邓子恢、田家英主张包产到户十分反感，对刘少奇、陈云、邓小平没有抵制甚至赞同不满意。9—11 日，他连续三天下午找河南的刘建勋、耿其昌，山东的谭启龙，江西的刘俊秀谈农村工作问题，针对各地出现"包产到户"的情况，他建议以党中央名义起草一个关于巩固人民公社集体经济、发展农业生产的决定，改由陈伯达主持，不让田家英参与其事。毛泽东后来在北戴河会议上说：为什么搞这么一个文件讲巩固集体经济呢？就是因为现在这股闹单干的风，越到上层风就越大。毛泽东的态度明确以后，大家不能不跟着转变态度。7 月 18 日，刘少奇对下放干部的讲话中，专门讲了巩固集体经济问题，批评包产到户。19—20 日由陈伯达主持讨论起草的文稿。会上，对包产到户持否定态度。

中央"决定"下发后，各省市自治区和各部委写出 61 篇讨论的"书面报告"，基调是批判包产到户。但也有的发表了赞成包产到户的意见。这就是北戴河会议初期的讨论情况。

8 月 5—6 日，毛泽东讲话后，形成了一面倒，对"单干风（即包产到户）"进行了严厉批判。毛泽东在 5 日说：一搞包产到户，一搞单干，半年的时间就看出农村阶级分化很厉害。有的很穷，没法生活。有卖地的，有买地的，有放高利贷的，有娶小老婆的。8 月 6 日毛泽东在讲话中强调：是要社会主义，还是要资本主义，农村合作化还要不要？还是分田到户、包产到户，还是集体化？主要是这样一个问题。

9 日，在中心小组会上，毛泽东又插话说："单干从何而来？在我们党内有相当数量的小资产阶级成分，包括许多农民，其中大部分是贫农和下中农，有一部分富裕中农家庭出身的，也有些知识分子家庭，是城市小资产阶级出身，或者是资产阶级子弟。另外，还有封建官僚反动家庭出身的。党内有些人变坏了，贪污、腐化、讨小老婆，搞单干，招牌还是共产党，而且是支部书记，这些人很明显，把群众当奴隶。有些同志马克思主义化了，化的程度不一样，有的化得很不够。我们党内有相当多的同志，对社会主义革命缺乏精神准备。"①

批判单干风，重点是批邓子恢。会上把他夏天的几次报告和安徽太湖县委宣传部的一位同志给毛泽东写的信（关于保荐责任田办法的报告）一并拿出来批判。12 日毛在一个文件上批示说："邓子恢'动摇了'，对形势看法是一片黑暗，对包产到户提倡。这是与他在 1955 年夏季会议以前不愿搞合作社；对搞起来的合作社，下令砍掉几十万个（实际上那次整顿只减少了两万个社——引者注）；在以前又竭力提倡'四大自由'，相联系的。"9 月 25 日，毛在会上插话说："邓子恢同志曾当面和我谈过保荐责任田，我跟他谈了一个半钟头的话，我就受了一个半钟头的训，不是什么谈话，是受他的训。"接着毛泽东问道："邓子恢同志还跟别的同志谈了没有？"刘少奇、周恩来不得不进行解释。毛多次说到建议可以，但不能采纳。话中隐含着批评刘、周没有抵制包产到户的意见。他还多次批评田家英 60% 的搞包产到户、40% 搞集体的主张；批评中央农村工作部搞资本主义，邓子恢是"资本主义农业专家"。②

1962 年党的八届十中全会对包产到户的批判，不是从农村的实际和农民要求出发，而是从人民公社理论、设想出发，并以毛的看法为转移。而从毛泽东本人来说，除了他认为形势已经开始好转，人民公社化初期的问题已解决得差不多了，不能再退了。之外，还夹杂着个人成分。毛泽东对人民公社确实存在某种特殊感情，甚至是偏爱。早在 1961 年底，在召开"七千人大会"的前夕，毛泽东说："国内形势总的是不错的，前几年有点灰溜溜的，心情不那么愉快。到 1961 年，心情高兴些了，因为在农村搞了《60 条》，工业搞了《70 条》，还提出了'三级所有，队为基础'，这些具体政策见效了。"在 1962 年 8 月 9 日中心小组会上当有人说到现在有人怕说光明，一说光明就感到有压力时，毛插话说："说了几年了嘛！

<hr />

① 薄一波：《若干重大决策与事件的回顾》（下卷），中共中央党校出版社 1993 年版，第 1087 页。

② 同上书，第 1089 页。

越讲越没有前途了。说集体没有优越性了，这不是压我？"很明白，毛认为讲包产到户就是否定集体的优越性，就是针对他的，就是压他，所以他很反感，记在心里，一旦有了机会，他就会反击。而且自认为真理在他手里，"压他"就是路线问题，就是阶级斗争问题。党的八届十中全会表明，在中国以阶级斗争为纲的时期即将到来了。

### 农村第二步改革（1985—1995）

如果说，以家庭为主的经营承包制取代"三级所有，队为基础"的人民公社到政社分设，人民公社瓦解作为第一步改革，确立了农尽作为独立的商品生产者的地位。那么，从1985—1995年可以称之为第二步改革。

农村第一步改革以后，下一步改革搞什么，如何搞？当时，在学术界、有关部门的认识并不一致。特别是，一些学者很注重第二步改革的重点的突破口。他们认为，只要选好了重点和突破口，就可以像第一步改革那样，势如破竹，即所谓"重点突破，全面开花"，从而收到"立竿见影"之效。有人认为，承包经营制没有解决土地所有制问题，因而认为第二步改革应解决土地所有制问题，有的主张土地国有，有的主张私有；有的主张在保持土地集体所有条件下，应以土地的适度规模经营为突破口；有人认为，第二步改革应以产业结构改革为重点；也有人认为，应以流通体制改革为突破口。① 笔者认为，下一步改革，总的是为农村商品经济发展创造体制条件。通过第一步改革初步确立农民的独立商品生产经营者的地位，但流通领域的改革尚未触及。所以，第二步改革应当"为商品生产经营者创造适宜的商品经济发展的环境，创造适宜的商品经济发展的运行机制和市场体系"。② 但是，考虑到流通领域的改革不再限于农业乃至农村内部，而要涉及方方面面，涉及各级政府、各个部门、城乡的关系和利益，这就增加了改革的复杂性和难度，需要有一个协调的过程，因此在指导思想上要明确，下一步的改革将不是一点突破，全面开花，而只能是从

---

① 《中国农村经济改革与发展的讨论》（1978—1990），社会科学文献出版社1993年版，第37—40页。

② 同上书，第37页。

几个方面逐渐前进。[①] 实践证明，这种看法，还大致接近实际。但是，实践是丰富多彩的，它总是要超出人们的预想。下面就是十年来农村改革的主要方面和成果。

一　所有制结构初步实现了从单一公有制向多元化所有制结构的转变

过去是单一的公有制（国有和集体所有）结构，经过近十年改革，初步实现了以公有制为主的国有、集体所有、个体所有、私人资本所有以及混合所有等多种所有制结构。这是所有制的一种调整。

在农业生产领域，在土地集体所有的条件农户有了土地承包权，而且有些农户开始购置了耕畜、中小拖拉机、汽车、水泵、饲料粉碎机等生产资料；近些年产生的水产、水果、畜禽等专业户，拥有的生产资料比承包农户更多；至于一些租赁制经营的私人资本，更拥有较为充足的生产资料。

在工业生产方面，中共中央 1983 年 1 号文件，提出改变过去长期的单一经营粮食种植业，忽视林牧副渔和工业的状况，大办社队企业以后，特别是 1984 年中央 1 号文件进一步提出：适当发展农村个体工商业以后，农村工业所有制结构改变了过去单一集体所有制的格局，实现了乡（镇）、村、村民小组集体所有制为主的个体所有、私人所有及混合所有并存的多种所有制结构。从全国乡镇企业个数来看，1985 年共有 1222.5 万个，其中乡办 41.9 万个、村办 143 万个、村以下办的 1037.6 万个，到 1994 年达到 2495.3 万个，其中乡办 42.3 万个，村办 122.8 万个，村以下办的 2330.2 万个。从乡镇企业职工人数来看，1985 年共有 6979 万人，其中乡办 2111.4 万人，村办 2215.7 万人，村以下办的 2651.9 万人，到 1994 年职工总数达 12018.2 万人，其中乡办 2960.7 万人，村办 2938.1 万人，村以下办的 6119.4 万人。从产值看 1994 达 42588.5 亿元，比 1985 年增加14.6 倍。其中乡、村、村以下分别增加 12 倍、14 倍和 19 倍。

在流通领域，1984 年中央 1 号文件提出改革农村商业体制，疏通流通渠道，放手发展农村合作商业，适当发展农村个体工商业，允许农民进城或出县、出省进行长途贩运，允许资金、技术、劳动力一定程度的流动和

---

① 王贵宸：《农村改革 10 年：回顾与展望》，《改革》1988 年第 4 期。

多种经营方式以后，流通领域的所有制结构也发生了很大变化。不仅有国营商业公司，也有供销合作社商业，还有新发展的各种合作商业组织以及个体商业和私人资本商业。此外，还有个体运输户。1992 年农村个体工商业达 1057.3 万户，从业人员达 1727.5 万人，比 1985 年分别增长 16.8%和 25%。其中商业达 570.8 万户、从业人员达 838.4 万人，比 1985 年分别提高 22.9%和 31.8%。营业额达 948.1 亿元了，比 1985 年提高 219%；交通运输户达 112.2 万户，从业人数达 158.1 万人，营业额为 321 亿元，比 1985 年分别提高 27.4%、21.7%和 265%。

从金融方面看，既有国家银行、信用合作社，又有新发展的各种合作基金会以及私人借贷等。随着外国银行在中国建立银行和分支机构，将有可能伸向农村。

总之，从生产领域到流通领域，都形成了多种所有制结构。当然，这种多元化的所有制结构，就全国而言，是以公有制为主，但就个别地区、个别县来说，在某些领域就不一定是以公有制为主。就个别地区、县而言，应当从实际出发，只要有利于本地经济的发展，有利于资源的合理利用，客观上形成什么样的结构就是什么结构。

二　各种新的专业性合作组织有了较大发展

在所有制结构多元化中，笔者认为有一个很值得重视的现象，就是新的各种专业性合作有了较快发展。如养牛协会、养蜂协会、西瓜协会、供销公司、合作基金会、运销合作社等，主要是随着商品经济的发展、家庭经营专业化程度的提高，要求进一步组织起来，因而使各种专业性合作组织有了较快发展。据统计，1990 年底，全国农村有各种专业性合作、联合组织 123 万个。其中，生产方面的合作、联合组织 74 万个；生产服务性合作、联合组织达 41 万个，专业性协会 7.7 万个。[①]

这些新发展的各种专业性合作经济组织的特点：（1）非社区性，往往跨村、跨乡；（2）保持参加合作者的原有独立经营；（3）认真贯彻了自愿互利民主原则，参加或退出自由；（4）开放性、不具排他性，一个农户可以同时参加若干合作组织。这与过去搞的"归大堆的集体"完全不同，

---

① 俞家宝：《农村合作经济学》，北京农业大学出版社 1994 年版，第 179 页。

体现了公认的合作社原则，是真正为农民服务的，是农民的希望所在。在这些组织中，大多数已经是经济实体，成为名副其实的合作经济，有的（如研究会等）尚未形成经济实体，今后可以发展成为经济实体。

专业性合作经济组织是劳动者（农民）根据生产发展的需要，特别出于某一产品或某一生产环节生产经营的需要而组织起来的经济组织。它在专业化中产生，而又促进专业化程度的提高。这些专业性合作组织大致可以分为以下几种：

1. 以推广和应用科学技术为主要内容的合作组织。在政社分开以后，由于生产发展的需要和政策的相应放宽，科技合作组织纷纷建立起来。它的名称多种多样，有的叫××协会，××研究会，也有的叫××科技服务社或公司。但他们的宗旨、任务都很明确，都以科技服务为中心，使成员掌握某项科技知识，用于生产并取得比较好的经济效益。有些研究会，不仅推广科学技术，而且还根据需要成立供销组织（即建立经济实体）帮助会员购进所需肥料、饲料等生产资料、销售产品，受到会员的欢迎。例如，山东省莱芜市口镇养鸡协会成立后，养鸡专业户猛增，1986年达到106户，比上年增加74户，饲养量从25万只增到36万只，总收入超过800万元，成为该镇经济的一大支柱。养鸡协会不仅在技术上进行指导，而且组织了经济实体为会员在饲料、防疫、售蛋等方面服务，得到会员的好评。[①] 因而，发展较快。到1990年底全国已有近8万个科技合作组织，会员达200万人。它与农村乡镇科普协会结合起来，技术服务的覆盖面已达80%以上。实践证明，它是活跃在我国农业科技战线上的一支很值得重视的力量。

特别是今后农业的发展越来越依靠科技。目前我国农业增产中科技因素占35%左右，与一些发达国家占60%—80%相差很远。今后尤其要重视农业科技推广事业的发展。在大力加强国家的农业技术推广部门（包括畜牧站、林业站等）的同时，继续鼓励、支持各种科技合作组织的发展。

目前，我国农业各种科技合作组织还处于发展的初期，需要巩固、提高。现在已经可以看出它的某些做法值得借鉴。例如，一些研究会，根据

---

① 《农业专业技术协会问题探讨》，中国科学技术出版社1988年版，第446页。

会员生产需要兴办供销经济实体，既满足了会员的需要，又使研究会增加了收入，购置仪器设备、印发科技资料等，因之，有利于科技推广事业的发展。这使人联想到国家兴办的农业技术推广站的处境，一要财政上增加投入，二要对上述科技合作组织办经济实体的做法，可否加以借鉴？又如，科技合作组织能根据需要办经济实体，那么，一些工厂、公司为了得到优质原料的保证，可否兴办某种特定的科技组织呢？

2. 以提供生产、加工、运销等服务为主要内容的专业性合作经济组织。这类组织的发展要比上述各种技术协会、研究会要早一些，而且一般具有经济实力，为农户提供产前、产中、产后服务。发展也很快。根据前面资料整理，1990 年已达 115 万个，占新产生的各种合作组织的 93.5%。

专业性合作产生于生产专业化程度的提高，它的出现也进一步促进了生产的专业化水平的提高。而专业化水平的提高，必将进一步促进专业性合作的发展。例如，养鱼专业户的发展要求在饲料供应上、产品销售上进行合作，当专业户发展到一定程度还会要求在加工方面进行合作和储藏方面进行合作。所以说，专业性合作经济是大有发展前途的。而就目前来看，我国农村的各种专业性生产合作经济组织，还处于发展的初期，还有一个提高和完善的过程。

3. 以筹集、融通资金为主要内容的专业性合作组织。它的名称不一，有的叫合作基金会，有的叫农村金融服务社，也有的叫互助基金会、储蓄会等。农村合作基金会始于 1983 年，1984 年以后得到中央政策上的支持，加上农村有一部分资金尚未很好利用。如 1985 年底，在全国农村的村、组集体经济组织有各种资金 820 亿元，平均每个村有 10 万元，加上每年约有 100 亿元的集体提留款，这就为发展合作基金组织提供了条件，因而发展较快。到 1991 年底，开展这一工作的已有 1 万多个乡（镇），占全国乡（镇）总数的 33%，村数达 12 万个，占村总数的 16%。年末聚集资金由 1988 年的 56.6 亿元，增加到 1991 年的 99.9 亿元。年内累计投放的资金由 1988 年的 67.1 亿元，增加到 1991 年的 101.7 亿元。

农村合作基金组织的资金来源主要有：（1）集体经济组织的固定资产折旧；（2）农户承包后上交的提留款；（3）土地征用费；（4）减免农业税款；（5）外单位、个人的投股金；（6）此外还有集体、个人的长期欠款回收部分以及计划生育罚款，等等。这些款额累计起来，数额大，以合作基金组织形式加以利用，既可以把"死"钱变成"活"钱，使之发挥作用，又可以保本增值，也可解决集体和农户生产中资金困难，减少高利贷的盘剥，促进农村经济发展。可见，农村合作基金组织的发展是一举多利的事业。

温州试验区的合作基金组织与各地合作基金组织还有所区别，这里简要介绍一下。

温州试验区搞的是股份合作基金会，主要是非公有制经济比重大。全地区有个体工商户16万户，私营企业2300多家，股份制企业2.4万多家，三者合计占温州市企业总数的70%。从产值看，1990年全市工业产值180亿元，其中个体、私营、股份制企业占68%，但这些企业大都得不到银行的贷款支持，需要民间信贷，所需资金除自有资金外，20%要靠银行、信用社贷款；40%要靠民间私下借贷。他们从本地实际出发，组织了股份合作基金会。1992年8月，苍南第一家股份合作基金会正式成立，到1993年6月已发展到74家，资本金6224万元，存款2.67亿元，贷款2.69亿元。对支持本地经济的发展，对减少高利贷盘剥起到了积极作用。温州的股份合作基金会对贷款采取了抵押品保证形式，因此一般不存在贷款到期不还的问题。

三　土地制度进一步改革的探索

上述两部分都是指经过改革、政策放宽后，新出现的事物，而由于它们的出现改变了原来的所有制结构或经营结构。从这一小节开始将陆续讨论原来存在的事物的改革或进一步改革。这里首先讨论土地制度进一步改革的若干探索。

土地制度包括两个方面：一是土地的所有制度，二是土地的经营制度。为了稳妥起见，我国土地制度的改革主要是在若干地区选点进行试验。

1. 土地适度经营规模试验。主要是在一些大城市郊区、长江三角洲地区、珠江三角洲地区进行试点。（1）在乡镇企业较为发达的地区，由于大批农业劳动力转移到第二、第三产业，有必要也有可能由集体采取适当办法，取得原承包户的同意，把耕地集中起来，然后由集体招标，发包给承包大户或几户农民集体兴办家庭农场或合作农场，有的出租给外村大户。在集体集中土地时，有的农户留下口粮田，有的不留口粮田。（2）两田制。即把集体的土地（耕地）按人口划分口粮田由各户经营，剩下的耕地作为承包田或商品田，由集体提出条件，公开招标，一般由本村投标，也有的外村人参加投标。中标户或几户农民，由于规模较大（一般30—50亩、上百亩），机械化水平较高。有的不仅拥有拖拉机，而且还有载重汽车。承包者独立核算，自负盈亏。在苏南地区，由于集体农机服务公司实力较强，由公司为承包大户有偿服务。1994年8月，我们在安徽省天长市农村调查，该市桥湾乡老港村贡庄农民贡连福联合六户农民（5名拖拉机手、1名会计），拥有3台东方红75链轨拖拉机及配套犁耙等。承包（实际上是租赁）邻村——浦西村上泊湖的1235亩农田，办起了股份制机械化农场。在调查时，各户尚未参加分配，主要是购置农机设备、盖房等尚欠8万多元，再待1—2年就可开始分配，效益还好。贡连福认为有干头。这是近几年在农村发现的规模比较大的农场案例。（3）实行服务规模。所谓服务规模是指集体或其他服务单位对某项生产或产中的服务项目，根据生产技术要求而形成的服务规模。例如，在南方一些农村种植茭白，需要在近水地连片生产，便于技术指导，便于管理，有的连片几十亩，有的上百亩，按期种植、统一生产措施，虽是各户分散管理、经营，但连片经营，各户协调，形成几十亩、上百亩的规模，一般把这称之为服务规模（即由服务而形成的规模）。又如在一些地方（湖北、安徽等地）的农村，由集体出面组织各户（自愿）出资修筑塑料大棚发展精细蔬菜生产。大棚建成后，由各户按划分的地段分头种植蔬菜，种什么、采取何种措施均由各户决定、自负盈亏。有的大棚5亩、10亩不等。这也叫服务规模。这种情况，许多地方都有发现，并有增长的趋势。

作者在苏南地区也曾看到，有的村把口粮田集中连片，由乡（或村）农机服务公司承担整地、育秧、插秧、施肥、灌溉、收获等作业，各户分摊服务费，农户只负责田间管理，由于集中连片，90%以上作业都实现了机械化，农户只进行辅助性的田间管理。在表面上似乎口粮田是细小的落后的分散经营，但实质上已经是较大规模的机械化经营。上述三种情况，特别是服务规模，可以说，是农民的又一具体创造。

2. 土地股份式合作试验。近几年来，在广东省珠江三角洲地区和其他一些省的农村，由于城市化和乡镇企业的发展而占用耕地，导致地价上涨。在这种情况下，有些农民虽然早已离开了农业，但是由于在集体所享受的利益比较大，因此他们不愿把户口迁出。他们一方面不愿放弃自己的权益，另一方面把留在原集体作为一种退路。从这些已经转出而不愿迁出（户口）的人来说，他们的想法不能说不合理，因为当初成立农业合作社时他们把土地交给了集体，把耕畜、农具也交给了集体（当时说，折价归还给农民，但并未兑现），这些年集体经济实力增强，也有他们的一份贡献。如果像现在许多地方的办法，一旦迁出（户口），这一切的利益都将丧失，他们当然不愿迁出。另外，他们不迁出（户口），随着农转非的人口越来越多，这样的人口也将越来越多，因而对本集体（社区）的管理和发展带来不利。这就要求人们很好地考虑和处理这一问题。对此，广东广州市及佛山地区进行了有益的试验，并取得了有益成果。他们进行了土地股份制试验，具体做法是：首先，将土地在内的所有集体资产进行清产核资，进行评估；其次，确定股份，划分为集体股和社员个人股，社员凭股分红；最后，由股东大会选出董事会，由董事会聘任经理。

3. 进行租佃制的试验。近几年来，在一些地区的农村出现了农地、水塘、荒山的租佃制经营。这种租佃经营一般规模较大、管理、技术水平比较高、效益也较好。例如，安徽省全椒县官渡乡官渡村是个低洼易涝地区，有10个生产队（农民仍叫生产队）990人，劳动力400个（外出约80人），分户承包耕地1499亩，自然水面370亩。1992年农产弃田抛荒时，由村出面集中了其中的低洼地330亩挖成鱼塘。1993年将其中的300亩包给（出租）江苏人养鱼、蚌，其他包给本村人。当年得承包费（租赁费）6.8万元，用于支付村、队干部工资（2.5万元）、村办公费、修路、教育费用以及减免农户（应交的）灌溉费（每亩37元，减7元），所余1.3万元作为公共积累。又如，在安徽等省农村出现了"反租倒包"的办法，实际是把农民的承包地出租给乡、村的某经营公司，然后由公司进行统一经营，并把管理责任再包给农户。目前，采取租佃经营形式的在水产、果树方面较多，而在耕地经营较少，但有增长的趋势。因为，租金比承包费高，从管理集体土地的基层干部来说，愿意增加集体收入。

总之，近十年来，对土地集体所有制特别是对土地的经营制度进行了有益的试验和探索，为今后土地的经营制度改革和适度规模经营有重要参考价值。特别是关于土地股份合作制的试验，涉及土地所有制问题，既承认了土地的集体所有，又承认了农民对集体土地有一份所有权。虽然农民不能处置集体土地，但承认了有他一份，因而有享受集体土地所带来利益的权利。在这一点上值得注意和重视。

四　对乡、村集体企业产权制度开始进行改革

对乡、村集体企业是乡、村、组不同范围的农民集体经济组织，其真正主人属于各该集体的成员（农民），乡、村、组集体企业有利之处在于它从诞生那一天起就在国家计划之外，而受市场调节。但它毕竟是在旧体制下产生的，不能不受旧体制的影响，而留下旧体制的印记。如政社合一，产权不清晰等。农村第一步改革以后，曾经把农业领域的承包制引进农村集体企业，并取得一定效果，但承包制未能解决产权问题，因此从80年代中期以后，逐步进行了股份合作制的改革。目前全国乡、村两级企业中实行股份合作制的已达13万多家，占总数的10%左右。一般做法是：首先清理集体企业的财产，然后经过协商、确定集体股、企业股和个人股。有的还吸收了新的个人股。这样，有利于民主管理，有利于厂长（经理）发挥主动性和创造性把企业办好，但集体股仍存在产权虚置问题，谁应分得股份、谁不应当分？界限不是很清楚（如企业股、职工股）的问题。农民（原社员）的利益如何保障，还有待进一步研究。

目前，在东部沿海地区和大城市郊区，一些乡（镇）村集体企业引进外资，转为"合资"企业，还有些企业与其他一些企业联合成企业集团。因而演变成为股份制企业。这说明，乡、村集体经济向股份合作制变革尚未完结，有一部分已经向股份制演变。这种变化值得引起注意。

五　供销合作社与信用合作社的改革

供销合作社与信用合作社均属专业性合作经济组织，之所以要专门讨论，是因为它们在改革以前就已存在而在改革后又有很大发展。但这两种合作经济组织都遭受"左"的"升级"、"过渡"之害。

1. 供销合作社的改革（1979—1995）。党的十一届三中全会，开始全面地纠正"文化大革命"及以前的"左"倾错误，作出了把党的工作重

心转移到社会主义现代化建设上来的伟大战略决策，并从实现四个现代化高度提出了经济改革的任务。供销合作社也随之发生了历史性的转折，开始沿着改革、开放、搞活的路子前进。

随着以家庭为主的经营承包制取代人民公社，供销合作社也进行了改革。其改革的重要内容是恢复供销合作社的集体所有制性质。不是立即恢复，而是经历一个过程。

1979 年初，曾经考虑把农村基层供销社改为人民公社的商业组织，并为此各省、市、自治区进行了试点。在试点中，有一些县匆匆忙忙地把基层供销合作社下放给人民公社，财产、设备也全部移交，造成了混乱，遭到了供销社职工的抵制和引起不满。这种所谓的下放，实际上是过去"左"的错误思想没有肃清的表现。针对这种情况，1979 年 3 月 16 日，李先念副总理看了全国供销合作社总社的简报之后，当即批示：应当慎重。4 月 19 日，又在一个文件上批示：建议让中央农村工作会议同志阅，不轻易变动为好。7 月 29 日，国务院发出《关于农村基层供销合作社划归人民公社经营试点的通知》，仍要求一个省在一个县内试验。直到当年 9 月 28 日，中国共产党十一届四中全会正式通过的中共中央《关于加快农业发展若干问题的决定》正式删去原文中有关基层供销社划归人民公社经营试验内容后，这一举措才算结束。

1980 年 8 月，当时的姚依林副总理指示全国供销合作总社研究恢复供销社集体所有制性质问题。总社进行了研究，有两种意见，一种意见赞成恢复集体所有制，另一种意见不赞成。不赞成的理由：（1）改不改所有制不是实质问题；（2）现在全民所有制企业也要改为独立核算、自负盈亏、向国家纳税，全民、集体差别不大；（3）多年来，国家对集体所有制的政策是限制的、不平等的，恢复集体所有制，不利于开展工作，等等。可见，不赞成意见，不管它列出多少理由，但最根本最要害的是不从农民利益来考虑问题。正如前面第六章提到的，我们党派到供销合作社工作的人员当中，有少数人的头脑中，认为他们是领导农民的，并没有认识到供销合作社的真正主人是社员（农民），他们应当为社员（农民）服务。人们可以设想一下，假如是真正地实行民主选举，这些人能否当选，恐怕值得怀疑。

1980 年 10 月 23 日，全国供销合作总社在北京召开会议，集中讨论改革供销社所有制问题。赞成恢复集体所有制性质的只有湖北、江西、四川、吉林、北京等少数省市。

直到 1983 年 1 月，中共中央在《当前农村经济政策的若干问题》文件中，明确指出：基层供销合作社应恢复合作商业性质，并在扩大经营范围和服务领域的同时，要求基层供销合作社逐步办成供销、加工、储藏、运输、技术等综合服务中心。2 月 11 日，国务院批转《国家体改委、商业部关于改革农村商品流通体制若干问题的试行规定》，这样，各省、市、自治区才正式开始恢复供销社的合作商业性质，并有新的发展。目前，全国有基层社 1.3 万个，其中按行政乡建立的约占 1/4，其他按中心集镇或经济区域设立。[①]

自 80 年代中期以来，各地供销合作社在恢复"三性"、扩大股金以及增加服务内容方面都进行了大量工作，取得了一定进展。当然，由于多年的由民办转为官办，旧体制的影响较深，真正把供销合作社办成农民的合作商业组织，还需要继续改革，需要从各级的领导人员和职工在思想上、管理体制上、利润返还制度上以及经营作风上来一个根本性转变。

2. 信用合作社的改革（1979—1995）。从 1979 年开始的农村第一步改革，也推动了信用合作社的改革，自 1979—1995 年的 16 年间，信用合作社的改革主要是恢复信用社的合作经济性质问题。由于部门利益的影响，这一改革的进程比起供销合作社还要慢一些。16 年来，信用合作社的改革大体上可以分为以下四个小的时期[②]：

第一个时期（1979—1982），1979 年 2 月，国务院在《关于恢复中国农业银行的通知》中指出：农村信用合作社是集体所有制组织，又是农业银行的基层机构。这个通知虽然提出"既是……又是……"但在实际上只能是银行的基层机构。但在这一时期，适应家庭经营承包制后的需要增加了农村信用的网点，扩大了农村信用社的自主权。

第二个时期（1983—1984），主要是恢复信用合作社的"三性"和扩

① 俞家宝主编：《农村合作经济学》，北京农业大学出版社 1994 年版，第 218 页。
② 徐笑波、邓英淘等：《中国农村金融的变革与发展》，当代中国出版社 1994 年版，第 300 页。

股问题。1984 年全国信用合作社新扩股金 1.9 亿多元累计入股农户达 80% 左右。同时，选举了理事会和监事会。全国有 920 个县的信用社实行了浮动利率，有 1136 个县建立了县联合社。

第三个时期（1985—1987），进一步改革时期。1984 年 10 月国务院批转了《中国农业银行关于改革信用社管理体制的报告》，对信用社改革方向作出明确规定：即逐步取消银行对信用社亏损补贴；信用社普遍实行经营责任制；信用社的利率可以接近市场利率，多存可以多贷。1986 年农业银行降低了信用社上交存款准备金的比例，从原来的 30% 下降到 25%。

第四个时期（1988—1995），信用社改革进入徘徊时期。

从以上情况可以看出，信用合作社改革取得了进展，信用社的规模和业务均有较大发展。到 1991 年底，全国 2320 个县级联社，独立核算的信用合作社 5.8 万个，下放各种不独立核算的服务网点 31 万个。1991 年与 1979 年相比，存款余额增长近 6 倍，贷款余额增长近 14 倍（详见下表）。

**全国信用合作社情况**

| 年　份 | 自有资金 | 股　金 | 贷款余额 | 贷款余额 |
|---|---|---|---|---|
| 1979 | — | — | 390.0 | 121.0 |
| 1983 | — | 5.1 | 487.4 | 163.7 |
| 1989 | — | 7.0 | 1669.5 | 1094.9 |
| 1991 | 339.8 | 91.0 | 2709.0 | 1809.0 |

资料来源：《中国金融统计》（1952—1987）；俞家宝主编：《农业合作经济学》，北京农业大学出版社 1994 年版。

目前，信用合作社所吸收的存款约占农村借贷自有资金的 50%—60%，它所提供的贷款约占全国农村提供资金的 40%—50%。在农村金融市场占有举足轻重的地位。信用合作社存在的问题，从根本上说还没有真正解决合作信用性质问题。所谓的民主管理差、银行对信用社控制过死、提取高额准备金、要求信用社向银行转存款等，其根源在于银行把信用社当作自己的基层组织。可见，信用合作社改革的任务还是很重。

此外，信用合作社从银行彻底分出后，其组织还会进一步发展。1996

年底，全国有5万多个独立核算的基层社，还有30多万个信用合作点，今后随着信用合作业务的发展，也有可能形成全国性的信用合作组织或农业合作银行。

六　主要农产品购销、价格体制改革取得了进展

针对农产品收购价格过低的实际，为了鼓励生产，1979年3月1日国务院规定，从3月份开始提高农产品价格，即从夏粮上市起提高价格20%，超购部分加价50%，棉花提价30%，油料提价25%（超购部分再加价50%），生猪提价26%，全国共有18种主要农副产品的收购价平均提高24.8%。以后，在1984年农业大丰收后，1985年对小麦、稻谷、玉米以及集中产区的大豆又采取了"倒三七"的价格政策（即30%按原统购价格，70%按原超购加价，"倒三七"价格比原统购价高35%，比原超购价格低10%，减少了粮食生产的边际效益），起到了限产的作用。1986年以后，随着市场物价的提高，特别是农业生产资料价格的上涨，相应地提高了主要农产品的收购价格。但一般落后于生产资料价格上涨的时间和幅度。严格地说，这种"提价"只是价格的调整，还谈不上是真正提价，也不能说是价格体制改革。

改革以来，最具实际意义的改革步骤是取消相当部分农产品的统、派购、价格完全放开。例如，1984年中央决定农副产品的统、派购品种由原来的46种减少到21种，到90年代只剩下粮食、棉花、油料等极少数品种实行具有义务性的"合同收购"①，其他农副产品取消了低价的统、派购，价格完全放开。这就是说，除粮食、棉花等几种主要农产品外，已经基本实现了由市场形成价格。毫无疑问，这是流通领域的具有深远意义的改革。与此同时，对具有义务性质的粮食等的"合同收购"也适当地减少了收购数量，农民在完成"合同"任务后，所余部分（包括增产部分）可以自由上市，价格随行就市。

应当看到，农产品价格的"双轨制"仍然存在，需要加以解决。

七　初步形成了农产品市场体系

随着商品经济的发展，市场建设特别是农产品市场建设取得较大进

---

① 从1985年起粮食等主要农产品取消了统购统销并以合同收购代替，但由于价格未放开，仍具有义务交售性质。

展。从工业品市场来说，除了农村集贸市场外，一些地方已经形成了地区性甚至全国性的批发市场，如闻名遐迩温州地区桥头纽扣市场，柳市电器市场，河北省的白沟市场，等等。从农产品市场来看，已经初步形成了城乡集贸市场、经营性的零售市场、全区性批发市场、全国性批发市场和期货市场等农产品市场体系。仅以城乡集贸市场来说，到 1991 年底已发展到 7 万多个，年成交额达 2600 多亿元，比 1985 年增加 2.7 倍。再以农产品批发市场来说，1991 年底全国性和地区性的批发市场已达 1600 多个，其中 8 个粮食批发市场年成交量达 410 万吨。同年 3 月 22 日，郑州粮食批发市场签订了第一个远期购销合同，从而宣布了期货市场的开业。至于一些地区性批发市场，有些已经远近闻名。如安徽亳州市中药材市场，全国各省均有人来此市场交易，日上市 4 万人，年成交额达 6 亿元，成为国内四大药都之一。又如山东省寿光九巷蔬菜批发市场被誉为"北方第一家"，等等。

在工农产品市场发展的同时，金融市场也开始起步。

总的来说，农产品市场的发展相对较快，而要素市场滞后，特别是劳动力市场、土地市场、技术市场、信息市场尚处于萌芽状态。农村生产的一些工农产品已进入国际市场，但国内市场尚未与国际市场接轨。

在市场发育中，需要特别重视解决农民作为市场主体，如何进入市场的问题。特别需要鼓励和支持农民组织自己的合作经济组织，作为农民利益的代表者参加市场。

从资源配置来看，市场经济是以市场作为基础来配置资源，但应当看到市场也有其局限性，并非万能，还需要国家的宏观调控。特别是农业生产它不光生产通常人们所说的农产品，还生产清新的空气和优美的环境，是社会的最大公益部门，就社会公益事业而言，没有国家的保护、支持和调节，它的发展是难以想象的。

以上讲了七个方面的问题，现在我们有可能对农村第二步改革加以归纳：

第一，农村第二步改革的进行并初步实现了农村所有制结构的改革。也就是说，改变了过去的单一公有制（国家、集体所有）的结构，实现了以公有制为主的国家、集体、个体、私人资本、混合所有制等多种所有制结构（包括新的专业合作经济组织的建立）。与此同时，从生产到流通都在初步（或正在）明确产权，并形成多种经营结构。这些都为市场主体多元化创造条件，进而为市场经济体制的初步确立做好准备。

第二，对包括土地在内的集体企业的产权制度进行了若干试验和探索。

第三，市场建设取得了明显进展。特别是初步形成了粮食市场体系。

第四，农产品价格体制改革取得较大进展，为进一步取消主要农产品价格的"双轨制"创造了条件。

第五，对国家如何调控（农产品）市场进行了初步探索。

总之，可以这样说：农村第二步改革是在探索深化农村第一步改革的基础上，初步实现了市场主体的多元化，进行了农产品（特别是粮食）市场建设和价格体制改革并取得明显进展，对如何调节粮食市场进行了探索，从而为市场经济体制的建立创造了条件。

八　改革的基本经验：逐渐前进

农村第二步改革的实践也证明农村改革不是"重点突破，全面开花"，而是逐渐前进。当然其具体办法也不尽相同，可归纳以下几点：

1. 发展法。即大力发展原计划以外的经济。例如乡镇企业（原叫社队企业），不在国家计划之内，从它诞生的那一天起就以市场为导向，自找原料，自产、自销，价格也随行就市。虽然也存在政企不分、产权不清晰等问题，但主导方面基本属于市场调节。所以，这种经济的发展就等于农村市场经济的发展。1992 年年底，乡镇企业产值达 1.79 万亿元，占农村社会总产值的 69.7%。也就是说，仅此一项就表明市场经济的较大发展。从经济体制角度看，乡镇企业的发展也是新的经济体制作用大为增强。在改革过程中，出现了一些公司加农户的形式，也出现农工商一体化的形式，现在又有一些大的集团企业涉足农业，从组织创新角度，同样值得重视。

2. 增加法。是指原来属于旧体制范围，只是将增产（增加）部分改为新体制办法。如对粮食的统购，开始时采取保留原征购量，只将增产部分放开，允许自由上市，价格随行就市。这种办法，照顾了旧体制下的利益格局，因此阻力较小。

3. 放开法。是指某种产品、某种行业的生产和产品按照经济发展要求价格完全放开，以及旧体制的某些方面的限制完全取消。如在旧体制下鸡蛋要派购，改革后取消了派购，价格放开。又如以前不准个体、私营经济存在，现在允许其发展，这均属于放开法。

4. 试验法。这是对某项改革进行的试点，属于探索性质，试验也可能成功，也可能失败。例如对集体企业产权制改革进行的试点就属于这一类。

上述几种办法，都体现了逐渐前进的要求。这种渐进方法的好处在于减少阻力，避免带来大的社会震动，使改革沿着市场经济发展的要求，稳步前进。当然，由于改革的渐进性也要带来新旧体制的摩擦、矛盾，带来一些拖泥带水的麻烦，但权衡利弊，还是渐进办法较为有利。我以为，这应当成为我们的一种财富。

# 土地股份合作制与经营多元化

土地股份合作制是从我国现阶段的实际情况出发的调整土地所有制关系的办法。而经营多元化，是从经营形式或经营结构来看应该是多元化，而不是单一化。这也是本章所讨论的主要内容。

## 为什么要选择土地的集体所有制？

一　关于土地所有制的几种主张

农村改革以来，对土地所有制度的改革，即究竟要选择什么样的土地所有制？可以分为三种看法或主张。第一种主张，认为应当实行土地的国有制；第二种主张，认为应当保留多年来实行的集体所有制；第三种主张，认为应当实行土地私有制。这是大的类别划分，在每种类之下，还有不同的具体看法。此外，还有的主张多种所有制并存。

二　几种主张的利弊

1. 主张农村土地国有。有的人认为：（1）马克思主义经典作家都主张土地国有。（2）土地国有有利于土地资源的保护与合理利用。目前在土地的保护与合理利用方面存在的问题很多，只有土地国有，才能较好地克服和避免现在存在的问题。（3）经过多年来的集体化，农民对土地所有权观念已经大大淡化了，所以现在是实行土地国有的最好时期。（4）他们主张成立专门的国有土地××公司，由公司进行管理、经营。

问题在于：（1）认为农民对土地所有权观念已经淡化，不符合实际。（2）实行土地国有，实际上是对集体土地的又一次"升级"、"平调"，将会引起社会震动。现在政府一再反复宣布集体土地承包制不变，目的是为了安定民心，而不是相反。（3）再说成立专门土地公司，必然加大费用，而这又要落在农民头上。

2. 主张农村土地私有。有的人认为：（1）现代产权制度需要有清晰的产权，而要做到这一点，即应以经营单位为界定产权的基础，而现在又主要是农户经营，把产权界定到经营单位，也就是界定到农户。这实际上就是土地私有。（2）产权界定清楚后，可以通过土地市场，促进土地集中，实现土地的适度规模经营。

这种主张的问题在于：（1）不能以建立产权制度为理由，来主张土地私有，一些西方国家，除了土地私有外，还有土地国有，而这些国家都建立了现代产权制度。（2）主张土地私有的重要理由是有利于保护土地，有利于促进土地流动，因而扩大土地经营规模，但实践证明，土地私有未必有利于促进规模的扩大。因为土地私有后，势必促使地价上涨导致农民不愿卖地，日本就有这种情况。（3）土地私有对已经形成的生产力和土地规划存在不利方面。

根据以上分析，我认为，上述主张有利也有弊，但利弊权衡还是弊大于利，因此，都是不可取的。我赞成仍然保持土地集体所有制。

3. 保持土地集体所有制的理由：（1）在现阶段，中国究竟采取何种土地所有制，需要考虑三点：第一是符合农村的实际，农民能够接受并且比较满意；第二是符合农业现代化和市场经济发展趋势；第三也要考虑农业集体化以来土地规划、水利建设和林网化的实际。（2）土地集体所有或者对现行的集体土地制度加以改革，可以满足上述要求：一是土地集体所有，既有利于保护过去兴修水利、改良土壤、林网化，使之继续发挥作用，又可以使集体进一步统一规划土地，有利于保护与合理使用农村土地资源。土地私有，不利于水利设施、林网化的保护；二是有利于土地集中，现在是家庭承包经营，当着农业（剩余）劳动力向第二、第三产业大批转移后，由集体组织、协调有利于土地集中，发展适度规模经营；三是土地集体所有，不论产权结构如何，但集体拥有土地的最终所有权，不仅可以保证对土地使用的监督，而且更重要的是有了重要的生活保障，能够保证农民有最起码的生活来源；四是一些村、组集体经济较为发达的地区，农村第二、第三产业已经形成整体，农民从集体收益中得到实惠，群众也不愿把土地分出去单干。这些情况说明，由于农业集体化以来，根据土地规划，对原有土地进行改良和建设，形成水利工程、林网化等，已非当初入社时的情况，对现在的土地状况如何做才有利于保护集体化以来的成果，使之继续发挥作用？如何做更有利于土地的适度规模经营？显然保持集体所有制比私有制更为有利。我并且认为，只要在产权关系上处理得当，农民是可以接受的。例如，实行家庭承包制，农民在承包期内得到了使用权，就在相当大程度上调动了农民的积极性，生产增长。说明只要把产权关系处理好，是可以使农民满意的。但是，正如前面所指出的，现在实行的家庭为主的经营承包制，还存在集体产权主体缺位，产权不清晰的问题，即产权关系没有理顺，农民不愿离开本集体、丧失自己的权利，而集体又不能老是限制农民离开，使自己人口越来越多，增加农业现代化的难度。因此，既要保持土地的集体所有，又要深化改革，明晰产权。

### 土地股份合作制

保持土地集体所有制，但是对集体产权主体缺位、产权不清的问题必须加以解决。也就是说，这种"铁板一块"的"归大堆"的土地集体所有制必须进行改革。改革思路是，把现行的"铁板一块"的集体所有制改为股份合作制。

我们在第四章、第八章都讲到农业集体化对农民进行剥夺的问题。按照马克思主义改造小农的理论，对劳动农民是不能剥夺的。所以，这个历史遗留问题，总需要有一个了结。

前面还指出，这种"归大堆"的集体，造成产权不清，产权主体缺位。所谓"缺位"说白了就是真正的主人没有到位，或者说，找不到真正的主人。土地集体所有制，名为集体所有，属于集体成员所有，集体当中有成员的"一份"。但这"一份"并没有落实，没有实际体现。虽然说属集体所有，一切有关重大问题由社员民主讨论决定，也有一定的体现，但在实际经济生活中，往往贯彻得不好，而形成少数干部说了算，社员这个土地的主人也就形成了单纯的劳动者。特别是集体的一些规定本来就不尽合理，但长期以来却被认为是天经地义。例如，集体的成员一旦离开本集体，他就自然地丧失了集体中的一切权益。这种办法，在计划经济体制下，在限制农民流动的情况下，似乎可以作为一种"理由"。但是，农民是劳动者，是国家的主人，为什么一旦离开本集体，就要丧失自己的一切权益？这无论如何是说不通的。现在，有的作者给什么是集体所有制，什么是合作经济下定义。说集体所有制经济就是不可分割的，意思是说，凡是集体经济，其成员离开就丧失一切权利。那么，这种"归大堆"的"集体"中国农民是不欢迎的。

关于农民在集体土地中的"一份"权益问题在人民公社制度下还是潜在的，当农村改革以后，在集体经济较为发达的地方，出现农业劳动力向第二、第三产业转移，其中有的转入城市，进而出现了农民不愿离开本集体的情况，究其原因，在于人们不愿失去自己应得的权益。甚至有的地方已出现转走户口的人又重新返回原集体的情况。这样下去，既不利于人口流动，不利于扩大土地经营规模，提高农业劳动生产率，也使集体负担的人口越来越多，长此下去，包袱越来越大。这一切说明，实践已经开始提出要求很好地处理集体资产的产权问题。这个问题，在经济比较发达的地区已经出现了，在一般地区也将会出现。那么，如何解决？还得从深化改革入手。我想可以有两种办法。

一种办法是沿着农村第一步改革的轨迹走下去。农村第一步改革实行了两权分离。确切地说，是在承包期内实行土地的所有权与使用权相分离。为了使农民安心生产、增加投入，政府提出延长承包期30年不变，加上改革以来的十几年，已接近50年的承包期。这50年是比较长的了。但有人提出，与其这样，还不如干脆把使用权给农民，即土地的所有权属集体，使用权属农民。土地使用权可以继承、抵押、买卖。但是，这只能是初步地解决，尚未根本解决土地所有权的下余部分，以后需要继续解决所有权剩余中的"一份"问题。

另一种办法是直接从集体土地所有权入手。即解决土地集体产权主体缺位问题（解决集体土地中社员的"一份"的问题）。具体地说，把现有土地折价，形成土地资产额，然后定出股份，落实到户。社员凭股分红（当然没有什么收入就不能分红），股份可以继承，当离开本集体时，由集体购回。

在第一种办法中，解决了社员在集体中所占"一份"的一部分，而不是全部。因为除使用权外，还有所有权没有解决，社员还会要求这一部分权益。这个问题在广东珠江三角洲已经出现，因为由于发展"三资"企业，由于城市化发展，当地地价上涨很快，一些村集体靠土地而收入大量资金办厂，已经迁出的人为得到这"一份"利益而要求回本集体或要求得到"一份"权益。这说明，解决集体土地中有社员的"一份"问题，不是要不要解决，而是迟早要解决的问题。

把土地的（不可分割的）集体所有制改为股份合作制，既保留了土地的集体所有权，有利于对土地的保护与合理使用，有利于土地经营的集中，也维护了社员的权益，有利于农业劳动力向第二、第三产业转移和城市化。这是对土地集体所有制的深化改革和完善，也是对剥夺农民的一种改正。同时，这种改革也与现代产权制度相适应，有利于市场经济的发展。有人担心实行土地股份合作制会改变集体公有性质是完全不必要的。

我以为上述两种办法都是可行的。但是根据以往的经验教训，今后解决集体土地产权问题，应当允许农民和基层干部去探索和创造，不宜以一二种设想、方案去束缚他们的手脚。

### 土地经营制度的多元化

土地的使用制度、经营制度是土地制度的重要方面。土地的经营制度和使用制度，除了自有自营以外，还有承包制和租佃制，以及联合（混合）经营制。目前我国农村土地经营制度、使用制度大致有以下几种：

一　自营制

即集体所有，集体经营。在具体做法上，有的搞农业专业队，有的办集体农场，有的把农业依附于工厂成为厂的车间（农业车间）。这种形式是在村、组集体经济较为发展地区，以工业收入支持农业机械化和现代化。这种形式，目前尚不多，今后随着村集体经济发展，经济实力增强、劳动力大量向第二、第三产业转移，可望会有一定发展。

二 承包制

承包是一个经济组织内部或企业内部的经营管理体制，一种经济责任制度。在我国农业生产合作社（或人民公社内部）曾经实行的小段包工、三包一奖以及农村改革后实行的包产到户都属于承包制，一般占原基本核算单位的98%以上。在承包制的条件下，集体保持统一经营，然后把任务分解后再分给作业组或社员户，并把完成任务的好、差与劳动报酬联系起来，实行超产（收）奖励。在我国实行大包干到户以后，集体把土地分别包给各个社员户，由农户经营。农户（或农场）在完成合同规定任务的条件下，实行独立经营，自负盈亏。所以说，实行大包干（到户）以后，已经由统一经营变为双层经营。在一些不发达地区，集体经济实力薄弱，实际上变为单层经营（即家庭经营一层），土地集体所有，家庭经营。这已经突破了上述关于承包制的界定。但由于各承包户要完成农产品的交售任务和提留任务，因此仍然可以归为承包制一类。随着经济发展，集体实力增强，有可能由单层经营变为双层经营，也有可能仍为单层经营。

三 租佃制

随着农村经济的发展，农村在使用土地方面也开始出现了以契约形式将土地的使用权有偿地交给另一方使用的制度。也就是说，集体把土地交给承租方使用（经营），或农户承包土地后，转到第二、第三产业但不交回土地的承包权而有偿租给别人经营，双方签订具有法律效力的合同文件，规定土地的用途、租佃年限、租金数量和缴纳时间，等等。

租佃制与承包制比较，有以下差别：

1. 租佃制，是有偿的。承租者要缴纳租金。严格地说，企业内部的承包制，承包者是为了完成上级规定的任务，因而使用土地是无偿的。

2. 租佃制，土地出租者和承租者双方是独立商品生产者和市场主体之间的平等关系，承包制发包者与承包者是上下之间或企业和职工之间、集体与社员之间的关系。承包社员户撂荒土地，集体有检查、督促乃至收回承包地之权。

3. 租佃关系不限于集体之外，也包括集体内部集体与成员之间，而承包制只限于企业或集体单位内部。过去，在理论上认为既然社员是集体的主人，所以也就不存在自己租用自己土地的问题，因此认为不管有偿无偿，特别是不管这种有偿（招标）是否经过市场形成的价格，都应称之为"承包制"，而不应称之为租佃制，这是一种形式上看问题，而不看实质。我认为，如果这种有偿是通过市场招标（竞争），而属于"中标者"，就不应认为是承包，而应认为是租佃。因为，它们反映的经济关系已经不同。

4. 租佃制，在租期内，只要不违背国家法律和双方签订的合同，出租者无权干预承租者的生产经营活动。

5. 租佃制的承租者是完全独立的生产经营者，不再存在双层经营体制。承租者也可能请村集体的机械、技术服务站进行服务，但这只是独立商品经营者之间的劳务关系，而不能称之为双层经营。

关于包干制（包干到户或包干到组，均属包干制）。如前所述，包干到户，特别是在集体经济薄弱地区，实际上是农户的单层经营。也就是说，它在不同程度上突破了集体单位或企业内部承包责任制范围。但是，为什么还把它归之于承包制一类？笔者认为主要是：（1）我们以"三靠队"为例加以说明：所谓的"三靠队"实际上是已经破产了的生产队，其集体经营已经到了不能保证上交农业税和集体提留以及社员吃饱穿暖的地步，以致每年秋收后，社员都要外出乞讨。正是在这种情况下，队干部和社员决定实行大包干到户，即"交够国家的，留足集体的，剩下都是自己的"，在这里实际上是生产队把缴纳农业税、集体提留、社员饱暖的任务包给了社员户，由社员户分别完成。从责任制角度看，"剩下都是自己的"是"多产多得"的一种奖励。正是从这个角度、这个意义上说，这是一种经营承包制。但是，以后农户的经营自主性越来越强，以致达到独立生产者和市场主体的地步。因此，它又不是完整意义上的责任制，已经是一种新的经济形式。或者说，它既是一种经营责任制，又是一种经营形式。（2）从上面介绍可以看出，在开始实行土地承包制时土地使用是无偿的，因为：一是企业、单位内部实行责任制土地等向来是不交使用费的；二是当初大包干到户时，集体认为只要包干到户能保证农业税、提留和社员温饱就很不错了；三是社员一方认为当初土地是自己的，入社时交给了集体，现在我为集体承担责任还要交使用费，他们是不同意的。① 因此，包干到户时没有收费是很自然的。在1985年以后在一些地区先后实行了土地有偿承包，由于集体多收一些款，可以用来开发农业事业，一些基层干部尤其积极，因此，在一些地方很快就实行了。即使是一些贫困县也实行了。实行土地有偿使用的主要理由：第一，包干到户以后有些农民对集体所有的观念淡化了，实行土地有偿使用可以增强农民的土地集体所有的意识；第二，集体可以有一批资金，可以搞一些农业基本建设与土地开发，特别是对低产田改造；第三，收费较低，一般一亩一年收1—2元或2—3元，也有收十几元的，农民能够承受。也正是因为这样，还可以把集体内部实行的较低土地有偿使用归之为承包制。但是，也应当看到，土地的有偿使用，毕竟是与集体内部责任制拉开了一定距离。

从趋势看，随着农业的发展和农村经济的发展，承包费也可能会有一定程度的增加，一旦这种内部承包超出本集体范围，一旦承包公开招标，其费用与市场上形成的租金相一致，也就是使用收费是通过市场竞争形成，不管承包者是本集体成员还是外部人员，这时的使用制度就变成租佃制，而不再是承包制。所以说，集体内部的土地有偿使用是承包制与租佃制的中间过渡形态。一旦在社会上公开招标，就转为租佃制。

四　入股联营制

即将土地使用权折价入股，与之联合经营，双方签订合同，规定用途和使用年限以及分配办法。这种为数尚少。

以上四种经营制度，是我国农村已经存在的形式，都有其存在的条件，有利于农村经济的发展。从实际情况看，在今后的5—10年，主要形式将仍然是承包制，但租佃制、自营制、联营制都会有一定的发展，特别是其中的租佃制可能会发展快一些。总之，可以归之一句话，在今后的5—10年，土地的使用制度、经营制度将是以承包制为主的多种经营结构。趋势是多样化，而不是单一化。

## 土地微观经营主体的多样化

---

① 这里讲的是"三靠队"的情况，因为它舍去了一些次要问题，能反映出大包干到户时，集体与社员关系。

一 微观经营主体的多样化

从目前农村实际情况看，主要有以下土地经营主体：

1. 集体经营。即集体所有的土地，仍由集体经营。主要形式如农业专业队、集体农场、农业车间等。其经营规模比较大，农业机械化、现代化水平较高。主要是在大城市郊区、长江三角洲地区、珠江三角洲地区。

2. 家庭经营。主要是家庭承包制之下的家庭经营，是现阶段我国农业微观经营主体的主要形式。随着农民向第二、第三产业转移和城市化进展，农民家庭的机械化水平，经营规模将会逐渐提高和缓慢地扩大。

还有一种家庭经营，即经营投标竞争而中标的大户，其中有些实际上是租佃大户，还有外地的农民到大城市郊区或乡镇企业发达地区"承包"农业生产，实际上也是一种租佃制，这种租佃制下的家庭经营，在乡镇企业较为发展地区将有一定的发展。如果农业地区的土地有偿承包费用继续提高，以致与市场上租金相接近，那么，租佃制下的家庭经营将会发展更快。

3. 合伙或联户经营。有两种情况，一是在一般大田生产中通过招标形式而获得一定数量的土地，常常是名为招标承包，实为租佃。一般由几户拥有一定资金，又有拖拉机手和汽车司机，自愿结合，合伙经营，共负盈亏。合伙经营需要特别注意搞好经营民主，有事要商量；还要注意账目清楚，分配公平。否则，会发生矛盾，以致散伙。二是属于开发性农业，几户合伙到开发地区租地或购买土地使用权，进行经营。

4. 雇工经营。这里讲的雇工经营主要指雇请长工和季节性工人经营，还包括临时性短工。一般是农业生产中的"承包大户"，"承包"土地较多，雇工经营。还有的人或单位为进行某项经济作物生产或林、牧、渔业的开发，而租用较大面积的土地，兴办农场（林场、茶场、水产养殖场……），一般雇工较多，有的多达几十人。雇工经营具有获取工人剩余价值的问题，但它的规模较大、机械化水平和技术水平较高，劳动生产率也较高，加上有利于就业，因此在政策上允许其一定的发展，有利于农村经济发展。

二 在相当长时期内将以家庭经营为主要形式

从各种微观经营主体来看，随着集体经济实力的增强，渴望集体经营会有一定的发展。但由于中、西部地区的乡、村集体经济实力较弱，其发展需要一个过程，集体农场不会发展很快，雇工经营与合伙经营虽会有一定发展，但仍将占少数，在今后的5—10年间将仍以家庭承包经营为主（含一部分租佃家庭经营），多种经营主体结构并存。

在多种经营主体结构中，要特别重视农业专业队、集体农场（农业车间）和承包大户（即家庭农场）的发展，因为它们的机械化、现代化程度比较高，劳动生产率也比较高，因此在政策上需要给予支持。同时，要提倡农户（农场）与农产品加工企业和农产品销售企业进行多种形式的合作和联合。

上面提到，集体经济实力强的单位，其农业现代化步伐也比较快。但也不尽如此。在一些大城市郊区的集体经济实力可谓"雄厚"，但有的却不去加强农业，而是把菜地转租给外地农民。这些外地农民的种菜技术不如本地菜农，既影响了蔬菜供应，又不利于农业现代化，而且外地农民在菜地居住，因陋就简，甚至破破烂烂，在像北京市西山这样的近郊出现这种情况，实在是太不应该。又如北京郊区首富——房山区韩村河村，现在（1996年）有了蔬菜大棚，这是十多年前没有的。但是，他们的蔬菜大棚生产，设施比较简单，其经营水平远不如四季青、玉渊潭。如果能把眼光放远一些，拿出一些资金，进行必要的基础设施建设，培养自己的技术人才，完全有可能建成为第一流的现代农业。

三　在家庭经营基础上的合作与联合符合我国农业的实际

我们总结了集体所有、集体经营的弊端认为，在保留家庭经营的基础上进行合作与联合，符合我国的实际，采用这种模式也会实现我国的现代化。但是，由于农业集体化已经30多年，集体经济有了很大发展，土地也进行了改良和建设，并考虑今后农业的发展，保留现在的土地集体所有，是利大于弊。因此，我主张保留土地集体所有制，而不是简单地、贸然地恢复个体所有。但是，又必须十分明确：今后必须进行土地制度的深层的改革。

然而，家庭经营毕竟有其局限性，因此，需要社会化服务，需要根据生产发展的需要，提倡、支持农民在保留家庭经营的基础上，组织新的产前、产中、产后的合作经济组织。各种服务组织，各种合作经济组织（包括社区合作经济组织在内），都是开放性的，而不应当是排他的。这里有一个竞争与竞赛问题，谁给农民服务得好，谁就发展。不能有我就不能有你，更不能像过去那样，由上级单位"任命"什么"××渠道"、"××中心"。

四　有条件时，积极发展农工商、贸工农一体化①

随着农产品生产日益商品化、社会化，客观上要求拉长产业链，要求农工、农商、农工商进一步联合。这种联合将不再是以生产为导向，生产什么卖什么，生产什么加工什么，而是从生产为了消费出发，以市场为导向，市场需要什么，就生产什么，加工什么，销售什么。即实行贸工农、商农、工（加工）农一体化。②

贸工农联合，大致有两种：第一种是合同制的联合，较为松散的联合。双方都是独立的生产经营者，农产品加工厂与农户、销售单位与农户或者加工单位、销售单位与农户三方签订合同，农户按照加工厂的要求按时按质按量交货，由加工厂加工，然后交货给销售部门。有的贸工农（或商农、工农）联合，还实行利润（平均利润）返还制度。第二种是以联合股份公司的形式组织起来，故称之为紧密的联合。这种组织形式，往往还兼有第一种形式。有时大的公司自己有生产基地，另外也吸收附近农户。这时的农户基本上成为公司的基本生产单位。但一般也考虑了农业生产的特点，给农户以较大的自主权。从目前情况看，第一种形式居多，比较符合中国农户经营的实际，农户自主性大，农民愿意采取这种形式，认为简便、明了。为了进一步说明贸工农联合经营，下面介绍山东省诸城市外贸公司与农户联合的情况。外贸公司出口肉鸡任务较大，为了保证出口，以外贸公司为龙头，农技站和各村配合外联市场、内联农户，组成产供销（贸工农）一体化的利益共同体（一般称之为公司＋农户或工厂＋农户）。外贸公司为保证产品质量，为农户提供小鸡和饲料，农户按外贸公司要求生产，按时按质按量向外贸公司提供肉鸡，由外贸公司的肉鸡加工厂进行

---

① 刘文璞、魏道南等：《中国农业的社会主义道路再认识》，中国社会科学出版社 1987 年版，第 241 页。

② 这里讲的贸工农一体化，与现在的农业产业化提法，所反映的是同样事物。

加工、出口。农户每供应一只肉鸡，外贸公司给农户一元，并给畜牧防治病服务费 0.03 元，给乡、村服务费 0.15 元，外贸公司也分一元。待外贸公司出口后，结算盈利，按比例返回农户。利益共享，各方均较满意，效果也好。[①]

值得注意的是，现在有一些大型企业把目光转向农业。例如，南方的"三九"（999）集团计划到 21 世纪把农业开发列为该集团的第一位产业。西部的希望集团从饲料生产向养殖业、加工业发展，不仅面向国内还面向国际市场。内蒙古的安康集团计划购置几十万亩土地种植小麦、大豆，发展快餐业，等等。农业不是弱质部门吗？为何这些大企业要转向农业？对这个问题，农业部农研中心杜鹰研究员作了令人信服的说明，他说：如果从农业投资周期长、风险大来说明农业是弱质产业，如果把农业的后继产业联系起来，农业却是投资回报率比较稳定的产业。所以，只要大公司资金雄厚，就可以兴办这种贸工农一体化联合经营企业。这样的大企业一方面可以租入、购入土地直接经营农业，同时也可以在不触动家庭经营的基础上，实行公司＋农户的联合。作者对农业是弱质部门（或产业）的看法，是不同意的。我认为，农业是国民经济的基础，是客观存在的规律。这一点马克思已经作了阐述。随着经济的发展，人们越来越认识到农产品包括两个方面，一是通常讲的粮、棉、油、肉等产品，二是农业是地球上的最大人工生态系统，它生产优美的环境和清新的空气，这是人们生产、生活不可缺少的，人们的生活水平越高，越要求这种产品。这是客观的需要，因此，必须重视、加强农业，增加农业投入。问题症结在于客观规律的要求，人们不这样做不行，就要受客观规律的惩罚。农业投资周期长，风险大，有其不利的方面，因此，更要重视农业、加强农业。而不是相反，因为农业是"弱质产业"才要加强农业。[②] 上述引述的杜鹰的看法，笔者很赞成，所以顺便讲了上面的话。

综上所述，我国农业的微观经营主体将是以家庭经营为主要形式的多种主体并存，并在不触动家庭经营的基础上发展各种合作和联合，有条件

---

① 张留征：《中国农村经济发展探索》，中国经济出版社 1990 年版，第 274 页。
② 王贵宸：《中国农村现代化与农民》，贵州人民出版社 1994 年版，第 183 页。

时积极发展农工商、贸工农联合经营。

人们都在关心今后我国农业经济组织的发展前景。笔者认为，作为普遍的大量的从现在的手工劳动为主的家庭经营向现代的企业化经营的家庭农场（既包括承包制的家庭农场，也包括租佃制的家庭农场）、集体农场、租佃制农场和雇工农场转化。在相当长的时期内，将以家庭经营为主要形式。随着农村经济的发展，并在保留家庭经营的基础上发展各种形式的合作与联合。从长远看，各种形式的农工商、贸工农联合将是我国农业进一步的发展方向。到那时，无论是家庭农场，或者是集体农场，将会有一部分通过农工商、贸工农一体化而与整个国民经济联系起来。如果是这样，那么，我们就可以完全放弃过去那种"从小集体→大集体、从集体→全民"的阶梯式过渡的理论和模式，因而也就不再追求那种"归大堆的集体"了。

### 土地的流转与宏观管理

农村土地的流转制度和宏观管理制度是土地制度的重要方面。所以，在本节将重点讨论这两个方面的问题。

一　关于农村土地的流转制度

1. 土地流转、管理得十分严格。农村土地的流转是指农村土地的所有权主体和使用权主体的变动和农村土地用途的变动。对这些变动而采取的规范、程序、办法等被称之为农村土地的流转制度。

在计划经济体制下的农村土地的流转是受到严格限制的。长期以来，农村土地一直是集体所有，集体经营，土地不准买卖。如果国家为了城市建设、建工厂等需要占用农村集体的土地，就采取征用的办法，给集体少量的补偿费和农民就业安置费。土地的流转就是这种单项流转。在计划体制下，就这样保持了农村集体土地的稳定。

2. 存在的问题。改革开放以来，情况发生了变化，农村土地使用权、所有权发生了合法的、不合法的流转。例如政府规定所有权、承包权两权分离，在承包期内农民从事第二、第三产业其承包权可以交回集体，也可以将使用权有偿转让他人，并由承接人继续按合同规定完成任务。这种流转形式虽属合法，但往往没有正式规范程序，甚至没有书面合同。特别是由于城市建设或农村第二、第三产业占用土地（也就是通常所说的土地"农转非"）问题比较突出。按照规定，还是采取先由国家征用，然后由政府将土地批给有关使用单位。因之产生了矛盾：（1）农民特别对把占用地批给房地产公司有意见。认为房地产公司拿国家批的土地，一转手就涨价、赚钱，是拿农民的土地发大财，不合理。现在，有些地方的农民和基层干部也聪明了，当他们得知本村集体土地将要划入市区以内的消息后，以自己的资金修建宾馆、游乐园、蔬菜批发市场等，既安排了劳动力，又增加了收入，又为城市建设出了力，有的还受到市领导的表扬。这就是说，实践已经突破了先征用后批给使用单位的传统做法。（2）农村乡、镇企业占用土地，由于企业不稳定、变动大，办二年停产了，土地闲置了，如果是国家先征用办法，就将出现零星的国有土地，如此零星而面广的国有土地却很不好管理。（3）由于第二、第三产业发展不平衡，在集体之间的农用土地也不平衡，集体之间想要变动一部分土地也不可能（因政策上不准买卖土地）。

3. 解决的办法。（1）关于土地使用权的流转：现在，比较可行的主要是土地使用权的流转。第一，现在是在承包期、租佃期内的土地有偿使用流转。第二，建议进一步把使用权给予农民，并建立土地使用权市场。（2）关于农村土地所有权的流转问题：第一，由于公益事业而占用集体土地，仍然按过去的办法，先征后用；第二，今后城市第二、第三产业（企业）占用农村土地，改过去的征用为双方（占用企业与集体单位）按市场价格买卖所有权；第三，为了解决各村集体之间的用地，经双方协商并经有关政府部门的审核，可以进行土地所有权的买卖；第四，农村乡镇企业占用农用土地，可以根据村镇土地规划，划出工业小区，经上级批准，土地仍归集体所有。

二　关于农村土地的宏观管理制度

所谓农村土地的宏观管理制度，是政府对农村土地的占有、使用、交易、整治等进行管理的各项制度的总和。

从管理角度看，政府作为社会经济总管理人的身份对农村土地进行管理。也就是政府站在全社会、站在土地产权主体之上，对农村土地进行管理。主要表现在以下方面：

1. 行政管理。目前，我国已经颁布了《土地管理法》，初步建立了农村土地的行政管理制度。各地的土地行政管理机构已经建立，乡（镇）设立了土地管理所，村民委员会设立了土地管理员，负责土地行政管理事务。但是，若进行土地规划、土地使用权进入市场，就要增加工作量，因此还需要加强。

2. 规划。应以行政村或自然村为单位，对土地进行规划，哪里是农业用地、哪里是农民住宅区、何处是工业小区（工业小区最好设在乡、镇）等等，应做出总体规划，以便有计划地保护和利用土地资源。我国土地资源少，对土地"农转非"要进行较为严格的控制。

3. 还要运用经济的、法律的手段进行管理。利用经济杠杆，如在地租（金）、地价、地税和贷款利率等方面进行调控。此外，国家要制定法律和法规，明确土地流转所应遵循的规则。可以考虑：（1）在土地规划的基础上，明确确定耕地的用途（特别是粮食、棉花用地），并规定改变用途的必要程序。（2）增人不增地。现在已这样做了的，只及1/3左右，之所以遇到阻力，主要是来自基层干部，也许他们认为每人有享受一份土地的权利，才能保证社会安定，也许有的人将调整承包地作为管农民的一种办法。需要加强教育，使他们认识到这一政策的必要性。（3）为防止土地经营规模的细小化和稳定农民"怕变"的情绪，可以实行农民对土地使用权的长期化。土地使用权可以继承、出售（法国为了鼓励适度规模，还规定，土地使用权只能单子继承，继承者给其他继承人以资金补偿）。

（原载《中国农村经济改革新论》，中国社会科学出版社 1999 年版）

# 21 世纪之初中国农业发展对策

农村改革以来，特别是自 1996 年以来，我国农业连续增产，各种主要农产品总量供大于求，从而标志着普遍、长期短缺的阶段结束，一个新的发展阶段已经到来，这对 12 亿多的中国人民来说，是一个了不起的巨大成就。人们正是怀着这一喜悦的心情，迎接 21 世纪的到来。

然而，我们需要十分清醒：在农业发展的新阶段，对世纪之初的中国农业来说，既有长期积累下来的老问题，也有刚刚出现的新问题，尤其是我国行将加入世界贸易组织，这既是机遇又是挑战。我们应当抓住机会，一切从实际出发，把工作做好。

## 一　新的阶段需要有新的思维

思想支配人们的行动。由于长期短缺和计划经济体制的影响，使人们养成了与之相适应的思维方式。这种思维方式不会随着"短缺经济"的结束而自行消失，它还会困扰着人们，因此，在农业发展新阶段到来之际，首先需要来一个思维方式的转变。要以新的思维方式代替过时的思维方式，明确地、坚定地确立农民的主体思想，保护农民的权益，增加农民的收入。

1. 从单纯追求数量的思维中走出来，明确以质量和效益为中心的发展方向。

在高度集中的计划经济体制时期，农产品全面短缺，人们首先关注产品数量是必然的。这时人们第一位的要求是数量、吃饱、穿暖，生产农产品可以不计成本；在短缺之下也必然是卖方市场，"萝卜快了不洗泥"，人们也用不着花大力气去注重质量和效益。但在社会主义市场经济条件下，目前农产品已有"过剩",农产品市场由卖方市场转变为买方市场，产品在市场上竞争，优存劣汰。这就要求人们去掉过去的单纯追求产品数量的旧观念，而代之以质量、效益为中心的新思维，并以这一新的思维来指导发展农业和农村经济。

当然，由于我国人口众多，对主要农产品应当立足于基本自给，不能依赖国外。特别在农业生产力水平不高，农业生产的自给性比重仍然较大，人民的收入水平还较低的情况下，对农产品（特别是粮食）还要给予足够的重视，不可贸然减少过多，以免造成被动。但是，对那些质量差、没有销路的品种，必须下决心减下来，而不应继续追求产品数量，勉强地予以维持。

2. 从土地、劳动密集型农业的思维中走出来，向资金和技术密集型农业过渡。

我国农业历史悠久，大部分地区人多地少，农耕文明程度高，有精耕细作的优良传统。新中国成立以后的一个相当长时期内，由于农业积累用于工业化，致使本身的投入严重不足，致使我国农业属于土地、劳动密集型的特征基本没有变化。目前，我国经济已经进入工农业均靠自我积累发展的新阶段，国家和农业本身资本的投入增加也比过去有了较好的条件。更重要的是社会主义市场经济本身的要求，而且随着我国加入世界贸易组织，农产品市场竞争必然更加激烈。所有这些，都使得我国农业生产大力增加资本投入和科技投入成为必然。当前，党和政府已经作出了农业转型（即由土地、劳动密集型向资金、科技密集型转变）的正确决策，并且在财政上增加丁农业投入。但是由于农业投资欠账太多，农业投资不足的问题依然存在。而且由于多种原因，这些资金还不能真正用于农业。加上目前我国的农业技术推广不力，农业技术人员跳出"农门"的趋势不能制止，在农业的真正转型上我们还有大量工作要做。

3. 从粗放经营的思维中走来，建立集约经营的经济增长方式。

一个国家或地区，对两种经营方式的选择，既受其人均占地水平影响，更重要的，是由其不同生产力水平所决定的。前者是生产力水平低下的产物，后者是生产力水平进一步提高的产物：现在我国农业已经进入了以质量、效益为中心的阶段。增加资本和科技投入，是使之得以实现的必经之路。因此在经营方式上，从粗放经营向集约经营转变，是客观的必然。对此，人们的思维方式也应该而且必须随之改变。

4. 从单一化的思维中走出来，向多样化的经营方向转变

在计划经济时期，崇尚农业农村经济的单一化，所有制单一，经济发展模式单一，产业结构单一，经营形式单一。实践证明，这种单一化不符合我国农村经济的实际，也给我国农业带来了巨大的危害。事实上由于我国幅员辽阔，各地千差万别，即使是农户之间，农村企业之间也各不相同。因此，在农业和农村经济的发展中，多样化是必然的，包括多样的所有制结构、多样的产业结构和产品结构、多样的经营形式等，都是必然的选择。而单一化则是非正常地违背客观经济规律的表现。当前在我国农村经济改革正处在继续深入的进程中，人们也必须从单一化的思维束缚中解脱出来，建立起新的多样化的思维，才能正确引导农业和农村经济的继续发展。

## 二　以市场为导向，调整与优化产业结构

结构的调整与优化是农业和农村经济发展的关键，是增加农民收入的重要环节，必须做好。

当前调整农村产业结构中，一个需要重视的问题是，调整与优化结构需要抓住重点。农村产业结构可以分为四个层次：（1）农村的产业构成。如农村第一、第二、第三产业；（2）各个产业内部的行业构成，如农业内部的种植业、林业、畜牧业、渔业，即通常所说的农业产业结构；（3）各行业内部的构成，如种植业内部的粮食作物、经济作物；畜牧业内部的养猪业、养牛业，等等；（4）产品构成，如粮食中的小麦、水稻、谷子，等等。在农业发展的新阶段中，上面列举的农村产业结构的四个层次需要调整。例如，由于大量农业剩余劳动力滞留在农业领域中，迫切需要向非农领域转移。又如，销不出的粮食大量积压，需要发展畜牧业和食品加工业予以消化，等等。但就目前情况看，调整和优化结构的重点应当放在产品结构上面。这是因为：第一，某些产品的供求矛盾表现突出，从满足社会供应和促进农民增加收入来看，都迫切需要解决。第二，一些地区的经济

优势没有得到发挥，包括具体的农业资源优势和区位优势。其突出表现是许多地区的产品结构雷同，这实质是对各地优势农业资源的一种浪费。第三，产品是农村产业的细胞，产品结构是农村产业结构的基础层次。产品结构的问题解决了，也就为调整与优化整个农村产业结构打下了稳固的基础。

当前调整与优化农村产业结构，要以市场为导向。即通常所说的，根据市场需要来安排农村生产和调整结构。市场缺什么，就生产什么；需要多少，就生产多少。这里需要指出的是，这一市场需要并不是今天的需要，而是明天的需要。农业的一个基本特点是产品的生产周期较长，这就要求调整农村产业结构要有长远的眼光。真正做到以市场为导向，就要研究市场，掌握信息，能够预测市场的变化趋势，从而使农村产业结构调整立于不败之地。

## 三　搞好农村流通体制改革

当前要十分重视流通对市场经济的重要作用。流通体制是市场经济体制的关键组成部分和决定因素。没有流通体制的改革，就谈不上农村经济的迅速发展。改革和完善我国社会主义农村市场，其重要目标是建立健全农村市场体系。整个的农村市场包括两种体系：一是从纵向看，有全国性市场、地区性市场和乡镇农贸市场，几种市场配套，形成体系。二是从横向看，分为商品市场（即各种农产品市场）和生产要素市场（如劳动力市场、金融市场、土地市场等），各种市场齐全，形成一个体系。农村市场经济体制要求把上述市场体系建设好。目前，我国这两个方面的建设都需要加强。

发展和完善农村市场体系，要通过多种途径，支持和帮助农民进入市场。

目前，农民生产的农产品进入市场，主要有以下形式和途径：（1）紧密的贸工农一体化经营，实行利益分享、风险共担；（2）松散的商农、工农联合，即公司与农户之间实行的比较固定的买卖关系，有些公司为了得到所需要的产品，在种苗或技术等方面给农户以支持；（3）农民自愿自主组织的合作经济组织；（4）小商贩或私人小企业与农户之间的一般买卖关系。总之，是多种途径、多形式的，对之都应当予以支持。但比较来说，其中第一和第三两种途径，对农民更为方便和有利。

## 四　减轻农民负担，下决心精兵简政

新中国成立以来，政府一直重视减轻农民负担。特别是改革开放以来，采取了规定"三提五统"款收费不超过上年人均纯收入5%的政策，起到了良好的规范作用。现在一些领导和学者提出的"费改税"主张，我认为也是正确的。但是我认为，这些还不足以从根本上解决农民负担过重的问题。

为什么乱收费屡禁不止？一些地方为何愈演愈烈？笔者认为主要的原因是：（1）一些地方，为了提高"政绩"，弄虚作假，虚报产量和人均纯收入，使农民负担远远超过了5%。（2）由于计划经济体制下"政社合一"的影响，政府直接参与生产经营活动，造成机构人员臃肿，效率低下。农民直接供养"官"家人员之多，历史上罕见。（3）由于冗员过多，各级政府财政负担沉重。在所谓"人民事业人民办"的口号下，巧立名目乱收费，都大大加重了农民负担，等等。

对此，必须坚决地、彻底地精简机构，裁减人员，真正地做到精兵简政。这是真正实现减轻农民负担的关键。

（原载《农村改革与发展》2000 年第 1 期）

# 关于南海市平洲区农村股份合作制和
# 股权流动的调查报告

广东省南海市平洲区位于南海市东部，属南海市城区范围。全区面积为33.1平方公里，有常住人口6.7万人，辖10个村民委员会和一个城区管理处，城乡已成为一体。外来打工人口11万人。

1999年，全区社会总产值为52.5亿元，比上年增长11.3%，其中，农业产值为1.41亿元，第二产业产值为48.96亿元，第三产业产值为2.36亿元；农村年人均纯收入为7453元，比上年增长8%。全区现有耕地1.45万亩。近些年平洲区积极调整农业结构，已初步形成了以优质蔬菜和花木栽培为主体、种养业并举的优质高效农业格局。平洲区是广东省乡镇企业百强镇之一，现已初步形成了一个多行业、外向型的工业体系。全区现有工业企业1700多家，工业产值达47亿元。

平洲区是南海市外商投资较为集中的一个地区。目前，全区共有"三资"企业54家，"三来一补"企业133家，累计利用外资总额超过1亿美元。1999年全区"三来一补"企业合同出口总值为1.8亿美元，工缴费收入为4067万美元。

近年来，平洲区个体和私营经济迅速发展。据工商部门统计，1999年年底，全区共有个体私营企业5000多家。其中，个体工商业户有4000多家，私营企业有900多家，合计用工3万多人，注册资金有3.4亿元。个体私营经济已成为本区重要的投资主体和主要的经济增长点。

# 平洲区农村股份合作制的做法和效果

## 一　股份合作制、股权流动

1992—1993 年，平洲区开始搞以土地为中心的股份合作制，股份落实到人，实行股份分红以及其他措施，使全区经济有了很大发展。1999 年社会生产总值比 1993 年的 13.72 亿元增加 2.8 倍，平均每年增长 40%。

但是，股份合作经济在运行中仍然存在一些问题：①许多农业劳动力已转入非农产业，并有了较稳定的收入，但为了维护自己的经济权益不愿把户口迁走；从集体经济组织来看，如已从事非农产业的人不迁出户口，那么由村集体管理的人口将越来越多，一个村范围将无法容纳。②本区城市化发展很快，土地非农转移也很快，因而就需要统一规划，划分工业区、农业区、文化住宅区等；但土地家庭承包的期限较长，不利于规划，也不利于农业现代化。③某些股份合作组织的董事会、监事会、股东代表大会制度不够健全，少数干部说了算，农民对集体经济不够关心。④嫁出、嫁入等正常人口变动也产生一些矛盾。为此，平洲区从 1997 年起开始搞股权流动试点，1999 年底在全区推广。到目前为止，全区 10 个村民委员会、55 个村民小组已全部实行了股份合作制。建立农村股份合作组织 58 个，其中，村级 3 个，村民小组级 55 个。全区 55 个农村股份经济合作社成员表决通过了各自的章程，积极推行股权流动方案。

## 二　做法

1. 股权设置。各股份经济合作社或联社设立集体股、资源股和物业股三种股权。集体股的设立是为发展各股份合作社或联社的股份合作经济之用，一般占净资产的 30%。资源股，即指土地股，按加入股份合作社时各村民小组的土地入股比例划给各村民小组，再由村民小组按资源股的总股数及每人所占份额分配到各股东。即承认每个社员所占份额。物业股由本股份合作组织的净资产所构成［物业股股值 = 本股份合作经济社（或联社）当年的净资产/物业股总数］。

2. 股权到人。资源股和物业股的配给一般均分为三个档次。如夏南一村股份经济联社的三个档次为：16 岁以下的配给一股；17—35 岁的配给两股；36 岁以上的配给三股。资源股属自然配给，凡具有本村农业户口的村民均可拥有相应的资源股。如有的一人一股，有的一人两股，有的一人三股。物业股与资源股分配方式类似，也按年龄分档，统一由各股份合作经济组织配给各股东。

3. 股份分红。各股份合作经济组织的经营纯收入，在完成国家税收、上缴各种费用、归还到期债务、弥补上年度亏损后，按不同比例分红。这里以夏南一村股份合作经济联社为例：（1）集体股占红利的 30%；（2）红利的 49% 作为物业股的股红，由本联社分配给各股东；（3）红利的 21% 作为资源股的股红，由本联社分配给各村小组（原生产队），再由村民小组分配给各股东。

4. 物业股现金扩股。夏南一村股份合作经济联社章程规定，下列人员可用现金购买本社的物业股股权：（1）父母双方是本村农民的新生子女；（2）母亲是城镇居民、父亲是本村村民并于 1998 年 1 月 1 日后出生的新生儿，户口随父者；（3）父亲是居民，母亲是本村农民的婚生子女且户口随母者；（4）因结婚而迁入本村的农业户口者；（5）自 1999 年 12 月 16日后入赘的纯女户中的一个入赘女婿；（6）经村委会、派出所及本股份合作经济组织同意迁入本村的农业户口者。

上述人员在取得本村户口后，需按迁入前一年的股值一次性以现金购买相应年龄档次的物业股股权。平洲区内一股股值为 1000—3000 元，个别村多达 4000—5000 元。

5. 物业股的现金退股。夏南一村股份合作经济联社的以下人员可以得到物业股的退股现金：（1）迁出户口的外嫁女，在领取结婚证后一年内迁出；（2）义务兵退伍后由国家安排工作或转为志愿兵，或在部队提干领薪金者；（3）考上大、中专学校的村民，从学校签发毕业证书起半年内不再回本村的农业户口者；（4）经本村村委会、本股份合作经济联社批准，并经派出所同意迁出户口者。上述人员可以在迁出户口当年获得退股现金及当年分红。

6. 物业股的流动方式。物业股（五保户除外）可在股份合作经济联社范围内买卖、转让、继承、赠送、抵押。

7. 资源股量化到人，50 年不变。资源股，原来是每户承包，分为口粮田和招标田，由于非农占地增多，耕地越来越少，加上绝大多数劳动力农转非，故将土地折股并量化到人，50 年不变。资源股只作为分红的依据，不能继承、买卖。现在，本区各股份合作经济组织的耕地全部实行招标承包，向种田能手集中，承包费为 1000—2000 元；从土地经营规模看，较大的 250 亩，最大的 800 亩。

8. 对不符合股份合作经济组织章程规定的股东停止分红。本区各股份合作经济组织的章程均规定，股东违反计划生育政策或受法律处罚的，要在一定期限内停止分红。

### 三　效果

平洲区实行股权流动改革虽开始不久，但效果明显，主要表现在：（1）把物业股股权量化到人，并在各自的股份合作经济组织范围内买卖、赠送、继承、抵押，这在较大程度上确认了农民在集体财产中拥有"一份"的问题，在很大程度上解决了剥夺农民的历史遗留问题。（2）各股份经济合作社或联社均规定符合要求的人口变动可以购买物业股或现金退股，这在很大程度上解决了多年来存在的人口变动所带来的股权矛盾和纷争，同时，也促使农村合作经济组织在相当大的程度上实现了由传统的福利型向投资型的转变。（3）由于股东（农民）的经济权益得到了进一步的确认，他们更加关心本股份合作经济的发展，督促股东代表积极参加股东代表大会。（4）实行股权流动后，股东代表大会、董事会和监事会"三会"之间进一步协调，效率大为提高。据区里介绍，每年仅管理费一项即可节省 700 万元。由于各种关系理顺了，股份合作经济组织的领导层与股东（农民）之间的关系也大为改善。

总之，平洲区的股权流动改革，解决了多年存在的剥夺农民的问题。由于农民（股东）的权益得到了确认和维护，从而推动了农村股份合作经济的进一步发展。

# 值得研究、讨论的几个问题

1. 股权流动是股份合作经济的题中应有之义，还是需要具备一定的条件？对于南海市平洲区实行的股权流动，来平洲区调查研究的国内专家学者都给予了肯定。但也有一些人认为，平洲区的改革需要具备一定的条件。这些条件是：（1）农业劳动力向非农部门大量转移，并有较稳定的收入；（2）集体经济实力雄厚，特别是集体经济中的第二、第三产业有相当大的发展；（3）农村基层干部的素质比较高；（4）随着农村城市化程度的提高和非农占地较多，需要对土地进行规划，建立严格的农田保护制度。他们认为，不具备这些条件就不能搞土地股份合作制，更不能实行股权流动。

笔者认为，像平洲区这样的地方，由于集体经济实力雄厚，绝大部分农业劳动力已经转到非农产业部门，再继续搞家家经营承包田已不太现实，农田必然要向经营能手集中；而且由于城市化水平比较高，非农占地很多，需要在村范围内对工业区、农业区、文化生活住宅区进行统筹规划；此外，由于一些人已在外地转业或嫁出、嫁人等，都需要合理解决因人口变动而引起的权益问题。即是说，平洲有平洲的条件。但是，人们不能由此而得出在集体经济实力较薄弱的地区就不能搞股份合作制和股权流动的结论。这是因为：（1）从理论上说，劳动农民自愿组织的合作社经济，本来就是由每个社员集股而成立的，又由于对劳动农民不能剥夺（这是马克思主义的基本原则），因此，采取股权到人、股权流动的做法是顺理成章的事。但是，在改革前却实行了"归大堆的集体"经济，剥夺农民，实践已经证明是不对的。我们讲改革，就是要恢复合作社股份合作制的本来面目。应当说，平洲区实行的股权流动，正是农村经济改革深化的具体表现。（2）由于各地农村合作经济发展的不平衡，改革的形式和具体做法是不同的。例如，在一些集体经济实力还比较薄弱的地区，由于农业劳动力尚未出现向非农部门的大量转移，因此，在这些地区还不宜改变家家种承包田的现状。但是，这并不表明不需要改革，更不意味着可以不承认每个社员在入社时的那一份权益。因此，恢复社员的股权，实行股权流动，是对斯大林农业集体化模式改革的必然。换言之，对任何"归大堆的集体"的改革，都需要股权到人、股权流动，不管是集体经济实力强的地区还是集体经济实力薄弱的地区。

2. 平洲区实行的股权到人、股权流动，只是部分，而不是全部。平洲区的土地股（即资源股）只是作为分红的依据，尚不能流动。就是说，平洲区的农村股份合作制改革尚未完结。如前所述，按恢复股份合作制本来面目的要求来看，土地是社员（农民）入股的，在集体土地中有社员的一份。社员的这种"一份"的权益应当得到尊重和维护。应当看到，现在实行的家庭承包制，农民的"一份"的权益是通过土地承包权才得到了一定的确认。如果进一步改革，把承包权长期给农民，那么社员（农民）的"一份"的权益就得到了基本的解决。这是深化改革的一种思路。另一种思路是将土地资产化（货币化），然后再将股权量化到人，股权可以流动。土地股权流动，只是股权变动，并不影响土地的具体经营形式及其规模。

3. 农村股份合作制改革是经济权益上的调整，不宜加入一些非经济的因素。在平洲区的许多股份合作经济组织的章程中，均将是否遵守计划生育政策、是否违法等列入能否分红（一定时期）的条款。笔者认为，股份合作社是经济组织，不是行政机构和执法部门，不宜将非经济因素写入章程。社员作为公民如违反政策或违法，应按有关政策和相关法律，由有关部门处理，股份合作社作为经济组织，不应该也无权处理。例如，某国营企业的职工或私营企业的职工，他（或她）超生了、违法了，企业不能停发工资。同样，农村股份合作经济组织不能也无权这样做。

4. 应更新观念，实行政社分立。平洲区的农村股份合作经济组织，以合作经济联社为多（即以行政村范围居多），联社的董事会就是村委会，两块牌子，一套人马。董事会主席是法人代表。村民委员会虽属村民自治组织，但在许多方面仍要贯彻执行上级政府交给的任务。因此，这种"村社合一"，仍属"政社合一"的残留。一套人马，既管企业经营，又管村的治保、计划生育、文教卫生，可谓千头万绪，到头来，哪一方面都搞不好。

特别是随着"三资"企业、私营企业和个体经济的发展，在一个行政村范围内，除了股份合作经济外，还有其他经济成分。村委会如果受上级政府委托，执行一些行政管理职能，就会产生矛盾。这犹如一场球赛，村委会既当一队的球员，又当裁判员，显然，这场球赛是搞不好的。因此，从长远看，必须"政社分开"。

从长远看，随着市场经济的发展，政府调控市场，市场引导企业，各级政府直接干预企业的行为将越来越少。因此，行政系统（包括村委会）必将进一步精简，大大减少农民养活的人口（即沉重的负担）；至于集体经营的企业或经济组织则要根据经营的需要设立精干、高效的机构。如果像现在这样，一套班子，两块牌子，看似精兵简政，减少开支，实际上机构庞大，成本加大，影响效率和效益。因此，各地方政府及村集体的领导者要从计划经济的思维定式中走出来，换上适合市场经济需要的新的思维方式。

5. 要不要设置集体股？平洲区各股份合作经济组织均设有集体股，一般占股份合作经济组织净资产的25%—30%，作为合作经济发展之用。但如此高比例的集体股，仍存在主体缺位问题，容易助长少数干部说了算。笔者认为，集体股可以不设，即使设也要严格限制在3%以内；至于企业发展资金可采用其他办法解决，比如，可以召开股东代表大会确定年终分配方案，留出发展项目的基金，然后再确定股红数量。这既体现股东（农民）当家做主，对干部也是一种制衡。

（原载《社会主义新农村建设研究》，社会科学文献出版社2009年版）

# 转变发展观念　建设生态文明

## 工业文明难以为继

随着人类经济社会的发展，人们依靠自然生态环境，利用自然资源，已经获得了巨大的成就。但与此同时，也给地球生态环境系统以巨大影响，并由此产生了生态环境问题。历史的实践表明，生态环境问题是伴随着人类社会的发展而逐步加剧的。它的出现越来越严重地阻碍着人类经济社会的发展。在我国建设社会主义新农村的进程中，对此需要认真研究。

## 人类历史初期的环境问题

人类从开始存在的那一天起，就依赖自然生态环境生存和发展。人类的初期，依靠采集、渔猎为生，但有时也会发生一定的生态环境问题。例如人们由于过度的采集、渔猎或者疏忽发生了火灾。这时不但大大地减少可采猎的食物量，而且甚至消灭了当地的某些物种，破坏了食物来源。人类就不得不迁移到食物资源较好的地方来渡过这一生态环境危机。但当时，由于人口稀少，人们利用自然的生产力及生活水平也很低，对自然界的破坏不大。一些被破坏了的生态平衡通过自然界的自我调节还可以修复。因此这一时期的经济与生态的矛盾还不大。这时，由于社会生产力水平低下，原始人在大自然面前感到渺小无力。因此对自然界是依附的，以致认为自然现象是神的安排而盲目崇拜。

# 第一次经济革命及其环境问题

生产力的发展是推动人类社会发展的根本力量。随着生产力的发展，人类从原始的采集、渔猎状态中解脱出来。饲养牧畜和种植谷物的发明是人类在经济上的第一次革命。它使人类开始获得了比较稳定的食物来源并解决了生存危机和频繁迁移的问题，由此就促进了生产的发展和人口的增加。人类在长期的农业生产实践中也积累了利用自然生态资源的许多经验，例如为恢复土壤肥力而采取休耕或"三圃制"，或采用轮作倒茬，特别是中国南方广东顺德一带农村出现的"桑基鱼塘"生产方式，已经开了现代生态农业循环经济的先河，具有世界性的意义。之后，又逐步扩展出现了"蔗基鱼塘"、"果基鱼塘"等形式。但是与此同时，也产生了许多生态环境问题。主要有以下几方面。

（1）土地资源破坏。包括土壤遭受风蚀、水蚀，森林面积减少和土地质量下降，以致种植作物无收。在中国西北的楼兰，曾经是去中东、欧洲的丝绸之路上的重镇，是有村有水的好地方。由于人口增加没有保护好环境，因而成为荒漠。

（2）战争频繁。农业文明，经历了奴隶社会、封建社会，前后延续了数千年。在这期间，曾经发生了多次较大规模的战争，烧毁砍伐森林，破坏了大量自然资源和环境，也损害了以农业为基础的经济和社会安定。

（3）帝王统治者的奢侈享受。如奴隶制时期的法国国王和封建社会的君主为了建造大城市和豪华的宫殿，砍伐了大量森林，也导致了严重的水土流失、山石裸露，破坏了当地人民生存的生态环境条件。

以上所说，生态环境受到的破坏也是不少的。但由于传统农业社会的人口较少，生产力水平也还比较低，所以，就整个地球范围来说，这种生态环境的破坏还是局部的。

思想是实践的反映。就是因为农业社会中已经有了这些破坏生态环境等实际问题的存在，中国古代就产生了"天人合一"的思想，其核心是认为，人与自然应该是和谐的。其要点用今天的话来说，一是在人与自然的关系上首先承认人是天地所生；二是人为万物之灵，即人是可以逐步正确认识自然，认识自然规律的；三是如荀子所说，与其"从天所颂之"，不如"制天命而用之"。即掌握了自然规律，为人类所利用。[①]

## 工业革命（即产业革命）后带来的环境问题

工业革命发生于20世纪70年代的英国，以蒸汽机的发明和广泛使用为标志，接着扩展到许多国家。由此，传统农业社会过渡到工业社会。

在工业社会，科学技术不断进步，社会生产力空前提高，生产出了高质量的丰富多彩的工业产品和农产品。工业社会及其文明在短短200年间的成就已经远远超过了几千年的农业社会，对人类社会的贡献是十分巨大的，但是也要看到，它无限制地追求利润，也加剧了对自然的索取和掠夺。因此在大工业和现代农业的迅速发展中，就造成了严重的资源破坏和环境污染，从而导致了全球性的生态危机。其具体表现有以下几点。

（1）世界人口的增长敲响了警钟。20世纪初，全世界人口只有16亿，1950年有25亿，2000年达到60亿，2006年2月25日已达到65亿。据有关机构预测，世界人口2025年将增加到80亿，2050年将达到93亿。这就是说，进入21世纪，世界人口依然是快速增长。2000—2050年的50年中，平均每年要新增加6600万人口。根据预测，地球最多只能养活100亿—115亿人口。[②]

（2）世界粮食供需矛盾日益加剧。民以食为天。粮食是社会和经济发展的基础。马克思主义者从来都是把粮食问题作为世界性问题加以研究的。现在世界的粮食问题主要表现在粮食种植面积不断减少，粮食的供给不足。

从近年来看，世界谷物种植面积从1982年起就不断减少。1950年为5.9亿公顷，1981年达到高峰为7.3亿公顷，随后开始缩减，到2004年减到6.7亿公顷。由于人口不断增加，按人平均谷物种植面积的减少更为

---

① 《荀子·天论》，荀子这句话曾被理解为"改造自然"的"人定胜天"。这里我们把"制天命而用之"，做了这样的理解。

② 《地球到底能承载多少人？》，《人民日报》2006年3月27日。

明显。1950 年为 0.23 公顷，到 2000 年下降到 0.11 公顷。预计到 2050 年时，人均谷物面积将下降到 0.07 公顷。[①] 从发展趋势看，在未来 50 年中，世界谷物种植面积还将不断减少。加上其他各种因素的影响，就更加重了粮食供给的不足。其主要原因包括：①土地荒漠化。据世界资源研究所的统计，全世界因荒漠化而损失的土地面积已达 36 亿公顷，占全球陆地面积的 1/4。而且每年以 500 万—700 万公顷的速度在扩大。②耕地质量下降。主要表现在世界范围内，水土流失日益加剧。每年有 600 多亿吨肥沃的表土流失，造成土地肥力下降乃至衰退的耕地已达 29.9 亿公顷，占耕地总面积的 23%。[②] 特别是全球气候变暖，也直接影响到粮食产量。③现代化过程中不适当地多占耕地。其中包括一些发展中国家，在城市化的过程中大量占用优良的农用土地。同时也包括一些发达国家在现代化过程中大量发展汽车、修建各种公路和停车场。例如 2004 年，美国有 2.14 亿辆汽车，专用于各种公路和停车场就占用了 1600 万公顷的优等农地，相当于该国小麦种植面积 2100 万公顷的 76%。在另一些人口密集的、以汽车为主导产业的工业国家，如德国和日本，平均每辆机动车已占有路面 0.02公顷。因此，已经失去了最好的农耕地。如果中国和印度这些人口大国，有朝一日也像日本那样，每两个人一辆汽车的话，那么它们的汽车总量将达 12 亿辆，就要占去农用地 6000 万公顷。[③] 由此可见，一些大国实现现代化，在防治水土流失、保持和增加土壤肥力、节约和控制非农占地，以及对保证粮食安全等方面都具有举足轻重的重要影响。它的失误不仅影响本国，而且还会危及全世界的生态环境和粮食供给安全。对此应当引起人们的高度关注。

（3）森林锐减。森林是陆地生态系统的主体，对陆地以至整个地球生态系统的生态平衡都起着重要的支撑作用。但是进入工业社会以后，由于眼前经济利益的驱动，毁林开荒，砍伐森林，对森林的各种掠夺破坏达到

---

① ［美］莱斯特·R. 布朗：《地球不堪重负》，林自新等译，东方出版社 2005 年版，第 23、76页。

② 周生贤：《中国林业的历史性转变》，中国林业出版社 2002 年版，第 4 页。

③ ［美］莱斯特·R. 布朗：《B 模式：拯救地球、延续文明》，林自新等译，东方出版社 2003 年版，第 45—46 页。

了惊人的程度。在 19 世纪中期，世界森林面积尚有 56 亿公顷。到了 20 世纪末就减少到 34.4 亿公顷。也就是说，在短短的 150 年间，减少了 21 亿公顷，相当于几千年农业社会以及更长时期的采伐量。联合国发表的《2000 年全球生态环境展望》中明确指出，人类对木材和耕地的需求使全球森林减少了 50%。①

应当了解，森林是人类社会、经济发展的重要基础之一，它的功能是多方面的。不仅为人类提供木材和各种林特产品，而且还为人类提供了清新的空气、青山绿水、鸟语花香、千姿百态、巧夺天工的优美宁静的环境，是人类最好的旅游、休憩之处。同时，森林又是动植物、微生物物种的宝库。面对严重的森林危机，英国生态学家戈德·史密斯把当前全球性生态危机比喻为"第三次世界大战"，如此下去，自然界将很快失去供养人类生存的能力。②

现在，在世界森林减少中出现了一种值得注意的现象，即一些发达国家在重视本国森林保护的同时，却到一些发展中国家去砍伐森林。例如欧洲一些国家到非洲去砍伐森林，美国到中南美洲一些国家去砍伐热带雨林，日本到东南亚一些国家去砍伐森林，企图把生态危机转嫁给发展中国家。日本国内的森林覆盖率已达到 76%，仍在继续保护。日本在热带森林原木贸易量中就占世界总进口量的 52%。从表面看，这种做法似乎对那些发达国家眼前的经济有利。实际上，发展中国家的森林砍伐后所引发的水土流失和温室效应等一系列灾难性后果，将使这些国家，以致地球上的所有居民都无法幸免。

（4）全球淡水资源短缺日趋严重。全世界的淡水资源人均约有 6500—7000 立方米，但各国分布很不平衡。现在有 10 多个国家严重缺水。淡水资源短缺主要反映在两个方面。

一方面是大江大河的地表水资源，由于使用过度而短缺。有一些江河，例如美国西南部的主要河流科岁拉多河有些河段已经断流；有一些大的江河如中国的黄河等，目前不少地方已经是涓涓细流，而且也常因断流

---

①　周生贤：《中国林业的历史性转变》，中国林业出版社 2002 年版，第 3 页。

②　同上。

而不能入海。

再一个情况是，有些大江大河要经过两个以上的国家如多瑙河、尼罗河、印度河、恒河、阿姆河等。随着各国人口增加和经济的发展，上下游的国家在用水数量和方法上也都存在着矛盾，需要采取协商办法加以解决。

另一方面是打井，抽取地下水。地下水的蓄水层可分为两个部分。一是可恢复的（即可再生的）蓄水层，二是不可再生的蓄水层（即原生水蓄水层）。

一些国家的粮食等主要农作物由于远离江河或江河水资源不足，就大量开采地下水灌溉农田。由于没有考虑到蓄水层的恢复，过度抽水，井越打越深，从几十米到一百米，再到几百米，及至蓄水层。这就出现了"漏斗"，而使水资源枯竭。在不可再生的蓄水层（即原生水蓄水层）[1]再过量抽水，问题的后果就更大。一旦超采过度，就不能恢复。现在，埃及等一些国家，甚至已发展到使用石油钻探技术打井，开采深度已经达到1000米以上。不但农地浇水成本越来越高，更重要的是淡水资源越来越少。

现在，中东一些干旱缺水，同时又拥有石油资源的国家，依靠开发大量石油产品换取粮食等农产品。实际上是通过国际贸易解决自己的水资源短缺问题，即解决自己国家社会、经济发展的农业基础问题。

当前，针对淡水资源日益短缺，许多国家都在节约用水。其目标是把用水量减少到地下水层和江河等地表水可以承受的程度，同时也积极开发新的水源。其主要措施有：一是节水灌溉；二是改种节水作物；三是城市循环用水；四是推广家庭节水器具和方法；五是推广风能等；六是海水淡化；七是防治江河湖泊和地下水污染。

（5）全球气候变暖。据英国水气象学联合会研究中心的研究报告，在过去一个世纪，全球平均气温提高了1℃左右。[2]全球气候变化正在以前所未有的速度，影响地球上几乎每一个角落，谁也无法置身事外。据预

---

[1]　［美］莱斯特·R. 布朗：《地球不堪重负》，林自新等译，东方出版社2005年版，第97—99页。

[2]　同上书，第11页。

测，与 1980—1999 年度相比，21 世纪末全球平均地表温度可能会升高 1.1℃—6.4℃。未来，人类还将经受更多的暖冬和酷暑。

联合国环境规划署执行所主任阿奇姆·斯特纳认为：人类活动是否导致气候变化已不再是一个问题，人们关注的焦点将转向我们为此能够做些什么。[①]

工业社会以来，化工和石油产品使用量猛增，造成空气中二氧化碳等含量逐年增加，导致气温上升，并直接影响人类生产和生活的许多方面。主要有以下几方面。

①农作物产量下降。据美国等国科学家的试验，1979—2003 年，试验田的平均气温大致上升了 0.75℃。由此，小麦、稻谷和玉米的原产就会下降 10%。

②可使冰山融化，海水平面上升。目前，全球气候每上升 1℃ 左右，则海水平面上升 3 厘米。[②] 如果海水平面上升 30—50 厘米时，世界沿海岸线的 70% 将被海水淹没，一些低地国家的大部分将被淹没。[③]

③导致臭氧层破坏更加严重，使人类生活在高温之中，各种疾病也将随之而增多。对此，据美国环保局估计，今后 50 年，美国至少将有 20 万人死于癌症。

④据英国《新科学家》周刊的报道，越来越多的科学家认为，环境中的氮化合物污染（如二氧化氮等）所导致的后果将比二氧化碳的排放更为严重。它不仅会使全球变暖，还会直接影响人类健康、生物多样性和臭氧水平。

⑤高温既能导致极为严重的洪涝，也能造成极为严重的干旱。[④]

上面所列，都是影响全球人类生存的重大问题。它们是相互关联和影响的。其产生的危害作用是相互牵连的，可以概括形容为"牵一发而动全身"。上述种种表现已经清楚地说明，工业社会日益加剧的生态危机，使

---

①　欣文：《罕见暖冬，警钟为谁而鸣》，《人民日报》2007 年 3 月 22 日。

②　[美] 莱斯特·R. 布朗：《地球不堪重负》，林自新等译，东方出版社 2005 年版。

③　王松森：《生态经济学》，陕西人民教育出版社 2000 年版，第 3 页。

④　[美] 莱斯特·R. 布朗：《地球不堪重负》，林自新等译，东方出版社 2005 年版，第 110—115 页。

其本身的发展已经难以为继。

# 生态文明的到来

全球生态危机日益加重的现实，引起了农业、生态经济、环境地学等各方面专家学者的密切关注。他们纷纷提出相关研究课题，分析了世界性生态危机产生的原因，并积极寻求解决问题的对策。

## 我们选择了生态文明

中国著名农业经济学家郭书田先生作为《中国、韩国现代农业体系和发展战略研究》项目的中国部分主编，在该著作中指出："人类历史经历了农业文明、工业文明，现在正向着生态文明迈进。"[①]（1997）我国著名生态经济学家王松霈研究员也认为，由于人们"过分夸大了人类本身利用和掌握自然界的能力，产生了人类可以无限征服自然的错误指导思想"，从而导致经济发展不能持续下去。他进一步指出，正是在经济与生态之间的矛盾日益尖锐之中，使人们看到一种新的、具有更高水平的生产力即"绿色技术"，正在形成和发展。由此"在实践中正在孕育和进行一场新的革命，即生态革命"。正是"它推动着人类社会从 20 世纪的工业社会进入生态社会"。[②]

在国外，例如诺贝尔奖获得者保罗·克鲁岑在 2000 年也提出了"人类世"的概念，主要是强调人作为一个地球营力，其作用对未来发展的重要性（按："人类世"是最新一个地质时代，其特点是指明人与自然相互作用的加重、涉及可持续发展的各个方面）。2004 年，中国科学院地质与地球物理研究所刘东升院士在两院院士大会上，也指出地球科学已进入研究"人类世"的时代。我们也很赞成我国著名生态经济学家石山的意见。他认为"人类世"的概念和"人类世"时代的提出，为我们研究经济、

---

① 郭书田：《中国·韩国现代农业体系和发展战略研究》项目的中国部分的内容，1997 年 12 月研究报告。

② 王松霈：《生态经济学：有利于地球经济构想》，陕西人民教育出版社 2000 年版，第 5—6 页。

社会发展问题提出了"新的视角"。

在此问题上，我们也还需要看看环境专家的看法。美国著名的环境分析专家莱斯特·R.布朗在2001年出版了《生态经济：有利于地球的经济构想》一书；2003年又出版了《B模式：拯救地球、延续文明》一书。他指出，"一切照旧，继续实行现有的社会经济模式——即所谓A模式——已经此路不通"。该书据理力争，指出："人类需要一个新的社会经济模式——不妨就称之为B模式"。2004年他又出版了《地球不堪重负》一书，强调说明地球已经难以为继。莱斯特·R.布朗没有用新的××社会或××文明，而是用"地球经济的构想"、"B模式"或"地球延续文明"。几次的用词不同，但实际上都说明工业文明已经难以继续。地球需要一个新的文明时代。

我国环境地学专家李天杰等对此也明确指出："21世纪环境将探索新的可持续发展模式，解决全球性和区域性的生态环境问题，实现向生态文明过渡。"[①]

大量的研究成果都明确使用生态文明的概念，表明当前经济社会的发展，已经进入一个新的社会文明时代。它既是农业文明和工业文明一切成就的继承，同时又是新的生产力和经济社会的发展，从而把人与自然的发展推向了一个新的历史时期。

**生态文明的基本特征**

当前，我们正处在建设新的生态文明的伟大过程中。什么是生态文明？概括起来，可以做以下几个方面的表述。

（1）吸取了工业社会及其文明的一切成就和经验。生态文明一个最基本的特点，是从工业社会中经济发展与生态环境尖锐矛盾对立的状态下解脱出来，从而摆正（或校正）了人与自然的关系。在人类社会的发展中，人与自然的关系是最基本的关系。两者的关系应当是和谐的关系。人类不能盲目地"主宰"自然，更不应当无限制地掠夺自然。如果盲目地去

---

① 李天杰等：《环境地学原理》，化学工业出版社、环境科学与工程出版中心2004年版，第26页。

"主宰"自然，剥夺自然，必然会遭到自然的报复和惩罚。随着科学技术的发展，人类在发展经济中，可以"攻克"一个又一个的"难关"。这样做，似乎战胜了自然，或者"超越了极限"。但是，殊不知人类发展经济，必须要按照经济规律和自然规律办事。符合经济规律和自然规律的要求，人们采用先进的技术措施，就能够充分合理利用自然资源，在挖掘自然生态系统潜力的基础上，使自然界为人类经济社会的发展提供更多更好的多种农业和工业产品，为人们谋取更大的福利。但是如果违反了经济规律和自然规律的要求，人们采用各种先进的技术措施发展经济，实际上就会形成破坏自然生态系统的更大力量，从而给人类的发展带来损害，以致产生严重的生态经济灾难。有了这一正确认识之后，人们就会看到，过去那种依靠某些先进技术，去"主宰"自然，实际上是造成对自然生态环境的一次又一次破坏。这也正是当代工业社会中，生产力迅速发展了，人类经济社会反而不能实现可持续发展的根本原因。它告诫人们，发展经济在认真尊重客观经济规律的同时，也必须认真遵循客观自然生态规律的要求。只有这样，才能使发展经济和推动社会进步的事业立于长远不败之地。

（2）生产力水平进一步提高。生产力，按其本身的内涵来说，应该是实际能够推动生产和社会前进的力量。因此那些看来能够向自然界索取财富，但是却破坏了生态环境，结果使生产和社会发展的自然基础遭受损害的"生产能力"实际上并不是真正的"生产力"，而只能是对"生产力"的破坏和抵消。生产力是一切形态所共有的范畴，科学技术也是其中必不可少的一个重要内容。不同社会中的科学技术水平不同，它在很大程度上决定了各种社会的生产力水平，同时也决定了各种社会形成的基本标志和特征。例如，"铁犁牛耕"是农业革命和农业社会的标志和特征，蒸汽机的出现是工业革命和工业社会的标志和特征，而"绿色技术"的出现就是生态革命和生态社会的标志和特征。与历史上的农业社会生产力和工业社会生产力对比，生态社会的生产力具有更大的生产能力和更高的生产水平。它的表现有以下两个基本特点：第一，它是工业社会一切先进生产力的继承，不是简单地为了保护生态环境而回到过去落后生产力的水平上去；第二，它是工业社会先进生产力的发展。过去的工业社会，特别是后工业社会的生产力，在生产技术上（或者说是在极力索取自然资源上）是先进的。但是由于没有"生态与经济协调"的意识作指导，其结果则是破坏了生态环境，从而阻碍了生产的可持续发展，因此它又不是先进的。生态社会的生产力一方面继承了工业社会的一切先进生产能力，同时又能够不破坏生态环境，并能实现经济社会的可持续发展。因此它是比工业社会更高的生产力。在此基础上，人们的物质生活和文化生活水平也都将远远高于工业社会。这也是它高于工业社会发展水平的一个重要表现。

（3）保护生态环境的意识增强。生态社会的出现，从人类社会的发展趋势来看，就是为了解决工业社会中严重存在的发展经济与保护生态环境之间的矛盾。生态社会的到来，也正是由于人们更深刻地认识了社会发展的客观规律性。在此基础上，树立了发展经济必须与生态环境相协调的思想意识，并用以指导人们的行动才得以实现的。因此在生态社会中，"必须保护生态环境"，"发展经济必须与保护生态环境相协调"等认识，就必然成为人们的基本共识。而且也正是由于人们具有了明确的保护生态环境的意识，才能够使生态社会本身长期协调、稳定地持续发展下去。

当前随着生态社会的确立和逐步发展，在人类社会中，"生态环境就是生产力"，"保护生态环境就是保护生产力"，以及"地球上每个公民都有责任保护地球"等新的思想都正在成为人们新的意识。在事关全球生态环境的重大问题上，都需要各国共同协商，并采取共同的有力措施，也正在成为人们的实际行动。

（4）实现三个效益的统一。生态社会本质上是"协调"的社会。它的协调从根本上说，包括人与人之间关系的协调和人与自然之间关系的协调两个方面。而在这两种基本关系中，人与人的关系是重要的，但是人与自然的关系又是基本的。这是因为生态环境是经济存在和发展的自然基础。同时在人与人的关系中又存在着人与人的经济关系和人与人的社会关系，其中人与人的经济关系，即生产关系又是人与人的社会关系的基础。这是因为生产关系决定上层建筑。人是在客观存在的生态经济系统中生存和发展的。人类社会的顺利前进必须处理好人与人的关系，同时也必须处理好人与自然的关系。长期以来，人们只重视处理好人与人的关系，推动快速地发展经济（这是非常必要的）。但与此同时却忽视以致否定了人与自然的关系，从而造成了对生态，反过来也对经济的破坏。工业社会以来，经济（或经济社会）与生态的尖锐对立，阻碍了人类社会继续发展的进程。在实践中人们看到了经济、社会与生态三者是一个相互联系、不可分割的统一整体，人们发展经济所要取得的经济效益也是在客观存在的经济效益、社会效益和生态效益三者的密切关系中才能实现的。这一点是进入生态社会后，人们在"效益观"上一个巨大的飞跃，指导人们在对一切社会、经济技术和措施的评价上都应当坚持生态效益、社会效益和经济效益的统一，并且把生态效益放在基础地位。争取生态效益基础上的生态效益、社会效益和经济效益的统一，应当是人们的发展经济追求经济效益的基本认识和处理原则。

# 可持续发展思想的确立

如前所述，工业文明没有摆正人与自然的关系，导致了世界性的生态经济危机，使人类社会、经济发展难以为继。这就促使人类探索继续发展之路。

### 首先应当提到罗马俱乐部及其报告

这个俱乐部是一个民间组织，成立于 1968 年，在 1972 年发表了第一个报告，题目是《增长的极限》。这个报告说："如果世界人口、工业化、污染、粮食生产和资源消耗方面，按照现在的趋势继续下去，这个行星上增长的极限将在今后 100 年中发生。最可能的结果将是人口和工业生产力双方有相当突然的和不可控制的衰退。"为了避免这一严重情况的发生，人类社会的发展应该是均衡地前进，而不是继续任意增长，这就是后来被人们称之为"悲观派"的著名理论。罗马俱乐部上述报告的公开发表，引起了国际社会的广泛讨论。

讨论中以罗马俱乐部的报告为一方，被称之为"悲观派"；而以美国的学者赫恩和朱利安·西蒙为代表、被称之为"乐观派"的另一方认为，全世界正面临"无限繁荣机会"，因而对人类社会的发展前途不应当悲观，而应该是乐观。人类社会发展的"极限"也不会到来。①

当时，两种意见相持不下，经过反复讨论，直到 20 世纪 70 年代末才基本上达成了比较一致的意见。这次讨论，引起了人们对人类社会发展前途的关注。应当说这次讨论是有益的，是积极的，它的进行为世界可持续发展战略思想的形成做了思想准备。

**联合国对可持续发展的推动**

联合国在推动可持续发展概念的提出和可持续发展战略的形成以及实施中都起到了肯定的积极作用。

（1）关于可持续发展的三次重要会议。第一次会议：《联合国人类环境会议》。会议于 1972 年 6 月 5—16 日在瑞典的斯德哥尔摩召开，有 113 个国家派团参加。通过讨论，会议通过了《关于人类环境的斯德哥尔摩宣言》、《人类环境行动计划》。第二次会议：《联合国环境与发展会议》。会议于 1992 年 6 月 5—14 日在巴西里约热内卢召开，有 178 个国家派团参加了会议，其中 103 个国家元首或政府首脑参加。中国政府总理李鹏也参加了这次会议。这次会议是根据当时环境与发展形势的需要，同时为了纪念联合国人类环境会议 20 周年而召开的。会议通过了《关于环境与发展的里约热内卢宣言》、《21 世纪议程》、《联合国气候变化框架公约》等五个文件。第三次会议：《可持续发展世界首脑会议》。会议于 2002 年 8 月 26 日—9 月 4 日在南非约翰内斯堡召开。有 191 个国家派团参加，其中 104 个国家元首或政府首脑参加了会议。这次会议主要是回顾《21 世纪议程》的执行情况，同时也为了纪念《联合国环境与发展》会议召开 10 周年。会议经过讨论，通过了《关于可持续发展的约翰内斯堡宣言》和《可持续发展世界首脑会议实施计划》。②

从上面的简介中，可以看出，联合国召开关于可持续发展会议的规模一次比一次大，级别一次比一次高，内容一次比一次深入和具体，从理论

---

① 参见中国科学院可持续发展战略研究组《2003 中国可持续发展战略报告》，科学出版社 2003 年版，第 36 页。

② 中国科学院可持续发展战略研究组：《2003 中国可持续发展战略报告》，科学出版社 2003 年版，第 33—36 页。

到计划、行动，作用是明显的。

（2）世界环境与发展委员会的作用。在谈到联合国的作用时，还需要提到1983年由联合国秘书长任命成立的"世界环境与发展委员会"的作用。该委员会由包括中国马世骏先生在内的22人组成，提出到2000年及以后实现可持续发展的环境对策。特别在1987年完成了《我们共同的未来》的重要报告，并从人口、资源、环境、食品安全、生态、能源等14个方面分析了可持续发展的问题。报告给出了可持续发展的定义：可持续发展是既满足当代人的要求，又不对后代人满足其需要的能力构成危害的发展。

对此，中国科学院研究组在《2003中国可持续发展战略报告》中提出了可持续发展的六项原则。我们是赞同的。这里想强调以下几点：

①关于可持续发展的公平性原则。公平性既包括了代际之间的需求，也包括了同代人要优先考虑世界上穷人的需求，也就是强调后代人和当代穷人的需求。这表现了它的时代性。这是与工业社会的发展根本不同的。

②可持续发展的可持续性原则。对资源的合理利用和保持生态平衡是人类社会可持续发展的首要条件。在工业社会条件下，破坏了世界的生态平衡，导致人类社会、经济不可持续。现在讲的可持续发展，是以不破坏生态平衡为原则，与工业社会的发展是根本不同的，具有时代意义。

③可持续发展的和谐性原则。"世界环境与发展委员会"于1987年在《我们共同的未来》报告中提出"从广义上来说，可持续发展的战略，就是要促进人类之间及人类与自然之间的和谐"。① 也就是说，我们人类同属于地球之上，如果人类不和谐，那么就不会有和谐的可持续发展。

### 生态价值及其核算

可持续发展指导思想的确立是世界发展经济上的一个根本性转变。它的确立对各国经济的发展必然带来一系列巨大的影响。从根本上说，它将引起人们在"价值观念"上的根本转变。自工业社会以来，在市场经济条

---

① 中国社会科学院可持续发展战略研究组：《2003中国可持续发展战略报告》，科学出版社2003年版，第38页。

件下，各国（包括经济发达国家和发展中国家）都把追求国民生产总值（GNP）和国内生产总值（GDP）作为考核和推动经济发展的主要指标。但是由于其本身具有的片面性，实施的结果作为发展经济的机制，就带来了"只顾发展经济而不顾保护生态"的错误倾向；作为考核管理的机制，就成为各级干部"重视发展经济，轻视保护生态环境"，甚至不惜用破坏生态环境"竭泽而渔"的做法来获取任期内所谓"政绩"的错误手段。其共同的后果，就是破坏了生态环境，使经济社会不能持续发展。现实经济社会发展中，采用 GNP 和 GDP 作为主要指标推动经济发展的错误做法及其严重后果，要求人们重新认识人类经济活动产生的"价值"的实质及其具体内涵。在此基础上，重新采取适宜的经济核算指标与经济核算体系，推动经济社会实施可持续迅速发展是十分重要的。

　　人类的经济活动在经济系统中进行，但同时要以自然生态系统的存在和顺利运行为基础。人类发展经济要取用于自然，同时也必然对自然产生影响。由此人们的任何经济活动都必然同时产生两种价值：一种是经济价值（包括各种经济产品和经济服务），另一种是生态价值（包括各种生态产品和生态服务）。在人类的现实经济运行中，这两种价值是交织在一起的。人们自古以来（也包括今后的一切社会）进行经济活动所产生的"经济价值"，实际上都是包括经济价值和生态价值两种价值在内的复合价值，即"生态经济价值"。对此还应当看到，人们进行经济活动所产生的两种价值并不都是正向的。例如人们盲目地发展经济，会造成生态环境的破坏，这时所获得的生态价值就是"负价值"，因此人们真正取得的经济价值实际上已经是两种价值互相抵消之后的价值。只是由于过去的社会生产力水平很低，人们发展经济对自然生态环境的破坏不明显，因此人们发展经济往往取得了负的价值还不自觉。当前人类发展经济对生态环境的破坏和抵消经济价值的影响已经日益巨大，在经济发展中研究与核算两种价值的重要任务也就提上了日程。

　　在上述的两种价值中，对于经济产品和经济服务的价值，过去已经有了比较深入的研究。目前的突出问题是需要明确认识生态价值的客观存在，并以此为依据，重新建立起包括经济和生态两种价值在内的新的经济核算体系，用以指导人们（包括指导人们建设社会主义新农村）的实际经济行动，从而使人们获得全面的、更大的经济效益（实质是"生态经济效益"），并使人类经济社会走向可持续发展。在此过程中需要研究的核心问题是深刻认识生态价值及其核算。

生态价值，与西方的概念对接，又叫作"生态系统的服务价值"。它的核算首先需要对之进行量化，量化之后才可能进行经济计量的核算。下面重点对生态系统的服务价值及其核算问题做一些讨论。

生态系统服务价值，既包括有形的物质性产品（如粮食、木材等）的价值，也包括无形的生命支持系统服务功能价值（如新鲜空气、优美的环境、森林生态系统的水源涵养功能等）。这些都需要量化，并进一步计算其货币总值。只有这样，才可能把生态服务功能价值纳入国民经济核算体系，从而形成新的生态社会的绿色国民经济生产总值（GNP）或绿色国内生产总值（GDP）。这一新的国民经济核算体系已经根本不同于工业社会的国民经济核算。它的实施可以保持自然界的生态平衡，并使之可持续地为人类提供全面的生态系统服务。

对于工业社会的情况而言，人们就可以明显地看出，工业社会实行的国民经济核算与核算体系，只能体现生态系统为人类提供的直接产品（如粮食、木材等）的价值，并不包括生态系统为人类提供的无形的生命支持系统服务功能价值。而且据核算，后者还远远高于前者的价值。因此它们所计算的国民生产总值或国内生产总值都是不全面和不真实的。

为此，联合国环境规划署（UNEP）在 1972—1992 年的环境状况报告《拯救我们的地球》中明确要求，到 2000 年"所有各国采用环境和自然资源核算，并将之作为其国民经济体系的一部分"。在 1992 年联合国环境与发展大会上通过的《21 世纪议程》中，又再一次提出了实施生态环境核算，并将之纳入国民经济核算体系的任务。

此后，许多生态学家和生态经济学家在评价自然资本和生态体系服务方面都进行了大量的研究工作。例如：

美国学者康斯坦扎（R. Costanza）等人（1997）进行了关于全球生态系统服务的开创性研究。他们在测算全球生态系统价值时，首先将全球生态系统服务分为 17 类子生态系统。其次采用了物质评价法、能量分析法、市场价值法、机会成本法、影子价格法、影子工程法、费用分析法、防护费用法、恢复费用法、人力资本法、价值法等一系列方法，分别对每一类子生态系统进行测算。最后进行加总求和，计算出全球生态系统每年能够产生的服务价值。他们计算的结果是：全球生态系统服务每年的总价值为16万亿—54万亿美元，平均为33万亿美元。33万亿美元是1997年全球GNP的1.8倍。① 在中国，一些环境科学家、生态经济学家、经济学家也在某些方面进行了生态服务价值的核算，做了有益的探索。例如：

金鉴明主编了《绿色的危机——中国典型生态区生态破坏现状及其恢复利用研究论文集》。该论文集是"七五"期间国家环境保护局设置的《中国典型生态区生态破坏现状及其保护恢复利用研究》课题的研究成果。该项研究对占全国48%的国土面积生态破坏及其经济损失状况进行深入调查和分析评价，推算出全国生态破坏造成的经济损失价值约达832亿元。

中国社会科学院荣誉学部委员、农村发展研究所研究员何迺维近些年来也在研究林业生态价值及其核算。

我国著名经济学家李承绪前几年提出建议并为国家接受，国家统计局已经开始实行绿色GNP和绿色GDP核算。2007年9月7日，《中国环境经济核算2004》绿皮书正式公布。

这次仅计算10项污染损失，就占到了2004年GDP的3.05%；虚拟治理成本1.8%，核算环保投资大约为当年GDP的6.8倍，实际投资欠账高达80%。这次搞的是狭义GDP，只是从传统GDP中扣除资源和环境耗减成本，并未涉及人文社会的耗减成本，而在资源和环境耗减成本中，并未包含自然资源耗减和环境退化中的生态破坏成本，只计算了环境污染损失，且在环境污染中又只是10项（实际上是20项），在10项中又存在低估和遗漏，因此这次核算只是初步的，距离完善的GDP核算体系的要求还有很大差距。不过，这次核算结果，使我们看到2004年环境欠账竟高达80%（达5118亿元），也是巨大的。可以设想，如果把没有核算的内容加上，环境污染造成的经济损失数字将是何等巨大！如果按照广义的绿

---

① 引自中国科学院可持续发展战略研究组《2003中国可持续发展战略报告》，科学出版社2003年版，第44—45页。

色 GDP 要求去核算，那数字又将是何等惊人！[①]

# 生态农业是我国农业现代化的发展方向

实现农业现代化是我国农业发展的长期向往。但是究竟什么是农业现代化，一直是一个需要探索的问题，农业现代化就其本身的内涵来说，是指当代农业发展的最高水平。在人们的心目中，长期以来是指当代西方（以及苏联）的农业发展水平和做法。其主要着眼点是以农业机械化为代表的农业生产高效率和以施用化肥为代表的农业高产量。由于这些都是在使用大量石油产品的基础上实现的，因此又被人们称为"石油农业"生产模式。这一模式曾经给西方农业的发展带来了高产量和高收入的农业"繁荣"，但是由于没有"生态与经济协调"的思想作指导，实质上采取的是一种"高投入，高产量，而不考虑对生态环境影响"的做法。其结果是大量消耗了有限的自然资源，又造成了严重的环境污染，从而使经济社会不能持续发展。这种农业发展模式的弊端已经越来越明显地显现出来。

我国早在新中国成立前后，就有了实现农业现代化的设想。当时学习苏联，提出实现农业的"机械化和电气化"，并且提出了实现"耕地不用牛，点灯不用油"，作为发展农村经济的奋斗目标。至 20 世纪 60 年代初，又扩大提出了实现"机械化、电气化、化学化和水利化"，作为农业现代化的发展目标。其实质仍然没有脱离开西方"石油农业"的发展模式。我国是一个发展中的大国，加上人口急剧增长，向土地要粮食的压力越来越大。在这种农业现代化的发展模式下，就出现了以下两个方面的问题。

### 在粮食生产上越来越多地施用化肥和农药

至 1990 年，我国的化肥总产量已经突破 9000 万吨，施用量占世界第一位。我国平均亩施化肥 13.9 公斤，已高出世界平均水平的一倍多，施用农药也是大量的。在一些高产地区，每年施用农药的次数达 10 余次，每亩用量达 1 公斤（曲格平，1991）。滥用化肥和农药，又丢弃了我国传

---

① 孙秀艳：《解读首份绿色 GDP 报告》，《人民日报》2006 年 9 月 8 日。

统的有机肥，结果在获得眼前粮食高产量的同时，也造成了土地板结、土壤有机质下降，以及自然资源急剧消耗和农村环境严重污染等重大生态经济问题，从而制约了农业生产的可持续发展。

**在农村经济的发展上，破坏了林牧渔业等多种生产**

具体情况是，为了利用一切土地种植粮食，就片面执行"以粮为纲、全面发展"的农业生产方针，把"以粮食为纲"强调到极端，并与林牧渔业等多种经营尖锐对立起来。由此就形成了全国性的毁林开荒、毁草开荒和填塘围湖围海种粮。之后又加上片面追求眼前经济收入的驱动，就使我国的林、草和近海渔业等自然资源遭受了严重的破坏。其结果同样也是制约了我国农村经济的可持续发展。

上述情况清楚地说明，我国农业现代化不能再走西方"石油农业"现代化的老路，而必须走上"生态农业"现代化的新路，把农业和农村经济的发展放在与生态环境协调的新的基础上。

什么是生态农业？最简单地说，就是与生态环境协调发展的农业。它取代现代"石油农业"的发展模式而出现的根本原因，就是解决农业生产中经济与生态不协调的矛盾，使农业走向可持续发展。对于生态农业的实质，要看到，农业的本质就是"生态的农业"。它要依靠自然生态系统的存在及其运动来进行，它的生产对象就是生态系统中的植物、动物和微生物等生命有机体。马克思早就指出，农业的特点是自然再生产和经济再生产交织的过程，对农业作为生态农业而存在的基本特点做了明确的理论概括。关于生态农业的特点和它作为当代更高生产力水平的优势，从其产生和实际作用来看，主要表现在以下两点。

（1）它是西方现代农业生产模式的继承。我国的生态农业，作为现代农业的更高发展模式，一方面传承了我国几千年来有机农业的优良传统，另一方面也全面继承了原有西方现代农业的一切现代科学技术成就。因此，在生产力上就具有当代的最高水平。这一点就把它与有些人认为的生态农业排斥采用西方现代农业科学技术，简单地回到我国过去低水平有机农业的认识区别开来。

（2）它是西方现代农业生产模式的发展。我国生态农业与原来西方

"石油农业"相区别的一个最根本特点，就是有了"生态与经济协调发展"的思想作指导。在采用当代先进农业科学技术措施的情况下，一方面能够取得当代农业生产的高产量，另一方面又能保护生态环境，使之不受破坏，从而实现生态与经济协调发展和农业生产的可持续发展。这一点就把它与有些人关于生态农业在技术上与西方现代农业生产没有区别，因此只是西方"石油农业"翻版的认识也区别开来。

我国生态农业自 20 世纪 80 年代初提出以来，全国各地农民群众结合当地的具体条件因地制宜，已经创造出多种多样的具体实现形式，都取得了很好的生态经济效益。因此，发展生态农业应当作为我国建设社会主义新农村的一个基本方向肯定下来。

（原载《社会主义新农村建设研究》，社会科学文献出版社 2009 年版）